21世纪经济管理新形态教材·会计学系列

国家审计学

Government Audit

U0368204

刘鹏伟　张　瑛◎主　编
刘维政　张志光◎副主编

清华大学出版社
北京

内 容 简 介

本书全面反映了国家审计的基础知识与实践发展趋势,从国家审计的产生与发展入手,全方位地介绍国家审计的相关概念,梳理审计机关具体的组织架构及审计人员的管理要求,明确审计工作的纪律要求,对国家审计法律规范进行深层次的剖析。另外,还对审计信息化以及审计全覆盖等实务内容进行充分详细的介绍。全书共分为 20 章,按照导入审计相关知识、认知审计理论、掌握审计技能的逻辑顺序安排各章节。本书能够满足当前高校培养审计专业人才以及社会审计人员学习的需要,具有一定的前瞻性与现实价值。

图书在版编目(CIP)数据

国家审计学/刘鹏伟,张瑛主编. —北京: 清华大学出版社,2024.7
21 世纪经济管理新形态教材. 会计学系列
ISBN 978-7-302-65086-7

Ⅰ. ①国… Ⅱ. ①刘… ②张… Ⅲ. ①政府审计-审计学-中国-高等学校-教材 Ⅳ. ①F239.44

中国国家版本馆 CIP 数据核字(2024)第 006382 号

责任编辑: 高晓蔚
封面设计: 李伯骥
责任校对: 宋玉莲
责任印制: 刘海龙

出版发行: 清华大学出版社
  网 址: https://www.tup.com.cn, https://www.wqxuetang.com
  地 址: 北京清华大学学研大厦 A 座 邮 编: 100084
  社 总 机: 010-83470000 邮 购: 010-62786544
  投稿与读者服务: 010-62776969, c-service@tup.tsinghua.edu.cn
  质量反馈: 010-62772015, zhiliang@tup.tsinghua.edu.cn
印 装 者: 三河市东方印刷有限公司
经 销: 全国新华书店
开 本: 185mm×260mm 印 张: 22.75 字 数: 485 千字
版 次: 2024 年 7 月第 1 版 印 次: 2024 年 7 月第 1 次印刷
定 价: 68.00 元

产品编号: 100629-01

前言

　　国家审计是法定的专门性监督活动。随着经济社会的发展，国家审计的目的、对象和重点不断发生着变化，审计监督的职能、内涵也不断丰富发展和延伸。国家审计实践的充分积累和审计理论的突破创新，特别是中央审计委员会的成立以及审计职能的持续优化和审计全覆盖，使得国家审计在以政府治理为主的国家治理活动中发挥更加重要的作用。为了培养既懂理论又懂实务的高级应用型审计专门人才，需要有符合审计工作实际的专门教材。教材编写是学科建设和人才培养的一项基础工程。近年来，一些审计理论工作者在这方面做了不懈的努力，编写了不少优秀的有关国家审计方面的教材。但随着国家审计事业快速发展，特别是党的十八大以来，国家审计发生了许多深刻的变化，客观上亟须一本全面反映国家审计最新基本理论和实践发展的教材，以满足高等院校教学需要，促进审计学科建设。在此形势下，西北政法大学从事审计教学与科研的老师们积极尝试，力争编写一本符合当前审计发展形势的新时代国家审计教材。

　　西北政法大学商学院(管理学院)以"精商、明法、敏思、善行"为院训，强调发挥"法商融合、法管结合"的特色优势，注重培养学生创新精神和实践能力。该学院审计学本科、审计学硕士以及审计专业硕士根据国家教育方针和区域经济社会发展需求，依托学科师资优势并结合优质的经济学和管理学教学资源，旨在培养践行社会主义核心价值观，具备人文精神、法制信仰和诚信品质，掌握审计专业理论知识和业务技能，拥有基本的法学知识，实践能力强，富有创新精神的复合型、应用型审计人才。参与本教材编写的人员，都在国家审计方面具有一定的实践经验或理论基础。主编刘鹏伟，正高级审计师，在省级审计机关工作27年，曾从事国有企业审计、行政事业审计和审计研究工作，具有较为丰富的审计理论知识以及审计现场实务经验和操作指导能力；主编张瑛，副教授，一直从事会计、财务、审计的教学工作，具备丰富的教学实战经验。副主编团队中：刘维政，讲师，在高校审计部门工作多年，同时也在从事审计教学工作，有较为丰富的审计实践经验和较为深厚的理论功底；张志光，陕西省审计厅审理稽核处处长，多年来主要在审计第一线工作，有近3年审理稽核的工作经历。

　　对于本教材的编写，我们力求做到以下三点。

　　一是突出反映审计理论的最新研究成果和实践应用。本教材在大纲和各章节的安排上，以新修订的《中华人民共和国审计法》《国务院关于加强审计工作的意见》(国发〔2014〕48号)、《中共中央办公厅国务院办公厅关于完善审计制度若干重大问题的框架意见》以及相关配套文件等重要法律制度为依据。同时，根据党的十九大和十九届三中全会决定改革审计管理体制，组建中央审计委员会，加强党对审计工作的领导，确立集中统一、全面覆盖、权威高效的审计监督体系的新定位，比较全面地总结梳理了国家审计发展的历史过程以及审计监督的最新实践。本教材还吸收了国内外有关专家、学者在国家审计方面最新的理论研究成果，并注意对国家审计方面最新的理论和实践进行概括、总结和提炼。

二是重点反映审计实务的基本操作和工作流程。本教材在力求使学生了解国家审计理论的情况下，注重对审计实务的全面掌握。因此，本教材从编写宗旨、体例安排到内容设计，均从高等院校审计学专业学生(以及新入职审计干部)应知应会的国家审计知识体系出发，对国家审计实务进行了较为全面的详细反映。具体表现为：简化了国家审计理论的阐述，重点介绍了国家审计的审计计划制订、审计纪律要求、审计程序设计、审计对象确定、审计内容选择和审计方法运用等。本教材共分为20章，其中前11章在介绍审计基础知识的同时，对审计方法和审计程序等做了比较详细的说明，后9章主要介绍审计具体业务，侧重于审计实务。

三是注重反映审计工作的法律规范和具体运用。国家审计署提出审计工作必须坚持"依法审计、服务大局、围绕中心、突出重点、求真务实"的二十字方针。其中，"依法审计"就是要：认真贯彻党中央提出的依法治国方略，依照宪法和审计法的规定全面履行职责；从维护法律尊严的高度加强审计监督，促进被审计单位严格遵守财经法纪，依法履行职责和义务；坚持审计财政财务收支真实、合法、效益的统一，重点在检查真实性上下功夫。西北政法大学开设审计专业是基于审计工作既有法制视角下的"合法性"，也有财务视角下的"合规性"。因此，在本教材的编写过程中，我们结合学校法学特色鲜明、多学科发展的特点，有侧重地增加了"国家审计法律规范"、审计法规建设以及审计工作中对于法规运用的内容。

刘鹏伟

2023 年 10 月

目 录

第一章

中外国家审计的历史演变

 导读

国家审计作为一项由政府部门为主体展开的审计活动,其产生与发展有着悠久的历史。本章梳理我国国家审计的发展历史,探究我国具有中国特色的社会主义审计制度的发展历程。通过纵向对比,把握我国国家审计的发展规律,探究国外国家审计的历史演变与体制模式,了解国家审计发展中的普遍性特点;通过横向对比,进一步加深对我国与其他各国国家审计的认识与差异。本章主要对我国国家审计的产生与发展以及国外国家审计的发展与体制模式进行阐述。

！本章学习目标

通过本章学习,学员应该能够:

(1) 了解我国国家审计的产生与发展,对古代的审计制度、近代政府审计以及新中国的国家审计有初步的认知;

(2) 了解国外国家审计的发展与体制模式。

第一节　我国国家审计的产生与发展

中国审计源远流长,3000 余年的审计演进史把中国的审计文化与经济文化,乃至整个中华文化融合为一体,从古至今中国的审计监督成为中国经济监督体系中的重要组成部分,中国审计史在传承过程中所反映出来的延续性、创造性与系统性都自然而然地体现了中国特色。

一、古代的审计制度

在中国古代审计演进的各个历史时期,大体贯穿着两条线:一条是以勾考账簿为主,审查钱粮收支真实性,类似于今天的财政财务收支审计;一条是以考核官吏财政经济方面的治绩为主,与行政监察职能紧密结合的审计活动。这两者互为补充,在不同的时期又有增减强弱之分。根据不同时期审计的主流形式和历史发展形态,以宋代为界,可以将中国古代审计大体分为两个时期和五种审计制度,即宋代前中国审计处于萌芽、产生和发展时期,包括官计审计制度、上计审计制度、比部审计制度;宋代后中国审计处于机构、法制日趋完备时期,包括三司与审计司(院)审计制度、科道审计制度。在上述各种审计制度中,其他一些审计形式也同时存在并发挥作用,但主流审计形式的主导地位十分明显。

(一)官计审计制度。夏商西周时期,是中国审计的萌芽和产生阶段。西周官计制度中的审计,其历史渊源可上溯到夏代禹会诸侯于茅山的传说,以及殷商甲骨刻辞中透出的一些审计信息。官计制度主要是对官吏财经方面政绩进行考核监督的政治制度,包括每年一"岁计"、三年一"大计"。西周司会、宰夫的职掌中,审计职能较为明显。司会总管全国财会,负责全国财会的稽核审计;宰夫主要检查监督百官执掌的财政财务收支。这种双线并行的审计模式,对后代审计产生了深远影响。

(二)上计审计制度。春秋战国和秦汉时期,包含于上计制度中的审计监督得到较快发展。西周的官计制度逐步演变为比较规范的上计制度。上计制度重在稽查考核官吏,对官吏财经方面的政绩和经济责任的审查是上计的主要内容之一。随着秦统一六国,上计制度推广到全国,西汉时达到鼎盛。东汉后期上计制度日渐衰落,包含于其中的审计也趋于弱化。这一时期,秦《效律》、汉《上计律》等专门的经济监督律法颁行,为实施审计监督提供了法律基础。秦汉监察体系中一些机构和职官也开始履行审计职责,审计与对官吏的日常监督结合起来。

(三)比部审计制度。从魏晋南北朝到唐前期,是中国古代审计向独立、专职化方向探索和发展的时期。作为独立的专职审计机构,比部产生于曹魏,隶属关系不断变更,至隋唐归刑部,审计职能不断强化。比部审计时期,财务勾检制度发展较成熟。在中央集权的一元财政体制下,比部审计到唐前期达于鼎盛,中央各行政机构及地方各级政权,均设有身兼行政效率勾检与财务审计双重职责的勾检官。比部通过定期的合规性勾考,对中央、地方、军镇的财政收支进行全面审计。《比部格》《比部式》的颁布实行,标志着专门审计法规的出现。在比部审计占据主导地位的同时,御史台作为独立的监察机构开始形成,御史监察制度有所发展,在对官吏的监督中也实施部分审计职能。

(四)三司审计制度。唐后期和五代宋时期,随着比部审计职能的弱化,由财政管理机构实施审计监督职能的体制确定下来。唐安史之乱后,中央集权削弱、藩镇割据、财政形成多元化局面,比部的勾检职责难以履行,户部、度支、盐铁三司承担了审计监督的任务。北宋三司的三部勾院、都磨勘司、马步军专勾司,南宋户部的提举账司等审计机构各有分工,审计监督在不同的财政管理领域发挥了作用。北宋元丰改制后,比部的审计职能曾得到加强,但很快又归并到户部。五代宋的御史台在对百官的监督中,分掌一定的审计职权。宋代的路监司、州府判官、县主簿等也被赋予了一些审计职能,地方审计组织及职官建设有所加强。

南宋建炎元年(公元 1127 年),诸军诸司专勾司更名为诸军诸司审计司(也称审计院),这是中国古代第一个以"审计"命名的专职审计机构。虽然"审计"一词登上历史舞台的直接起因是避帝名讳("专勾司"的"勾"字音近宋高宗赵构的"构",为了避讳,改称"审计院"),但使用它来为审计机构命名,从一定意义上表明,人们对审计本质的认识更加清晰,与前代相比达到了新的高度。

(五)科道审计制度。元明清三代以科道审计为主,监察机关集监察和审计职权于一身,形成了高度集权、机构庞大、制约严密的强有力的监察体系。元代御史台通过照刷文卷,进行财政财务审计,同时负责财经法纪监督,是明清科道审计的先导。明代废御史台设都察院,创建了科、道相互独立又相互配合、相互监督的审计制度,审计的独立性和权威性都有所增强。清代承继这一制度并有新的发展,将科、道合一,统归都察院。明清还建立了专门负责专项财经活动监督的专职御史,审计监督的针对性得到加强,效率有所提高。明清的户部、工部等行政机关,在财政管理、工程营造活动中都开展了一些审计活动,是对科道审计的补充。明清与审计相关的法规日趋完备,特别是清《钦定台规》,对监察审计制度做出系统全面的规定。清末预备立宪中,还借鉴国外经验,准备建立审计院作为独立于行政系统之外的专门审计机构,是中国审计向近代化道路迈进的一次尝试。

二、近代的政府审计

1840 年鸦片战争之后,面对日益深重的民族危机,中华民族变法图强,开始了国家制度现代化的漫漫征途,西方审计理论和制度随之引入。清末,统治者参照日本及西方先进国家的审计制度,筹设专门职掌财政监督的审计院,并在规范层面初步设计了现代意义上的审计制度;民国北京政府时期,中央先后成立审计处、审计院作为专职审计机关,我国现代审计制度初步确立;国民政府时期,审计制度进一步发展,"监审合一"体制形成,审计机关组织严密、分工细致,开展了广泛的审计实践活动。

(一)中华民国政府时期的审计。这一时期,无论是北京政府抑或是后来的国民党政府,其政治模式基本上仿照西方建立,作为西方近代政治重要内容的审计制度也一并传入中国。

1912 年北京政府设立临时审计机关——审计处,隶属于国务总理。1914 年根据《中华民国约法》将审计机构改为审计院,隶属大总统。同年 10 月 2 日,颁布了《审计法》,这是中国近代第一部审计法规。

1927 年 9 月,南京国民政府正式建立,设置审计院,直属于国民政府,与各部会并列。"军政时期"结束转入"训政时期"后,正式确立行政、立法、司法、考试、监察五院制的政权架构,审计院改组为监察院审计部,审计职权由监察院掌理。1928 年南京国民政府公布审计法,并制定了施行细则。

1938年修订了《审计法》,扩大了审计的职责范围,调整了审计的方式方法。为适应抗日战争形势下审计监督的特殊需要,审计部增设了审计处和审计办事处。在继续进行预算执行审计和计算、决算审核基础上,审计机关强化了对国库、银行等重点单位和建设事业专款等重点资金的审计。

1947年公布的宪法,确定监察院是国家最高监察机关,行使同意、弹劾、纠举及审计权,改审计部部长为审计长,由总统提名,经立法院同意任命。此间,审计部建制未做大的调整,人员编制一度明显增加,后随着国民党政权日渐衰落,人员不断减少,但预算执行审计、决算审计、军费审计、银行审计、稽查仍然是审计活动的主要内容,而且突出运用了巡回审计这一方式。

(二)新民主主义革命时期的审计。这一时期,每个阶段审计制度设立的具体形式和审计内容有所差异,但审计监督均发挥着重要作用。

1. 中国共产党成立及大革命时期的审计(1921—1927年)。这一时期,党中央在组织领导革命运动的进程中,成立了省港罢工委员会审计局等专门审计机构,探索对经济收支开展专门的审查,并形成了早期审计理念。

1923年4月,安源路矿工人俱乐部成立的经济委员会审查部是中国共产党成立后最早领导设立的审计监督机构。

1925年7月,中国共产党领导成立了省港罢工委员会下设的审计局,是共产党领导下成立的早期以"审计"命名的机构。

1926年3月,罢工委员会公布《审计局组织法》,对审计局的人员构成以及职责作出了规定。

2. 土地革命战争时期的审计(1927—1937年)。这一时期,中国共产党领导下的审计始终围绕革命根据地经济建设和反"围剿"军事需要而开展工作。

1932年8月,中央人民委员会第22次常务会通过《财政部暂行组织纲要》规定,在中央财政人民委员部设审计处,在省财政部设审计科。

1933年9月,中央人民委员会决定成立审计委员会,独立于财政部门,专司审计职能。

1934年2月,第二次全国苏维埃代表大会选举阮啸仙同志为中央审计委员会主任。

1934年2月,临时中央政府主席毛泽东签署命令,颁布了中国共产党领导下红色政权的第一部审计法规——《中华苏维埃共和国中央政府执行委员会审计条例》。条例共19条,规定了审计监督制度的目的、审计职权、审计体例、审计范围和任务等。

3. 全民族抗日战争时期的审计(1937—1945年)。这一时期,在中国共产党的领导下,边区及根据地政府紧紧围绕党的方针政策和中心工作设立审计机构,开展了形式多样的审计工作。

1937年2月,中华苏维埃临时中央政府设立国家审计委员会,谢觉哉任审计委员会主席。当时的国家审计委员会,基本上是沿用土地革命战争时期中央苏区所设立的审计委员会的组织形式。

1937 年 9 月，陕甘宁边区政府正式成立，边区政府设立了审计处。1938 年 3 月，边区审计处由政府的直属机构改为财政厅下属的审计科。

1939 年 1 月，边区参议会通过了《陕甘宁边区政府组织条例》，并于同年 4 月正式公布。条例明确规定了在边区政府下设立审计处等八个机构，并规定了审计处的八项职权任务。

1939 年 12 月，党中央财政经济部建立了审计处，要求对陕甘宁边区党政军的经费支出进行审计。

1940 年 10 月，中央财政经济部撤销，并决定按党中央机关、军队系统、边区党政系统分别设立三个财政经济处。同时，在三个系统的财经处下均设立审计科（根据工作需要决定署名为边区政府审计处），负责对下属单位的经费预决算进行审计。

1942 年 7 月，边区政府审计处撤销，原来审计处的工作划归边区政府财政厅负责，先后由财政厅的二科和三科主管。

4. 全国解放战争时期的审计（1945—1949 年）。这一时期，为加强对财政的监督，积极支援军队建设，满足战争供给需要，各解放区都沿袭和发展了抗日战争时期的审计制度。

1946 年 10 月颁发的《陕甘宁边区宪法草案》中，确立了在行政委员会下设审计处。1946 年 12 月，由陕甘宁边区政府主席林伯渠，副主席李鼎铭、刘景范共同签署的胜字［第 18 号］命令，确立了边区审计处的体制与组织地位。

1948 年，西北审计委员会成立，由西北局指定党政军财等方面的五人组成，对西北局负责，为全边区最高审计机关，下设审计处，为其日常办事机关。马文瑞和王子宜分别任审计委员会主任与副主任，黄亚光任审计处处长。西北审计委员会授权陕甘宁边区（包括党政）、晋绥边区（包括党政军）及联防军（包括野战军及地方兵团）各自设立审计分委会，由党政或军委派委员三人组成，对西北审计委员会负责，为复审权力机关；各审计分委会之下设立审计分处，为其日常办事机关。

全国解放战争时期，各解放区审计机构的设置并不统一，隶属关系多样，审计体制也有所不同。当时审计业务比较简单，人员较少，在财政部门内设审计机构的情况比较普遍，这样既便于协调财政、审计业务，也可以节约机构的运行成本。不少边区都曾设立由党政军等方面负责人组成的审计委员会，实际上是一个领导审计工作的权力机构，以保障审计工作的顺利开展。

三、新中国的国家审计

中华人民共和国成立后，审计机构在短期存续后被撤并，对国家财政收支的监督工作主要由财政部门内部的监察机构完成。以"审计机关"在 1982 年被写入《宪法》、1994 年《审计法》实施为标志，中国特色社会主义审计制度逐步确立并完善。党的十八大以来,以成立中央审计委员会为标志,审计管理体制发生了深刻变化,审计职能拓展到"全覆盖"的新空间,与新时代相适应的党统一领导下的中国特色社会主义审计模式已经确立。

(一) 社会主义建设初期的审计

社会主义建设初期的审计,既有继承红色审计的历史烙印,又带有苏联模式和计划经济体制的时代特点。审计和社会主义建设同样在曲折中探索,虽然经历了一段艰辛的过程,但在当时条件下,各级审计机构和财政监察机构尽职尽责地开展审计工作,认真履行监督职能,为尽快建立正常经济秩序、推进社会主义建设做出了应有贡献。

1. 新中国成立初期和社会主义制度建立时期的审计(1949—1956 年)。这一时期,延续红色政权审计工作的做法,中央和地方政府的财政部门内部普遍设有相对独立的审计机构。

1950 年 1 月,《中华人民共和国财政体制(草案)》中提出:"财政审计事宜由各级政府财政主管部门分别掌管,在预算范围内按照中央之规定,有行使支出之核准核销权及财政调拨权,专署可代表省行使所管部分审会计职权。"

1950 年初,财政部印发《中华人民共和国暂行审计条例(草案)》,这是中华人民共和国成立后,由中央政府部门草拟的第一部有关审计工作的行政法规。虽因学习苏联财政监察制度,未能正式颁行,但已印发各地征求意见,有的地方还参照条例的有关规定制定了本地的审计法规,并付诸实施。该条例也体现了当时审计立法的设想和思路,对后来审计监督制度的确立具有重要的参考价值。

1950 年 10 月,经政务院批准,中央财政部设立专司财政监督检查职责的财政监察司,地方各大区、省、市财政厅(局)设监察处,各地、市、县财政局设监察科(室),配备大批专职财政监察干部,形成了一个较为完整的财政监察系统。在基本完成社会主义改造的七年中,我国国民经济迅速恢复,财政经济状况根本好转,其中就有党领导下财政检查(监察)工作的贡献。

2. 社会主义全面建设开始和艰辛探索时期的审计(1956—1966 年)。这一时期,审计监督职能主要由财政部门的监察机构和业务管理机构,结合财政管理分别行使,主要监督财政部门执行财税政策,监督企业加强经济核算,监督事业单位执行各项财务制度和加强财务管理等。

在苏联专家的建议下,当时的政务院颁布了《中央人民政府财政部设置财政检查机构办法》,在全国统一实施财政监察制度。到 1958 年,各级政府的审计机构陆续被撤销,审计监督职能由财政部门的监察机构和业务管理机构结合财政管理工作分别行使。

1962 年 2 月,中共中央发出《关于迅速充实银行、财政和企业事业部门的计划、统计、财务、会计、信贷、税务人员的紧急通知》,要求之前从银行、财政和商业部门调走的领导骨干和计划、统计、信贷、税务骨干人员,除少数特殊情况外,应立即归队,并开始对中央国营企业派出财政驻厂员担负监督之责。这是我国建立社会主义制度后,首次提出派设中央国营企业财政驻厂员。

1963 年 1 月至 8 月,财政部在全国省、自治区、直辖市财政厅(局)先后增设了中央企业财务管理处或管理人员,负责管理财政驻厂员的工作。随后,财政部又与中央 13 个部门的 24 个企业建立了中央企业财政驻厂员工作联系制度,并要求各省、自治区、直辖市财政厅(局)比照执行,从而加强了对中央企业的监督。

1963 年 4 月,财政部制定了《关于中央国营企业财政驻厂员工作的暂行规定》。1966 年"文化大革命"开始后,财政驻厂员制度被视为"管、卡、压"而受到批判,财政驻厂员的工作无法开展。在这种情况下,财政部于 1966 年 12 月发出《关于撤销财政驻厂员有关问题的通知》,驻厂员被撤销。

3. "文化大革命"时期的审计(1966—1978 年)。这一时期,受"左"的思想影响,财政监察机构两次被撤销,直到 1978 年 8 月再次恢复。

(二)中国特色社会主义的审计

中国特色社会主义审计制度,是在改革开放的背景下适应国家治理的需要而建立的,是在建立和完善社会主义市场经济体制的进程中不断发展和完善的,并被纳入新时代党和国家机构改革的全面规划和系统部署。可以说,中国特色社会主义审计制度的建立和发展历程,是改革开放 40 年党和国家风雨历程和历史性巨变的缩影。继往开来,中国的改革发展永不止步,国家审计也面临新形势新任务新要求,必须不断丰富和完善中国特色社会主义审计制度,为推进国家治理体系和治理能力现代化发挥积极作用。

1. 改革开放初期的审计(1978—1985 年)。主要适应党和国家工作重心转移的战略决策,积极发挥"查错纠弊"严肃财经法纪的作用。这一时期,为了适应加强财政经济管理、建立健全经济监督机制、维护国家财经法纪、保障改革开放和经济建设健康发展的客观要求,国家审计制度应运而生。1982 年宪法确定建立国家审计制度,1983 年审计署正式成立。根据国家治理的客观需求,国家审计发挥的作用主要集中在严肃财经法纪、纠正账目差错等方面,重点审计预算外资金的使用、企业亏损、生产经营中的损失浪费以及严重违反财政纪律等。

1978 年,党的十一届三中全会提出以经济建设为中心,作出了把党和政府的工作重点转移到社会主义现代化建设上来的战略决策,确立了改革开放的基本方针,确定了进一步发扬社会主义民主和健全社会主义法制的任务。为解决经济体制改革和改革开放中出现的新问题,适应加强财政经济监督的需要,1982 年 12 月,第五届全国人民代表大会第五次会议通过的新宪法确定实行审计监督制度,明确规定了审计体制、审计机关的主要职责和审计监督的基本原则,标志着中国特色社会主义审计制度作为国家的一项基础性制度被确立下来。

1982 年颁布实施的《中华人民共和国宪法》第九十一条要求:"国务院设立审计机关,对国务院各部门和地方各级政府的财政收支,对国家的财政金融机构和企业事业组织的财务收支,进行审计监督。审计机关在国务院总理领导下,依照法律规定独立行使审计监督权,不受其他行政机关、社会团体和个人的干涉。"

1983年9月15日,中华人民共和国审计署成立,是国务院的组成部门,第一任审计长是于明涛同志。在随后的两年多时间里,全国县级以上地方各级人民政府普遍建立起审计机关。到1985年底,全国已建立起地方审计机关3007个,配备审计人员2.79万名。

审计机关组建初期,遵照国务院提出的"边组建、边工作"的方针,围绕经济工作中心,以促进增收节支、确保当年财政收支基本平衡为目标,对预算外资金的使用、企业亏损、生产经营中的损失浪费以及严重违反财政纪律等问题进行了重点审计。同时,开拓性地开展了财务收支审计、行业审计、专项资金审计、专案审计以及经济效益审计等试点,审计监督工作迈出了坚实的第一步。例如,1983年,审计署选择天津铁厂、淮海水泥厂、湖北省监利县食品公司和北京市双桥农场进行试审,这是审计署成立后第一次对工业企业、基本建设项目、商业企业和农业企业进行试点审计。

1983年,国务院批转了审计署《关于开展审计工作几个问题的请示》。1985年国务院发布了《关于审计工作的暂行规定》要求:"国务院设审计署,在总理领导下,负责组织领导全国的审计工作,对国务院负责并报告工作。县级以上的地方各级人民政府设审计局,在上级审计机关和本级人民政府的领导下,负责本行政区内的审计工作,对上一级审计机关和本级人民政府负责并报告工作。"

从1983年开展审计试点至1985年底的两年多时间里,各级审计机关共审计8.13万个部门和单位,检查出违反财经法规金额约137亿元,应上缴财政金额约34亿元。审计监督在严肃财经法纪、纠正不正之风、改善管理、提高经济效益方面发挥了积极作用。

2. 从计划经济向社会主义市场经济转变时期的审计(1986—1992年)。主要围绕国家治理经济环境、整顿经济秩序的重大部署,有计划地开展财务收支审计,同时尝试向管理和效益方面延伸,并强调以微观审计为基础,从宏观着眼,积极发挥审计监督在宏观管理中的作用。这一时期,根据党中央、国务院的指示,审计机关提出了"抓重点、打基础""积极发展、逐步提高""加强、改进、发展、提高"等工作方针和指导思想,不断健全审计组织体系,充实和深化审计内容,推动审计法制化、制度化建设,为严肃财经法纪,促进治理整顿,保障经济体制改革顺利进行等作出了杰出贡献。

1988年11月,国务院发布《中华人民共和国审计条例》第八条规定:"省、自治区人民政府设有派出机关的,派出机关的审计机关对派出机关和省、自治区人民政府审计机关负责并报告工作,审计业务以省、自治区人民政府审计机关领导为主。"此后,较为完整的审计制度体系初步形成,审计工作法制化、制度化、规范化程度逐步提高。审计工作紧紧围绕国家经济建设中心,遵循"积极发展、逐步提高"指导方针,强调要深化重点企业、重点资金的审计,既要审计财务收支真实合法,又要逐步向检查有关的内部控制制度和经济效益方面延伸,并作出适当的经济评价,促进经济效益的提高。

为了贯彻执行审计条例,审计署制定了《中华人民共和国审计条例施行细则》《审计署关于实施审计工作程序的若干规定》等审计工作通用性规章制度,以及财政、金融、固定资产投资、企业、行政事业、农业和外资审计等方面的专业规章制度。

1991 年,新中国第一个审计工作发展规划,即《审计工作发展纲要(1991—1995)》颁布实施。在从计划经济向社会主义市场经济转变时期,审计工作经历了"边组建、边工作""抓重点、打基础""积极发展、逐步提高""加强、改进、发展、提高"等阶段,审计机关围绕经济工作中心任务,治理影响、干扰经济体制改革的要害问题,在严肃财经纪律、促进治理整顿、保障经济体制改革顺利进行方面发挥了重要作用。

1992 年,党的十四大明确建立社会主义市场经济体制的改革目标,提出要强化审计和经济监督,健全科学的宏观管理体制和方法。

3. 社会主义市场经济体制建立时期的审计(1993—2002 年)。主要以审计法及实施条例为主体,以审计准则为基础的比较完善的审计法律规范体系初步形成,标志着我国审计监督工作步入了法制化轨道,中国特色社会主义审计制度取得重大进展。这一时期,以审计财政财务收支的真实、合法为重点,加强和改进财政、企业、金融机构财务收支审计,探索开展党政领导干部和国有企业领导人员经济责任审计,揭露和制止财政资金损失浪费、国有资产流失、舞弊和腐败等问题,为打假治乱、维护财经秩序等作出了积极贡献,同时大力加强"人、法、技"建设,积极构建以宪法为依据、以审计法及实施条例为主体、以审计准则为基础的审计法律规范体系,中国特色社会主义审计监督制度框架初步形成。

1993 年 11 月,党的十四届三中全会通过《中共中央关于建立社会主义市场经济体制若干问题的决定》,明确了社会主义市场经济体制的基本框架,对有关重大问题作出了规定。

1994 年 8 月,第八届全国人民代表大会常务委员会第九次会议通过了《中华人民共和国审计法》,自 1995 年 1 月 1 日起施行,是中国审计法制建设的重要里程碑。审计法适应了建立社会主义市场经济体制的要求,把我国审计实践中积累的一些成熟经验以法律形式确定下来。

此后,《中央预算执行情况审计监督暂行办法》《中华人民共和国审计法实施条例》《中华人民共和国国家审计基本准则》等法律规范陆续颁布实施。自 1995 年开始,审计署每年分别向国务院、全国人大常委会提交审计结果报告和审计工作报告。

1996 年,审计署发布了《中华人民共和国国家审计基本准则》等 38 个审计规范,自 1997 年 1 月 1 日起施行。1998 年,审计署对 38 个审计规范进行修改、补充和完善。同年 11 月,审计署成立了审计准则体系草案论证修改委员会,将审计准则体系分为基本审计准则、具体审计准则和专业审计操作指南三个层次。截至 2003 年底,审计署先后制定了 20 个单项审计准则。2000 年 1 月,为从严治理审计队伍,下发了《审计署关于加强审计纪律的规定》,实行审计外勤费用自理,切断与被审计单位的经济联系,切实维护审计工作的独立性。地方审计机关根据各自实际,陆续制定了相关办法。

1997 年 10 月 21 日,国务院发布了《中华人民共和国审计法实施条例》。

1998 年,审计署提出了"依法审计、服务大局、围绕中心、突出重点、求真务实"二十字方针,坚持"全面审计、突出重点"的工作原则。同时,提出要进行"人、法、技"建设,体现了以人为本的理念,体现了依法治国、依法审计的原则和与时俱进的创新精神,为审计事业的可持续发展提供了坚实保障。

2002 年,审计署先后印发《审计署审计结果公告试行办法》和《审计署审计结果公告办理规定》,明确实行审计结果公告制度,凡审计署统一组织审计项目的审计结果,除个别涉及国家秘密或其他特殊情况不宜公告外,原则上都要对外公告。同时,规定了审计结果公告的主要内容,包括:中央预算执行和其他财政收支的审计结果;政府部门或者国有企业事业组织财政收支、财务收支的审计结果;有关行业或者专项资金的审计结果;有关任期经济责任的审计结果。

4. 社会主义市场经济完善时期的审计(2003—2012 年)。坚持以打假治乱为重点,审计监督在维护经济秩序,促进改革发展,强化权力制约,推动民主法治等方面发挥了积极作用。这一时期,为适应完善社会主义市场经济体制的要求,审计署将原来相对分散的业务格局整合调整为财政审计、金融审计、企业审计和经济责任审计"3＋1"的审计业务格局。以真实性为基础,积极开展预算执行审计和领导干部经济责任审计。全国各省级审计机关、400 多个地市、近 2000 个县级审计机关建立了经济责任审计专职机构。2005 年,党政领导干部经济责任审计范围从县(区)级以下扩大到地(厅)级,加强了对权力运行的制约和监督,在维护经济秩序、推动依法行政、促进廉政建设、推进民主法制建设等方面发挥了积极作用。

2003 年,党的十六届三中全会通过《中共中央关于完善市场经济体制若干问题的决定》,提出了完善社会主义市场经济体制的战略任务。党的十六届四中全会提出要加强对权力运行的制约和监督,党的十七届二中全会强调要充分发挥监察、审计等专门监督的作用。同年,审计署首次向社会公告了"非典"专项资金的审计结果。审计结果公告制度的建立,不仅对审计机关自身的工作质量提出了更高要求,也促进了社会各方参与监督,在预算公开、政府信息公开等方面产生了积极作用。

2004 年 6 月 25 日,原审计长李金华同志代表审计署向全国人大提交了一份长达 22 页的审计报告,并首次全文公布了牵涉很多重要部门的审计报告。一大批中央部委被公开曝光,被点名批评的有财政部、原国家计委、教育部、民政部、水利部等。其中,财政部被点名达 9 次之多,报告在用词上也一改以前的含糊和温和,而代之以"疏于管理和监督"等严厉的字眼。

2006 年 3 月 1 日,《中华人民共和国审计法》(修订)经 2006 年 2 月 28 日第十届全国人民代表大会常务委员会第 20 次会议通过。

2008 年,审计署党组提出,国家审计是保障经济社会健康运行的"免疫系统",要求各级审计机关始终站在国家治理的高度谋划审计,着眼国家治理的目标部署审计,围绕国家治理的任务实施审计。

5. 新时代中国特色社会主义的审计(2012年至今)。坚持以习近平新时代中国特色社会主义思想为指导,围绕"四个全面"战略布局和"五位一体"总体布局发挥审计保障作用。这一时期,审计工作积极发挥在国家治理方面的作用,加强对重大违纪违法问题的揭示力度,严肃查处违纪违法问题并主动向社会公开。同时,针对经济社会各领域在全面深化改革过程中出现的创新举措和应变措施以及创新过程中不可预知的风险等,积极发挥国家审计建设性的作用;着力推动党中央、国务院重大政策措施贯彻落实,促进提高发展质量和效益;深入揭示和促进防范风险,着力从体制机制层面推动深化改革。在维护党中央权威和集中统一领导、促进政令畅通、推动深化改革和科学发展、保障国家经济安全和人民利益、推进民主法治建设和反腐败斗争等方面发挥了重要作用。

2012年11月,党的十八大提出了健全权力运行制约和监督体系,推进权力运行公开化、规范化,完善党务公开、政务公开、司法公开和各领域办事公开制度,健全质询、问责、经济责任审计、引咎辞职、罢免等制度,加强党内监督、民主监督、法律监督、舆论监督,让人民监督权力,让权力在阳光下运行。

2013年11月,党的十八届三中全会通过《中共中央关于全面深化改革若干重大问题的决定》,提出了加强和改进对主要领导干部行使权力的制约和监督,加强行政监察和审计监督;健全严格的财务预算、核准和审计制度;探索编制自然资源资产负债表,对领导干部实行自然资源资产离任审计等。

2014年10月9日,国务院印发的《关于加强审计工作的意见》要求:"发挥审计促进国家重大决策部署落实的保障作用,主要是推动政策措施贯彻落实、促进公共资金安全高效使用、维护国家经济安全、促进改善民生和生态文明建设、推动深化改革;强化审计的监督作用,主要是促进依法行政和依法办事、推进廉政建设、推动履职尽责;完善审计工作机制,主要是依法接受审计监督、提供完整准确真实的电子数据、积极协助审计工作;狠抓审计发现问题的整改落实,主要是健全整改责任制、加强整改督促检查、严肃整改问责。"

2014年10月23日,党的十八届四中全会通过的《中共中央关于全面推进依法治国若干重大问题的决定》要求:"完善审计制度,保障依法独立行使审计监督权;对公共资金、国有资产、国有资源和领导干部履行经济责任情况实行审计全覆盖;强化上级审计机关对下级审计机关的领导;探索省以下地方审计机关人财物统一管理;推进审计职业化建设。"

2015年12月9日,中共中央办公厅、国务院办公厅印发的《关于完善审计制度若干重大问题的框架意见》,提出完善审计制度的主要任务是:"实行审计全覆盖;强化上级审计机关对下级审计机关的领导;探索省以下地方审计机关人财物管理改革;推进审计职业化建设;加强审计队伍思想和作风建设;建立健全履行法定审计职责保障机制;完善审计结果运用机制;加强对审计机关的监督。"

2018 年 3 月,党中央组建成立了中央审计委员会。2018 年 3 月,中共中央印发的《深化党和国家机构改革方案》要求:"为加强党中央对审计工作的领导,构建集中统一、全面覆盖、权威高效的审计监督体系,更好发挥审计监督作用,组建中央审计委员会,作为党中央决策议事协调机构。改革审计管理体制,组建中央审计委员会,是加强党对审计工作领导的重大举措。要落实党中央对审计工作的部署要求,加强全国审计工作统筹,优化审计资源配置,做到应审尽审、凡审必严、严肃问责,努力构建集中统一、全面覆盖的审计监督体系,更好发挥审计在党和国家监督体系中的重要作用。"

2021 年 1 月 15 日,《审计署关于印发全国审计机关 2021 年度工作要点的通知》中提出"积极推进研究型审计"。

2021 年 6 月 22 日,中央审计委员会办公室、审计署发布的《"十四五"国家审计工作发展规划》提出:"转变审计思路,既要善于发现问题,更要注重解决问题,发挥审计的建设性作用。根据审计实践需要,强化审计理论研究,推动审计理论、审计实践和审计制度创新。"

第二节　国外国家审计的发展与体制模式

一、国外国家审计的起源与发展

国外的国家审计,既具有悠久的历史,又具有具体的内容,更体现了现代商品经济发展的需要。

(一)国外古代的国家审计

国外古代国家审计历史,可追溯至公元前 3000 多年前的古埃及到 17 世纪后半期资本主义制度确立。这一时期,国家审计存在于奴隶社会和封建社会中,以维护王权和皇权统治为目标。

据史料记载,早在奴隶制度下的古埃及、古罗马和古希腊时代已有了官厅审计机构。如在约公元前 3000 年的古埃及,政府机构中设置监督官,行使审查监管权。会计官员的收支记录,各级官吏是否尽职守法,均置于监督官的严格监督之下。公元前 6 世纪古希腊的雅典,由选举产生的执政官通过抽签组成审计机构,对卸任官员任期内的会计账簿进行审查,通过审计证明其没有贪污、行贿之后方可离职,否则交人民大会裁决。公元前 3 世纪的古罗马,在元老院下设审计机构对即将卸任的官员进行审计,检查他们在任期内是否很好地履行了所承担的经济责任,并进行相应的奖惩。当时,审计方法主要是"项目听证会",audit 一词就是从拉丁文 auditus(听证会)演变而来的。

在中世纪西方国家的封建王朝中,大多设置审计机构和审计官员,对国家财政收支进行审计。英国亨利一世(公元 1100—1135 年)为巩固专制王权,在财政部内设上下两院,下院为收支局,上院为收支监督局,实施王权审计,审计机构没有独立性。公元 1256 年法王路易九世颁布法令,规定各城市的官员在圣马丁节(11 月 11 日)以前,携带其所辖城市的年度收支账目来巴黎接受王室审计官的审计。德国威廉一世创建了独立于行政部门的"总会计院",后称"最高审计院",负责审计国家的财政收支,并将审查结果和建议报告给国王。国外古代国家审计无论是组织机构还是方法,均处于亟待完善的初始阶段。

(二)国外近现代的国家审计

在资本主义时期,欧洲许多国家于 19 世纪在宪法或特别法令中都规定了审计的法律地位,确立国家审计机关的职权、地位和审计范围,授权独立地对财政财务收支进行监督。

在现代资本主义国家,大多实行立法、行政、司法三权分立,议会为国家的最高立法机关,并对政府行使包括财政监督在内的监督权。为了监督政府的财政收支,切实执行财政预算法案,以维护统治阶级的利益,西方国家大多在议会下设有专门的审计机构,由议会或国会授权,对政府及国有企业和非营利组织的财政财务收支进行独立的审计监督。美国于 1921 年成立的总审计局,就是隶属于国会的一个独立经济监督机构,它担负着为国会行使立法权和监督权提供审计信息和建议的重要职责。总审计长由国会提名,经参议院同意,由总统任命。总审计局和总审计长置于总统管辖以外,独立行使审计监督权。另外,加拿大的审计公署、西班牙的审计法院等,也都是隶属于国家立法部门的独立机构,其审计结果要向议会报告,享有独立的审计监督权限。这是世界上比较普遍的存在立法系统的国家审计机关。

(三)英国和美国的国家审计

1. 英国的审计具有悠久的历史,是近代审计的发源地。英国的王室财政审计制度早在 13 世纪就正式建立起来了,至今有 770 多年的历史。在 11 世纪和 12 世纪,英王一直把持国家的财政大权,在威廉一世时代和亨利一世时代,封建统治者在财政部内设置有审计监督部门,即上院(收支监督局)和下院(收支局)执行审计监督。1215 年英国《大宪章》的颁布,制约了英王的权力,奠定了英国国家审计制度产生和发展的政治基础。1314 年,政府在财政部内设立了国库审计师,这是最早履行监督政府支出职责的行政官员。1559 年,伊丽莎白女王设立预付款审计师,正式对国库支付款项行使国家审计权。1785 年,根据《更好地检查和审计国王公共账目的法案》,取消国库审计官,成立五人审计委员会,负责审计各部门的公共账目。自 1834 年开始,国家又增设国库审计长办公室与已有的公共账目审计委员会合作,共同负责政府款项的审计监督。但是,此时的国家审计权几乎都配置给行政机构行使。议会虽控制国家征税权已达几个世纪之久,但其对国家支出的控制与审核的力度却很脆弱。1861 年,英国议会下院设立决算审查委员会,专门负责对决算进行审查并向议会报告。1866 年《国库和审计部法案》,设立主计审计长职位以及国库审计部,对政府部门和公共机构进行审计,这个法案第一次在法律上明确了国家审计代表议会对政府收支的审查与控制,是当代国家审计独立于行政部门的开始,标志着立法型国家审计权的配置模式的形成。需要说明的是,此时的这种独立仅仅是法理上的独立。直到 1983 年颁布实施的《国家审计法》,取消了英国国库审计部,正式更名为英国审计署,独立于行政部门,代表议会对政府进行监督,向议会报告工作,这才使国家审计最终真正脱离了行政部门的控制。2000 年通过的《政府资源与会计法》,扩大了国家审计权监督内容的范围,要求所有的政府部门、机构及其他公共团体,都要在权责发生制的基础上编制年度资源会计报表,并接受主计审计长的审查。这样英国议会不仅控制了征税权,还在行政权的立法控制预期功能的设定上,将监督与审查国家财政支出的审计权由政府转移到议会手中。今天的英国,审计权是议会控制行政活动的有效工具,也是开源节流和防止腐败行为的重要武器。

2. 美国虽然只有 200 多年的历史,但由于它重视经济管理,在经济管理理论和方法的研究方面颇有成就,这就促使了美国经济的迅速发展。以前美国没有独立的财政监督机构,只在财政部设有审计官进行审查,直到 1919 年参、众两院建议组成预算特别委员会后,才把对政府账目的审计从财政部的业务中分离出来。1921 年公布了《1921 年预算和会计法案》,要求总统编制联邦支出年度预算。同时法案提出设立审计总署,授权审计总署调查与公共资金收入、分配和使用相关的所有事项,提出改进公共支出经济性和效率性的建议。《1921 年预算和会计法案》一直是审计总署工作的基础。20 世纪 30 年代,罗斯福总统新政期间,联邦政府投入大量资金治理经济大萧条,大量的政府项目意味着大量的凭证,需要更多的审计人员,审计总署雇员从 1921 年的 1700 人左右到 1940 年上升到 5000 人左右。美国参加第二次世界大战时,军费支出使凭证的数量急剧膨胀,审计总署无法及时地对大量的凭证进行审计,1945 年雇员增加到 14000 多人。第二次世界大战后,审计总署认识到可以对政府部门实施更广泛、更综合的经济性、效率性审计。因此,审计总署缩减了人员规模,改变了审计方式,将检查凭证等职能交给政府部门,开始审查政府部门的内部控制和财务管理。自 20 世纪 40 年代后期开始,审计总署、财政部和预算管理局协助政府部门完善会计系统和费用控制,《1950 年预算和会计程序法案》授权审计总署制定联邦政府会计准则,并对内部控制和财务管理进行审计。20 世纪 50 年代,因为冷战以及在欧洲、亚洲建立军事基地,政府支出不断增长,审计总署持续关注国防支出。1952 年,审计总署正式建立了地方办公室,并在欧洲和远东建立了分支机构。1972 年审计总署审查的内容涉及水门事件,与此同时,国会也开始关注政府项目目标的实施情况,审计总署开始实施项目评估。1967 年国会要求审计总署评价约翰逊政府反贫困的效果。《1970 年立法重组法案》授权审计总署对联邦政府活动进行项目评估和分析。

《1974年国会预算和处罚控制法案》补充了审计总署的评价职能和预算过程中的职责。《1978年总监察长法案》要求在政府部门设立总监察长,总监察长依据政府审计准则对联邦的项目和活动进行内部监督。审计总署的职员特别是会计师,开始转变去适应新的工作。20世纪70年代,审计总署开始雇用科学家、精算师,以及保健、公共政策、计算机等方面的专家。1986年,审计总署成立了具有法律背景的专业调查团队,专门调查涉嫌违法的行为。20世纪80年代以后,审计总署更加关注联邦政府的责任,如审计总署报告了储蓄和贷款业的问题,反复警告政府在控制赤字方面的失误。《1980年审计总署法案》进一步强化了审计总署从政府部门和其他组织获取调查和评价所需资料的权力。《1990年首席财务官法案》和《1994年政府管理改革法案》,授权审计总署审计政府的财务报表和联邦政府的年度合并财务报表。《1993年政府绩效与结果法案》授权审计总署向国会报告法案的执行情况,以监督联邦政府的绩效改革进程。《2004年审计总署人力资源改革法案》将审计总署从联邦雇员薪金系统中分离出来,赋予审计总署更多的薪金支付权和人力资源管理权。2004年,根据《2004年审计总署人力资源改革法案》,审计总署的名称改为政府责任署,此次更名体现了总署"责任、公正和可靠"的核心价值观,也反映了总署"协助国会实现宪法责任、提高联邦政府绩效和保证联邦政府对美国公民的责任"的历史使命。

二、国外国家审计体制模式

目前国外国家审计制度的分类,主要是根据最高审计机关独立性的不同将其分为四大类型,分别是:独立模式的国家审计制度(以下简称"独立模式")、司法模式的国家审计制度(以下简称"司法模式")、立法模式的国家审计制度(以下简称"立法模式")、行政模式的国家审计制度(以下简称"行政模式")。

(一)"独立模式"的国家审计机关独立于"立法""司法""行政"三权之外,按照国家法律所赋予的职责独立开展工作。一般而言,其组织形式是会计检察院或者审计院。"独立模式"下的政府审计制度比较看重建议权,国家审计机关独立性最强,审计机关只对法律负责,直接向议会提交报告。这一类型的典型代表国家是德国和日本,荷兰也采用此模式。

(二)"司法模式"的最高审计机关一般为审计法院,拥有司法权,其中有的人员享有司法地位,强化了国家审计的职能,增强了国家审计的权威性。审计机关更加注意被审计当事人的财务责任,根据官员履行经济责任的情况来对官员实施奖励或惩罚,审计机关提供更多的是一种个案式的微观服务。此种审计制度赋予审计机关独特的司法权,从而造就了这类审计制度下的国家审计机关具有很高的权威性。这一类型的审计制度起源于法国、意大利、西班牙等西欧大陆国家,南美和非洲一些国家的审计制度均属于这种模式。正是由于"司法模式"下的国家审计机关具有独特的司法权,因此其权威性在四大模式中最高。

（三）"立法模式"的最高审计机关隶属于立法机关,该立法机关一般为议会或国会。在"立法模式"下,审计机关依据法律赋予的权利独立行使审计权,直接对议会或国会(即立法部门)负责,并向议会或国会报告工作。"立法模式"下的国家审计制度着重强调向议会或国会报告及预算的否决权,一般只有调查权和建议权,没有处理权。它虽然不直接下达审计决定,但通过公开审计建议结论对资金使用人产生约束,并对议会的决策产生一定影响。英国是这一类型审计制度的先驱,美国、加拿大、澳大利亚和奥地利等国也采取这一模式。

（四）"行政模式"的最高审计机关隶属于政府,根据政府所赋予的职责和权限实施审计,对政府负责。这是一种半独立或独立的国家审计模式,审计机关主要是围绕政府部门的中心工作开展服务,政府的意志在很大程度上左右着审计机关的工作范围和审计处理。审计机关行使监督职能的同时,往往还带有其他监督职能,如行政监督和计划监督,甚至审计职能变异为单一财政监督。一般而言,这类审计制度下的审计机关的独立性和权威性都比较差。属于这一类型的国家主要有瑞典、泰国、沙特阿拉伯、苏联、东欧国家等。

 **思考题**

即练即测

一、简答题

1. 中华民国时期我国审计经历了怎样的发展?

2. 简述土地革命战争时期我国国家审计的发展。

3. 简述社会主义市场经济体制建立时期的审计的发展特征。

4. 简述国外近现代国家审计的特征。

5. 简述国外国家审计制度中的"司法模式"。

二、论述题

1. 思考中国古代审计制度的发展历史。

2. 社会主义全面建设时期,我国审计制度经历了哪些艰辛探索?

3. 从计划经济向社会主义市场经济转变时期的审计经历过哪些尝试与调整?

4. 进入新时代后,具有中国特色社会主义的审计是怎样发展的?

5. 国外国家审计体制模式都有哪些分类?具体是怎样的?

第二章

国家审计概述

 导读

　　国家审计是党和国家监督体系的重要组成部分,是国家治理体系中依法监督制约权力运行的一项重要制度安排,其基本功能是经济监督。本章对国家审计的概念与特征、国家审计的地位和作用、国家审计与内部审计和社会审计的关系和国家审计的分类进行阐述。

本章学习目标

　　通过本章学习,学员应该能够:
　　(1) 理解国家审计的概念与特征,对国家审计有一个全面、清晰的认知;
　　(2) 了解国家审计的地位和作用;
　　(3) 熟悉国家审计与内部审计、社会审计的关系;
　　(4) 掌握国家审计按审计内容、审计目标、审计实施时间、执行审计的地点分类以及国家审计的主要业务类型。

第一节　国家审计的概念与特征

一、国家审计的概念

　　对于国家审计的概念,2013 年召开的世界审计组织第二十一届大会通过的《北京宣言——最高审计机关促进良治》指出,作为国家治理不可分割的组成部分,国家审计机关依法独立履行其职责,客观公正地进行监督、鉴证、评价和建议,以供国家决策者制定政策和开展规划所用。世界审计组织在其战略规划(2017—2022 年)中,明确的愿景是:"通过增强最高审计机关能力,帮助各国政府提高绩效、增强透明度、确保问责、保持信用、打击腐败、提升公共信誉、提高公共资源收支的效率和效果,为人民谋福利,促进良治。"世界审计组织职业准则委员会关于最高审计机关的审计职能调查报告指出:"审计工作属于问责环节,是治理系统中不可缺少的一个部分;最高审计机关是主权国家治理体系中不可分割的一个部分。"

中国审计机关自 1983 年成立以来,在开展国家审计实践的同时,注重总结和把握国家审计发展规律,吸收中外审计概念研究的已有成果,对国家审计的概念持续进行研究和探讨。例如,在中国审计学会 1989 年召开的全国审计基本理论研讨会上,将审计的概念表述为:"审计是由专职机构和人员,依法对被审计单位的财政、财务收支及其有关经济活动的真实性、合法性、效益性进行审查,评价经济责任,用以维护财经法纪、改善经营管理、提高经济效益、促进宏观调控的独立性经济监督活动。在 1995 年召开的简明审计定义研讨会上,提出了一个审计定义,即审计是独立检查会计账目、监督财政、财务收支真实、合法、效益的行为。"2010 年修订的《中华人民共和国审计法实施条例》第二条指出:"审计法所称审计,是指审计机关依法独立检查被审计单位的会计凭证、会计账簿、财务会计报告以及其他与财政收支、财务收支有关的资料和资产,监督财政收支、财务收支真实、合法和效益的行为。"

综上所述审计定义一般包括审计主体、审计依据、审计对象或审计内容、审计特征、审计职能和审计目标等要素。

从国家审计在党和国家监督体系中的地位与作用的角度,国家审计的概念是:国家审计是由国家专门机关依法独立对国家重大政策措施贯彻落实情况,公共资金、国有资产、国有资源管理分配使用的真实合法效益,以及领导干部履行经济责任、自然资源资产管理和生态环境保护责任情况所进行的监督活动。要全面理解国家审计的概念与内涵,应重点把握好以下几个方面。

(一)国家审计的主体是各级审计机关。1982 年 12 月,第五届全国人民代表大会第五次会议审议通过的《中华人民共和国宪法》第九十一条明确规定:"国务院设立审计机关,对国务院各部门和地方各级政府的财政收支,对国家的财政金融机构和企业事业组织的财务收支,进行审计监督。审计机关在国务院总理领导下,依照法律规定独立行使审计监督权,不受其他行政机关、社会团体和个人的干涉。"第一百零九条规定:"县级以上的地方各级人民政府设立审计机关。地方各级审计机关依照法律规定独立行使审计监督权,对本级人民政府和上一级审计机关负责。"宪法的这一规定具有法定性、独立性和专有性。根据职权法定的原则,其他任何政府部门、机关均不能行使国家审计监督权。

(二)国家审计的客体是指接受审计机关审计的经济责任承担者和履行者。根据《中华人民共和国宪法》第九十一条和第一百零九条的规定:"国务院和县级以上地方各级人民政府设立审计机关,对国务院各部门和地方各级政府的财政收支,对国家的财政金融机构和企业事业组织的财务收支,进行审计监督。"《中华人民共和国审计法》《党政主要领导干部和国有企业领导人员经济责任审计规定》《国务院关于加强审计工作的意见》《关于完善审计制度若干重大问题的框架意见》及相关配套文件。《关于深化国有企业和国有资本审计监督的若干意见》和《领导干部自然资源资产离任审计规定(试行)》等法律和文件明确,对属于法定职权范围内的公共资金、国有资产、国有资源和领导干部履行经济责任情况实行审计全覆盖,对地方各级党委、政府主要领导干部以及承担自然资源资产管理和生态环境保护工作部门(单位)的主要领导干部履行自然资源资产管理和生态环境保护责任情况进行审计。

(三)国家审计的内容包括:国家重大政策措施贯彻落实情况;公共资金、国有资产、国有资源管理分配使用的真实合法效益;以及领导干部履行经济责任、自然资源资产管理和生态环境保护责任情况等。具体如下。

(1)各地区、各部门贯彻落实国家财政、税收、货币、产业、环保、民生等方面政策的具体措施、执行进度和实际效果。

(2)政府的全部收入和支出,政府部门管理或其他单位受政府委托管理的资金,以及相关经济活动。

(3)行政事业单位、人民团体、国有和国有资本占控股地位或者主导地位的企业(含金融机构)等管理、使用和运营的境内外国有资产。

(4)土地、矿藏、水域、森林、草原、海域等国有自然资源,特许经营权、排污权等国有无形资产,以及法律法规规定属于国家所有的其他资源。

(5)地方各级党委和政府、纪检监察机关、审判机关、检察机关,中央和地方各级党政工作部门、事业单位、人民团体等单位的党委(含党组、党工委)正职领导干部和行政正职领导干部,包括主持工作一年以上的副职领导干部;国有和国有资本占控股地位或者主导地位的企业(含金融机构)的法定代表人,以及实际行使相应职权的企业主要领导人员履行经济责任情况;地方各级党委、政府主要领导干部以及承担自然资源资产管理和生态环境保护工作部门(单位)的主要领导干部履行自然资源资产管理和生态环境保护责任情况。

(四)国家审计的基本功能是经济监督。主要是指通过审计,揭露违纪违法、制止损失浪费、查明错误弊端、判断管理缺陷进而追究责任,并依据一定的标准对所查明的事实进行分析和判断,督促改善管理,提高效率和效益,完善体制、机制和制度。

经济监督作为审计的基本功能贯穿于依法检查到依法评价,从依法作出审计处理处罚决定到督促决定的执行,从依法提出建议到督促整改,以及出具审计报告、作出审计决定、发布审计结果公告等审计工作的各个环节。

(五)国家审计的目标是监督和评价财政财务收支及有关经济活动的真实、合法和效益,以发挥维护国家财政经济秩序、提高财政资金使用效益、促进廉政建设、保障国民经济和社会健康发展的作用。

(1)真实性是指反映财政财务收支以及有关经济活动的信息与实际情况相符合的程度。审计机关把真实性作为审计的目标,就是在审计中,确定审计对象的财政财务收支信息与财政财务收支实际情况是否一致,判断财政财务收支信息是否真实、可靠。通过审查被审计单位财政财务收支以及有关经济活动信息的真实性,有利于提高信息可靠性,为信息使用者提供依据。

(2)合法性是指财政财务收支以及有关经济活动遵守国家法律、法规规章和有关规定的情况。国家法律、法规规章和有关规定对财政财务收支行为作出了规定,其目的是维护财经秩序、保证公平竞争、促进经济社会健康发展、维护人民群众利益,审计对象必须遵守这些规定。审计机关把合法性作为审计的目标,就是在审计中,以国家法律、法规规章和有关规定为标准,审查审计对象的财政财务收支以及有关经济活动遵守国家法律、法规规章和有关规定的情况,维护法律尊严和社会公共秩序。

(3)效益性是指财政财务收支以及有关经济活动的经济性、效率性和效果性。经济性是指审计对象活动过程中获得一定预期结果所耗费的公共资源最少,它以节约成本为目标,重点关注达到组织活动目标所花费的成本是否被控制在合理的范围内,公共资源利用是否经济、有无损失浪费的问题。效率性是指审计对象活动过程中公共资源投入与产出之间的对比关系,它以提高资源利用效率为目标,重点关注资源的利用是否充分、是否存在因管理不善造成的效率低下问题。效果性是指审计对象从事活动时实际取得成果与预期成果之间的对比关系,它以公共资源配置达到预期效果为目标,重点关注资源配置的目标是否实现、是否达到预期目的。审计机关把效益性作为审计目标,就是在审计中,从成本控制、运行效率、结果实现等角度,审查审计对象配置和使用公共资源的情况,判断资源利用是否充分、节约和有效,既关注经济效益,也关注社会效益和环境效益。

二、国家审计的特征

国家审计具有政治性、法定性、独立性、全面性、专业性等特征。

(一)政治性。中国共产党是中国特色社会主义事业的领导核心,坚持党的领导是中国特色社会主义审计制度建立和发展的首要政治前提。国家审计作为党和国家监督体系的重要组成部分,审计机关首先是政治机关,是党的工作部门,其根本特征就是在中国共产党的领导下,依法独立行使审计监督权。

(二)法定性。职权法定是国家审计权威性和强制性的保障。《中华人民共和国宪法》《中华人民共和国审计法》及其实施条例等审计相关规定及相关配套文件,都对审计监督的职责作出了明确规定,赋予审计机关维护秩序、推动改革、推进法治、促进廉政、强化问责、保障发展等职责和任务。作为宪法和法律确立的一项制度,国家审计的地位和作用是不可替代的。

(三)独立性。独立性是国家审计机关行使职权的基础。《中华人民共和国宪法》规定,审计机关依照法律规定独立行使审计监督权,不受其他行政机关、社会团体和个人的干涉。这种独立的角色和地位,决定了审计机关不受部门利益的羁绊,能够从宏观全局、前瞻视角来看待、分析问题,能够更加客观公正地核查各类经济活动的真实性、合法性、效益性,了解真实情况。能够客观揭示和反映经济社会运行中存在的突出矛盾和风险隐患,分析体制机制性障碍和制度性缺陷,并及时、有效解决问题。

(四)全面性。审计监督是审计机关根据法定职责主动实施的一项经常性、常态化的监督,对属于法定职权范围内的公共资金、国有资产、国有资源和领导干部履行经济责任情况实行审计全覆盖,凡是涉及管理、分配、使用公共资金、国有资产、国有资源的部门、单位和个人,都要自觉接受审计、配合审计。相应地,国家审计作用也具有全面性,通过依法全面履行审计监督职责,促进经济高质量发展,促进全面深化改革和扩大高水平开放,促进权力规范运行,促进反腐倡廉。

(五)专业性。审计人员开展审计工作必须具备扎实的专业知识、职业胜任能力和工作经验,其中精通财政财务、计算机和相关业务知识,熟悉国家方针政策更是基本素质。通过对被审计单位和事项的资金流、业务流、物资流、信息流的审计,对审计收集到的与问题相关联的各种数据、资料进行分析,摸清真实情况、揭示风险隐患、查找突出问题、提出解决问题的建议、督促问题整改,促进国家治理体系和治理能力现代化。

第二节　国家审计的地位和作用

国家审计监督是国家治理体系中依法用权力监督制约权力的一项制度安排。国家治理体系是关于国家权力结构的配置,即规范权力运行。管理国家并维护公共秩序的一系列制度安排;国家治理能力即制度的执行力,它体现在国家权力的运行过程中,是治理主体运用国家制度来管理社会各方面事务的能力。国家治理体系和治理能力是一个国家的制度和制度执行能力的集中体现。我国的国家治理体系是在党领导下管理国家的制度体系,包括经济、政治、文化、社会、生态文明和党的建设等各领域的体制机制、法律法规安排,也就是一整套紧密相连、相互协调的国家制度。

一、国家审计的地位

国家审计是国家治理的一项重要制度安排。推进国家治理体系和治理能力现代化,就是既改革不适应实践发展要求的体制机制、法律法规,又不断构建新的体制机制、法律法规,使各方面制度更加科学、更加完善,实现党、国家、社会各项事务治理制度化、规范化、程序化;就要提高治理能力,增强按制度办事、依法办事意识,善于运用制度和法律治理国家,在各方面把制度优势转化为管理国家的效能,提高科学执政、民主执政、依法执政水平。

只要存在国家活动和国家治理,就必然离不开公共权力的配置和运行。科学的权力配置应遵循权力制衡、权责匹配、民主法治等基本原则,形成决策权、执行权、监督权既相互制约又相互协调的权力结构和运行机制,确保有权必有责,用权受监督。国家审计是党和国家监督体系的重要组成部分,依法行使对权力的制约与监督,推进国家治理体系和治理能力现代化。

从党和国家监督制度安排来看,2018年3月,中共中央印发的《深化党和国家机构改革方案》明确:"为加强党中央对审计工作的领导,构建集中统一、全面覆盖、权威高效的审计监督体系,更好发挥审计监督作用。组建中央审计委员会,作为党中央决策议事协调机构。"中央审计委员会通过对国家审计进行顶层设计和统筹协调,把方向、谋大局、定政策、促改革。中央审计委员会办公室协调推进和督促落实党中央和中央审计委员会的决策部署,审计监督能够为监督体系中其他监督职能的发挥提供重要支持,提高党和国家监督体系的整体效能,推进国家治理体系和治理能力现代化。

从国家治理运行过程来看,关键在于科学的权力配置和有效的监督制约。在权力配置过程中,审计监督权作为权力制衡的重要工具,与其他由自身所负有具体管理职能中派生出来的监督有明显不同。审计监督是一种专职和专业行为,是依法独立进行的监督,通过监督控制和反馈信息来促进国家经济社会的健康运行,从而实现国家治理的目标。

从国家治理效能来看,治理效能是治理现代化程度的重要衡量,有效的国家治理需要建立良好的国家制度,并将这种制度优势转化为治理效能。国家审计是提升国家治理效能的有力保障,主要体现为:其一,通过对政府预算的分配、执行、资金使用和管理等情况的审计监督,促进提高财政资金的运用和管理能力,提升预算单位的预算执行能力和财政资金使用绩效。其二,通过对政府工作的经济性、效率性和效果性进行审计监督,促进提高行政部门的运行绩效,并通过政府部门绩效的提升,带动其行政管辖的行业或领域的提质增效。其三,国家审计在查处各类问题的基础上,能够对产生这些问题的原因,从个别到一般、从局部到全局、从苗头到趋势、从微观到宏观进行深层次分析,提出改革体制、健全法制、完善制度、强化管理、防范风险的建议,从而促进提升国家治理的宏观绩效。

二、国家审计的作用

国家审计发展的实践表明,审计机关在维护国家财政经济秩序、提高财政资金使用效益、促进廉政建设、保障经济社会健康发展等方面具有重要作用。审计机关首先是政治机关,是党的工作部门,同时也是宏观管理部门,坚持以习近平新时代中国特色社会主义思想为指导,紧紧围绕统筹推进"五位一体"总体布局和协调推进"四个全面"战略布局,依法全面履行审计监督职责,"治已病,防未病",促进经济高质量发展,促进全面深化改革和扩大高水平开放,促进权力规范运行,促进反腐倡廉。

(一)促进经济高质量发展。经济高质量发展涉及经济、政治、文化、社会、生态等方面的影响因素。在新时代,经济高质量发展要求产业产品不断创新、城乡地区以及经济与其他领域持续协调发展、环境资源利用可持续、对外开放和经济社会发展成果可共享。

　　审计促进经济高质量发展，就是在审计工作中坚持质量第一、效益优先，围绕建设现代化经济体系，聚焦深化供给侧结构性改革等重点工作，紧跟党中央重大政策措施贯彻落实，促进提高公共资金、国有资产、国有资源绩效，推动经济发展实现质量变革、效率变革、动力变革，推动建设实体经济、科技创新、现代金融、人力资源协同发展的产业体系，推动建立市场机制有效、微观主体有活力、宏观调控有度的经济体制。聚焦打好"三大攻坚战"，继续加大对重大风险防范化解、扶贫资金和项目管理、污染防治资金和项目等情况的审计力度，推动如期全面建成小康社会。

　　（二）促进全面深化改革和扩大高水平开放。改革开放是社会主义制度的自我完善和发展，是党和人民大踏步赶上时代发展的重要法宝，是坚持和发展中国特色社会主义的必由之路，是决定当代中国命运的关键一招，也是决定实现"两个一百年"奋斗目标、实现中华民族伟大复兴的关键一招。

　　审计促进全面深化改革和扩大高水平开放，就是坚持宏观视野和全局观念，服务国内国际两个大局，注意长远制度建设与解决突出问题相结合，整体推进与重点突破相结合，顶层设计与试点探路相结合，改革创新与现行制度完善相结合，把揭示微观问题与服务宏观决策结合起来，深入分析问题背后的体制障碍、机制缺陷、制度漏洞，积极提出解决问题的办法。从提高财政资源配置效率、夯实基础推动高质量发展、健全激励干事创业的配套制度，以及从推动形成全方位、多层次、宽领域的全面开放新格局等方面，提出有针对性和可操作性的建议，促进形成有利于创新的体制机制环境，从而不断推进理论创新、制度创新、科技创新、文化创新以及其他各个方面创新，破除体制机制弊端，突破利益固化的藩篱。

　　（三）促进权力规范运行。权力导致腐败，绝对权力导致绝对腐败。权力不论大小，只要不受制约和监督，都可能被滥用。一旦权力游离于制度的制约和监督之外，就会导致权力滥用、以权谋私、贪污腐败，污染政治生态，侵害群众利益，破坏社会公平正义，损害党和政府的形象和公信力。

　　审计机关通过揭示、反映并分析权力滥用的原因，提出完善体制机制的建议，规范权力运行，把权力关进制度的笼子，用制度监督、规范、约束权力。审计机关通过公开审计结果，揭示权力滥用行为，发挥人民群众和社会舆论对权力的监督作用，让权力在阳光下运行，确保由人民赋予的权力不被滥用。审计机关通过督促有关部门对审计发现问题的问责和整改，用问责传递压力，用压力推动整改，形成规范权力运行的强大推动力，形成有权必有责、用权必担责、滥权必追责的良好制度氛围，确保各项法规制度落地生根。

　　审计促进权力规范运行，就是以领导干部经济责任审计和自然资源资产离任审计为重点，坚持党政同责、同责同审，聚焦权力运行和责任落实，揭示重大改革事项推进、重大经济决策落实、"三重一大"制度执行等方面的突出问题，促进领导干部依法用权、秉公用权、廉洁用权。

　　（四）促进反腐倡廉。腐败是指掌握公共权力者在行使公共权力的过程中，背离公共权力的授权目标,违反公共权力的使用规范,牺牲公共利益谋取少数人利益的行为。腐败动摇党的执政地位,削弱政府的行政能力,破坏社会公序良俗,危害经济社会健康发展。

审计促进反腐倡廉,主要体现在以下方面:一是聚焦公共权力运行、公共资金使用、公共资源交易、公共资产运营、公共工程建设,通过对财政资金分配和使用、工程建设招投标和物资采购、土地出让和开发利用、金融机构贷款发放和金融创新、国有企业对外投资和资产处置等重点领域、重点环节的审计监督,揭露重大违纪违法、经济犯罪和腐败问题,揭露严重侵害人民群众切身利益的问题,对重大违纪违法问题线索及时移送有关部门处理。二是通过深入研究分析重大违纪违法问题和腐败案件发生的特点及深层次原因,推动不敢腐、不能腐、不想腐的体制机制制度建设,从源头上遏制腐败问题发生。

第三节　国家审计与内部审计、社会审计的关系

根据审计实施主体和审计权限来源的不同,可以将审计划分为国家审计、内部审计和社会审计。它们都在加强财政财务管理,维护市场秩序,提高经济效益,促进廉政建设,保障国民经济和社会健康发展方面发挥着重要作用。

一、内部审计

(一)内部审计的概念

内部审计是指对本单位及其所属单位的财政财务收支、经济活动内部控制、风险管理,以及所属单位主要负责人经济责任履行情况等实施独立、客观的监督、评价和建议,以使单位实现目标,完善治理。内部审计是经济发展到一定阶段的产物。由于单位内部管理跨度加大,管理分权出现,单位最高管理层为了实现单位目标而在单位内部设置专职机构或者专职人员,对单位各类业务和控制进行独立的评价,并对分权管理者经济责任的履行情况进行监督,这就产生了内部审计。就其性质来看,内部审计是一种管理权的延伸,是一种单位内部的管理活动。

(二)国家审计与内部审计的关系

国家审计与内部审计是两类不同性质的审计。二者在审计目的、代表的利益、审计结果的法律效力等方面都存在着差别。根据审计法,依法属于审计机关审计对象的单位的内部审计工作,应当接受审计机关的业务指导和监督。

1. 国家审计与内部审计之间存在着法定的指导与被指导关系。国家审计机关对内部审计进行指导的主要内容有:起草有关内部审计工作的法规草案;制定有关内部审计工作的规章制度和规划;推动单位建立健全内部审计制度,理顺内部审计管理体制;推

动国有和国有资本占控股地位或者主导地位的大、中型企业(含金融机构)建立总审计师制度,设置总审计师;国家机关、事业组织根据需要,经批准设置总审计师;完善审计质量控制、内部审计结果运用和责任追究、内部审计发现问题整改等制度;指导内部审计统筹安排审计计划,突出审计重点;通过经验交流、座谈研讨、现场调研等方式,总结推广开展内部审计工作的先进经验和做法;按照国家有关规定对内部审计自律组织进行政策和业务指导,推动内部审计自律组织按照法律法规和章程开展活动;通过业务培训、交流研讨等方式,加强对内部审计人员的业务指导,推动提高内部审计人员运用信息化技术查核问题、评价判断和分析问题的能力等。审计机关可以通过内部审计自律组织,加强对内部审计工作的业务指导。

2. 国家审计与内部审计之间存在着法定的监督与被监督关系。国家审计机关对内部审计进行监督的主要内容有:监督单位依据法规和有关规定建立健全内部审计制度;监督内部审计职责履行情况,检查内部审计业务质量;督促被审计单位认真整改内部审计发现的问题等。实际工作中,审计机关可以采取日常监督、结合审计项目监督、专项检查等方式,对单位内部审计制度建立健全情况、内部审计工作质量情况等进行监督检查,组织协调对社会审计机构出具的相关审计报告的核查。依法属于审计机关审计监督对象的单位,应当将内部审计工作计划、工作总结、审计报告、审计整改情况以及审计中发现的重大违纪违法问题线索等资料报送同级审计机关备案,自觉接受审计机关对其内部审计工作的监督。

3. 国家审计应当在一定程度上利用内部审计结果,将其作为开展审计工作的参考。由于内部审计本身即是内部控制的一个重要组成部分,国家审计在对相关部门、单位进行审计时,要对内控制度进行测评,就需了解其内部审计的设置和工作情况。主要包括:一是了解内部审计关于单位内部控制制度的评审结果;二是了解内部审计机构对下属单位进行审计的结果;三是参考内部审计发现问题的线索,确定审计的重点领域。由于不同组织内部审计机构工作内容、遵循的审计规范、工作成果可信程度差异较大,国家审计对于内部审计结果的利用程度也有所差别。一般而言,审计机关在审计中涉及国家机关、事业单位和国有企业下属单位时,可以在评估被审计单位内部审计工作质量的基础上积极有效利用内部审计成果。对内部审计已经发现并纠正的问题可以不再在审计报告中反映,对纠正不及时不到位的问题应当依法提出处理意见并督促整改。但总体上讲,审计机关主要是将内部审计结果作为自己开展审计工作的参考,而不是直接使用内部审计结果,审计机关要对利用内部审计结果的情况承担最终责任。

二、社会审计

(一)社会审计的概念

社会审计是指以经政府有关部门审核批准的注册会计师为主体,接受委托,依法独立开展业务,有偿为社会提供审计服务的职业活动。社会审计是商品经济发展到一定阶段的产物,其产生的直接原因是财产所有权与经营权的分离。在两权分离的条件下,当所有权者要了解企业的经营成果和财务状况时,往往是通过阅读经营者提供的会计报告和其他资料来实现的,这就需要有一个独立于企业之外的第三者对经营者报送的有关材料进行审计,对其真实性和合法性作出判断,社会审计便应运而生。社会审计自产生以来,在社会经济活动中所发挥的作用越来越大,已经发展到经济生活的各个领域。

(二)国家审计与社会审计的关系

国家审计与社会审计是两类不同性质的审计,根据审计法和审计法实施条例的规定,审计机关进行审计或者专项审计调查时,有权对社会审计机构为依法属于审计机关审计监督对象的单位出具的相关审计报告进行核查。

1. 国家审计与社会审计之间存在着法定的监督与被监督关系。国家审计机关有权核查社会审计机构出具的相关审计报告,并依法公布核查结果。审计机关核查社会审计机构出具的相关审计报告时,发现社会审计机构存在违反法律、法规或者执业准则等情况的,应当移送有关主管机关依法追究责任。审计机关经与有关主管机关协商,可以在向社会公布的审计、专项审计调查结果中,一并公布对社会审计机构所出具的相关审计报告核查的结果。

2. 审计机关可以向社会审计机构购买审计服务。《国务院关于加强审计工作的意见》指出,审计机关根据审计项目实施需要,可以向社会购买审计服务。而审计服务的提供者,主要就是社会审计机构。根据《国务院办公厅关于政府向社会力量购买服务的指导意见》,在具体审计项目实施和管理中,遇有审计力量不足时,除查处重大违纪违法问题线索以及其他不宜由社会力量承担或参与的事项外,可以向会计师事务所等机构聘请具有会计、审计等专业技术知识和能力的人员,并统一编入审计组参与审计。社会审计机构接受审计机关委托实施审计的,应当遵循国家审计准则的规定,审计机关相关部门应当加强对聘请的社会审计人员审计工作的监督检查,督促其提高审计质量,遵守廉政、保密等纪律。需要注意的是,审计机关要对所聘请社会审计人员的审计结果承担最终责任。

第四节　国家审计的分类

根据宪法和审计法的规定,审计机关对国务院各部门和地方各级人民政府及其各部门的财政收支,国有的金融机构和企业事业组织的财务收支,以及其他依法应当接受审计的财政收支、财务收支的真实、合法和效益进行审计监督。按照不同的标准和角度,国家审计可划分为多种类型。

一、按审计内容分类

按照审计内容不同,国家审计可划分为国家重大政策措施贯彻落实情况跟踪审计、公共资金审计、国有资产审计、国有资源审计、领导干部经济责任审计和自然资源资产离任(任中)审计。

(一)国家重大政策措施贯彻落实情况跟踪审计是指审计机关依法对各地区、部门贯彻落实国家重大政策措施和宏观调控部署情况,主要是对国家重大政策贯彻落实的具体部署、执行进度、实际效果等进行监督检查。

(二)公共资金审计是指审计机关依法对政府的全部收入和支出、政府部门管理或其他单位受政府委托管理的资金,以及相关经济活动进行的监督检查。

(三)国有资产审计是指审计机关依法对行政事业单位、国有和国有资本占控股地位或者主导地位的企业(含金融机构)等管理、使用和运营境内外国有资产进行审计监督。

(四)国有资源审计是指审计机关依法对土地、矿藏、水域、森林、草原、海域等国有自然资源和特许经营权、排污权等国有无形资产,以及法律法规规定属于国家所有的其他资源进行审计监督。

(五)领导干部经济责任审计和自然资源资产离任(任中)审计即领导干部履行经济责任情况审计,是指审计机关依法对地方各级党委和政府、纪检监察机关、审判机关、检察机关以及中央和地方各级党政工作部门、事业单位、人民团体等单位的党委(含党组、党工委)正职领导干部和行政正职领导干部,包括主持工作一年以上的副职领导干部;国有和国有资本占控股地位或者主导地位的企业(含金融机构)的法定代表人,以及实际行使相应职权的企业领导人员履行经济责任情况进行审计监督。

二、按审计目标分类

审计目标是审计活动要达到的目的,即"审计要实现什么"。按照审计目标不同,国家审计可划分为财务审计、合规性审计和绩效审计。

(一)财务审计是指审计机关对被审计单位的财政财务收支结果及相关经济活动的真实性、完整性进行监督检查。

(二)合规性审计是指审计机关对被审计单位部分或者特定的财政财务收支及相关经济活动是否遵守法律法规、规章制度等进行监督检查。

(三)绩效审计是指审计机关对照预先确定的评价标准,对被审计单位的财政财务收支及相关经济活动是否实现预定目标或者达到既定标准进行监督检查,并对审计事项的经济效益、社会效益和环境效益等作出评价。

三、按审计实施时间分类

审计实施时间即"审计介入的时间点"。按照审计实施时间不同,国家审计可划分为事前审计、事中审计、事后审计和跟踪审计。

(一)事前审计是指审计机关在被审计单位的财政财务收支及相关经济活动发生之前进行的监督检查。

(二)事中审计是指审计机关在被审计单位的财政财务收支及相关经济活动执行过程中进行的监督检查。

(三)事后审计是指审计机关在被审计单位的财政财务收支及相关经济活动完成之后进行的监督检查。

(四)跟踪审计是跟随被审计事项同步进行的一种审计方式,是指审计机关依据国家有关法律法规,在相关审计事项发展过程中的某个环节介入并跟随审计事项的发展过程持续进行的动态监督检查。

四、按执行审计的地点分类

执行审计的地点即"在哪里审计"。按照执行审计的地点不同,国家审计可划分为现场审计、送达审计和联网审计。

(一)现场审计又称就地审计,是指审计机关派出审计组或审计人员到被审计单位所在地进行的监督检查。

(二)送达审计也称报送审计,是指审计机关按照有关法律法规,通知被审计单位将需要审查的全部资料如期报送到审计机关指定的工作地点,并在地点所进行的监督检查。

(三)联网审计是指审计机关依托现代网络通信技术,与被审计单位财政财务收支及其相关经济业务活动的计算机信息系统进行网络互联,在系统测评和数据动态采集分析基础上,对被审计单位财政财务收支的真实、合法、效益进行实时动态监督。

五、国家审计的主要业务类型

根据法律法规的规定,党和国家赋予审计机关的职责,当前国家审计主要包括国家重大政策措施贯彻落实情况跟踪审计、财政审计、金融审计、企业审计、经济责任审计、民生审计、资源环境审计,以及领导干部自然资源资产离任(任中)审计、涉外审计等业务类型。

(一)国家重大政策措施贯彻落实情况跟踪审计是指审计机关依法对各地区、各部门贯彻落实国家重大政策措施和宏观调控部署情况,主要是对国家重大政策措施贯彻落实的具体部署、执行进度、实际效果等进行监督检查。

(二)财政审计是指审计机关根据国家法律和行政法规的规定,对国家财政收支及相关经济活动的真实、合法和效益情况进行的监督检查。

(三)金融审计是指审计机关依据法律法规和政策规定,对中央银行及其他金融监管机构、国有及国有资本占控股地位或主导地位的金融机构的财务收支,以及资产、负债、损益的真实、合法和效益情况进行的审计监督。

(四)企业审计是指审计机关依据法律、法规和政策规定,对国有及国有资本占控股地位或主导地位的企业的资产、负债、损益的真实、合法和效益情况进行的审计监督。

(五)经济责任审计是指审计机关依据法规对党政主要领导干部和国有企业领导人员经济责任履行情况进行的监督、评价和鉴证的行为。

(六)民生审计是指审计机关以维护国家和社会安定和谐为目标,依法对与人民群众利益最为密切的民生资金、项目和政策进行的审计监督。

(七)资源环境审计和领导干部自然资源资产离任(任中)审计。

1. 资源环境审计是指审计机关依法对政府及相关主管部门和相关企业、事业单位与资源环境有关的财政财务收支及其相关管理活动的真实、合法和效益情况进行的审计监督。

2. 领导干部自然资源资产离任(任中)审计指审计机关依法对地方各级党委、政府主要领导干部,以及承担自然资源资产管理和生态环境保护工作部门(单位)的主要领导干部履行自然资源资产管理和生态环境保护责任情况进行审计监督。

(八)涉外审计包括外资审计和境外审计。

1. 外资审计是指审计机关依据法律、法规和政策规定,对国际组织和国外政府援助、贷款项目的财务收支情况进行的审计监督。

2. 境外审计是指对国有资本、国有企业境外投资和境外国有资产安全绩效情况进行的审计监督,主要包括驻境外非经营性机构审计、对境外援助资金审计,以及国有企业境外投资和境外国有资产审计等。

 **思考题**

一、简答题

1. 简述国家审计的概念。

2. 简述国家审计促进反腐倡廉的表现。

3. 简述国家审计的内容。

4. 国家审计是提升国家治理效能的有力保障,其主要体现在哪些方面?

5. 简述国家审计的作用。

即练即测

二、论述题

1. 审计产生与发展的客观依据是什么？

2. 如何看待国家审计与国家治理的关系？

3. 国家审计的基本功能是什么？如何理解不同种类审计有不同的审计职能？

4. 国家审计与内部审计、社会审计的关系？

5. 当前国家审计的主要业务类型有哪些？

第 三 章

审计机关和审计人员

导读

世界各国的国家审计体制各不相同,但均由其自身的政治经济环境所决定。我国的中央审计机关隶属于国务院,地方审计机构接受本级政府行政首长和上级审计机关的双重领导。随着我国政治经济环境的不断发展变化,审计的管理体制也在不断地改进和完善,中央审计委员会的成立和审计署职能的优化等都是审计体制发展变化的产物。我国审计法以及国家审计准则等法律法规明确了审计的职责和权限,近年来国务院颁布的相关法规对审计人员职业化也提出了诸多的要求。本章对审计机关的组织架构、审计机关的职责与权限、审计人员管理、审计工作和纪律要求进行阐述。

❗ 本章学习目标

通过本章学习,学员应该能够:

(1)理解审计机关的组织架构;

(2)掌握审计机关的职责与权限;

(3)了解审计人员的组成、应具备的资格条件及其职业道德;

(4)理解审计"四严禁"工作要求与"八不准"工作纪律。

第一节　审计机关的组织架构

根据 1982 年宪法关于国务院和县级以上地方各级人民政府设立审计机关的规定,审计机关从 1983 年起组建。经过 30 多年的发展,形成了从中央到地方的多级次审计组织体系。根据宪法,国务院设立审计署,在国务院总理领导下,主管全国的审计工作。审计长是审计署的行政首长,是国务院组成人员。县级以上地方各级人民政府设立审计机关,分别在本级人民政府行政首长和上一级审计机关的领导下,负责本行政区域内的审计工作。地方各级审计机关对本级人民政府和上一级审计机关负责并报告工作,审计业务以上级审计机关领导为主。我国审计机关的组织架构示意图如图 3-1 所示。

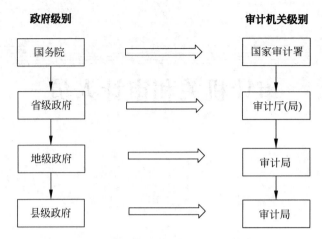

图 3-1　我国审计机关的组织架构图

一、审计委员会

2018 年 3 月,中共中央印发了《深化党和国家机构改革方案》。方案明确:"为加强党中央对审计工作的领导,构建集中统一、全面覆盖、权威高效的审计监督体系,更好发挥审计监督作用,组建中央审计委员会作为党中央决策议事协调机构。中国共产党中央审计委员会由此诞生,中央审计委员会设有 1 名主任、2 名副主任,由中央审计委员会主任直接领导,中央审计委员会办公室设在审计署。"

中国共产党中央审计委员会的主要职责是:研究提出并组织实施在审计领域坚持党的领导、加强党的建设方针政策;审议审计监督重大政策和改革方案;审议年度中央预算执行和其他财政支出情况审计报告;审议决策审计监督其他重大事项等。

2018 年 5 月 23 日,中央审计委员会第一次会议召开,会议审议通过《中央审计委员会工作规则》《中央审计委员会办公室工作细则》等文件。自成立中央审计委员会后,地方各级党委也先后成立了本级审计委员会。

二、审计署

审计署是我国的中央审计机关,成立于 1983 年 9 月 15 日。它是国务院所属部委级的国家机关,是我国最高审计机关。审计署具有双重法律地位:一方面,它作为中央政府的组成部门,要接受国务院的领导,执行法律、行政法规和国务院的决定、命令,以独立的行政主体从事活动,直接审计管辖范围内的审计事项。另一方面,审计署作为我国的最高审计机关,在国务院总理的领导下,主管全国的审计工作,它又有自己的职责范围,对自己所管辖的事项,以独立的行政主体从事活动,并承担由此而产生的责任。

根据审计法规定,国务院设立审计署,在国务院总理领导下主管全国的审计工作。审计署对国务院负责,向其报告工作。审计署的基本任务是:接受委托起草、修改审计法律、行政法规草案;研究、制定审计工作的方针、政策,发布审计工作的命令、指示和规章,确定审计工作重点,指导编制全国审计工作计划;办理审计署管辖范围内的审计事项,组织对全国财政收支有关的特定事项的专项调查研究;领导管理全国审计机关的审计业务以及其他审计工作;依照法律、法规规定,指导、监督全国的内部审计和社会审计工作。

审计署的审计职责主要包括:财政收支审计职责,"中央财政预算执行情况审计、国务院各部门(含直属单位)预算执行与决算审计、省级预算执行情况和决算审计、其他财政收支审计"。财务收支审计职责:"中央各部门、事业单位及下属单位的财务收支审计,中央银行的财务收支和中央金融机关的资产、负债和损益状况的审计,国务院各部门管理的和受国务院委托由社会团体管理的社会保障基金、环境保护资金、社会捐赠资金及其他有关基金、资金的财务收支审计,国际组织和外国政府援助、贷款项目的财务收支审计以及其他审计。"经济责任审计职责:"对有关国家机关、国有和国有资产占控股地位的企业和金融机关、国家的事业组织及其管理、使用财政资金的其他单位负责人,在任职期间对本地方、本部门或者本单位的财政收支、财务收支以及有关经济活动所负经济责任的履行情况进行审计监督。"组织领导全国审计职责:"制定审计方针政策和规章制度,监督审计规章制度的执行组织;领导协调和监督各级审计机关的业务,与省级人民政府共同领导省级审计机关,协同办理省级审计机关负责人的任免事项,管理派驻地方的审计特派员办事处;组织实施对内部审计的指导与监督;社会审计机构审计的企业单位属于审计署依法审计监督对象范围的,审计署按照国务院的规定,有权对该社会机构出具的相关审计报告进行核查。"通报审计情况和审计结果职责:"向国务院报告和向国务院有关部门通报审计情况,提出制定和完善有关政策法规、宏观调控措施的建议;向国务院总理提交中央预算执行情况的审计结果报告,受国务院委托向全国人大常委会提出中央预算执行情况和其他财政财务收支审计工作报告。"其他审计职责:"组织实施对贯彻执行国家财政方针政策和宏观调控措施情况的行业审计、专项审计和审计调查;依法受理被审计单位对审计机关审计决定的复议申请;管理派驻地方的审计特派员办事处;组织审计专业培训,组织开展审计领域的国际交流活动等。"

审计署由署机关、派出机关和直属事业单位组成。署机关内设机构21个,分为专业审计司和综合行政部门两类。审计署直属事业单位10个,主要有审计干部培训中心、审计科研所、计算机技术中心、出版社、报社等,主要负责干部培训、审计科学研究、审计信息化建设、审计图书资料的编辑出版等。

三、地方审计机关

我国《宪法》规定：地方各级审计机关对本级人民政府和上一级审计机关负责。我国地方审计机关是指省、自治区、直辖市，设区的市、自治州、县、自治县、不设区的市、直辖区人民政府设立的审计组织，负责本行政区域内的审计工作。省、自治区审计机关称审计厅，其他地方各级审计机关统称为审计局。地方各级审计机关内部机构的设置与审计署的机构相对应，有些相应的职能部门可以合并，有的机构可以不设。目前，我国共有省、自治区、直辖市审计厅（局）31 个，地市级审计局 430 多个，县区级审计局 3000 多个。截至 2019 年 12 月底，全国审计机关的审计人员近 10 万人。

地方各级审计机关在法律上也具有双重地位：一方面，它是各级政府的一个职能部门，直接对本级政府行政首长负责；另一方面，地方审计机关对自己管辖范围内的审计事项，又以独立的行政主体资格从事活动。地方审计机关按照国家法律和本级政府的政策、决议行使权力和处理行政事务。

我国国家审计机关的领导关系是双重领导关系，即地方审计机关要受本级人民政府和上级审计机关的双重领导。本级人民政府的领导以行政领导为主，上级审计机关的领导以业务领导为主。上级审计机关的领导还体现在地方审计机关负责人的任免上，《审计法》规定，审计机关负责人依照法定程序任免，审计机关负责人没有违法失职或者其他不符合任职条件情况的，不得随意撤换。地方各级审计机关负责人的任免，应事先征求上一级审计机关的意见。

四、审计机关的派出机构

审计署派出机构包括特派员办事处和派出审计局两大类。审计署在部分中心城市设置了 18 个审计署驻地方特派员办事处，如审计署驻太原办事处。特派员办事处是审计署的内部机构，直属审计署领导，对审计署负责并报告工作。其主要职责是：按照审计署计划安排，对省、自治区、直辖市和计划单列市政府预算执行情况和决算，以及预算外资金的管理和使用情况进行审计监督；对中央银行分支机构的财务收支，国有金融机构的资产、负债、损益进行审计监督；对审计署授权的中央部门所属国家建设项目的预算执行情况和决算，国际组织援助、赠款和贷款项目的财务收支进行监督。审计署在国务院有关部门和直属事业单位设置了 30 个派出审计局，如审计署外交外事审计局，也直属审计署领导，对审计署负责并报告工作。其主要职责是：对管辖范围内的所在部门、直属事业单位及其在京直属单位的预算执行情况、决算草案以及其他财务收支进行审计监督；对所在部门或直属事业单位的内部控制、财务管理和财政资金使用效益进行审计或审计调查；对所在部门驻京外的直属单位提出加强审计监督的建议。

第二节　审计机关的职责与权限

一、审计机关的职责

从国家法律法规对审计机关要求的角度看,审计职责是审计机关应当承担的任务。从审计机关对被审计单位或其他工作对象的角度看,审计职责又是审计机关的职权,即审计机关的事权范围。1982 年宪法规定了审计机关的基本职责,即审计机关对国务院各部门和地方各级政府的财政收支,对国家的财政金融机构和企业事业组织的财务收支进行审计监督。

现阶段,审计机关的审计职责主要有四个方面:一是对法定事项的真实、合法和效益情况进行审计监督;二是对与国家财政收支有关的特定事项进行专项审计调查;三是对依法属于审计机关审计监督对象的单位内部审计工作进行业务指导和监督;四是对社会审计机构为依法属于审计机关审计监督对象的单位出具的相关审计报告进行核查。

(一)对法定事项进行审计监督

根据审计法及其实施条例等法律法规和有关规定,下列事项应当接受审计监督。

(1) 国家重大政策措施和宏观调控部署的落实情况;

(2) 本级各部门(含直属单位)和下级政府预算执行情况和决算以及其他财政收支情况;

(3) 中央银行的财务收支情况;

(4) 人民团体、国家的事业组织和使用财政资金的其他事业组织的财务收支;

(5) 国有和国有资本占控股地位或者主导地位的企业、金融机构的资产、负债、损益;

(6) 政府投资和以政府投资为主的建设项目的预算执行情况和决算;

(7) 政府部门管理的和其他单位受政府委托管理的社会保障基金、社会捐赠资金以及其他有关基金、资金的财务收支;

(8) 党政主要领导干部和国有企事业领导人员履行经济责任的情况;

(9) 领导干部自然资源资产责任履行情况;

(10) 国际组织和外国政府援助、贷款项目的财务收支;

(11) 被审计单位计算机信息系统建设运行情况;

(12) 法律、行政法规规定应当由审计机关进行审计的其他事项。

除上述事项外,经本级人民政府批准,审计机关有权对取得财政资金的单位和项目运用财政资金的真实、合法和效益情况,依法进行审计监督。

（二）对与国家财政收支有关的特定事项进行专项审计调查

专项审计调查是审计机关依照审计法律法规及国家有关规定,对预算管理或者国有资产管理使用等与国家财政收支有关的特定事项以及对有关地方、部门、单位进行的专门调查活动。按照国家审计准则的规定,对于预算管理或者国有资产管理使用等与国家财政收支有关的特定事项,凡是涉及宏观性、普遍性、政策性,或者体制、机制问题的,或跨行业、跨地区、跨单位的,或涉及大量非财务数据的,审计机关可以开展专项审计调查。

（三）对依法属于审计机关审计监督对象的单位内部审计工作进行业务指导和监督

按照审计法的规定,依法属于审计机关审计监督对象的单位的内部审计工作,都应当接受审计机关的业务指导和监督。2018 年新公布的《审计署关于内部审计工作的规定》,进一步明确了审计机关对内部审计工作进行业务指导和监督的职责范围和方式。

（四）对社会审计机构为依法属于审计机关审计监督对象的单位出具的审计报告进行核查

对社会审计机构为依法属于审计机关审计监督对象的单位出具的审计报告进行核查,核查的主要内容为社会审计机构是否存在违反法律、法规和执业准则的情况,包括实施的审计程序是否符合执业准则的要求,获取的审计证据是否适当充分、出具的审计报告是否真实合法。

审计机关一般结合审计或者专项审计调查工作,对社会审计机构为被审计单位或者被调查单位出具的审计报告进行核查。对于核查过程中发现的社会审计机构出具的审计报告有不实和其他违反法律、法规或者执业准则的情况,审计机关应当移送有关主管机关依法追究有关社会审计机构和责任人员的责任,也可以按照规定程序予以公告。

二、审计机关的权限

审计机关权限是审计机关有效履行审计监督职责所赋予的法定权力。审计权限是国家意志的体现,具有国家强制力。审计机关依法独立行使审计监督权,不受其他行政机关、社会团体和个人的干涉。审计权限具有鲜明的法定性,它的内容、行使条件和行使程序都是法定的。审计权限应当与其所承担的审计职责相适应,与其在国家监督体系中的地位和发挥的作用相匹配。

（一）要求提供资料权

要求提供资料权是审计机关最基本的权力。资料是审计机关开展审计工作、履行审计监督职责的前提条件。审计机关要求被审计单位提供的资料主要是与财政财务收支有关的资料，包括财务会计、业务和管理等纸质资料和电子数据。当审计机关要求提供资料时，被审计单位应按照规定的期限和要求提供，不得拒绝、拖延、谎报，否则就应承担相应的法律责任。同时，被审计单位负责人应当对本单位提供资料的真实性和完整性负责，并作出书面承诺。审计机关对获取的资料要严格保密。被审计单位要及时、准确、完整地提供同本单位、本系统履行职责相关的资料和电子数据，不得制定限制向审计机关提供资料和电子数据的规定。对有意设置障碍、推诿拖延的，要进行批评和通报；造成恶劣影响的，要严肃追责问责。

（二）检查权

检查权是审计机关享有的重要权力，是审计权限的核心。审计机关实施审计时，有权检查被审计单位与财政财务收支有关的资料和资产。其中，检查的资料既包括被审计单位的会计凭证、会计账簿、财务会计报告以及其他与财政财务收支有关的资料，也包括被审计单位运用电子计算机管理财政财务收支电子数据的系统；既包括纸质资料，也包括电子资料。审计机关依法行使检查权时，被审计单位不得拒绝，也不得通过转移、隐匿、篡改、毁弃与财政财务收支有关的资料，或者转移、隐匿所持有的违反国家规定取得的资产等方式逃避检查，否则应承担相应的法律责任。

（三）调查取证权

调查取证权是审计机关就审计事项的有关问题向有关单位和个人进行调查，并取得有关证明材料的权力。审计机关在调查取证时，有关单位和个人应当提供支持和协助，如实向审计机关反映情况，提供有关证明材料。另外，审计机关还依法享有查询被审计单位在金融机构的账户和存款权、被审计单位以个人名义在金融机构的存款权。审计机关依法查询上述账户和存款时，有关金融机构应当予以协助，并提供证明材料。审计机关行使这一权力，需要遵循严格的程序，并负有保密义务。

（四）采取强制措施权

审计机关有权对被审计单位直接采取一定的强制措施或者通知有关部门对被审计单位采取一定的强制措施。目前，审计机关享有的采取强制措施权具体包括：对有关违法行为的制止权；封存资料、资产权；通知暂停拨付款项和责令暂停使用款项权；以及申请冻结存款权。其中，制止有关违法行为和封存资料、资产是审计机关依法直接采取的强制措施。通知暂停拨付款项、责令暂停使用款项和申请冻结存款是审计机关依法通知、要求有关部门采取的强制措施。审计机关在行使该项权限时,需要符合特定的条件,遵循严格的程序,并且不得影响被审计单位合法的业务活动或生产经营活动。

(五）提请协助权

审计机关履行审计监督职责过程中,为获取充分的审计证据,或者制止违法行为对国家利益的侵害时,有权提请纪检监察、公安、财政、税务、海关、价格、工商行政管理等部门和金融机构予以协助。有关部门应当积极予以协助和支持,并对有关审计情况严格保密。

(六）移送权和建议权

对于审计发现的有关问题,审计机关有权移送有关部门处理,或者向被审计单位以及有关部门反映,建议采取相应措施。审计机关行使移送权和建议权,不仅可以针对被审计单位的违法行为或需要改进的行为,也可以针对被审计单位有关责任人员的违法行为以及有关部门需要改进、纠正的行为。其中,对于审计查出的违纪违法问题线索,可以移送纪检监察、检察、公安等机关进一步查处;对被审计单位在体制、机制和制度上存在的问题,向有关部门提出纠正、改进的意见。

(七）处理、处罚权

审计机关有权对审计发现的违反国家规定的财政财务收支等行为进行处理、处罚。其中,审计处理是审计机关依法对被审计单位违反国家规定的财政收支、财务收支行为所采取的纠正措施,主要包括责令限期缴纳应当上缴的款项、责令限期退还被侵占的国有资产、责令限期退还违法所得、责令按照国家统一的会计制度的有关规定进行处理,以及依法可采取的其他处理措施。审计处罚是审计机关依法对被审计单位违反国家规定的财务收支行为以及违反审计法及其实施条例的行为所采取的制裁措施,主要包括警告、通报批评、罚款、没收违法所得以及依法可采取的其他处罚措施。

(八）通报、公布审计结果权

审计机关实施审计后,有权向政府有关部门通报或者向社会公布审计、专项审计调查结果。审计机关通报或者公布审计结果,应当依法保守国家秘密和商业秘密,遵守国务院的有关规定,履行规定的保密手续,报经审计机关主要负责人批准。未经授权,审计机关内设机构、派出机构和个人不得向社会公布审计和审计调查结果。审计机关统一组织不同级次审计机关参加的审计项目,原则上由负责该项目组织工作的审计机关统一对外公布。另外,由于公布上市公司的审计结果涉及大量非国有股东和公众投资者的利益,还可能给资本市场带来一定的影响,审计机关拟向社会公布对上市公司的审计、专项审计调查结果的,应当提前 5 日将拟公布的内容告知上市公司。

三、审计组织方式

审计组织方式是指审计机关组织实施审计项目时所采取的具体方式。从审计实践看,一般包括"同级审""上审下""交叉审"、授权审计、委托审计和全国性(区域性)统一组织审计等方式。审计机关根据法定职责、审计项目性质和工作需要,确定相应的审计组织方式。

(一)同级审

"同级审"是指审计机关对本级政府及其部门的预算执行情况和决算草案以及其他财政收支情况进行的审计监督。审计机关开展"同级审",因熟悉情况,有利于确定审计的重点部门单位、重点资金、重点事项等,有利于提高审计工作效率。但"同级审"有时会受到相关方面的干扰,这就需要建立有效的审计质量风险防控机制,建立干预审计事项报告制度等,确保审计质量。

(二)上审下

"上审下"是指上级审计机关对下级政府的预算执行情况和决算以及其他财政收支情况进行的审计监督。"上审下"主要目的是促进下级政府及其部门贯彻落实国家的政令和财税政策、规范管理和依法合规使用资金等。"上审下"较多地使用在地方财政收支审计、专项转移支付审计、重点民生资金审计等。对审计机关来讲,采取"上审下"的组织方式,受下级政府和相关部门的干预较少,独立性比较强,审计质量高,审计效果明显。

(三)交叉审

"交叉审"是指由上级审计机关统一组织多个下级审计机关采取相互交叉方式开展审计的一种监督方式。"交叉审"既能发挥"上审下"的优势,弥补"上审下"时上级审计机关力量不足的问题,又能避免"同级审"带来的弊端。这种组织方式能够有效整合审计力量,更好地发挥审计监督效能。

(四)授权审计

上级审计机关可以将其审计管辖范围内的审计事项授权给下级审计机关进行审计。实施授权审计的主要目的是整合审计资源和扩大审计监督覆盖面,发挥审计机关的整体效能。被授权审计机关对授权审计项目的审计质量负责。

1. 授权审计的范围

授权审计的范围包括：国有金融机构的资产负债损益审计；国家的事业组织和使用财政资金的其他事业组织的财务收支审计；国有企业的资产负债损益审计；政府投资建设项目的预算执行情况和决算审计；政府部门管理的和其他单位受政府委托管理的社会保障基金、社会捐赠资金以及其他有关基金、资金的财务收支审计；国际组织和外国政府援助、贷款项目的财务收支审计；国有企业领导人员任期经济责任履行情况审计等。

2. 授权审计的程序

下级审计机关根据工作需要，向上一级审计机关提交授权审计项目立项申请书，主要说明申请授权的理由、审计目标、审计内容、审计范围和审计重点以及审计的组织分工、时间安排等事项。上级审计机关收到下级审计机关提交的授权审计申请书，研究决定是否同意授权。获得授权的审计机关应当将授权的审计事项列入年度审计项目计划。对上级审计机关授权的审计项目，下级审计机关要严格组织实施，及时出具审计通知书，提出审计报告。必要时，按照规定办理审计移送，作出审计决定。因特殊原因下级审计机关无法组织审计时，应及时向上级审计机关申请取消授权。

3. 授权审计的质量控制

获得授权的审计机关应直接实施审计，不得向下级审计机关进行再授权。在实施授权审计时，应当严格执行审计法、国家审计准则，强化审计质量控制，规范审计行为，确保审计质量。对被审计单位违反国家规定的财政收支、财务收支行为，应严格依法进行处理处罚。遇有政策界限不清，或与被审计单位有重大意见分歧的，下级审计机关应当及时向授权审计机关反映。下级审计机关应向上级审计机关报告审计结果，在实施授权审计项目过程中，若发现违纪违法、损失浪费等问题，应及时向上一级审计机关报告。上级审计机关应组织对授权审计项目的组织实施、审计质量等进行考核和检查，对检查发现的重大审计质量问题、违反审计工作纪律的行为，依法追究有关领导和直接责任人员的责任。

（五）委托审计

委托审计是指审计机关将其审计范围内的审计事项委托给另一审计机构办理的行为。

委托审计的形式是多样的：从审计工作的实际出发，上级审计机关可将其审计范围内的事项委托下级审计机关进行审计；国家审计机关也可以委托经政府有关部门批准注册的社会审计机构进行审计等。受托单位在执行审计任务时，具有与委托审计的审计机关同样的权威性。

委托审计在实践中分为两类：一类是没有隶属关系的审计机关之间的委托，这种委托可以是办理某一审计事项，也可以是办理与审计事项有关的调查、核实事项；另一类是审计机关将其审计范围内的审计事项委托给内部审计机构或社会审计组织办理,但审计事项应经审计机关审定并做出审计报告和审计决定。

(六) 全国性(区域性)统一组织审计

全国性(区域性)统一组织审计项目是指由上级审计机关依据法定职责和审计管辖范围,统一组织下级审计机关在全国、全省或较大范围内共同开展的审计项目。该类审计主要通过集中多个层级审计机关力量,对党和政府关心重视、群众普遍关注、经济社会发展迫切需要解决的一些重大事项开展审计,以有效发挥审计监督的合力,提高审计工作的整体性、宏观性和建设性,使审计机关在更高层次上发挥审计监督作用,推动完善国家治理的重要途径和抓手。全国性(区域性)统一组织审计项目的审计范围广、涉及面宽、工作要求高,在组织管理上一般实行"五统一"原则,即"统一审计方案、统一组织领导、统一标准口径、统一审计报告和统一对外公告"。为确保该类审计项目的质量,牵头组织的审计机关要加强组织领导,各参审的审计机关要加强沟通交流、密切配合。近几年来,审计署组织全国审计机关开展了全国地方政府性债务审计、全国社会保障资金审计、保障性安居工程审计、土地出让收支和耕地保护情况审计,以及重大政策措施贯彻落实情况跟踪审计等多个全国性统一组织审计项目。为更好地实施审计,确保审计质量,在这些大型审计项目具体实施过程中,审计署驻各地特派员办事处、各省级审计机关综合考虑审计项目的特点、审计目标等因素,结合各自实际,灵活采取了"上审下""交叉审"、统一组织混合编组等不同的组织方式。

第三节　审计人员管理

一、审计人员的组成

国家审计人员是指在审计机关中接受政府指令或委托、依法行使审计监督权从事具体审计业务的人员。国家审计人员是审计监督行为的执行者,其组成形式和业务素质直接决定着国家审计的质量和效果。

国家审计拥有其特定的审计人员组成结构和形式。根据我国《宪法》和有关规定,审计署设审计长一人,副审计长若干人。审计长是审计署的行政首长,由国务院总理提名,全国人民代表大会决定人选,国家主席任免,副审计长由国务院任免;县级以上地方各级审计机关负责人是本级人民政府的组成人员,由本级人民代表大会常务委员会决定任免,副职由本级人民政府任免。审计机关负责人依照法定程序任免,审计机关负责人没有违法失职或者其他不符合任职条件情况的,不得随意撤换。地方各级审计机关负责人、副职的任免、调动和纪律处分,均应事前征得上级审计机关的同意。这些规定在现行国家审计模式下,既有利于地方审计机关与地方政府的业务合作,又有利于保证地方审计机关客观公正地开展审计工作。

国家审计机关审计人员实行专业技术资格制度,审计署和省级审计机关建立专业技术资格考试、评审制度。审计专业技术资格分为初级资格(审计员、助理审计师)、中级资格(审计师)、高级资格(高级审计师、正高级审计师)。初级资格、中级资格通过参加全国统一考试,并达到合格标准后获得。高级资格实行考试与评价相结合的方法,考试合格和评价通过后,取得高级审计师的资格。审计机关录用的审计人员,需经过专业培训,训练合格后,才能开展审计业务。审计机关的专业人员除由熟悉会计、审计、财务等知识的人员组成,还可根据工作需要临时聘任工程技术人员、经营管理人员、法律工作人员等。

二、审计人员应具备的资格条件

对审计人员资格和条件的要求是国家审计的一般准则的内容。大体上包括四个方面:审计人员的政治觉悟、审计人员的业务素质、审计人员的发展潜质及审计人员的协同能力。各国国家审计准则中虽对此表达方式不同,但基本精神都是相同的。要求审计人员实施审计业务时保持公正态度,不受其他个人或组织的影响;要求审计人员具有合格的知识储备和技能考核,以保证审计质量;要求审计人员完成审计任务过程中应保持较高的职业敏感度,及时适应审计新形势,发展自我;要求审计人员能够在运用专业能力的同时,积极发挥监督合力。具体而言,新时代国家审计人员的资格条件包括以下内容。

(一)具备较强的政治觉悟

政治觉悟是每一位公民应具备的基本素质,而国家审计人员作为审计监督行为的执行者,更要做到坚持四项基本原则;具有较高的政策水平,能自觉贯彻执行党的路线方针政策,以及国家的财经法规和制度;热爱审计事业,具有敬业精神和奉献精神;认真履行岗位职责,在审计工作中建功立业,为发展社会主义市场经济做出贡献;讲究工作方法,正确处理审计工作中各个方面的关系。

由于审计工作的专业性,审计人员除模范遵守宪法和法律法规外,还要严格遵守国家审计准则。国家审计准则是审计人员履行法定审计职责的行为规范,是审计工作应遵循的最低标准和要求,是衡量审计工作质量的基本尺度,是确定和解除审计人员责任的依据。审计人员在审计工作中应当严格遵守国家审计准则,对未能遵守国家审计准则的行为要说明原因,否则应对引起的后果承担相应的责任。为确保审计人员满足国家审计准则和审计独立性的要求,审计机关还专门制定了严格的审计"四严禁"工作要求和审计"八不准"工作纪律等规定。

（二）具备较高的业务素质

业务素质是指政府审计人员必须具备与履行职责相适应的专业知识和技能。审计人员应当熟悉国家有关政策、法律、法规，以及审计、会计和其他相关专业知识；掌握检查财政财务收支账目，搜集证据、评价审计事项的技能；具有调查研究、综合分析、沟通协调和文字表达能力。

（三）具备一定的发展潜质

随着审计环境的复杂多变，国家审计人员要不断适应新形势、新情况，需要不断学习、不断提升自我素质，实现全面、可持续的发展。各级审计机关和审计人员高度重视审计人才培养和创新工作，将其视为一项极其重要和艰巨的系统工程。审计人员要积极适应审计业务发展实际状况的人才培养模式，适应新形势下技术发展的新培养方法，将自己逐步发展为专业化、规范化和智能化的新时代审计人才。

（四）具有良好的协同能力

新时代要求把审计监督同国家监察监督、人大监督、民主监督、司法监督、群众监督、舆论监督等贯通起来，紧抓审计管理体制改革的核心问题，增强监督合力。这一方面要求审计人员厘清各种监督权力、职责与专长。另一方面，需要审计人员具有良好的协同能力，要树立与其他监督体系之间加强合作的意识，积极协同、配合、联动其他监督体系和执法部门做好监督与查处工作，减少重复监督，提高监督合力。

三、审计人员的职业道德

（一）一般原则

依据《中华人民共和国国家审计准则》，国家审计人员应具有的基本职业道德包括严格依法、正直坦诚、客观公正、勤勉尽责、保守秘密等五个方面。

严格依法指国家审计人员应当严格依照法定的审计职责、权限和程序进行审计监督，规范审计行为；正直坦诚指国家审计人员应当坚持原则，不屈从于外部压力，不歪曲事实，不隐瞒审计发现的问题，廉洁自律，不利用职权谋取私利，维护国家利益和公共利益；客观公正指国家审计人员应当保持客观公正的立场和态度，适当、充分的审计证据支持审计结论，实事求是地做出审计评价和处理审计发现的问题；勤勉尽责指国家审计人员应当爱岗敬业、勤勉高效、严谨细致、认真履行审计职责、保证审计工作质量；保守秘密指国家审计人员应当保守其在执行审计业务中知悉的国家秘密、商业秘密，对于执行审计业务取得的资料、形成的审计记录和掌握的相关情况,未经批准不得对外提供和披露,不得用于与审计工作无关的目的。审计人员如果违反审计职业道德,应根据有关规定,给予批评教育、行政处分,构成犯罪的,还应依法追究刑事责任。

(二)独立性

审计职业道德规范中,独立性是审计的灵魂。国家审计人员只有保持实质和形式上的独立性,才能保证得出客观公允的审计结论。如此,既可维护国家公共利益,也能保证被审计单位的合法权益不受侵害。审计人员独立性的具体要求如下。

1. 审计人员遇到下列可能损害审计独立性的情形,应当依法回避:与被审计单位负责人或者有关主管人员有夫妻关系、直系血亲关系、三代以内旁系血亲以及近姻亲关系;与被审计单位或者审计事项有直接经济利益关系;对曾经管理或者直接办理过的相关业务进行审计,可能损害审计独立性的其他情形。

2. 审计人员不得参加影响审计独立性的活动,不得参与被审计单位的管理活动。

3. 审计机关组建审计组时针对具体情况需采取下列措施,避免损害审计独立性。

(1)依法要求相关审计人员回避;

(2)对相关审计人员执行具体审计业务的范围做出限制;

(3)对相关审计人员的工作追加必要的复核程序;

(4)其他措施。

4. 审计机关应当建立审计人员交流等制度,避免审计人员因执行审计业务长期与同一被审计单位接触可能对审计独立性造成的损害。

(三)职业胜任能力

职业胜任能力是任何职业的基本职业道德要求。《中华人民共和国国家审计准则》除了要求国家审计人员应具有专业胜任能力外,还从审计人员录用、继续教育、业绩评价考核等方面确立了保障国家审计人员专业胜任能力的各种制度。

审计人员应当具备与从事的审计工作相适应的专业知识、职业技能和工作经验,并保持和提高职业胜任能力。审计人员不得从事不能胜任的业务,还应当遵守审计机关的继续教育和培训制度,参加审计机关举办或者认可的继续教育、岗位培训活动,学习会计、审计、法律、经济等方面的新知识,掌握与从事工作相适应的计算机、外语等技能,不断优化知识结构,更新职业技能,积累工作经验,保持持续的职业胜任能力。为了保障审计工作的顺利进行,补齐审计职业胜任能力的差异,审计机关应当合理配备审计人员,组成审计组,确保其在整体上具备与审计项目相适应的职业胜任能力,以此来保障审计组整体的胜任能力。

第四节　审计工作和纪律要求

为保证审计的独立性,审计署决定在全国审计机关中实行外勤经费自理。2000 年 1 月 28 日,《审计署关于加强审计纪律的规定》颁布,审计署机关及派出机构实行审计外勤费用自理,审计组和审计人员必须严格遵守"八个不准"的审计纪律。2000 年 2 月 21 日,审计署还制定颁布了《加强审计纪律的规定实施细则》。细则要求,"八个不准"规定要连同审计通知书一起送达被审计单位。审计组进驻被审计单位后,要以适当形式,及时向被审计单位公示"八不准"规定。细则还规定,建立审计组执行审计纪律情况登记制度和廉政档案制度,实行审计纪律执行情况报告制度。

2018 年,为认真贯彻习近平总书记在中央审计委员会第一次会议上的重要讲话精神,严格落实中央八项规定及其实施细则精神,大力加强干部队伍纪律作风建设,依法独立行使审计监督权,做到忠诚、干净、担当,审计署结合新时代新要求,研究制定了《审计"四严禁"工作要求》,并对审计"八个不准"进行了修订。2018 年 7 月 25 日,审计署印发了《〈审计"四严禁"工作要求〉和〈审计"八不准"工作纪律〉的通知》(审办发〔2018〕23 号)和释义,印发全国审计机关执行。

一、审计"四严禁"工作要求

(一)"四严禁"的具体内容

1. 严禁违反政治纪律和政治规矩,不严格执行请示报告制度。
2. 严禁违反中央八项规定及其实施细则精神。
3. 严禁泄露审计工作秘密。
4. 严禁工作时间饮酒和酒后驾驶机动车。

(二)"四严禁"具体条文的解释

第一条

1. 加强党中央对审计工作的领导,坚决维护习近平总书记党中央的核心、全党的核心地位,坚决维护党中央权威和集中统一领导。
2. 自觉做到"四个服从",严防"七个有之"。
3. 不准散布违背党的理论和路线方针政策的言论,不准制造、传播政治谣言及丑化党和国家形象的言论。
4. 不折不扣贯彻落实中央决策部署,做到令行禁止,决不允许搞上有政策、下有对策。

5. 严格执行请示报告制度,遇有突发情况和审计工作中发现的重大问题等,要及时请示报告,不允许该请示不请示、该报告不报告问题的发生。

6. 严格执行民主集中制,认真落实会议制度,该上会的上会,不允许个人说了算。

第二条

1. 大兴调查研究之风,调查研究要严格执行差旅费管理、公务接待管理等要求,不得走过场、搞形式主义。

2. 严格会议管理,切实改进会风,坚持开短会、讲短话。

3. 严格文件简报管理,切实改进文风,没有实质性内容、可发可不发的文件、简报一律不发。

4. 严格按照规定乘坐交通工具和安排住宿、就餐。

5. 严格执行因公出国(境)管理有关规定。

6. 厉行勤俭节约,严格执行办公用房、住房、用车等规定要求,认真遵守财经纪律。

第三条

1. 严格遵守国家保密法和审计机关内部保密管理规定,严防失泄密问题的发生。

2. 不准违反规定和程序向无关人员泄露审计工作进展情况、审计发现的违纪违法违规问题线索和处置情况、审计机关和审计组内部会议讨论情况等。

3. 不准违反规定和程序向无关人员泄露审计工作中获取的数据资料。

第四条

1. 不准在工作时间和工作日中午饮酒。

2. 异地现场审计期间的工作日(含非工作日加班)24 小时不得饮酒。

3. 任何时间、任何场合都不得酗酒。

4. 严格遵守道路交通安全法,坚持文明出行。

5. 不准酒后驾驶机动车,坚决杜绝酒驾、醉驾。

二、审计"八不准"工作纪律

(一)"八不准"的具体内容

1. 不准由被审计单位和个人报销或补贴住宿、餐饮、交通、通信、医疗等费用。

2. 不准接受被审计单位和个人赠送的礼品礼金,或未经批准通过授课等方式获取报酬。

3. 不准参加被审计单位和个人安排的宴请、娱乐、旅游等活动。

4. 不准利用审计工作知悉的国家秘密、商业秘密和内部信息谋取利益。

5. 不准利用审计职权干预被审计单位依法管理的资金、资产、资源的审批或分配使用。

6. 不准向被审计单位推销商品或介绍业务。

7. 不准接受被审计单位和个人的请托干预审计工作。

8. 不准向被审计单位和个人提出任何与审计工作无关的要求。

(二)"八不准"具体条文的解释

第一条

1. 本规定中所提及的被审计单位和个人是指审计中涉及的所有单位和个人,包括正在接受审计的单位或个人,延伸审计和调查涉及的单位或个人,以及其他与被审计单位相关、有可能影响审计独立性的单位或个人。

本规定约束的时间范围从审计项目计划正式下发至审计报告出具和审计事项移送办结时。规定中所述条款在约束审计组成员行为的同时,也适用于审计组以外的其他审计人员。

2. 补贴包括"明补"和"暗补"。"暗补"系被审计单位在未告知审计组的情况下,为审计组支付的各项费用。

3. 根据工作需要,由本单位主要负责同志书面审批后,可以使用被审计单位的交通工具,但须按规定据实付费。不准使用被审计单位的通信工具、车辆和办公设备等办理与审计工作无关的事项。

4. 确需在被审计单位(含延伸审计和调查单位)就餐的,应当在一般干部或普通职工食堂用工作餐,并按被审计单位伙食标准交费;无伙食标准的,据实交费。

第二条

1. 本条所指礼品礼金不仅包含实物礼品和现金,还包括且不限于各种商业预付卡、会员卡、有价证券、支付凭证和电子红包等,其中电子红包是指通过支付宝、微信支付等第三方支付工具发放的电子货币、代金券、优惠券,以及其他具有现金替代功能的支付形式。

2. 对以手机充值、电子红包、快递寄送等未事先告知而收到的礼品礼金,应当及时报告现场负责人,由审计组登记后统一退回。

3. 经署领导或特派办领导批准为被审计单位提供授课的除外。

第三条

1. 本条所指的娱乐活动,包括但不限于联欢、KTV、观看演出和体育赛事等娱乐活动。

2. 不准接受被审计单位在办公、住宿场所专门摆放的鲜花、水果、香烟、食品、洗漱用品等接待物品,但办公或住宿场所日常摆放的鲜花、绿植等除外。

第四条

1. 本条所指的国家秘密、商业秘密、内部信息是关系国家、部门、行业、企业等的安全和利益,在一定时间内只限一定范围的人员知悉的事项。

2. 不准购买被审计单位发行的未上市股票。

3. 现场审计期间,审计组成员不准买卖被审计单位上市的股票。

4. 不准利用审计知晓的信息,以交易、委托理财等形式为自己、亲属和他人谋取不正当利益。

第五条

1. 本条所称干预,是指审计人员利用职权或影响力,通过打招呼、说情、施加压力等方式,影响被审计单位内部管理或行政决策的行为。

2. 不准干预、插手被审计单位管理的公共资金的分配使用。

3. 不准干预、插手被审计单位管理的国有资产的分配使用。

4. 不准干预、插手土地、矿产、森林等自然资源的审批(许可)和管理分配。

第六条

1. 不准向被审计单位推销审计人员亲属、朋友等特定关系人生产或销售的商品。

2. 不准介绍被审计单位到审计人员亲属、朋友等特定关系人开办的经营性场所消费。

3. 不准向被审计单位推荐会计、法律、工程造价等社会中介服务。

4. 不准干预被审计单位的招投标、存贷款等事项。

第七条

1. 本条所称干预审计工作,是指在正常工作程序之外,相关单位和个人对审计人员施加影响,影响审计人员依法独立公正行使审计监督权的行为。

2. 审计人员不准接受被审计单位或相关人员的请托,打探其他审计组或本审计组其他审计人员的工作情况。

3. 审计机关各级领导干部不准在正常工作程序之外,通过任何方式干预审计人员正常工作。

4. 不准帮助被审计单位出谋划策、干预或应对审计工作。

5. 审计组成员不准对外泄露工作情况。

6. 审计组成员未经审计组长或审计组长指定的现场负责人批准不得私自会见被审计单位人员。

第八条

本条是兜底条款,即凡是上述条款未提及,但与审计工作无关的任何要求,均属于本规定的禁止范围。

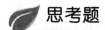

思考题

即练即测

一、简答题

1. 简述审计机关的组织架构。

2. 简述审计人员应具备的资格条件。

3. 将多个部门的相关监督职责调整到审计署的原因是什么？

4. 简述审计机关设置的法律依据。

5. 简述组建审计委员会的作用。

二、论述题

1. 行政型审计模式有利于更好地发挥审计监督的作用。主要体现在哪些方面？

2. 强化上级审计机关对下级审计机关的领导，以及实施省以下地方审计机关人财物统一管理的改革优点主要体现在哪些方面？

3. 审计机关根据审计法及实施条例等法律法规和有关规定，应该对哪些事项进行监督？

4. 授权审计的具体内容有哪些？

5. 审计人员的职业要求有哪些？

第四章

国家审计法律规范

 导读

国家审计规范是指由国家规定或认可的,由实施审计一方、被审计一方和与审计工作有关的其他各方各自遵守的行为规则。按照性质不同,国家审计规范可分为国家审计法律规范、国家审计职业道德规范和国家审计指南。鉴于国家审计职业道德规范的许多内容已被吸收到国家审计法律规范中,成为国家审计法律规范的重要内容,且相关章节将对审计职业道德进行专门介绍,本章重点介绍国家审计法律规范和国家审计指南。本章对国家审计法律规范概述、国家审计法律类规范、国家审计法规类规范、国家审计规章类规范、国家审计准则与指南进行阐述。

！ 本章学习目标

通过本章学习,学员应该能够:
(1) 了解国家审计法律规范的概念、基本特征、作用及体系结构;
(2) 了解国家审计法律类规范、法规类规范、规章类规范的含义及主要内容;
(3) 了解国家审计准则以及国家审计指南的含义与内容。

第一节　国家审计法律规范概述

一、国家审计法律规范的概念

国家审计法律规范是国家通过法律、法规、规章等形式加以规定或认可,并且要求审计机关、审计人员和参与审计活动的其他当事人在审计工作中各自遵守的行为规范。按照制定主体和法律效力等级不同,国家审计法律规范可分为国家审计法律类规范、国家审计法规类规范和国家审计规章类规范。

国家审计法律类规范是指全国人民代表大会及其常务委员会制定的宪法中有关国家审计的规定、审计法和其他各项法律中有关国家审计的规定。

国家审计法规类规范是指国务院制定的行政法规和地方人民代表大会及其常务委员会制定的地方审计法规以及其他地方性法规中有关国家审计的规定。

国家审计规章类规范是审计署和地方人民政府制定的审计规章、国务院其他部门和地方人民政府制定的其他规章中有关国家审计的规定。

二、国家审计法律规范基本特征

（一）国家意志性

国家审计是审计机关代表国家实施的审计监督，其监督的对象、范围、权限、程序的确定都是国家意志的体现，因而需要通过国家法律、法规、规章等对其加以规定。国家审计法律规范作为国家规定或认可的审计行为规范，充分体现了国家意志。部分审计法律规范，如涉外审计中适用的国际审计准则，不是我国直接制定，但经过了我国政府的认可，因而也体现了国家意志。

（二）强制性

国家审计法律规范以国家强制力为后盾，由国家强制力保证实施，审计机关和审计人员、被审计单位以及其他有关单位和个人必须遵守。国家审计法律规范不仅规范审计机关和审计人员在审计活动中应当做什么、禁止做什么、应当怎么做以及相应的权利和义务等，也规范被审计单位以及其他单位或个人与审计工作有关的行为，要求参与审计活动的各方当事人共同遵守。拒不遵守的，要承担由此引起的法律责任。

（三）相对稳定性

国家审计法律规范一般通过法律、法规、规章等形式规定，具有相对稳定性，非经法定程序修改，任何单位和个人不得随意更改。

三、国家审计法律规范的作用

国家审计法律规范主要具有以下三个方面的作用。

（一）国家审计法律规范具有确立国家审计制度的作用

我国宪法和审计法规定，国务院设立审计署，在国务院总理领导下，主管全国的审计工作。县级以上地方人民政府设立审计机关，受本级政府行政首长和上一级审计机关的双重领导，对本级人民政府和上一级审计机关负责并报告工作，审计业务以上级审计机关领导为主。审计机关依照法律规定独立行使审计监督权,不受其他行政机关、社会团体和个人的干涉。国家审计法律规范为国家审计制度确立了框架,使其具有了法定性和稳定性。

(二)国家审计法律规范具有保障国家审计活动顺利进行的作用

国家审计法律规范确定了审计机关的职责、权限、审计程序以及实施审计的各项要求,规定了被审计单位接受审计监督的义务和享有的相应权利,明确了相关单位和人员支持、配合审计工作的要求,确保审计工作各个方面有法可依、有章可循。这为审计活动走上法治化、规范化的轨道以及国家审计活动顺利进行提供了充分保障。

(三)国家审计法律规范能够促进提高审计质量和效率、防范审计风险

国家审计法律规范对国家审计活动涉及的各个方面和审计过程的各个环节都作出了具体规定,总结了审计工作经验,反映了审计活动的内在规律。审计机关和审计人员严格按照国家审计法律规范确定的程序和方法开展工作,有利于提高审计工作质量和效率,进而防范审计风险。

四、国家审计法律规范体系结构

国家审计法律规范中不同层次、不同效力的具体规范构成了一个有机联系的整体,即国家审计法律规范体系,其结构可以从两个方面来认识:

(一)国家审计法律规范的内部结构体系

从国家审计法律规范的内容构成看,国家审计法律规范体系是由审计组织性规范、审计实体性规范和审计程序性规范三个方面构成。组织性规范主要是规范审计机关的设置与组成、明确审计机关的法律地位以及确定审计人员的资格条件、权利义务、职业要求等,这对保障审计独立性具有重要作用;实体性规范主要规范审计机关应当审计的事项及其内容、实施审计活动的法律后果以及相关主体在审计监督过程中的权利义务等,这构成了内部结构体系的核心;程序性规范明确了审计工作的基本程序,主要解决如何实施审计的问题,为实体性规范的实现提供了法律保障。

(二)国家审计法律规范的外部结构体系

国家审计法律规范的外部结构体系是由国家立法体系决定的,因而外部结构体系由宪法关于国家审计的规定、审计法及其他有关法律关于国家审计的规定、审计法实施条例和其他有关国家审计的行政法规、地方性审计法规、审计署发布的国家审计准则等审

计规章以及地方政府审计规章等组成。

第二节　国家审计法律类规范

一、国家审计法律类规范的含义

国家审计法律类规范是国家审计法律规范体系的重要组成部分,其包括全国人民代表大会及其常务委员会制定的宪法中有关国家审计的规定、审计法以及其他各项法律中有关国家审计的规定。

二、国家审计法律类规范的主要内容

（一）宪法关于国家审计的规定

1982 年《中华人民共和国宪法》对我国实行审计监督制度作出了明确规定,以国家根本大法的形式确立了国家审计监督的法律地位,是我国国家审计法律规范体系的基础。其中涉及国家审计的共有七条,这七条内容对审计机关的设置、性质、地位和领导关系、审计监督的范围和内容、审计监督的基本原则以及审计长的地位和任免等作了明确规定。宪法关于审计监督法律地位的确定,为我国审计监督制度奠定了坚实的基础。

（二）审计法关于国家审计的规定

《中华人民共和国审计法》于 1994 年根据宪法制定,是审计领域的基础性法律,是中国特色社会主义审计法律体系的核心,也是开展审计工作的基本行为准则。审计法对我国审计监督的基本原则、审计机关和审计人员、审计机关的职责和权限、审计程序、法律责任等国家审计的基本制度作了全面规定。审计法既是审计监督的程序法,也是审计机关的组织法,同时还是审计监督的实体法。

2021 年通过的《全国人民代表大会常务委员会关于修改〈中华人民共和国审计法〉的决定》,进一步健全了我国国家审计监督制度。自 2022 年 1 月 1 日起施行的《中华人民共和国审计法》共包括 7 章 60 条,分别为总则、审计机关和审计人员、审计机关职责、审计机关权限、审计程序、法律责任和附则,对所涉及的内容作了进一步明确、细化的规定,体现了新时代党和国家对审计的新要求。

（三）与国家审计有关的其他法律

除审计法之外,其他一些法律中也有规定审计的内容,这些内容属于国家审计法律规范体系的范畴。这些法律主要是相关的财经法律,如预算法、政府采购法、税收征收管理法、会计法、商业银行法、证券法、企业国有资产法和社会保险法等。这些法律就审计机关对相关领域的审计监督作了明确规定,同时也是审计机关实施审计时对被审计单位进行审计评价、审计定性和审计处理处罚的重要依据。

此外,行政处罚法、行政复议法、行政诉讼法、国家赔偿法等规范国家行政机关活动的法律,虽然没有明确规定审计方面的内容,但由于我国审计机关作为国家行政机关,其审计监督活动也受到这些法律的规范。

第三节 国家审计法规类规范

一、国家审计法规类规范的含义

国家审计法规类规范是指国务院制定的行政法规和地方人民代表大会及其常务委员会制定的地方审计法规以及其他地方性法规中有关国家审计的规定。

二、国家审计法规类规范的主要内容

(一)国家审计行政法规

国家审计行政法规是国务院根据宪法、审计法及有关法律制定的,在全国范围适用的、具有普遍约束力的有关国家审计的规范性文件的总称。

1. 审计法实施条例

为了推动审计法的贯彻落实,1997年,国务院颁布了《中华人民共和国审计法实施条例》,此后在2010年对该条例进行了修订。审计法实施条例是国务院为执行审计法而制定的配套法规,它按照审计法的体例,对审计监督的基本原则、审计机关和审计人员、审计机关的职责和权限、审计程序、法律责任等作了进一步具体规定。审计法实施条例是国家审计最基本的行政法规,对于进一步健全审计监督机制、明确审计监督职责、规范审计职权行使、完善审计程序、保障审计工作顺利开展具有十分重要的意义。

2. 财政违法行为处罚处分条例

为了纠正财政违法行为,维护国家财政经济秩序,2004年国务院颁布了《财政违法行为处罚处分条例》,对财政违法行为的种类、财政违法行为执法主体的范围和权限、财政违法行为处理、处罚、处分的种类和具体内容等作了明确规定。该条例是审计机关、财政机关和监察机关在各自权限范围内对财政违法行为进行处理、处罚的重要法规依据,有利于更好地促进审计机关规范审计处理、处罚行为,坚持依法审计,提高审计工作水平。

3.中央预算执行情况审计监督暂行办法

为了加强对中央预算执行和其他财政收支的审计监督工作,维护中央预算的法律严肃性,国务院于 1995 年 7 月颁布了《中央预算执行情况审计监督暂行办法》。该办法是国务院为了落实审计法关于中央预算执行情况审计的要求,专门制定的规范中央预算执行情况和其他财政收支审计的行政法规,是审计署开展中央预算执行情况审计的重要法规依据。

除上述三部直接规定国家审计的行政法规外,国务院制定的其他行政法规、行政措施和发布的决定、命令,有些也同样适用于国家审计。如国务院 2001 年颁布的《行政执法机关移送涉嫌犯罪案件的规定》。另外,党中央、国务院为了加强和规范审计工作,制定颁发了一些指导、规范审计工作的纲领性文件,在实践中同样具有类似行政法规的效力,主要有:

一是党政主要领导干部和国有企业领导人员经济责任审计规定。2010 年,中共中央办公厅、国务院办公厅印发了《党政主要领导干部和国有企业领导人员经济责任审计规定》。该规定结合经济责任审计的特殊要求,对经济责任审计的审计对象、审计计划、组织协调、审计内容、审计实施、审计评价、责任界定和结果运用等内容作出了具体规定。

二是国务院关于加强审计工作的意见。2014 年国务院下发的《国务院关于加强审计工作的意见》,着眼于解决长期以来制约审计工作开展和审计作用发挥的瓶颈与困难,对完善审计工作的制度作出保障性的规定,是新时代加强审计工作的纲领性文件。

三是关于完善审计制度若干重大问题的框架意见。2015 年中共中央办公厅、国务院办公厅印发了《关于完善审计制度若干重大问题的框架意见》及相关配套文件,主要对如何完善审计制度、创新体制机制作出了规定。在框架的指引下,我国基本形成与国家治理体系和治理能力现代化相适应的审计监督机制。

四是关于深化国有企业和国有资本审计监督的若干意见。2017 年中共中央办公厅、国务院办公厅印发的《关于深化国有企业和国有资本审计监督的若干意见》,对深化国有企业和国有资本审计监督提出了明确要求,是国有企业和国有资本审计监督的纲领性文件。

五是领导干部自然资源资产离任审计规定。2017 年,中共中央办公厅、国务院办公厅印发《领导干部自然资源资产离任审计规定(试行)》,对领导干部自然资源资产离任审计工作提出明确要求。

(二)地方性审计法规

根据规定,省、自治区、直辖市和较大市的人民代表大会及其常务委员会根据本地区的具体情况和实际需要,可以在不与宪法、法律、行政法规相抵触的前提下制定本地区范围内适用的地方性审计法规。如北京市第十三届人民代表大会常务委员会第三十四次会议通过的《北京市审计条例》。各地立法机关制定的地方性审计法规,对保证宪法、审计法律和行政法规在本行政区域内的有效实施、促进审计事业发展提供了基层保障。截至 2022 年 2 月,现行有效的地方性审计法规有 91 件。

第四节　国家审计规章类规范

一、国家审计规章类规范的含义

国家审计规章类规范是审计署和地方人民政府制定的审计规章、国务院其他部门和地方人民政府制定的其他规章中有关国家审计的规定。国家审计规章包括部门审计规章和地方政府审计规章。

二、国家审计规章类规范的主要内容

(一)部门审计规章

审计署是国务院组成部门,在国务院总理领导下主管全国的审计工作,有权就国家审计工作制定部门审计规章。审计署制定的部门审计规章在全国范围内有效。审计署出台的相关审计规范共分为以下四类内容。

1. 审计准则类规范,这是对审计机关及审计人员应当具备的资格条件和职业要求的规范。对编制审计方案、收集和使用审计证据、编写工作底稿、评价审计事项、审定和出具审计报告、作出审计决定提出了具体的要求。如《审计机关审计重要性与审计风险评价准则》《审计机关审计抽样准则》和《审计机关审计事项评价准则》等。

2. 审计项目类规范,这是审计机关开展业务审计的具体规定,包括对财政、金融、行政经费、事业经费、国有企业、商品流通行业、国家建设项目的预算执行情况和决算以及其他资金专项审计调查等方面的内容。

3. 审计管理类规范,这是审计机关在行使审计监督权以及审计行政管理过程中对有关事项的规定。这些管理规范又可以分为三类:第一类是对审计主体进行管理的规范,包括对审计人员和审计机构的管理规范;第二类是对审计过程和审计行为进行管理的规范,包括审计项目计划、处理处罚、行政强制性措施,以及统计、复核、复议、审计应诉等方面规定;第三类是对审计信息和审计档案进行管理的规范,包括审计信息、公文、档案方面、通报和公布审计结果的规定。

4. 审计督导类规范,对审计机关在其他审计行业进行监督和指导方面的有关事项做出规定。主要规范文件有 1996 年审计署颁布的《审计机关指导监督内部审计业务的规

定》《审计机关指导监督社会审计机构的规定》等。

（二）地方政府审计规章

根据有关规定,省、自治区、直辖市和较大市的人民政府在领导地方审计机关工作时,可以从地方经济社会发展实际出发,根据法律、行政法规和本省、自治区、直辖市的地方性法规,在其职权范围内制定适用本地区范围的地方政府审计规章,如北京市人民政府发布的《北京市预算执行情况审计监督暂行办法》。截至 2022 年 2 月,现行有效的地方政府规章有 93 件。

第五节　国家审计准则与指南

一、国家审计准则的含义与内容

（一）国家审计准则的含义

1. 最高审计机关国际组织审计准则

最高审计机关国际组织(International Organization of Supreme Audit Institutions,INTOSAI)创立于 1953 年,是由世界各国最高一级政府审计机关组成的国际性组织。该组织为指导各成员国审计准则的制定,制定了最高审计机关国际准则(ISSAD)。最初设定的最高审计机关国际准则框架由四个层次构成:第一个层次是《利马宣言》,是对公共部门审计的综合认识的基础;第二个层次是道德守则,是指导审计人员日常工作的价值和原则的说明;第三个层次是审计准则,是进行审计工作的前提和原则,审计准则又包括四部分内容,基本准则(ISSAI100)、一般准则(ISSAI200)、外勤准则(ISSAI300)、报告准则(ISSAI400);第四个层次是指南资料,帮助最高审计机关在各项工作中运用审计准则。

INTOSAI 在《利马宣言》的基础上发布了新的《最高审计机关国际准则第 2 号——最高审计机关的价值与成效:为公民生活带来不同》,共同作为最高审计机关国际准则的基础性原则。并且 INTOSAI 接连发布了《政府审计基本准则》《财务审计基本准则》《经营审计基本准则》和《合规审计基本准则》,对审计准则内容结构进行了大刀阔斧的改变。因此,INTOSA1 发布的最新的《最高审计机关国际准则第 100 号——政府审计基本准则》也相应做出了重大的调整,形成了现行的最高审计机关国际准则框架。

2. 美国政府审计准则

美国审计总署从 20 世纪 60 年代中期开始进行国家准则的研究,于 1972 年颁布了世界上第一部政府审计准则——《国家机构、计划项目、活动和职能的审计准则》。该准则参照美国民间公认审计准则,采用三段式文件框架,包括一般准则、现场作业准则和报告准则,形成国家审计准则文本,在全球范围迈出了规范国家审计行为的第一步。该准则此后经过 7 次修订,加强了国家审计独立性、透明度和问责制,形成了以审计业务分类为主线的准则框架,为审计实践提供了法律依据。

3. 我国国家审计准则

我国国家审计准则体系是指由审计署制定颁布,对审计机关及其审计人员具有约束力、规范审计业务工作的行为规范。它主要对审计机关和审计人员应当具备的资格条件和职业要求作出规定,是审计机关和审计人员履行法定审计职责的行为规则,是评价审计质量的基本尺度。自我国审计制度建立以来,国家审计准则在实践中探索,在探索中发展,具体可以分为四个阶段:

第一阶段,萌芽阶段(1983—1995 年)。该阶段审计准则各项工作处于探索过程,国家审计准则尚未建立,只能以制度、办法和规定等替代准则,这段时间先后颁布实施了《中华人民共和国审计法》(1994 年)和《中华人民共和国审计法实施条例》(1997 年)。

第二阶段,探索阶段(1996—1999 年)。该阶段审计署按照通行的体例结构和准则体系要求,借鉴其他国家的惯例和通行做法,于 1996 年发布了包括《中华人民共和国国家审计基本准则》在内的 38 项审计规范。

第三阶段,发展阶段(2000—2010 年)。该阶段审计署于 2000 年发布了《中华人民共和国国家审计基本准则》等 20 项审计规范,随后在 2004 年发布了《审计机关审计项目质量控制办法(试行)》,采用质量控制体系与审计准则并行的方式,构建起较为全面的审计准则体系。

第四阶段,完善阶段(2011 年至今)。自 2011 年 1 月 1 日起,审计机关开始施行《中华人民共和国国家审计准则》(以下简称《国家审计准则》),基本上形成了完整单一的国家审计准则,在体系结构和内容上都做出了重大突破和理论创新,这一准则既体现出中国的审计特色又与国际先进的审计理论和实务标准相衔接。

(二)国家审计准则的主要内容

国家审计准则规定了审计机关和审计人员应当具备的资格条件和职业要求,是审计机关和审计人员实施审计、反映审计结果、出具审计报告、作出审计决定和进行审计业务管理时应当遵循的行为规范。

国家审计准则包括审计基本准则、通用审计准则和专业审计准则三部分。其中,基本审计准则是基础,通用审计准则是审计机关及审计人员开展审计工作的一般规范,专业审计准则是审计机关和审计人员根据行业特性开展审计工作所依据的特殊规范。

1. 国家审计基本准则

审计基本准则是国家审计准则的总纲,由总则、一般准则、作业准则、报告准则、处理处罚准则和附则组成。基本准则是国家审计机关和人员进行审计必须遵照执行的规范。

一般准则主要对审计机关办理审计事项和审计人员承办审计业务应具备的条件、审计机关和审计人员独立性的要求、审计人员保守秘密的要求以及审计人员的继续教育和专业技术资格等进行了规范；作业准则对审计工作的全过程、各项细节提出了具体要求；报告准则对审计报告提交的时间、内容以及复核制度作了明确规定；处理、处罚准则是在出具审计报告后对被审计单位的处理处罚措施作出详细规定。

2．通用审计准则

通用审计准则是依据国家审计基本准则制定的，是审计机关和审计人员在依法办理审计事项、提交审计报告、评价审计事项、出具审计报告以及作出审计决定时，应当遵循的一般具体规范。

3．专业审计准则

专业审计准则是依据国家审计基本准则制定的，是审计机关和审计人员依法办理不同行业的审计事项时，在遵循通用审计准则的基础上，同时应当遵循的特殊具体规范。

（三）国家审计准则的特点

1．权威性

权威性来源包括以下三个方面：首先是国家审计的法定性。国家审计机关的成立是由宪法规定的，开展国家审计是一种国家行为和法定行为，用于规范和指导审计实践的审计准则应具有相应的权威性。其次是国家审计准则自身的科学性。国家审计准则来源于审计实践，是对审计实践的提炼和升华。同时，用审计准则指导和规范审计实践是整个审计职业界公认的惯例，国外审计机关如此，社会审计和内部审计也是如此。最后是国家审计准则产生过程的权威性。对审计准则的制定一般由审计职业界权威机构或政府机构负责，我国国家审计准则的制定、修改、审定、完善、颁布和监督实施等都由国家审计署负责。

2．规范性

规范性主要体现在三个方面：一是统一性。审计准则内容本身应前后一致、相互协调，国家审计准则在变迁过程中应保持前后的衔接性，国家审计准则和社会审计准则、内部审计准则在相同内容应保持一致。二是条理性。作为一份规范性指导全国审计机关和人员行为的文件，在行文上应当结构严谨、层次分明，这种条理性不仅体现在形式上，更体现在内容上。三是准确性。准确性来自于长期审计实践的总结和提炼，体现在对较长一段时间内能够规范和指导审计实践，尽量避免和减少规定不清楚和模棱两可的情况。

3．可操作性

可操作性体现在以下三个方面：首先是定位准确。在分层次准则体系中，各层次分工明确,服务于不同目标,在"一本通"情况下,准则内部之间也是层次明确。其次是内容务必明确可行。审计准则将实施规则、操作程序和惯例融为一体,若不能被审计机关和审计人员所接受,从根本上就失去了制定审计准则的价值,因此准则务必便于审计人员理解和遵照执行。最后是可接受性。对审计主体、审计客体和公众来说,审计准则有助于他们做出正确的判断,了解各自责任,这样审计准则才能客观地反映对审计工作的基本要求,有利于各方面对审计工作的理解,有助于使审计准则成为审计人员自我保护的依据。

4. 相对稳定性

审计准则作为政府性规范性文件,确定和发布后不能轻易改动,其运用应保持一个相对稳定的时期。首先,审计准则保持稳定性是由其本身特点所决定的。修订审计准则有一系列复杂程序,过程漫长,涉及面广,由于在工作中经常使用,若变动频繁,准则使用的成本增加,有损准则的严肃性。其次,这种稳定具有相对性。随着外部环境的改变,对审计工作提出更高要求时,审计准则就需要与时俱进,通过调整、变化来适应审计工作的需要。

(四) 国家审计准则的作用

1. 国家审计准则有利于规范审计行为,提高审计工作质量和效率,防范审计风险

国家审计准则是依据审计法和行政法规规定,在总结审计工作经验和借鉴外国国家审计有益做法的基础上,按照审计工作运行的内在规律而制定的。它对审计工作的各个方面和各个环节作出了明确规定,提出了具体标准和工作要求,有利于规范审计行为,提高审计工作质量和效率,防范审计风险。审计机关和审计人员严格按照国家审计准则开展工作,保障审计工作依法、有序进行,全面推动审计工作的法治化和规范化。

2. 国家审计准则有利于推动国家审计法律规范体系的建立健全

国家审计准则的颁布实施,是完善国家审计法律规范体系的重大举措,有力地推动了我国多层次国家审计法律规范体系的建立健全。国家审计准则的进一步发展,也有利于促进国家审计法律规范体系的进一步完善。

3. 有助于增强社会公众对国家审计的信任

社会公众对国家审计的信任度来源于政府的公信力,是公众对审计工作的评价,反映了人民群众对审计机关的满意度。审计机关按照审计准则的要求,通过审计公开、审计宣传等,让社会公众更多地参与审计、了解审计、理解审计。在开展审计业务的过程中,审计人员的一切行为受到审计准则包括审计对象在内的社会公众的规范,在这种规范化的工作中,会增加社会公众对国家审计的满意度,从而提高社会公众对国家审计的信任度。

4．能够维护审计机关和审计人员的正当权益

维护审计机关和审计人员的正当权益,就需要降低审计人员的职业风险。而风险的源头很多,既有来自主观方面的,又有客观存在的原因;既有来自自身素质方面的,又有外部环境方面的原因。在审计准则中,规定了审计质量控制和责任机制,明确了各层级对审计业务的分级质量控制,既对审计人员职业风险保护有可操作性规定,还对审计人员职业行为约束有可操作性规定,便于出现审计风险时的责任追究,同时也有利于审计机关和审计人员在工作中严格按照规章办事,通过规范性的操作维护自身的正当权益,以降低职业风险,成为确定和解脱审计责任的依据。

5．有利于中国审计走向世界

为配合国家"走出去"战略,国家审计也应当走向世界,让更多的国家认识、了解中国审计。审计准则的国际化,是我国审计事业的现实需要、战略选择和发展愿景。审计准则要"走出去",一方面需要在内容上体现中国国情特色的基础上,力求与国际接轨,走趋同路线,吸收国外好的经验和做法。另一方面有利于国际交流,尤其是在开展联合国审计的过程中,让中国国家审计准则走上世界舞台。

(五)国家审计准则与国家审计法律法规、其他审计规章的关系

国家审计准则与其他国家审计法律规范既有联系,又有区别。

1．国家审计准则与国家审计法律、法规的关系

国家审计准则是依据国家审计法律、行政法规制定的,是国家审计法律、法规内容的进一步具体化。因此,它们的基本原则是一致的,在内容上呈现出从一般原则到具体要求的关系。

但这两类国家审计法律规范也有重要区别,主要表现在:

第一,从制定主体和法律效力等级看,国家审计法律、行政法规是国家立法机关或国家最高行政机关制定的,是法律效力等级较高的国家审计法律规范;国家审计准则是审计署制定的,是法律效力等级相对较低的国家审计法律规范。

第二,从规范的内容看,国家审计法律、法规主要规定审计机关的设置、领导体制、职责权限、参与国家审计活动的各方当事人的权利义务等国家审计监督制度的基本方面,其目的主要在于建立国家审计监督制度;国家审计准则主要是审计机关和审计人员在履行职责、开展审计业务工作时应当遵守的职业要求,其目的主要在于保障审计人员更好地完成各项审计任务,保证审计工作质量,提高审计工作效率。

第三,从适用范围看,国家审计法律、法规具有普遍约束力,除审计机关和审计人员应当遵守执行外,政府及其部门、被审计单位及其有关人员都应当严格遵守;国家审计准则主要是规范审计机关和审计人员自身行为的,一般只对审计机关和审计人员具有约束力。

2. 国家审计准则与其他审计规章的关系

国家审计准则属于国家审计规章,具有和其他审计规章一样的法律效力,审计机关和审计人员应当加以遵守。但它与其他审计规章也有一定的区别,主要表现在:第一,从制定的主体看,国家审计准则是审计署制定的;一般审计规章除审计署有权制定外,地方人民政府在其职权范围内也可以制定。第二,从规范的内容看,国家审计准则主要规范审计业务工作中各个方面和各个环节应当遵守的行为规则,体现了审计工作运行的内在规律;其他审计规章规范的范围更广一些,可以对审计机关的组织、审计业务的开展,对审计工作的领导和管理等作出规定,更多地体现上级审计机关和地方人民政府对审计工作的行政领导和管理。第三,从适用的范围看,国家审计准则是对审计机关和审计人员自身行为的规范,一般只对审计机关和审计人员具有约束力;其他审计规章尤其是地方人民政府颁布的审计行政规章,在不违背审计法的前提下还可以赋予审计机关一定的职责、权限,对被审计单位配合审计工作提出要求,除审计机关和审计人员应当遵守外,被审计单位、其他相关单位和人员也应当遵守。

二、国家审计指南含义与内容

(一) 国家审计指南含义

国家审计指南是审计机关和审计人员贯彻落实审计法律法规和审计准则的操作规范,是执行审计业务和实施审计业务管理的实务指引。国家审计指南由审计机关以国家审计法律法规和国家审计准则为依据制定并发布,全国审计机关和审计人员应当参照执行。

(二) 国家审计指南的作用

审计指南中大量的指导性规范是对审计实践经验的总结和提炼,对具体审计工作具有很强的参考作用,为审计机关和审计人员从事专门审计工作提供可操作的指导性意见,其作用具体表现在以下方面。

(1) 国家审计指南有利于促进国家审计法律法规和国家审计准则的贯彻落实。国家审计指南是以国家审计法律法规和国家审计准则为依据,是对相关规定的进一步细化和补充,具有很强的指导性和可操作性。审计机关和审计人员按照国家审计指南规定的操作规程和方法办理具体审计事项,将国家审计法律法规和国家审计准则的有关规定落到了实处,更好地规范审计工作。

(2) 国家审计指南有利于指导审计工作,提高审计工作质量和效率,推动审计工作的法治化、规范化和科学化。国家审计指南是在全面总结和深入提炼审计实践中积累的经验和做法的基础上发布的,立足于指导和服务审计工作,实用性强。它可以提供在一定条件下的最优方案,也可以提出解决问题的多种路径和方案,为更好地开展审计工作提供指引,有利于提高审计工作质量和效率。同时,国家审计指南是依据国家审计法律法规和国家审计准则发布的,审计机关和审计人员按照国家审计指南规定的操作规程和方法办理具体审计事项,能够保障审计工作依法、科学、有序运行,推动审计工作的法治化、规范化和科学化。

(3)国家审计指南有利于推动国家审计规范体系的建立健全。国家审计指南体系的构建,是国家审计规范体系建设的重要举措,能够推动我国多层次国家审计规范体系的建立健全,保障依法审计。

(三)国家审计指南主要内容

根据国家审计指南规范的内容,国家审计指南体系包括通用审计指南和专业审计指南两类。

通用审计指南主要规范审计业务各个环节的具体操作要求和业务指引,适用于各专业审计,如各类审计文书的编写要求和参考格式等。专业审计指南主要规范各专业审计业务的具体操作要求和业务指引,规范和指导相关专业审计的开展。根据不同的专业审计业务,专业审计指南可以分为财政审计指南、金融审计指南、企业审计指南、投资审计指南、社会保障审计指南、资源环境审计指南、经济责任审计指南、外资审计指南和计算机审计指南等九大类。每一类又可以根据内容的不同进一步细化为若干项审计指南。

审计署根据审计工作发展实际,不断研究开发和修订完善国家审计指南,已经开发完成的指南有:《审计软件开发指南》(2003年印发)、《部门预算执行审计指南》(2007年9月印发)、《计算机审计审前调查指南》(2007年12月印发)、《水资源审计指南》(2011年4月印发)、《数据审计指南》(2011年12月印发)、《信息系统审计指南》(2012年2月印发)、《世界银行亚洲开发银行贷款项目审计指南》(2012年9月印发)、《特派办审计数据综合利用指南》(2013年6月印发)、《人身保险公司审计指南》(2013年11月印发)、《商业银行审计指南》(2013年11月印发)、《ERP环境下的财务收支审计指南》(2014年7月印发)、《重大公共工程跟踪审计指南》(2015年7月印发)、《公共工程竣工决算审计指南》(2018年12月印发)、《企业审计指南》(2020年5月印发)、《商业银行审计指南》(2020年5月印发)、《公共工程项目跟踪审计指南》(2020年9月印发)、《财产保险公司审计指南》(2021年12月印发)等。同时,一些地方审计机关根据各地特点也制定了具有参考价值的审计指南。

(四)国家审计指南与国家审计准则的关系

国家审计指南和国家审计准则都是规范和指导审计业务及其管理活动的规范。但国家审计准则属于审计规章,审计机关和审计人员应当严格遵照执行;国家审计指南属于具体业务的备选解决方案,可以参照执行。对于审计复议、听证等涉及被审计单位权利义务的事项以及现场审计管理、审计事项移送处理、审计结果公布、审计质量岗位责任追究、审计统计等需要审计机关和审计人员严格执行的规定,应通过审计规章等形式加以规范,不应纳入国家审计指南体系。同时,审计人员在学习利用中发现国家审计指南与国家审计法律法规、国家审计准则不一致的,应当以国家审计法律法规和国家审计准则为准。

按照国际通行做法,国家审计指南中可以举例说明,国家审计指南后也可附相关典型案例、范例、范本。但从审计机关开展业务管理角度看,审计案例不具有规范作用,只用于审计人员更好地理解审计规范要求或启发审计人员思维,帮助审计人员获取知识和经验。

 ## 思考题

即练即测

一、简答题

1. 简述我国国家审计法律规范体系的构成内容。
2. 简述国家审计法律规范的作用。
3. 简述国家审计规章类规范中的部门审计规章。
4. 简述国家审计准则的内容。
5. 简述国家审计指南的主要内容。

二、论述题

1. 谈谈你对国家审计法律规范体系结构的认识。
2. 国家审计行政法规的主要内容有哪些?
3. 论述国家审计准则与国家审计法律、行政法规的关系。
4. 国家审计准则的性质是什么?
5. 国家审计指南与国家审计准则的联系是什么?

第五章

国家审计技术方法

 导读

审计方法是指审计人员为完成审计工作、实现审计目标的各种方式、手段和技术的总称。它包括审计检查方法、审计调查方法和审计分析方法。本章对审计取证的方法、审计综合分析方法、审计抽样方法进行阐述。

本章学习目标

通过本章学习,学员应该能够:

(1)熟悉审计取证的常用方法并掌握审计取证方法在不同层面的选用;

(2)了解确定审计重点、发现问题线索及提炼审计结果的综合分析方法;

(3)理解审计抽样的含义、特点和意义,审计抽样的基本步骤和程序,掌握抽样风险和非抽样风险。

第一节 审计取证的方法

审计取证方法是指审计人员为完成审计工作、实现审计目标的各种方式、手段和技术的总称。它包括审计检查方法、审计调查方法和审计分析方法。

一、审计取证的常用方法

(一)按审计取证的先后顺序划分

按照取证的先后顺序或审查会计资料的顺序,可以分为顺查法和逆查法。

1. 顺查法就是按照经济活动发生的先后顺序,依次从起点查到终点的审计方法。对会计资料的审查就是按照会计核算程序的先后顺序,依次审核和分析凭证、账簿和报表。

2. 逆查法就是按照经济活动进行的相反顺序,从终点查到起点的审计方法。在财务收支审计中,这种审计方法就是按照会计核算程序的相反次序,先审查会计报表,从中发现错弊和问题,然后再有针对性地依次审查和分析报表、账簿和凭证。

(二) 按取证的范围或数量划分

按照取证的范围或数量可以分为详查法和抽查法。

1. 详查法是对被审计单位某一期间内的全部证账表或某一重要(或可疑)项目所包括的全部账项进行全面、详细的审查。早期财务审计通常采用这种方法。

2. 抽查法是指在被审计单位某一时期内的全部会计资料中,选择其中某一部分进行检查的方法。抽查法与审计抽样是一对密切相关的概念,但两者不能完全等同。

(三) 按审计取证的方式划分

按审计人员收集审计证据的具体方式大致可划分为三类十种。

1. 书面资料的审计方法。这是审计中广泛使用的直接获取审计证据的最基本的方法,其审查的对象主要是会计凭证、会计账簿、会计报表和其他有关资料。

(1) 审阅法。是指审计人员通过审查和翻阅凭证、账簿、报表,以及计划、预算决算方案、合同等书面资料,借以查明资料及经济业务的真实性、合法性、合规性,从中发现错弊,收集书面证据。

(2) 核对法。是指审计人员对被审计单位的会计凭证、账簿、报表等会计资料和其他相关资料,按照其内在联系进行相互比较、核对,以获取审计证据的方法。

(3) 分析法。是指审计人员研究财务数据之间、财务数据与非财务数据之间可能存在的合理关系,对相关信息作出评价,并关注异常波动和差异的方法。

(4) 重新计算法。是指审计人员使用信息技术对有关数据计算的正确性进行核对的方法,如审计人员计算销售发票和存货的总金额、加总日记账和明细账、计算折旧费用等。重新计算的目的是验证被审计单位会计资料及相关资料中数据计算结果的正确性。重新计算取得的审计证据属于亲历证据,其可靠性较高。

2. 实物形态的审计方法。这是指审计人员搜集书面资料以外的信息及载体,以证实书面资料及其所反映的经济活动真实合法的一种审计方法。

(1) 盘存法。又称实物清查法,是指对被审计单位各种财产物质进行实物清查,确定其数量、品种、规格及金额等实际状况,并与其实物账户的余额验证是否相等的审计方法。盘点法按其组织方式,分为直接盘点和监督盘点两种。

(2) 调节法。是指审查某一项目时,当现成数据与所证实数据在表面上不一致的情况下,通过对某些应增减的业务内容予以调整,从而求得所需证实数据的审计方法。

(3) 重新操作法。是指审计人员对有关业务程序或者控制活动独立进行重新操作验证的方法。如在销售业务中,审计人员选择一笔销售业务,从销售到收款全过程,按照被审计单位规定的控制程序重新执行一遍,以验证既定的控制程序是否得到贯彻执行及其执行效果。

3. 调查取证的审计方法。这是指审计人员通过调查、询问等方式，了解被审计单位或被审计事项实际情况以获取审计证据的方法，其中最核心的是询问法。

（1）询问法。是指由审计人员向被审计单位内外的有关人员当面征询意见、核实情况的一种查询方法。在审计实践中，询问法逐渐成为审计人员经常使用的审计方法之一。审计人员往往运用询问法，迅速厘清重点事项的内在逻辑关系，判定产生违纪违法问题的环节，明确相关部门和人员的责任，从而提高审计效率，降低审计风险，保障审计质量。

（2）观察法。是指审计人员对被审计单位办公场所、实物资产和有关业务活动及其内部控制的执行情况等进行实地察看的方法。它通过审计人员的"眼见为实"，取得第一手资料作为审计证据，来证实审计事项。审计人员可以通过观察法确定有关行为符合相关规章制度、内部控制要求的程度，确定实物资产的数量和质量状况。

（3）鉴定法。是指对书面资料、实物和经济活动等的分析、鉴别，超过一般审计人员的能力和知识水平而邀请有关专门部门或人员运用专门技术进行确定和识别的方法。如对实物性能、质量、价值的鉴定，涉及书面资料真伪的鉴定，以及对经济活动的合理性和有效性的鉴定等；如伪造凭证的人不承认其违法行为，可通过公安部门鉴定其笔迹，以确定其违法行为；还可以邀请工程质量方面的专家，对工程质量进行检测等。

二、审计取证方法在不同层面的选用

实践中，审计人员需根据情况选用不同的审计取证方法。下面仅以财务审计为例，简要说明审计取证方法在报表、账目、凭证、银行账户等不同层面是如何应用的。

（一）报表层面的选用。审计工作中，往往从报表层面入手，即采用逆查法进行审计。在此层面，审计人员主要是运用各种具体查账方法获得关于被审计单位的总体情况，初步确定应关注的重大方面和重要事项，抓住问题的实质，为下一步在账目层面深入核实打下基础。因此，审计的方法主要是审阅法、核对法和分析法。

1. 采用审阅法对报表的总体编报质量进行认定。主要是审阅会计报表是否按会计准则及其他会计法规的规定编制，手续是否齐备，有无编制人员和审核人员的签章；报表项目是否完整，各项目的对应关系和勾稽关系是否正确，相关数据是否一致；报表附注是否对应列示的重大问题做了充分的披露。

2. 采用核对法对报表列示数据的准确性进行认定。以报表项目和金额为出发点，对凭证、账簿和报表等书面资料的有关数据进行相互对照检查，借以查明账表、表表之间是否相符。

3. 运用分析法把握报表的总体合理性并找出异常变动的项目。报表层面的分析，着重在于把握报表的总体合理性，可采用趋势分析法、比率分析法和简单合理性分析法。

通过分析法收集审计证据的,应当编制对比分析表、比率分析表和趋势变动表,分析和说明异常变动项目、重要比率或者趋势与预期数额和相关信息的差异情况。

(二)账目层面的选用。账目层面可以使用所有具体取证方法,并灵活使用抽查法和详查法,其目的是根据审计目标和审计方案要求,查找出审计所关注的问题。

在选用审计方法时,应充分考虑审计对象和审计目标的具体情况,如进行合规性审计时,主要运用审阅法、核对法、盘存法等;进行绩效审计时,则应更多运用分析法。就每个具体的审计项目而言,应具体分析后再决定选用何种方法。被审计单位情况不同,审计人员的素质不同,审计方式不同,选用的审计方法也不同。例如,报送审计一般不需要运用盘存法去核实资产(确有需要,可以专门安排进行实物盘点)。

在账目层面要特别注意分析法的运用,即利用各种分析技巧对被审计项目有关内容进行对比、分解、综合和评价,从中找出差异及构成要素,为进一步审计提供线索。

单独运用某一些审计方法,有时看到的只是表面现象,审计人员要善于通过这些现象,揭示其本质所在,然后有针对性地选用审计方法。如在资产负债损益审计时,重要内容之一是要检查盈利情况,单从利润科目看,也许反映的利润额是相当可观的,甚至远远超过了计划数,但仅凭此就作出该单位经营情况好、盈利水平高的结论,理由不够充分。只有通过对收入、成本、税费等进行核实,证明利润额确实是真实的,才能做出上述结论。因此,就应检查收入的真实性和成本、税费的正确性,运用分析法、审阅法、核对法,必要时可能还要运用询问法、盘存法等。

(三)凭证层面的选用。凭证层面主要使用审阅法。审阅原始凭证,主要关注其所反映的经济业务是否合理合法,是否符合该单位的实际情况,入账时是否经过了必要的批准手续。同时,也应注意审阅原始凭证的格式是否异常,是否加盖填发单位的公章或注明其名称、地址,是否有经手人和业务负责人的签字;凭证记载的抬头、日期、数量、单价、金额、摘要栏的字迹是否清晰,有无刮擦、涂改或伪造的痕迹等。审阅记账凭证,要求与审阅原始凭证基本相似,主要审阅记账凭证是否附有合法的原始凭证,所附原始凭证的张数与记录数量是否一致,有无制单、复核、记账和主管等人员的签章,据此从中发现疑点。

鉴定法是目前审计工作中应用逐渐增多的一种方法,特别是在凭证层面,这是通过其他审计方法不能取得证据时必须使用的一种方法。审计实践中,审计发现的问题通过报表总体分析、账目详细核对后,往往最终落脚于判断原始凭证所记载内容的真伪上,当对这些原始书面资料所记载内容的真伪进行鉴定超出了审计人员知识能力范围时,需要邀请有关税务等专业部门或人员运用专门技术进行识别和确定。

(四)银行账户层面。银行账户层面最核心的审计方法是核对法和询问法。

核对法主要用于检查银行对账单和银行存款余额调节表,检查调节后的银行存款日记账余额与银行对账单余额是否一致;检查调节事项,特别关注"银付企未付""企付银未付"中支付异常的支付事项,包括未载明收款人、签字不全等支付事项,确认是否存在舞弊行为；关注银行账户一进一出，关注未在银行账记录的资金进出；关注长期未达账项，查看是否存在挪用资金事项。

询问法是通过口头或书面的方式向被审计单位内外部人员了解银行账户开立和使用的情况。可以向被审计单位人员了解报告期内被审计单位开户银行的数量及分布，与被审计单位实际经营的需要进行比较，判断其合理性，关注是否存在越权开立银行账户的情况；询问办理货币资金业务的相关人员，了解银行账户的开立、使用、注销等情况；向被审计单位办理业务的银行发函，包括零余额账户和在本期内注销的账户，以验证被审计单位的银行存款是否真实、合法、完整；由审计人员到银行等金融机构，获得原始的银行账户清单、对账单等凭证，由金融机构会计负责人当场签字并加盖公章。若时间和人力有限，可抽样选择，对金额较大、重要程度较高的银行账户进行现场查询。

第二节　审计综合分析方法

审计综合分析方法是指审计人员综合运用比较法、分类法、对比法、因果分析法、系统分析法、趋势分析法和归纳推理法等科学方法，对审计中收集的错综复杂的信息资料进行多层次、多角度、多维度的分析研究，从中提炼出反映审计事项本质特征的思路和观点，以寻求事物发展的真正动因、症结所在及相应对策。

审计综合分析方法在审计领域的运用非常广泛，就审计项目而言涵盖了调查了解阶段、审计实施阶段、审计报告阶段全过程，主要用于确定审计重点、发现问题线索和提炼审计结果。

一、确定审计重点的综合分析方法

应用审计综合分析确定审计重点，是指结合被审计单位的情况和特点，从总体上分析其业务活动、内部管控、法规约束、舆情反应、财务成果和信息系统等内容，以确定审计的具体目标和重点事项。审计人员可以从财务数据、业务数据、内控文档等资料和数据入手，从定性、定量、系统、比对等维度去识别被审计单位的风险隐患，预测可能存在的问题，合理确定审计重点。

在确定审计重点时主要运用比较法、分类法、对比法等进行综合分析。比较法在此的应用，是指审计人员通过对大量零散的审计材料进行加工整理、比较筛选，淘汰掉无关、价值不大、有水分的信息，留下相关、有用、确实可靠信息的一种方法，就是所谓的"去粗取精，去伪存真"的工作过程，也是审计综合分析最基础的工作。分类法在此的应用，是指将审计材料划分为具有一定从属关系的、相同性质的不同层次的类别，区分出哪些属于主要矛盾、哪些属于次要矛盾等，准确地反映具体审计材料之间的区别与联系，从而对各类审计材料的性质和特点形成一个比较清晰的认识。对比法是指根据一定的标准，对分析对象的实际数与计划数、基期数与本期数等进行比较研究,找出其中的差异和规律,得出符合客观实际结论的方法,主要包括纵向对比法、横向对比法、计划与实际对比法、整体与部分对比法。

应用综合分析方法确定审计重点主要有以下五个步骤:一是依据法律法规对被审计事项进行分析。可以将法律法规的定量、定性规定作为筛选、分组、统计的条件,对反映具体业务内容的特定数据字段设定判断、限制等条件,建立起关联模型。二是结合宏观环境对被审计单位重大事项进行分析。应结合审计的外部环境,最主要是经济社会的宏观运行环境,及时发现和揭示社会经济运行中的不稳定因素。三是围绕业务流程开展对主要经营活动的分析。从被审计单位的业务流程入手,获取财务数据,了解薄弱环节。四是从会计报表的科目层次分析经济事项。运用财务比率分析法、趋势分析法、比较分析法等对报表会计科目进行多层次分析,快速和准确地把握重点和方向。五是通过案例舆情分析被审计单位的舞弊动机。重点关注被审计单位的外部生存环境和行业潜规则,通过剖析既往案例、分析社会舆论和网络舆情,掌握与被审计单位有直接或间接关系的重大事项。

二、发现问题线索的综合分析方法

应用综合分析方法发现问题线索,是指在确定审计重点的基础上,运用合理的分析方法,并结合谈话、调查问卷、统计分析、点面结合等分析方法,获取审计证据,选择适当的法规依据,发现和查证违纪违法问题、损失浪费、风险隐患、决策失误、管理漏洞、体制机制和制度障碍。

在运用综合分析方法发现问题线索时,审计人员对审计过程中发现的存在疑点的数据、时间、地点和业务往来等情况进行深入挖掘、小心求证,全方位、多角度地对被审计单位的财务资料、经营活动的真实性、准确性、合法性与合规性作出准确的审计结论和评价。

在查找问题线索时,主要运用比较法、对比法、因果分析法、趋势分析法等进行综合分析。比较法、对比法的应用前面已经论述,下面主要介绍因果分析法与趋势分析法的应用。

因果分析法是指根据事物间的因果关系进行推论,从而达到认识问题、分析问题的方法。因果关系是客观事物之间的必然联系,有因必有果、有果必有因,分析二者之间的联系规律,可以由事物的果推出其因,据其因找出其果,进而得出某种结论。

趋势分析法是指通过对财务、业务等各类相关数字资料,将两期或多期联系的相同指标或比率进行定基对比和环比对比,得出相关指标的增减变动方向、数额和幅度,以揭示政府或企业财政财务收支状况、变化趋势的一种分析方法。审计实务中的趋势分析,经常采用变动百分比分析、结构百分比分析、定基百分比分析等。

应用综合分析方法发现问题线索主要有四个步骤：一是结合特定事项收集分析资料，获取与审计事项相关的政策法规、内部制度、监管材料、行业潜规则、典型案例等，并应用比较分析法，去伪存真、去粗取精，获取有价值的信息和疑点。二是从制度、资金、业务、财务等信息数据入手，推理判断可能存在的问题和风险隐患，查找薄弱环节；分析政策规定、内控制度，查找问题和风险隐患；梳理资金流向，反映真实用途；了解业务实质，揭示虚假业务；对比分析财务数据和业务数据，筛选异常信息。三是点面结合、综合分析，挖掘存在的问题线索，拓宽审计范围，提升审计成果。可以辅以调查问卷、谈话、数据分析等审计方法，拓展审查的深度和广度，在揭示和发现违纪违法问题上取得突破。四是准确定性、分析原因。选择适当的法律法规对问题进行定性，分析原因，判断体制机制和管理制度本身存在的问题和漏洞，提出合理化审计建议。

三、提炼审计结果的综合分析方法

审计结果的形成过程是对审计中发现的各种情况进行多角度、多层次地分析、综合和提炼的过程。在提炼审计结果时，需要通过综合研究提炼观点主题。对汇总的审计结果进行加工整理后，就要综合运用各种方法对掌握的资料进行综合研究，透过事物的表面现象深入事物的内部本质，揭示事物之间的内在规律，实现感性认识向理性认识的飞跃。这里的综合研究，就是将分析过的对象或现象的各个部分、各个属性联合成一个统一的整体，全面考虑和揭示各个部分之间的联系，从大量的基础审计资料中去发现问题、提炼观点、归纳主题，找出问题的关键点并分析产生问题的原因，提出解决问题的办法措施和意见建议。

在提炼审计结果时，主要运用系统分析法、归纳推理法等。

系统分析法在此的应用，是指依据系统论的观点，把所研究的单个具体审计材料放到国民经济整体中衡量，看其是否典型、是否重要、是否具有普遍性。国民经济是一个不断变化发展的复杂的大系统，在对其中若干小系统审计所收集的资料和查出的问题进行分析时，要注意被审计经济活动各个环节的发展变化，从动态分析中得出正确结论。

归纳推理法是指从个别性前提推导出一般性结论的逻辑方法，是从特殊到一般的过程。运用归纳推理法进行审计综合分析，就是要站在宏观高度，纵观审计工作全局，对各方面的情况、经验和问题进行总结概括，从各个"点"上发现疑点，深入挖掘"面"上的共性，形成纲要性的观点或意见。

应用综合分析方法提炼审计结果主要有四个步骤：一是摸清基本情况，可以运用共性分析法、分类分析法等。二是归纳提炼审计发现的问题，要选取某一标准和角度，围绕一条主线来归纳问题，要条分缕析，不可混乱庞杂。三是剖析产生这些问题的原因，要分层次、多维度进行分析，才能准确把握问题实质。四是提出审计建议，建议要有针对性，要分出层次，操作性要强。

第三节　审计抽样方法

随着国家审计的发展,繁重的审计业务与有限的审计资源之间的矛盾日益突出,对被审计业务进行全面详细的审查已越来越不现实。因此,审计人员须运用科学、规范的审计抽样方法,以有限的审计资源担当国家所赋予审计的历史使命,最大限度地提高审计效率。

一、审计抽样的含义、特点和意义

(一)审计抽样的含义

审计抽样是指审计人员在审计工作中,采用适当的抽样方法从被审查和评价的审计总体中抽取一定数量有代表性的样本进行测试,以样本审查结果推断总体特征并做出相应结论的过程。

国家审计准则规定审计人员根据实际情况,可以在审计事项中选取全部项目或者部分特定项目进行审查,也可以进行审计抽样,以获取审计证据。选取部分特定项目进行审查的结果,不能用于推断整个审计事项。在审计事项包含的项目数量较多,需要对审计事项某一方面的总体特征作出结论时,审计人员可以进行审计抽样。国家审计准则非常明确地提出了全部审查、选取部分事项审查和审计抽样三种审计方式,以及这三种审计方式的适用情形。

(二)审计抽样的特点

审计抽样有其特殊属性。实施审计抽样作为一种审计方法,需运用统计原理,并严格按规定的程序和抽样方法实施。审计对象总体中各个项目的性质必须相同,否则无法推断审计事项某一方面的总体特征。

(三)审计抽样的意义

抽样技术已运用于政治、经济、科学文化及社会生活的各个领域,并发挥着重要作用。抽样技术运用于审计工作是审计理论和实践的重大突破,实现了审计从详查到抽查的历史性飞跃。抽样是指先对特定对象总体抽取部分样本进行审查,然后以其审查结果来推断总体数量结果的一种方法。

二、审计抽样方法

（一）审计抽样的种类

审计抽样可分为统计抽样和非统计抽样两种。

1. 统计抽样

统计抽样是指审计人员运用概率论的原理，按随机原则在审计总体中抽取一定数量作为样本进行审计，再根据样本结果推断总体特征。

统计抽样有三个主要特点：一是依靠概率论的原理进行抽查，样本规模由审计总体的数量因素来决定；二是样本不是人为的重点选择，而是根据随机原则，保证了被审计项目总体各部分被选择抽样的机会均等；三是根据随机抽取的样本得出的结果来推断总体的特征，较为科学合理。

2. 非统计抽样

非统计抽样又分为任意抽样和判断抽样。

（1）任意抽样是指审计人员在总体中任意抽取一部分进行审计，抽查的出发点纯粹是为了减少审计人员的工作量。因此，它所取得的审计证据风险较大，有时带有极大的偶然性和任意性。

（2）判断抽样是指根据审计目的、被审计单位内部控制完备程度和所需要的证据，由审计人员根据经验，有选择有重点地对审计总体中的一部分内容进行审计，据以对总体作出推断。这种方法重点突出、针对性强，但不好判定所得的抽查结果是否能有效推断总体特征。

（二）统计抽样的运用

统计抽样的具体运用有两种：一是用于符合性测试，用来估计总体特征的发生率；二是用于实质性测试，用来估计总体数额的差异值。前者称属性抽样，后者称变量抽样。

1. 属性抽样是一种用来对总体中某一事件发生率得出结论的统计抽样方法，其常见用途是测试某一设定控制的偏差率，即设定控制的每一次发生或偏离都被赋予同样的权重，而不管交易金额的大小。

2. 变量抽样是一种用来对总体金额得出结论的统计抽样方法，通常要回答账户金额是多少或账户是否存在错报的问题，变量抽样在审计中的主要用途是进行实质性测试，以确定记录金额是否合理。

（三）非统计抽样的运用

非统计抽样与统计抽样遵循相似的基本流程，也必须考虑可接受抽样风险、可容忍偏差率、预计总体偏差率以及总体规模等,但可以不对其量化而只进行定性的估计。

值得注意的是,在实质性测试中使用非统计抽样方法,要注意识别单个重大项目(超过可容忍错报应该单独测试的项目)和极不重要的项目。在实质性测试中,审计人员应当运用职业判断,判断某账户余额或交易类型中是否存在及存在哪些应该单独测试而不能放在抽样总体中的项目。某一项目可能由于存在特别风险或者金额较大而应被视为单个重大项目,审计人员应当对单个重大项目逐一实施检查,以便将抽样风险控制在合理的范围。单个重大项目包括大额或者重要项目、数量或者金额符合设定标准的项目以及其他特定项目。审计人员进行单独测试的所有项目都不构成抽样总体,即选取部分特定项目进行审查的结果,不能用于推断整个审计事项。审计人员也可能发现总体中有些项目加总起来是不重要的,或者被认为代表较低的固有风险,这样可以从抽样总体中剔除这些项目。

三、审计抽样的基本步骤和程序

(一)设计样本。在设计审计样本时,审计人员应当考虑审计程序的目标和抽样总体的属性,并确保总体的适当性和完整性,确定从中抽样的审计对象总体与具体审计目标直接相关。

(二)确定样本量。确定样本量时要充分考虑审计目标、总体及抽样单位、可接受的审计检查风险等因素。

(三)选取样本。在选取样本项目时,审计人员应当使总体中的所有抽样单元均有被选取的机会。选取样本的基本方法,包括使用随机数表或计算机辅助审计技术选样、系统选样等。

(四)实施审计程序。对选取的样本项目实施审计程序旨在发现并记录样本中存在的误差。如果选取的项目不适合实施审计程序,审计人员通常使用替代项目。如果审计人员对样本结果的评价不会因为未检查项目可能存在错报而改变,就不需要对这些项目进行检查。如果未检查项目可能存在的错报会导致该类交易或账户余额存在重大错报,审计人员就要考虑实施替代程序,为形成结论提供充分的证据。如果审计人员无法或者没有执行替代审计程序,则应将该项目视为一项误差。

(五)分析误差的性质和原因。在审计抽样中,对样本结果的定性评估和定量评估非常重要。即使样本的统计评价结果在可以接受的范围内,审计人员也应对样本中的所有误差,包括控制测试中的控制偏差和实质性测试中的金额错报,进行定性分析。

(六)推断误差。在实施控制测试时,由于样本的误差率就是整个总体的推断误差率,审计人员无须推断总体误差率,但必须考虑抽样风险。在实质性测试中对选出的项目实施审计程序后,可能会发现金额错报。审计人员应当根据样本中发现的错报推断总体错报,并将推断的总体误差金额与可容忍误差比较。推断总体误差直接关系重估抽样风险步骤是否实施,只有当总体误差小于可容忍误差时,才能直接根据抽样结果形成审计结论,否则需要重估抽样风险。如果审计人员不能接受重估的抽样风险,还需要增加样本量甚至采用其他审计检查方法重新审计。

(七)评价样本结果。利用抽样结果关键在于对抽样结果作出客观、公正的评价,具体步骤包括分析样本误差、推断总体误差、重估抽样风险,形成对所审计事项的审计结论。推断出的总体误差和重估的抽样风险需要同可容忍误差和可接受抽样风险进行比较,而可容忍误差和可接受抽样风险要根据重要性水平和审计风险水平确定。当根据抽样结果推断出的误差和风险大于可接受的误差和风险时,应对误差与风险的产生原因进行分析。在审计风险水平既定的情况下,通过修正抽样方法、扩大样本量、重新进行抽样后,如果推断误差仍大于可接受误差,需要考虑重新设定重要性水平。如此循环,直到根据抽样结果推断出的误差与风险小于可接受的误差与风险时,方能根据抽样结果形成对审计事项的审计结论。

四、抽样风险和非抽样风险

审计人员在运用抽样技术进行审计时,有两方面的不确定性因素,其中一方面的因素直接与抽样相关,另一方面的因素与抽样无关。我们将直接与抽样相关的因素造成的不确定性称为抽样风险,将与抽样无关的因素造成的不确定性称为非抽样风险。

(一)抽样风险

抽样风险是审计人员依据抽样结果得出的结论与审计对象总体特征不相符合的可能性。抽样风险与样本量成反比,样本量越大,抽样风险越小。

1.审计人员在进行控制测试时,应关注以下抽样风险

(1)信赖不足风险。这是指抽样结果使审计人员没有充分信赖实际上应予信赖的内部控制的可能性。

(2)信赖过度风险。这是指抽样结果使审计人员对内部控制的信赖超过了其实际上可予信赖程度的可能性。

2.审计人员在进行实质性测试时,应关注以下抽样风险

(1)误受风险。误受风险也称"B风险",是指抽样结果表明账户余额不存在重大错报而实际上存在重大错报的可能性。

(2)误拒风险。误拒风险也称"A风险"。与误受风险相反,误拒风险是指抽样结果表明账户余额存在重大错报而实际上不存在重大错报的可能性。

上述这些风险都将严重影响审计的效率与效果。信赖不足风险与误拒风险一般会导致审计人员执行额外的审计程序,降低审计效率;信赖过度风险与误受风险很可能导致审计人员形成不正确的审计结论。

可见,信赖过度风险和误受风险对审计人员来说,是最危险的风险,因为它使审计无法达到预期的效果。而信赖不足风险和误拒风险则属于保守型风险,出现这两种风险后,审计效率虽不高,但其效果一般都能保证。

(二)非抽样风险

非抽样风险是指审计人员因采用不恰当的审计程序或方法,或因误解审计证据等而未能发现重大错报的可能性。产生这种风险的原因主要有:

(1)人为错误,如未能找出样本文件中的错误等;

(2)运用了不切合审计目标的程序;

(3)错误解释样本结果。

非抽样风险无法量化,但审计人员应当通过对审计工作适当的计划、指导和监督,坚持质量控制标准,力争有效地降低非抽样风险。非抽样风险对审计工作的效率和效果都有一定影响。

 思考题

即练即测

一、简答题

1. 审计银行账户时应如何做?

2. 简述审计综合分析方法。

3. 现代审计采用抽样技术的意义有哪些?说明采用抽样技术的理论依据。

4. 根据样本结果推断出较大误差和风险时应如何处理?

5. 简述统计抽样的运用。

二、论述题

1. 审计取证方法在账目层面的选用如何?

2. 应用综合分析法确定审计重点的步骤有哪些?

3. 试论审计方法的选用。

4. 审计抽样的基本步骤有哪些?

5. 分析顺查法和逆差法的优缺点和适用性。

第六章

计算机审计

 导读

计算机审计是以被审计单位计算机信息系统及数据为切入点，运用计算机技术收集审计证据、实现审计目标的审计方式，主要包括计算机辅助审计和信息系统审计。本章对计算机审计概述、计算辅助审计、信息系统审计、大数据审计进行阐述。

本章学习目标

通过本章学习，学员应该能够：

（1）了解信息技术对审计工作的影响、计算机审计的定义、我国计算机审计的发展历程以及"金审工程"的建设；

（2）了解计算机辅助审计的概念和内容、作用以及优势，熟悉计算机辅助审计的基本流程；

（3）了解信息系统审计的概念与目标、主要技术方法以及内容；

（4）熟悉大数据审计的含义与特点、基础资源以及审计方法。

第一节　计算机审计概述

一、信息技术对审计工作的影响

随着信息化时代的到来，信息技术在企事业单位中被广泛应用，由此对审计风险的评价、业务流程和控制的了解、审计工作的执行以及需要收集的审计证据的形式都产生直接的影响。具体地说，信息技术对审计过程的影响主要体现在以下几个方面。

（一）对审计线索的影响。审计线索对审计来说极其重要。传统的手工会计资料中，审计线索包括凭证、日记账、分类账和报表。审计人员通过顺查和逆查的方法来审查记录，检查和确定其是否正确地反映了被审计单位的经济业务，检查企业的会计核算是否合理、合规。而在信息技术环境下，从财务、业务数据的具体处理过程到财务报表的输出都由计算机按照程序完成,数据均保存在磁性介质上,从而会影响到审计线索,如数据存储介质、存取方式以及处理程序等。

(二)对审计技术手段的影响。以前,审计人员实施审计都是手工进行的,但随着信息技术的广泛应用,若仍以手工方式进行审计,显然已经无法满足工作的需要,难以实现审计的工作目标。因此,审计人员需要掌握相关信息化审计技术和方法,把信息技术当作一种有力的审计手段。

(三)对内部控制的影响。现代审计技术中,审计人员需要对被审计单位的内部控制进行审查与评价,以此作为制定审计方案和确定抽样范围的依据。随着信息技术的不断发展,被审计单位的业务活动和业务流程趋于信息化、智能化,产生了新的风险,内部控制行为带来形式、内涵等方面的变化。

(四)对审计内容的影响。在信息化条件下,审计内容发生了相应的变化。在信息化的会计系统中,各项会计事项都是由计算机按照程序进行自动处理的。信息系统的特点及固有风险,决定了信息化环境下审计的内容包括对信息化系统的处理和相关控制功能的审查。对于特定的财务报表审计项目,审计人员必须考虑数据的真实性、准确性、完整性以支持相关审计结论,因而需要对其基于信息系统的数据来源及处理过程进行审查。

(五)对审计人员的影响。随着信息技术在被审计单位的广泛应用和发展,要求审计人员要成为"既懂审计,又懂计算机"的复合型人才。不仅要掌握会计、审计、经济、法律、管理等审计相关专业知识,还需要具备审计信息化方面的专业技术知识和能力,这是由审计信息化工作对审计人员的客观要求决定的。

二、计算机审计的定义

计算机审计是以被审计单位计算机信息系统和底层数据库原始数据为切入点,在对信息系统进行检查评测的基础上,通过对底层数据的采集、转换、清理、验证,形成审计中间表,并且运用查询分析、多维分析、数据挖掘等多种技术方法构建模型进行数据分析,发现趋势、异常和错误,把握总体、突出重点、精确延伸,从而收集审计证据、实现审计目标的审计方式。

从审计内容来看,计算机审计是利用计算机对被审计单位的财务及相关业务的电子数据和管理信息系统开展审计,即计算机数据审计和信息系统审计。从审计观念来看,计算机审计是审计理念和审计思维的创新,伴随着计算机技术的发展而发展。计算机审计经历了若干阶段,从早期的计算机辅助审计,到信息系统审计,再到大数据审计。

在计算机审计中,审计的对象不再是纸质的账目凭证等,而是存储在计算机中的电子数据。由于这些电子数据通过计算机信息系统进行输入、处理和输出,所以以计算机信息系统本身也要纳入审计范围。总体来说,计算机审计提高了审计信息化水平,降低了审计成本,提高了审计效率,对审计人员的执业能力提出了新的要求和挑战。

三、我国计算机审计的发展历程

最初的计算机审计只是传统财务审计业务的一种辅助工具,对被审计单位的电子化会计数据进行处理和分析,为财务报表审计人员提供服务。该阶段可以称为计算机审计的萌芽阶段,即计算机辅助审计。20世纪90年代,随着数据库技术的逐步成熟及在各个领域的广泛应用,越来越多的企业和组织建立了管理信息系统。同时,计算机在给人类社会带来高效和便捷的同时,计算机犯罪也成为危害越来越大的犯罪行为。全世界每年通过计算机被盗走的资金高达数百亿美元。因此,人们也开始逐渐关注信息系统的安全性、可靠性。信息系统审计也应运而生。

1993年9月,审计署发布了中华人民共和国审计署令[第9号]《审计署关于计算机审计的暂行规定》,该规定主要是针对电算化方面的审计行为和规范。1996年,审计署发布《审计机关计算机辅助审计办法》,该办法全面规范了计算机辅助审计涉及的范围、内容、注意事项以及计算机辅助审计人员的资格等。

2000年11月,审计署召开了全国审计系统计算机审计应用成果展示会,反映了当时我国计算机审计的应用状况。当时相继开发出了一系列的单机环境下的审计辅助软件。随着“金审工程”的实施,极大地推动了我国计算机审计的发展,审计信息化以及应用子系统建设的步伐进一步加快,初步形成了联网审计的体系框架和相应的监督链。

2001年,国务院办公厅颁布了《关于利用计算机系统开展审计工作的通知》规定:“审计机关有权审查被审计单位包括财务会计系统在内的计算机管理信息系统;被审计单位有义务配合审计机关的工作,提供相关的电子数据和必要的工作条件,不得拒绝、拖延提供或拒绝、拖延检查;审计机关发现被审计单位的计算机管理系统不符合法律、法规和政府有关主管部门的规定、标准的,可以责令其更正,发现故意使用舞弊功能的计算机管理信息系统的,要依法追究有关单位和人员的责任。”同年,审计署开始计算机审计的中级培训,其目标是使参加中级培训的审计人员成为计算机审计骨干。

2003年开始了对中央一级预算单位的计算机联网,采用联机分析等技术进行在线审计。同时,国家标准《信息技术:会计核算软件数据接口》(GB/T19581—2004)也于2005年1月1日起生效,进一步从法律规范上和技术手段上为计算机在审计中的应用奠定了基础。

2004年由审计署牵头的“计算机审计数据采集与处理技术”(“863计划”)正式立项,开展了一系列计算机审计研究,把我国计算机审计研究推向一个新的阶段。2004年8月在南京召开了第二届国际IT审计研讨会,从对会议的研究成果分析可以看出,计算机审计主要集中在基于数据仓库技术的计算机审计研究和基于OLAP技术的实时审计控制等方面。

2008年审计署要求全国审计机关85%的审计人员通过“AO认证考试”(AO即现场

审计实施系统,该系统 2004 年底由审计署牵头开发,随后陆续研发了 2008 版、2011 版),15％的审计人员通过计算机审计中级培训。

2011 年 6 月,《审计署"十二五"审计工作发展规划》指出:创新审计方法的信息化实现方式。积极研究运用数据挖掘、智能信息处理、知识发现与管理等先进技术,探索内控测评、智能审计、风险评估,以及多专业融合、多视角分析、多方式结合等审计方法的信息化实现方式。规划要求,全面推进信息化建设,以数字化为基础,创新计算机审计的形式和内容,总结推广数字化审计模式,探索形成适应信息化环境的审计方式。

2016 年 6 月,《审计署"十三五"国家审计工作发展规划》提出:加快审计信息化建设。以提升审计能力和审计效率为目标,加大数据集中力度,完善国家审计数据中心,形成全国统一的审计信息系统。加大数据分析力度,拓展大数据技术运用,大幅提高运用信息化技术发现问题、评价判断、宏观分析的能力,形成"国家审计云"。

2018 年 5 月,习近平总书记在中央审计委员会第一次会议上指出:要坚持科技强审,加强审计信息化建设。国务院《加强审计工作的意见》要求,要创新审计方式,提高审计效率。为贯彻落实党中央、国务院决策部署,审计署明确提出,要向信息化要资源,向大数据要效率,全面加快"金审工程"三期建设。

2019 年,全国审计机关积极探索,应用大数据技术,引入农业、水利、国土、环保、电力、税务等多维数据,部分审计机关还充分应用地理信息技术,在国家审计"开展自然资源审计,保护绿水青山"工作中发挥了举足轻重的作用。

2021 年 6 月,《中央审计委员会办公室、审计署〈"十四五"国家审计工作发展规划〉的通知》要求:"坚持以用为本,完善数据管理制度规范。充分利用地方政府数据平台,扎实开展业务数据与财务数据、单位数据与行业数据以及跨行业、跨领域数据的综合比对和关联分析,促进审计工作从现场审计为主向后台数据分析和现场审计并重的转变。加强数据和分析模型共享共用。"

2021 年 10 月,新修订的《中华人民共和国审计法》在有关条款中,增加了国家审计机关应用计算机审计获取相关电子数据和有关文档,国家政务信息系统和数据共享平台应当按照规定向审计机关开放等法律依据。

四、"金审工程"的建设

(一)相关概念

1. 审计信息化的概念。审计信息化是审计机关充分运用现代信息技术,深入开发和广泛利用信息资源,提高审计业务、管理和决策的能力和效率,推进实现审计现代化的过程。

2. "金审工程"的概念。金审工程是审计信息化系统建设项目的简称,是《国家信息化领导小组关于我国电子政务建设指导意见》中确定的 12 个重点业务系统（即"十二金工程"）之一。

（二）"金审工程"的建设

20 世纪 90 年代末，随着信息技术的迅猛发展，计算机技术在各行各业的运用越来越广泛，使得审计工作遇到了前所未有的挑战。1998 年，审计署以网络建设为基础，以办公自动化为推动，以审计软件应用为突破口，启动"金审工程"建设，加快了审计信息化建设的步伐。

1．"金审工程"的启动和开工

1998 年 12 月，审计署向国务院领导汇报工作，提出了建设审计信息化系统的设想，建设项目定名为"金审工程"。2000 年 6 月，审计署成立了审计信息化系统建设规划领导小组。2002 年 4 月，审计署召开"金审工程"工作大会，宣布"金审工程"正式启动。8 月，中共中央办公厅、国务院办公厅转发《国家信息化领导小组关于我国电子政务建设指导意见》，将"金审工程"列入国家电子政务的重点业务系统工程。

2．"金审一期"工程的建设

2001 年 9 月、2002 年 4 月、2002 年 7 月，国家计委印发《关于审计信息化系统一期工程项目建议书的批复》《关于审计署审计信息化系统一期工程可行性研究报告的批复》《关于审计署信息化系统一期项目初步设计和投资概算的批复》，批复审计署开展"金审一期"工程建设。

"金审一期"工程重在解决审计机关的装备问题。审计信息化建设从无到有，采购了计算机设备，重点建设了"审计管理系统""现场审计实施系统"，试点建设了"联网审计系统"，建设了 18 个特派办的局域网机房和相应的安全保障设施，实现了审计署机关与部分派出局、特派办和省级审计机关的网络互联。

2005 年 11 月，"金审一期"工程通过了国家发展改革委的竣工验收。验收报告认为："金审一期"工程在建设中，需求和目标定位明确，加强领导，严格管理，突出应用，试点先行，为其他电子政务建设项目的实施提供了有益的借鉴。

3．"金审二期"工程的建设

2007 年 4 月、2007 年 12 月、2008 年 7 月，国家发展改革委印发《关于金审工程二期项目建议书的批复》《关于金审二期工程中央本级建设部分可行性研究报告的批复》和《关于金审二期工程中央本级建设部分初步设计方案和投资概算的批复》，批复审计署开展"金审二期"工程建设。

"金审二期"工程重在解决业务覆盖面的问题。完善一期建设的 3 个应用系统，并向全国审计机关推广；建设国家审计数据中心和备份中心；扩大网络互联范围，实现与 25个派出局、18 个特派办和 37 个省级审计机关的网络互联；制定 322 技术标准规范，并完善安全保障系统和机房等相关配套环境。

2012 年 7 月,受国家发展改革委委托,审计署组织召开"金审二期"工程竣工验收大会,验收委员会认为:"金审二期"工程取得的显著社会效益表明,审计信息化建设改变了传统的审计方式,提高了审计工作的效能,为审计保障国家经济社会健康安全运行,提升中国审计的国际影响力,促进我国经济又好又快发展发挥了重要作用。

4."金审三期"工程的建设

2010 年 7 月,审计署向国家发展改革委、工信部报送了国家重大信息化工程建设规划(2011—2015)"金审三期"工程项目建议,提出"十二五"时期国家审计的发展需要、发展目标和主要任务。2012 年 9 月,审计署着手编制"金审三期"工程需求分析报告等立项报告,探索构建国家电子审计体系,推进审计信息化建设迈上新台阶。

2014 年,审计署成立电子数据审计司,先后制定了审计业务电子数据管理等规定,明确了数据采集、管理、使用、安全等各环节要求,初步构建了较为完备、规范的大数据审计体系。地方各级审计机关结合实际构建大数据审计体系,取得较好成效。

2015 年和 2016 年,国家发展改革委印发《关于金审工程三期项目建议书的批复》《关于金审工程三期(中央投资部分)可行性研究报告的批复》《关于金审工程三期(中央投资部分)初步设计方案和投资概算的批复》,批复审计署开展"金审三期"工程建设。

"金审三期"遵循"统一规划、两级部署、以用为本"原则进行建设,重在提高审计人员的大数据审计能力,促进实现审计全覆盖,其主要业务系统包括审计综合作业平台、国家审计数字化指挥平台、综合服务支撑系统和审计大数据平台等。目前,中央本级建设任务已基本完成,并初见成效,为审计工作提供了较好的信息化支撑,特别是在新冠疫情防控期间,相关功能支撑了一线审计人员远程办公和审计分析需要。

第二节 计算机辅助审计

一、计算机辅助审计的概念和内容

(一)计算机辅助审计的概念

计算机辅助审计是指审计人员在审计过程和审计管理活动中,以计算机为工具和手段,来执行和完成某些审计程序和任务的审计技术方法。

(二)计算机辅助审计包含两个层次的内容

1. 电子表格应用。电子表格是指利用计算机作为表格处理工具,以实现制表、计算以及表格结果保存的综合电子化的软件。在信息化程度很高的环境下,由于系统限制等

原因,财务信息和报表的生成往往还需要借助电子表格来完成。电子表格的应用主要有以下几种情况:

(1)目前普遍使用的电子表格通常包括 Excel 等软件,通过电子表格可以进行数据记录、计算与分析,并能对输入的数据进行各种复杂统计运算后显示为可视性极佳的表格。因此,审计人员在审计时,需要谨慎地考虑电子表格中的控制,以及电子表格控制设计与执行的有效性,从而确保这些内嵌控制持续的完整性。电子表格的特性以及编制使用电子表格的环境特性,增加了电子表格所生成的数据存在错误的风险,从而对审计工作产生影响。

(2)在审计业务中利用 Excel、Foxpro、Word 等电子表格,SQL Server、Oracle、DB2 等常见数据库,或审计人员自编的一些小程序,帮助审计人员计算、复算、复核、分析审计数据,主要目的是节约审计时间、提高效率、增加准确性、减轻劳动量。如用电子表格软件审核工资表,复算固定资产折旧提取的正确性,复核材料成本差异科目;在项目审计中利用 Word、WPS 等字表处理软件,将全部的审计工作底稿均输入计算机中,在编写审计报告时仅需调用底稿文件稍加修改即可完成;自编简单的小程序对往来款项进行账龄分析。另外,借助工程预决算软件对投资项目进行竣工决算审计也属这类。

(3)审计情况汇总的应用。在开展行业审计时,根据审计工作方案,编制专门的审计汇总工具软件,自下而上,从审计底稿开始,对审计情况进行逐级汇总。能全面、准确汇总审计情况,防止错漏和人为调整上报情况,便于统一定性、统一处理。如审计署统一组织的工商银行系统审计、国税系统审计就采用了这种方式。

2.计算机审计软件的应用。这是指用计算机和相关软件,使审计测试工作实现自动化的技术。计算机辅助审计技术可以使现有手工执行的审计测试自动化,完成手工方式不可能执行的测试或分析等,使审计工作更富效率和效果。计算机辅助审计技术不仅能够提高审阅大量交易的效率,而且计算机不会受到过度工作的影响。计算机辅助审计软件的应用主要有以下几种情况:

(1)最广泛地应用计算机辅助审计技术的领域是实质性测试,特别是在与分析程序相关的方面。除此以外,计算机辅助审计技术还能用于详细测试以及对审计抽样的处理。计算机辅助审计技术使得对系统中的每一笔交易进行测试成为可能,可用于在交易样本量很大的情况下替代手工测试。

(2)协助审计人员对审计项目的应用。用专门的审计方法进行比较全面、系统的审计,这是辅助审计的主流。近几年,审计署和地方各级审计机关编制了大量的这方面的审计软件,有不少软件还通过了审计署的评审,在各级审计机关不同程度地投入了使用。如预算执行审计软件、投资审计软件、银行审计软件、税务审计软件、海关审计软件、行政事业审计软件等。但是,真正成熟、适用的审计辅助软件还不多。

二、计算机辅助审计的作用

利用计算机进行审计是审计手段的改变,它带来了审计领域的新革命。在审计的各个领域和各个阶段,计算机都发挥了巨大的作用。

(一)信息统计与检索。充分利用计算机存贮容量大、计算速度快并具有远程联网能力的优点,进行有关审计资料的搜集、整理、分析与传递,能大大改善信息的质量和利用程度,更好地满足审计工作的要求。通过建立各地区、各行业及各单位审计情况的档案,以及审计常用的各种法律、制度、规定、准则等审计依据数据库,不仅便于及时获得有关的宏观信息,也便于审计人员检索使用。我国当前已开发了多个审计法规检索系统。

(二)进行文书处理。如利用计算机撰写审计报告,可将初稿存于磁盘中,修改时可随时调出,段落结构重新安排,文字删改都可以方便迅速地完成。打印报告时,可以根据需要将重要的文字段用黑体字打印,其效果是手工文书无法比拟的。审计通知书、审计计划、审计工作底稿等审计文书均可采用计算机完成。

(三)检查和核对数据。一般是通过审计软件的应用来实施的。审计软件是根据审计的需要而设计开发的,能够对数据进行一定的处理和分析的一组计算机程序。依据软件适用的范围,有通用审计软件和专用审计软件之分。在国外,通用审计软件种类繁多,可以从市场上买到。我国当前也已开发出多种适用于不同行业、不同审计项目的软件。通用审计软件一般具有访问文件、数据查询、抽样、文件合并与比较,以及分析预测等功能。

此外,近年来,国外还将计算机用于审计决策领域,将审计工作中的经验进行归纳总结并编入计算机程序,由计算机自动完成审核检查,弄清事实,选择对照标准形成审计意见的全过程。这就是所谓的审计专家系统。当然,这方面的实际应用还有一定的困难,但这种探索无疑是非常有效的。

三、计算机辅助审计的优势

(一)在审计内容和时间上的优势

传统的手工审计,以纸质的会计报表、账簿、凭证为对象,如进行就地审计,需要被审计单位将资料搬到审计场所。如报送审计,上述资料的提供、运送、保管都极不方便,审计单位成本高、时间长、审计效率低。采用计算机辅助审计时,被审计单位只需提供纸质报表、账务电子数据,由审计部门利用计算机软件进行辅助审计,对注意到的违规问题或调查事项,分析存在问题的账目,并做好记录,然后再对照原始资料进行审计,这就极大地提高了工作效率,扩大了审计覆盖面。

(二)在重新计算上的优势

传统的审计工作,经常伴随着大量重新计算工作,并且在人工计算过程中,稍有疏忽,就会出现错误。计算机辅助审计,计算过程都是事先编好的程序,不容易出现错误,并且计算速度快、计算结果准确。

（三）在审计实施过程中的优势

在传统审计过程中，如果要查找某一类型问题，需要在相关凭证和账册中一页一页查找，并手工记录，容易出现遗漏的情况；如果只知道某一业务的部分内容时，在账本中查找相关的凭证或数据，犹如大海捞针，非常困难。审计组在审计过程中，一般都是分工合作，每个人面对的只是部分账册，这样所审计的账不是很完整。采用计算机辅助审计，审计人员相当于每人都有一整套账，甚至于多年的账，避免了"抢账"。这样的审计更全面、更细致、更准确；同类型的问题，通过查询和筛选，花几分钟时间，在整套账中就能查出；对于只知道某些业务的部分内容的，可以进行条件查询，从整套账中快速地找到相关内容的所有凭证，并作相应的记录。

（四）在审计工作底稿编制上的优势

作为审计工作的重心，传统的审计工作底稿的内容都是手工填写。利用计算机审计，AO中提供了一套比较完整的审计工作底稿，并且这些底稿是利用Excel表格制作的，可以自己修改编制。这些底稿中提供自动取数、自动计算的功能，可以自动地将被审计单位的账、表中的相关数据填入工作底稿中，大大节省了编写时间，并且工作底稿更加规范，更加系统。

（五）在与财务软件的衔接上的优势

随着计算机技术的发展，市场上出现了多种财务软件，如用友、金蝶、新中大等这些主流软件。作为审计人员，没有时间，也没有精力去把市场上的所有财务软件都学会、学精。在没有使用审计软件时，只能依靠被审计单位提供的报表、凭证等进行审计，审计工作处于被动。现在使用了GRP-审易软件，只要把被审计单位的财务数据导入GRP-审易软件中，审计人员就掌握了被审计单位的财务数据，可以更主动高效地开展审计工作。

四、计算机辅助审计的基本流程

（一）审计前的准备工作

项目的建立和总结工作以及审计日记、证据、审计底稿这些都是很直观的，重要的是如何获得被审单位的电子数据和对电子数据进行分析。要做到这一点，关键要进行审前调查，在对被审计单位的基本情况和组织结构进行调查的基础上，要掌握了解计算机系统在组织内的分布、应用等情况。确定所需数据内容、数据获取的具体方式、提出书面数据需求,了解的内容应包括软、硬件系统、应用系统的开发情况和有关技术文档情况、系统管理员的配置情况、系统的功能、系统数据库的情况等。

通过审前调查,全面了解被审计单位计算机系统的名称、后台数据库的类型、版本等基本信息。掌握被审计单位使用的会计软件基本信息后,就可准确地选择不同的采集数据方式。目前主要使用的会计软件有用友、金蝶、小蜜蜂、天大天财、安易、三门等。在审计软件中对这些常用的会计软件都内置了相应的导入模板,可直接使用现成的采集模板导入数据并生成直观审计电子账套。

(二)审计的步骤及方法

1.数据采集

要得到被审计单位的数据一般有三种方法:

一是使用移动存储介质拷贝数据文件;

二是通过简单设备建立审计人员所使用的计算机与被审计单位的计算机之间的连接;

三是将审计人员的计算机接入被审计单位的局域网络中。

对于通过广域网络远程采集数据,就需要选择好审计的会计年度进行数据导入,也可通过"账套管理"的"导入账套"功能将其他审计人员采集转换的结果直接导入使用。这样就要求审计人员有足够的计算机网络知识,才能架起一座通往被审计单位数据库的桥梁。

2.数据验证、清理和转换

采集好被审单位的数据后,要做的工作就是把对方的数据进行清理和转换,使其变成审计人员容易辨认和阅读的形式。

由于被审计单位数据来源繁杂,数据格式不统一,信息表示代码化,数据在采集和处理过程中可能失真,被审计单位可能有意更改、隐瞒数据真实情况等诸多因素。所以,对采集到的数据必须进行验证、清理和转换,使得数据能为审计人员所运用。

验证主要是指检查被审计单位所提供数据的真实性、正确性和完整性。清理是指为提高数据质量而对缺失的、不准确的、不一致的等有质量问题的数据进行处理。转换包括数据库格式的转换以及数据内容的转换,后者的主要工作是识别、标识出数据表和表中字段的经济含义及关联关系。由于数据库中的数据根据范式的要求,往往是按一定的规则分解后存放在不同的、相互关联的表中,并且由于审计利用数据的方式和目的与管理、核算利用数据的方式和目的不同,满足管理、核算的数据表不一定都能够满足审计需求的原因,我们通常需要对处理后的数据库中的基础数据进行投影、连接等操作,生成满足审计分析的"中间表"。

3.数据分析

对电子数据进行审计分析有三种方法。

第一种方法,通过"账表分析",直观的审查被审计单位的总账、明细账、凭证、资产负债表等财务数据;

第二种方法,通过"数据分析",编写 SQL 语句对被审计单位的电子数据,包括财务数据和业务数据,进行审查、分析;

第三种方法,通过"审计方法",自动开展审计。

这三种方法既可以单独使用也可以交叉使用。其中第二种方法我们比较陌生,但是这种方法在审计工作中会带给我们快捷方便。

简单的 Transact-SQL 查询语句的基本结构可描述为:

SELECT 子句用于指定输出的字段;

FROM 子句用于指定数据源;

WHERE 子句用于指定数据的选择条件;

GROUP BY 子句用于对检索到的记录进行分组;

HAVING 子句用于指定组的选择条件;

ORDER BY 子句用于对查询的结果进行排序(SDEPT 表示升序 DESC 表示降序),在这些子句中,SELECT 子句和 FROM 子句是必须的,其他子句都是可选的。

第三节　信息系统审计

一、信息系统审计的概念及目标

(一)信息系统审计的概念

信息系统审计是指对用于经营决策、业务管理和财务核算的信息系统及其内部控制措施,以及信息系统生命周期进行的审计。信息系统审计是随着信息技术的发展而发展的。在数据处理信息化的初期,由于人们对信息系统在数据处理当中的应用缺乏足够认识,认为信息系统处理数据准确可靠,不会发生舞弊,因而很少对信息系统进行审计,而只是对信息系统产生的电子数据或打印出来的数据进行审计。随着信息系统在数据处理中的应用不断扩大,在便于人们进行数据处理的同时,其存在的一些问题也逐渐暴露出来,如信息系统安全性、可靠性问题以及信息系统无序开发和建设失败带来的巨大浪费等。这些问题的出现要求我们拓宽审计视野,把目光转向信息系统审计。

(二)信息系统审计目标

信息系统审计目标是通过评价信息系统本身的安全性、可靠性,从而合理保证信息系统所产生数据的准确性、完整性,从而保证被审计单位资产安全性、完整性以及效率性等。信息系统审计的总目标与传统审计并没有区别，只是实现的途径不同。具体来看，又可以分为对信息系统内部控制的审计目标以及对信息系统生命周期的审计目标。对信息系统内部控制的审计目标是通过对信息系统的内部控制进行审计，了解和评价信息系统的安全性、完整性和效率效果等内部控制目标能否达到各自的预期目标，从而判断能否实现信息系统的整体目标。对信息系统生命周期的审计目标关注的则是信息系统开发设计以及运行维护过程中信息系统的总目标是否达到。

二、信息系统审计的主要技术方法

审计实施阶段的信息系统审计技术方法主要分为了解、描述和测试三种。

（一）信息系统了解的审计方法

信息系统的调查了解方法在信息系统审计的各项环节中都能用到。

1. 询问法。询问法是指与被审计单位人员面对面交谈，询问有关情况以搜集审计证据的方法。询问前应搜集相关的背景资料，确定合适的询问对象；询问过程中应做好记录并要求被询问对象签字。询问后应对谈话的内容进行评价和总结。

2. 检查法。检查法主要是检查与信息系统有关的文档，以了解信息系统的总体情况、控制情况以及开发设计情况等，为得出审计结论搜集审计证据。检查中应做好相应记录，并将检查过程和结果记入审计工作底稿中。

3. 观察法。观察法是审计人员对信息系统的物理环境、硬件设施和办公场所，对信息系统的开发设计、构成和操作情况进行了解，对控制措施的实施进行实地察看的方法。观察前应确定观察对象的位置和陪同人员，在观察过程中应做好记录并对观察结果进行评价和总结。

（二）信息系统描述的审计方法

信息系统审计描述的有关方法，在实际使用过程中，各种描述方法可以搭配使用。

1. 文字描述法。文字描述法是指在了解的基础上，通过文字对被审计单位的信息系统功能、结构、控制政策措施以及生命周期过程等进行描述的方法。此方法适用于大多数信息系统的情况描述。其优点是运用简便、易于理解；缺点是不够简明、直观。

2. 表格描述法。表格描述法是指审计人员运用标准或自行设计的表格，对信息系统的有关情况进行描述的方法。此方法适用于对信息系统开发过程、内部控制的多项指标、系统组成要素的多个组成部分的情况描述。其优点是结构清晰、逻辑性强。

3. 图形描述法。图形描述法是指审计人员用图形的方式对信息系统的组织结构、功能、生命周期以及业务处理流程等加以描述的方法，包括组织结构图、功能结构图以及业务流程图等形式。采用此描述方法应注意统一各种符号标准及其含义,以便审计人员之间相互理解和交流。

(三)信息系统测试的审计方法

信息系统测试的方法是信息系统审计中独有的技术方法,主要是一些计算机辅助方法。

1. 测试数据法。测试数据法是指审计人员设计一套虚拟的业务数据,将其输入计算机中,观察比较输出是否与预期相符。如果相符,说明内部控制存在并符合既定要求或应用程序正确。测试数据可以是真实的业务数据,也可以是为了检验程序而设定的"边界数据"。测试数据只可以测试计算机某个时点的数据,因此应采用突击检查的方式进行。测试结束后,应将测试数据从被审计单位的信息系统中清除。

2. 平行模拟法。平行模拟法是指审计人员开发一个与被审计单位信息系统或程序模块功能完全相同的模拟系统,将被审计单位的真实数据放入模拟系统中运行,观察其输出是否与被审计单位信息系统一致。平行模拟的优点是测试不会干扰被审计单位信息系统的运行;缺点是对审计人员的程序设计能力要求过高,实施该方法具有很大的限制性。

3. 嵌入审计模块法。嵌入审计模块法是在被审计单位的信息系统中加入为审计而编写的程序代码的方法。嵌入的模块成为信息系统的组成部分,并可以在特定的时间间隔或是条件触发时为审计人员提供有关数据和报告。嵌入的模块深入系统内部,可以获得未经加工的数据,为审计人员提供实时的审计,弥补了事后审计的不足。

4. 虚拟实体法。虚拟实体法是对测试数据法的改良。一般是在信息系统中建立虚拟的实体(如供应商、客户、员工等),后将虚拟实体的有关数据与真实的数据一起输入信息系统进行处理,最后将虚拟实体的输出结果与预期结果进行比较,确定信息系统的控制功能是否发生作用。

5. 受控处理法。受控处理法是指审计人员在对被审计单位的真实业务数据处理之前先进行核实,核实之后在被审计单位的信息系统中监督处理或亲自处理,并将处理结果与预期结果进行比较分析,以判断被审计单位的系统是否符合规定的要求。

6. 受控再处理法。受控再处理法是将已经由被审计单位处理过的真实数据,在审计人员的监督下,或由审计人员亲自在相同的信息系统或以前保存的程序副本上再处理一次,将二次处理的结果与以前处理的结果相比较,判断当前的信息系统程序是否符合既定要求。

7. 程序代码检查法。程序代码检查法是通过检查源程序代码的内部运行逻辑来发现存在的问题,并对程序是否符合规章制度的规定、能否完成预定功能及其质量进行评判的方法。该方法可以绕过输入、输出直接检查程序内部代码,这样容易发现作弊程序,但对审计人员的计算机程序水平要求非常高。

三、信息系统审计的主要内容

信息系统审计内容主要包括对系统开发过程审计、会计信息系统内部控制的评价与审计、系统应用程序审计及系统数据文件审计四个部分。

（一）信息系统开发过程审计

信息系统的开发是一项系统工程，主要包括系统分析、系统设计、系统实施及系统运行与维护等。系统开发过程审计也就是指审计人员对会计信息系统开发过程中的各项活动进行的审核与评价，它通过对系统开发的全过程及结果是否符合内部控制、相关法规政策、开发规程以及形成的文件是否符合有关标准等方面的审计，达到保证系统的可靠性、效率性、可维护性，内部控制的适当性，运行结果的正确性、完整性及提高系统的可审性的目的。系统开发过程审计的重点是在复核设计阶段应考虑的各项控制问题，并就如何强化内部控制，适时提出意见，供系统分析、设计人员参考。

（二）信息系统内部控制审计

根据控制实施的范围不同，信息系统的内部控制包括一般控制和应用控制两部分，审计人员要对这些控制环节进行审查和核对。信息系统一般控制是指与多个应用系统有关的政策和程序，有助于保证会计信息系统持续恰当地运行（包括信息的完整性和数据的安全性），支持应用控制作用的有效发挥，通常包括数据中心和网络运行控制，系统软件的购置、修改及维护控制，接触或访问权限控制，应用系统的购置、开发及维护控制。应用控制是指对会计信息系统中具体的数据处理功能的控制，是为适合各种数据处理的特殊控制要求，保证数据处理能完整、准确地完成而建立的内部控制。

（三）信息系统应用程序审计

信息系统的核心就是程序编码，程序质量的高低直接决定了信息系统整体水平的高低。因此，应用程序的审计是信息系统审计的重要内容，也是信息系统审计中最困难的任务之一。实践证明，程序是差错与舞弊最容易发生的地方，只有对应用程序进行审计，才能对系统的正确性、可靠性等作出公正的评价。应用程序审计的内容主要包括：审查程序内部控制的健全性和有效性，程序的合法性，对数据处理和控制的及时性、正确性和可靠性，以及程序的纠错能力和容错能力。

（四）信息系统数据文件审计

要对会计信息系统输出信息的真实性、正确性、合法性等进行评价，必须对数据文件进行审计。数据文件审计包括对打印输出的数据文件的审计和存贮在磁性介质上的数据文件的审计。数据文件审计的内容包括两个方面，一是审查数据文件的一般控制和应用控制的健全性和有效性，二是审查数据文件内容的真实性与正确性。

需要进一步说明的是，信息系统也可以采用双重目的测试，即符合性测试和实质性测试同时进行，许多审计方法如审计软件法等，既可用于符合性测试，又可用于实质性测试。

第四节　大数据审计

一、大数据审计的含义与特点

（一）大数据的含义

大数据是以容量大、类型多、存取速度快、价值密度低为主要特征的数据集合。容量大是指数据规模巨大，信息记录全面。大数据不以 CB、TB 为单位来衡量，而是以 PB、EB、ZB、YB 为计量单位。大数据能够对审计对象的各个侧面进行更详尽的描述，信息记录更全面、立体，更具综合性；类型多是指大数据包含新闻网页、社交媒体、博客、视频、图像、传感器数据等不同渠道生成的异构、复杂和多样化的数据；存取速度快是指数据的增长速度呈指数级增长，数据需要被高速计算和处理才能发掘出所蕴含的价值；价值密度低是指大数据保持了数据原始特征，能够利用统计模型、机器学习、复杂网络技术等开展深入数据分析，获取对现有事实模式、未来发展趋势的重要洞察力，但是由于大数据容量巨大，高度混杂导致其价值密度较低。

（二）大数据审计的含义

大数据审计是指审计机关遵循大数据理念，运用大数据技术方法和工具，利用数量巨大、来源分散、格式多样的经济社会运行数据，开展跨层级、跨地域、跨系统、跨部门和跨业务的深入挖掘与分析，提升审计发现问题、评价判断、宏观分析的能力。

（三）大数据审计的特点

1. 大数据审计是基于全数据模式的审计。受人力、被审计单位信息化水平以及审计自身的信息化手段的限制，传统审计比较依赖于抽样分析，即先从抽样样本的局部着手查验和分析，再据此推断审计对象整体的相关状况。大数据给出了"样本＝总体"的全数据模式，使全覆盖审计成为可能。审计人员可以分析与几乎所有审计对象相关的数据，既有利于规避审计抽样风险，揭示抽样审计所发现不了的问题，又可以通过跨领域、跨部门和跨区域的数据分析,发现隐藏在细节数据中的更具价值的信息,反映事物的整体特征。

2. 大数据审计更多地依赖相关关系,而不是因果关系。"小数据"时代,审计人员往往是先有想法,然后再收集数据来证明、测试想法的可行性。大数据提供了前所未有的细节信息,与问题相关的大量信息能够得以被记录和分析。通过找到良好的关联物,利用相关关系就可以帮助审计人员发现趋势和感知风险。对大量相关关系的利用,降低了审计数据分析对因果逻辑关系的依赖,更多地倾向于基于相关关系的数据分析。

3. 大数据审计是基于混杂数据的审计。"小数据"因为收集的信息量比较少,记录清洗数据的最基本要求就是减少错误,保证质量。大数据需要保持数据的原始特征,而且因格式不一、数据量大增、数据转换等因素,一些不精确的数据必然会混入其中。审计要做的不是以高昂的代价消除所有的不确定性,而是接受这种纷繁混杂,并从中发现问题、把握宏观方向。"总体分析、发现疑点、分散核实、系统研究"的工作模式是实现此目标的有效途径,即由数据分析人员负责进行审计分析形成核查线索;由现场核查人员根据线索开展核查,上报核查情况;由分析研究人员汇总审计情况,并形成报告或信息成果。

二、开展大数据审计的基础资源

国家审计推广应用大数据技术,是技术进步的必然要求。推行大数据审计,需要在长期发展战略指导下有计划、有步骤地实施,从数据、技术和人才等方面逐步积累基础资源。

(一)建设国家审计数据中心,汇聚经济社会运行的数据。建设国家审计数据中心的原则是"统一规划、两级部署、以用为本",即按照经济社会运行数据的分布特点进行规划,构建国家和省级审计数据中心,全国用统一的标准、统一的系统,确保共享共通,全面集中、深度挖掘不同行业之间数据的潜在价值,实现对数据的智能管理,提高审计决策和管理水平。

(二)构建可支撑大数据存储和计算的 IT 基础设施。从实现目标来看,大数据环境下的 IT 基础设施建设要实现以下目标:提供大容量的存储,支持高性能的计算,实现按需分配和保障资源安全。从组成部分来说,这一基础设施主要包括网络系统、存储系统、处理系统和安全系统等。从审计数据种类来说,要能同时支持结构化和非结构化数据的存储和处理。从审计数据管理的过程来说,要能支持异构数据备份恢复、迁移、标准化存储和按需分配的全过程。从架构层次来说,它包括基础设施级服务层、平台级服务层、数据级服务层和应用级服务层。

(三)培养适应大数据审计工作需要的人才队伍。开展大数据审计,需要培养掌握大数据采集、管理和应用技术的专业人才队伍。建立适应大数据审计需要的审计人才队伍,可以通过对现有人员进行后续教育,使之系统学习数据采集、存储和分析技术;也可以通过调入、招聘、外包等方式,直接引进数据分析专业人才。

三、大数据审计的方法

（一）大数据审计的一般思路

大数据的集中存储与管理，打破了部门内部制约信息共享的障碍，为实现数据关联分析提供了可能。大数据审计是跨领域、跨部门、跨层次的关联分析，具体体现为相互交织、有机结合的五个方面：财政、金融、企业等各领域间数据的关联分析；中央、部门、地方间数据的关联分析；财务与业务数据间的关联分析；部门纵向各级间的数据关联分析；各被审计单位、行业、地方等单个系统与宏观经济运行系统间的数据关联分析。

如通过整合关联中央财政、中央部门、地方政府间的预算数据，分析中央决策部署和政策措施的"落地生根"情况，促进政令畅通；通过整合关联中央部门和地方各级政府相关部门纵向间的数据，分析各部门的事业发展状况能否符合国家治理需求；通过关联预算数据和业务数据，分析预算与政策的联系，确定重点业务发展是否有充足的预算支撑，预算的安排是否与业务发展规划相衔接等。

（二）大数据审计的关键技术

大数据领域已经并仍在涌现大量新技术，这些技术涉及数据采集、存储管理、分析和可视化呈现等多个环节。

1. 数据采集汇聚

一般而言，大数据主要有三类：交易数据、交互数据和观察数据。交易数据是指来自各部门、机构和单位信息系统中的结构化数据。交互数据是各类实体（含人、机构、单位等）的社会活动产生的各类数据，其载体主要是互联网，包括新闻、论坛、微博、微信中的文本、视频、音频等自然语言数据。观察数据主要是机器与机器交互之间产生的数据，如网络日志、各类传感器产生的数据、物联网和 GPS 数据。

大数据采集的挑战主要在于消除网络和性能瓶颈，提高数据汇聚效率，同时支持结构化和非结构化数据。目前常用的采集技术有网络爬虫技术、条形码技术、射频识别技术和感知技术等。

2. 数据存储与管理

数据存储与管理是将从各个分散数据库采集来的数据集成到一个大型分布式数据库，或者分布式存储集群中，以便对数据进行集中处理。如前所述，由于大数据具有类型多的特点，在集中存储的基础上，审计人员还需要依据数据的特征或者项目需求，对已接收的数据进行抽取处理，将各种渠道获得的多种结构和类型的复杂数据转化为单一的或者便于处理的结构，从而提高数据提取速度，有效减少访问、查询和挖掘分析的时间。

大数据存储与管理面临的挑战主要有以下几个方面：一是由于大数据容量大、类型多，因此在数据集成管理时，要提高对海量数据的管理能力和系统扩展性，并能够支持非结构化数据处理。二是由于大数据的价值密度低使得数据集成存储时必须进行数据清洗，清洗过程中"度"的把握非常重要，既不能清洗过细，将有价值的信息过滤掉，又不能清洗过粗，达不到清洗效果。如何在"质"和"量"之间进行取舍是大数据存储管理中必须考虑的关键问题。

大数据存储处理技术是当前最基础、应用最广泛的技术。除了仍在应用的传统关系型数据库技术外，比较典型的还有分布式文件系统、并行数据库技术、Spark、Hadoop 分布式数据管理平台等。

3. 数据分析技术

大数据分析是大数据领域最核心、最直接产生价值的部分。大数据分析正在由简单的汇总统计，向专业的数据挖掘、相关关系发现方向发展，可以从大量繁杂的信息中提取出辅助商业决策的关键性数据，发掘大数据价值。

在大数据分析技术方面，除了传统的结构化查询语言、多维数据分析和统计分析外，人工智能领域的很多技术方法为大数据分析提供了丰富多样的方法，包括数据挖掘、自然语言处理和社会网络分析等。

（1）结构化查询语言是访问关系型数据库的标准语言，用于对关系型数据库的数据进行查询、更新和管理，包括数据定义语言、数据操作语言、数据查询语言、数据控制语言四部分。结构化查询语言是审计人员常用的一种数据分析工具，审计人员根据自己的审计思路编写结构化查询语言，可以实现对数据的查询和分析，从中发现审计线索、查找审计疑点。

（2）多维数据分析是指从多方面（多维）观察信息，以便深入理解数据的分析技术。多维数据分析技术支持审计人员对数据进行多角度查询和分析。审计人员通过对数据多角度、多侧面的观察和研究，可以把握数据所反映的审计事项的某些特征，便于对被审计单位某些方面的情况进行总体把握，或者迅速发现问题线索。

（3）统计分析有两个层次：第一层次是描述统计，计算反映数据的集中、离散、相关程度，静态结构和动态趋势等。第二层次是推断统计，主要任务是参数估计和假设检验。推断统计在描述统计的基础上，用样本信息推断总体情况，分析和推测总体的特征和规律。目前常用的统计工具包括 SPSS、SAS 和开源 R 语言工具等。

（4）数据挖掘是指从大量的、有噪声的、模糊的数据中，提取隐含的、未知的但又具有潜在价值的信息和知识的过程，是挖掘深层次信息和知识的数据分析方法。审计人员面对大量数据不能确定要发现什么、会发现什么时，可根据审计目标，运用数据挖掘方法快速确定问题线索，拓展审计思路。常见的数据挖掘方法主要有关联规则分析、聚类分析、分类分析和时间序列分析等。

（5）自然语言处理是利用计算机算法对人类自然语言进行分析的技术。自然语言处理通过对自然语言的理解,借助语句、符号和结构对自然语言进行深度处理,发现对象的语义联系,实现自动摘要、实体对象识别和关系提取等,并可借助挖掘算法对自然语言进行分类、聚类、规则发现和趋势分析等,探索自然语言中潜在的规律。自然语言处理的关键技术涉及词法分析、句法分析、语义分析、语音识别、情感分析等。

(6)社会网络分析。数据有属性数据和关系数据之分。关系不是单个行动者的属性,而是将多对行动者联系成一个更大的关系系统,关系数据描述的是行动者系统的属性。适合分析关系数据的方法是社会网络分析。社会网络分析以图论算法为基础,用节点代表实体(自然人、机构、时间和地点),用边代表连通关系,通过计算关系的强弱和关系的变化情况,研究社交网络在结构层面的连通性(谁和谁相连),以及在行为层面的传播性(谁影响谁)。

4.数据可视化技术

数据可视化利用计算机图形学、人机交互、统计学、心理学等理论,研究如何利用人的感知能力以贴近人类自然感知的图形化展现方式,通过数据交互进行可视化表达,以增强人的认知,呈现数据中隐含的信息,发掘数据中所包含的规律。在数据可视化领域中有很多成形的商业产品,也有一些应用广泛的开源工具。

 **思考题**

即练即测

一、简答题

1. 简述计算机审计的定义。
2. 简述计算机辅助审计的概念及其优势。
3. 简述信息系统审计的概念及其审计目标。
4. 简述大数据审计的含义及其特点。
5. 简述开展大数据审计基础资源建设的措施。

二、论述题

1. 进行计算机辅助审计的步骤是什么?运用到的技术方法有哪些?
2. 进行信息系统审计主要运用到的技术方法有哪些?
3. 进行信息系统审计应当主要审计哪些内容?
4. 开展大数据审计的一般思路是什么?
5. 大数据审计的数据存储与管理技术目前主要面临的挑战有哪些?

第七章

国家审计程序与步骤

 导读

按照审计法和审计法实施条例以及《国家审计准则》《审计署审计现场管理办法(试行)》有关规定,审计机关实施审计和专项审计调查时,应在审计全过程中都遵循相关法律法规及准则的要求,并按审计现场管理及高质量发展要求,加强各环节的管理控制。本章介绍国家审计目标实现的四大阶段的主要步骤及内容。具体包括审计项目的准备阶段、审计项目的实施阶段、审计项目的终结阶段、审计项目的整改检查阶段的主要方法、步骤及其主要文书。

本章学习目标

通过本章学习,学员应该能够:

(1) 了解并掌握审计项目的准备阶段、实施阶段以及终结阶段的相关步骤;

(2) 熟悉审计整改检查阶段的主要事项、时间以及审计整改检查报告。

第一节 审计项目的准备阶段

审计项目的准备阶段,是指从审计机关年度审计计划批准下达后,由执行部门在具体实施对某个审计项目的审计工作前所做的各项工作。审计项目的准备阶段在整个审计项目流程中居于重要位置。准备阶段的各项准备工作是否充分,直接影响着审计工作能否顺利进行,审计工作效率的高低和预定审计目标能否实现。审计项目的准备阶段具体包括组成审计组、进行审前调查、制定审计实施方案、开展审前培训、下达审计通知书。

一、组成审计组

审计机关应当根据审计项目计划所确定的审计事项,按照其特点和要求,选派适当的审计人员组成审计组。审计组由审计组组长和其他成员组成,审计组实行审计组组长负责制,审计组组长由审计机关确定。审计组组长可以根据需要在审计组成员中确定主审,主审应当履行其规定职责和审计组组长委托履行的其他职责。

成立审计组应注意的事项:

(一)人员的数量和知识结构。审计机关应当合理配备审计人员,组成审计组。审计组成员应当遵守法律法规和国家审计准则,恪守审计职业道德,保持应有的审计独立性,具备与审计项目相适应的职业胜任能力及其他职业要求。

(二)保持审计人员分工的稳定性。在进行审计的过程中,审计组应尽量保持审计人员分工的稳定性,这样可以避免审计人员重复工作,提高审计工作整体效率。

(三)严格遵守回避制度。为保证审计的客观公正,选派审计人员时应当遵守审计人员回避的有关规定。审计人员与被审计单位负责人和有关主管人员之间有夫妻关系、直系血亲关系、三代以内旁系血亲以及近姻亲关系,与被审计单位或者审计事项有经济利益关系,与被审计单位或者审计事项有其他利害关系,可能影响公正执行审计的,应当自行回避。被审计单位有权申请审计人员回避。审计人员的回避,由审计机关负责人决定;审计机关负责人的回避,由本级人民政府或上一级审计机关负责人决定。

此外,审计机关可以聘请外部人员参加审计业务或者提供技术支持、专业咨询、专业鉴定。审计机关聘请的外部人员应当具备必要的职业要求。如果外部人员被刑事处罚过、被行政拘留过,其审计独立性可能受到损害或者法律规定不得从事公务的其他情形,审计机关不得聘请。

二、进行审前调查

为了确保审计方案的切实可行,组成审计组后,应进行初步的审前调查。开展审前调查是加强审计质量控制、防范审计风险的关键环节和重要措施之一。审前调查一般在送达审计通知书之前进行,必要时,也可以在向被审计单位送达审计通知书后进行。

(一)审前调查内容

审前调查中,需要了解被审计单位的基本情况,并取得与审计项目有关的资料。需了解的被审计单位基本情况包括:被审单位的单位性质、组织结构;职责范围或者经营范围、业务活动及其目标;相关法律法规、政策及其执行情况;财政财务管理体制和业务管理体制;适用的业绩指标体系以及业绩评价情况;相关内部控制及其执行情况;相关信息系统及其电子数据情况;经济环境、行业状况及其他外部因素;以往接受审计和监管及其整改情况;需要了解的其他情况。需要收集的与审计项目有关的资料包括:法律、法规、规章和政策,银行账户、会计报表及其他有关会计资料,重要会议记录和有关文件,审计档案资料,电子数据、数据结构文档以及其他需要收集的资料。

（二）审前调查具体步骤

审前调查必须明确审前调查的目标，调查人员组成及分工，调查的时间、地点、内容、方法，形成审前调查小结，为编制审计实施方案打好基础，具体步骤如下。

1. 组成审前调查组。项目实施部门选择一定数量有相当业务素质、能胜任审前调查任务的人员，组成审前调查组，一般来说，项目组长或主审应担任审前调查组的组长。

2. 拟定审前调查方案。在调查前，调查人员要做好充分的准备，对调查内容，要逐项列出明细；对调查采取的方式方法，要提前设计并做好人员分工；实行问卷调查的，要将问卷印制完成，可以制成表格的，要提前将表格绘制好。

3. 全面收集资料。在调查中，调查人员要根据被审计单位的实际情况和所调查内容的不同，采取不同的调查方法进行全面调查，收集符合上述审前调查各方面内容的相关资料。

4. 及时汇总情况。调查结束后，调查人员要及时将被审计单位的情况进行汇总。必要时绘制被审计单位工作流程图，如财务流程图、业务流程图、内部控制流程图等。根据汇总情况，找出被审计单位应该重点关注的领域。

5. 召开审前调查组会议。根据调查汇总的情况，讨论重要性水平，评估审计风险，确定审计策略、审计范围、内容和重点，规划符合性测试和实质性测试程序，形成会议结论和记录。

6. 形成书面调查报告。根据审前调查组会议记录，调查人员把审前调查的过程、方式、参加人员，调查的重点内容及审前调查的结论形成书面调查报告并存档。

三、制定审计实施方案

审计实施方案是实施审计项目的具体工作安排，是保证审计工作达到预期效果的重要手段，也是实施审计前的具体工作计划。审计实施方案应当成为审计机关检查、控制审计质量和进度的基本依据。因此，审计方案应当是根据年度审计项目计划的要求，针对被审计单位的具体情况以及在明确审计重点的基础上形成的。审计机关在实施审计前，应当制定审计实施方案。

（一）审计实施方案及其内容

审计实施方案是审计组为了完成审计项目任务，从发送审计通知书到处理审计报告全部过程的工作安排。审计组应当调查了解被审计单位及其相关情况，评估被审计单位存在重要问题的可能性，确定审计应对措施，编制审计实施方案。对于审计机关已经下达审计工作方案的，审计组应当按照审计工作方案的要求编制审计实施方案。

　　当一个审计项目涉及单位多,财政收支、财务收支量大时,审计组为了完成审计实施方案所规定的审计目标,可以对不同的审计事项制定若干具体实施步骤和方法。

　　审计实施方案主要包括以下内容。

　　1. 编制的依据。充分调查了解被审计单位及其相关情况,借鉴以往审计成果,查阅有关同类审计项目的审计档案,吸收同类审计项目的成功经验,与拟审计项目的具体情况相结合编制审计实施方案。

　　2. 被审计单位的名称和基本情况。审计组编制审计实施方案前,应当调查了解并要求被审计单位提供下列资料:被审计单位财政财务隶属关系、机构设置、人员编制情况;职责范围或者业务经营范围;银行账户、会计报表及其他有关的纸质和电子会计资料;内部审计机构和社会审计机构出具的审计报告;财务会计机构及其工作情况;相关的内部控制及其执行情况;相关的重要会议记录和有关的文件;与审计工作有关的电子数据、数据结构文档及其他需要了解的情况。

　　3. 审计目标。审计目标是指审计人员通过审计活动所期望达到的目的和要求,它是指导审计工作的指南。审计目标可分为审计总体目标和审计具体目标两个层次。审计总体目标就是实施审计所要实现的最终目的。审计具体目标是审计总体目标的具体化。为了达到审计总体目标,审计人员必须审查会计报表的各个项目及有关资料,获取必要的审计证据。

　　4. 重要性水平的确定和审计风险的评估。重要性水平是用金额额度表示的会计信息错报与错弊的严重程度,如果该错报错弊没有被揭露,将影响会计信息使用者的判断和决策。只有在确定的审计目标是"对会计报表真实性、公允性发表意见"的情况下,才需要确定重要性水平。重要性水平越高,收集的审计证据越少,审计风险越低;重要性水平越低,收集的审计证据越多,审计风险越高。

　　5. 审计方法。审计方法是审计人员为了行使审计职能、完成审计任务、达到审计目标所采取的方式、手段和技术的总称。

　　6. 审计范围、内容及重点。审计范围是指针对特定审计对象所开展的审计活动在空间上所达到的广度。审计范围要依据不同的审计对象和审计目标来确定,而审计内容及重点,应当在审计人员分析了解被审计单位的相关信息后,根据对被审计单位的掌握情况确定。

　　7. 审计步骤。审计步骤是指导现场审计达到审计目标的一套具体行动措施,是审计方案的核心内容。在确定了审计范围和审计目标之后,审计人员应该继而决定具体的审计步骤,包括应采用的审计方法,以说明如何收集证据、评价证据,完成现场审计工作。审计步骤应该适合特定的审计目标,并覆盖整个已经确定的审计范围。

　　8. 审计组组长、成员及其分工。

　　审计实施方案参考格式,如表7-1所示。

表 7-1　审计实施方案

被审计单位名称		审计方式	
审计项目名称		编制人员	
编制依据		编制日期	
被审计单位基本情况：			
审计目标、范围、内容、重点：			
审计方法和实施步骤：			
预定时间：			
审计组长及成员：			
人员分工：			
部门负责人：			
主管领导审批：			

（二）审计实施方案的调整

审计实施方案经批准后，审计组应当严格遵照执行。审计人员实施审计时，应当持续关注已作出的重要性判断和对存在重要问题可能性的评估是否恰当，及时作出修正，并调整审计应对措施。

审计过程中遇有下列情形之一的，应当调整审计实施方案：年度审计项目计划、审计工作方案发生调整的；审计目标发生重大变化的；重要审计事项发生变化的；被审计单位及其相关情况发生重大变化的；审计组人员及其分工发生变化，足以影响审计实施方案执行的；其他需要调整的情形。

调整审计实施方案涉及审计目标、审计组组长、审计重点和现场审计结束时间，应报经审计机关主要负责人批准。在特殊情况下，审计组不能正常办理调整审计实施方案审批手续，可以口头请示审计组所在部门负责人或者审计机关分管领导同意后，调整并实施审计实施方案。审计结束后，审计组应当及时补办审批手续。

四、开展审前培训

审前培训是指审计实施前，审计承办部门根据审计工作方案组织对各审计组以及审计组根据审计实施方案组织对审计组成员进行的业务培训和廉政教育工作。组织审前培训是为了使参审人员明确要求，熟悉有关审计依据，正确掌握政策界限。特别是上级审计机关统一组织的审计项目、审计机关首次开展的新型审计项目，或其他一些大型审计项目，审前培训尤其重要。

审计组审前培训由审计组组长负责组织，整合资源审计项目审前培训由承办部门负责组织。审前培训根据需要邀请行业主管部门和单位业务人员讲解与审计有关的行业知识和政策规定。承办部门和审计组组长应做好审前学习培训的学习资料收集整理工作。审计项目审前培训内容主要包括：

（一）被审计单位和行业的基本情况、发展现状以及普遍存在的问题；

（二）被审计单位和行业执行的法律法规、财务会计制度及行业特殊规定，财政财务管理体制和业务管理体制；

（三）结合以前年度审计情况，了解被审计单位存在的主要问题和审计风险点；

（四）学习讨论审计实施方案，明确审计目标、审计重点，研究审计方法；

（五）与审计事项有关的重点专业、理论知识；

（六）绩效审计适用的业绩评价指标；

（七）开展计算机审计相关的要求；

（八）审计纪律、廉政规定等。

五、下达审计通知书

审计通知书，也称审计指令，是审计机关通知被审计单位接受审计的书面文件，是审计组执行审计任务、进行审计取证的基本依据。审计机关应当根据审计项目计划的安排，在实施审计 3 日前，向被审计单位送达审计通知书。遇有特殊情况，经本级人民政府审计机关负责人批准，审计机关可以直接持审计通知书实施审计。审计通知书应由审计机关的负责人签发，在发送被审计单位的同时，还应抄送被审计单位的上级主管部门和有关部门。

审计通知书主要内容包括被审计单位名称、执行审计任务的依据、审计范围、起始时间、具体要求、必要的追溯和延伸审计事项，审计组组长姓名、职务，审计组成员姓名，审计机关公章及签发日期等。同时，还应当向被审计单位告知审计组的审计纪律要求。采取跟踪审计方式实施审计的，审计通知书应当列明跟踪审计的具体方式和要求。专项审计调查项目的审计通知书应当列明专项审计调查的要求。审计机关认为需要被审计单位自查的，应当在审计通知书中写明，提出自查的内容、要求和自查终结日期。如为报送审计，则应当在审计通知书上填写需报送的审计资料及其所属时期和报送时限。

审计通知书的参考格式如下。

****（审计机关全称）

审计通知书

＊审＊＊通〔20＊＊〕＊＊号

****（审计机关名称）对****（项目名称）进行审计（专项审计调查）的通知

****（主送单位全称或者规范简称）：

根据《中华人民共和国审计法》第****条的规定，我署（厅、局、办）决定派出审计组，自20＊＊年＊＊月＊＊日起，对你单位****进行审计（专项审计调查），必要时将追溯到相关年度或者延伸审计（调查）有关单位。请予以配合，并提供有关资料（包括电子数据资料)和必要的工作条件。

　　　审计组组长：***

　　　审计组副组长：***

　　　审计组成员：***(主审)　　***　　***　　***

　　　附件：1.需要提供的审计资料

　　　　　　2.审计廉洁纪律要求

　　　　　　3.审计承诺书

(审计机关印章)

****年**月**日

第二节　审计项目的实施阶段

一、召开审计进点会并进行审计资料交接工作

　　审计通知书送达被审计单位3日后,审计组即可进入被审计单位,实施审计工作。

(一)召开审计进点会

　　为使被审计单位进一步了解审计意图和要求,取得被审计单位及其工作人员的配合,可以召开由被审计单位负责人、财会人员、其他有关人员和审计人员参加的审计进点会议。

　　召开审计进点会不仅仅是在审计项目开始前与被审计对象碰面会谈,还应该充分利用这个机会与被审计单位分享信息。为审计工作设定基调。召开审计进点会有利于被审计单位了解进行审计的具体要求,并做好审计配合工作;有利于解答被审计单位相关人员提出的具体问题,消除他们思想认识上的顾虑,便于进一步做好审计工作;有利于使参会人员在审计人员的讲解中潜移默化地树立起对审计工作的敬畏意识;有利于在审计进点会的审计事项解读过程中展现审计人员的基本功和洞察力,展示出审计人员的良好形象和内在素质。

(二)进行审计资料的交接

　　被审计单位应当在审计期间配合审计机关的工作,按照审计机关规定的期限和要求,提供与审计事项相关的情况和资料,并提供必要的工作条件。

　　1.要严格审计资料的交接手续。在资料送达时,审计组和被审计单位要认真办理审计资料交接手续,要仔细核对,详细登记审计资料的种类、名称、数量,并注意检查原始凭

证有无缺失,审核无误后双方经办人和证明人签名确认。审计资料分次提供的,要分次办理交接手续。

2.要加强审计资料的日常管理。审计组组长要指定一名或几名审计人员负责审计资料的日常管理工作,负责会计资料的安全。审计资料要采取专柜上锁存放,要有专门的办公地点,防止无关人员进入审计现场,造成资料泄密。

3.要注意电子介质资料的管理。审计人员使用被审计单位的光盘、磁盘、移动存储器等电子介质资料,要进行登记备案。审计组需拷贝或导入被审计单位的电子介质资料的,要由审计组组长指定专人负责统一办理,审计人员不得擅自拷贝或导入被审计单位的电子介质资料。

4.要做好资料的进出登记。在审计过程中,被审计单位或相关单位因工作需要,要求暂时取回已提供的审计资料的,经审计组组长同意后,由双方办理相关手续。

5.要及时对资料进行清退。审计组已不再使用的审计资料,应当与被审计单位及时办理审计资料退还手续,并编制审计资料退还清单;审计资料属分次退还的,要分次办理审计资料退还手续。审计组在审计实施阶段终了,应当及时将全部审计资料退还被审计单位。

二、测试内部控制及相关信息系统

(一)内部控制测试

审计组应当在审计准备阶段初步了解被审计单位内部控制的基础上,进一步调查了解被审计单位内部控制的设置和运行情况,并进行相关测试,对内部控制的健全性、合理性和有效性作出评价,以确定是否依赖内部控制,确定实质性测试的性质、范围、时间和重点。

进行内部控制测评,分为四个步骤,前两个步骤在审前调查中实施,后两个步骤则应在审计实施阶段进行。

1.对内部控制进行调查了解

对内部控制进行调查了解,包括对控制环境、风险评估、控制活动、信息与沟通和内部监督进行了解,如表7-2所示。

表7-2　内部控制调查了解主要内容

内部控制五要素	调查了解主要内容
控制环境	被审计单位的高层管理人员和其他管理人员的控制意识和诚信程度,经营规模及业务复杂程度,组织机构和相关制度,各部门的分工和职责,主要财政预算和财务计划,人力资源政策等

续表

内部控制五要素	调查了解主要内容
风险评估	被审计单位如何确定风险、评估风险的重要性,如何将风险发生的可能性与管理目标、经营计划和财务报告的相关内容联系起来并采取相应的措施
控制活动	被审计单位各项业务处理程序的授权批准,职责分工,实物控制,凭证与记录的设置和运用,独立的检查程序等控制手段的设置与执行情况
信息与沟通	被审计单位管理和经营活动的主要业务类别,处理各类经济业务的程序,各项业务的会计处理程序和所依据信息的来源,会计系统的设计和重要的会计凭证、账簿种类以及会计报表项目,各部门间信息的传递方式等
内部监督	被审计单位日常性的监督检查方法,即管理者为监督各项工作的运行而使用的预算、计划、责任报告等制度与方法,内部审计的设置和工作情况等

2．对内部控制进行初步评价,评估控制风险

审计人员可以通过查阅被审计单位的各项管理制度和相关文件、询问被审计单位管理人员和其他有关人员、检查内部控制过程中形成的文件和记录或观察被审计单位的业务活动和内部控制的实际运行情况,对内部控制进行调查了解和初步评价。

对内部控制进行风险的评估,首先应当分析可能发生错弊的业务环节和活动领域,并考察被审计单位已采取的控制措施,再测试相关内部控制的合理性和运行的有效性,最后确定控制风险水平。

3．对内部控制的执行情况进行符合性测试

可以通过检查文件资料、询问、现场观察、重做某项业务等方法来测试内部控制制度是否得到有效执行。测试的方式主要有两种:一是按照业务处理过程检查业务处理程序中的各项内部控制规定是否得到执行;二是选择有关经济业务,对业务处理程序中的关键控制点进行测试,检查其是否真正发挥作用。

4．提出内部控制测评结果,并确定实质性测试的范围、重点和方法

(1) 内部控制评价

审计人员在对内部控制执行情况测评后,应当综合分析被审计单位内部控制的健全性和有效性,提出内部控制测评结果。此外,审计人员在评价被审计单位内部控制时,应当保持应有的职业谨慎,充分考虑到内部控制的以下固有限制:

① 内部控制的设置和运行受制于成本效益原则;

② 内部控制一般仅针对常规业务活动而设置;

③ 即使是设置完善的内部控制,也可能因有关人员的疏忽、误解和判断错误而失效;

④ 内部控制可能因有关人员相互勾结、内外串通而失效;

⑤ 内部控制可能因执行人员滥用职权或屈从于外部压力而失效;

⑥ 内部控制可能因经营环境、业务性质的改变而削弱或失效。

（2）确定实质性测试重点和方法

确定实质性测试重点领域时，应当考虑缺少内部控制的重要业务领域、内部控制设置不合理、控制目标不能实现的领域和内部控制没有发挥作用的领域。而确定实质性测试的具体方法时，应针对内部控制缺陷和可能产生的后果，提出对应的检查措施，以核实相关的财政收支、财务收支和会计处理是否真实、合法。

（3）内部控制描述

审计人员应当将调查了解、测试和评价被审计单位内部控制的过程及结果记入审计日记，并就测评中发现的内部控制的重要缺陷，与被审计单位进行沟通。

对内部控制进行评价的前提是对内部控制进行描述。对内部控制进行描述有利于审计人员全面地了解被审单位的内部控制情况，更好地开展进一步的审计工作。审计人员可以采用以下形式对被审计单位内部控制进行描述，并写入审计日记：一是用文字记录的形式描述被审计单位内部控制的设置情况；二是使用调查表的形式向被审计单位管理人员或有关当事人询问内部控制的设置情况并加以记录；三是以特定的语言符号，绘制经济活动的业务流程，以描述被审计单位内部控制的设置情况。以上方法可以单独使用，也可以结合使用。

（二）信息系统测试

在应用计算机进行信息处理的条件下，审计人员还应对被审计单位计算机信息系统的控制环境和应用控制进行测评，以确定其可靠程度和下一步的审计方法。当存在下列情形之一的，审计人员应当检查相关信息系统的有效性、安全性。

1. 仅审计电子数据不足以为发现重要问题提供适当、充分的审计证据；
2. 电子数据中频繁出现某类差异。

审计人员在检查被审计单位相关信息系统时，可以利用被审计单位信息系统的现有功能或者采用其他计算机技术和工具，检查中应当避免对被审计单位相关信息系统及其电子数据造成不良影响。

三、对被审计项目进行实质性测试

内部控制测评不能代替实质性测试，无论被审计单位的内部控制如何健全和有效，审计人员都应选择适当方法，对被审计单位重要的财政财务收支活动实施实质性测试。审计人员决定不依赖某项内部控制的，可以对审计事项直接进行实质性测试。

（一）实质性测试概述

1. 实质性测试的概念

实质性测试是指在符合性测试的基础上，为取得直接证据而运用检查、监盘、观察、查询、函证、计算、分析性复核等方法,对被审计单位会计报表的真实性和财务收支的合法性进行审查,以得出审计结论的过程。实质性测试是项目审计工作的中心环节,它既是审计人员收集、鉴定和综合审计证据的过程,也是审计机关出具审计报告和做出审计决定的基础。

2. 实质性测试的分类

实质性测试包括细节测试和实质性分析程序。细节测试是对各类交易、账户余额、列报的具体细节进行测试,目的在于直接识别财务报表认定是否存在错报。实质性分析程序从技术特征上仍然是分析程序,主要是通过研究数据间关系评价信息,只是将该技术方法用作实质性程序,即用以识别各类交易、账户余额、列报及相关认定是否存在错报。

3. 细节测试和实质性分析程序的适用性

由于细节测试和实质性分析程序的目的、技术手段存在一定差异,因此各自有不同的适用领域。审计人员应当根据各类交易、账户余额、列报的性质选择实质性程序的类型。细节测试适用于对各类交易、账户余额、列报认定的测试,尤其是对存在或发生、计价认定的测试;对在一段时期内存在可预期关系的大量交易,审计人员可以考虑实施实质性分析程序。

4. 设计实质性分析程序时考虑的因素

在设计实质性分析程序时应当考虑的因素包括:

(1) 对特定认定使用实质性分析程序的适当性;

(2) 对已记录的金额或比率作出预期时,所依据的内部或外部数据的可靠性;

(3) 作出预期的准确程度是否足以在计划的保证水平上识别重大错报;

(4) 已记录金额与预期值之间可接受的差异额。考虑到数据及分析的可靠性,当实施实质性分析程序时,如果使用被审计单位编制的信息,审计人员应当考虑测试与信息编制相关的控制,以及这些信息是否在本期或前期经过审计。

5. 细节测试的方向

对于细节测试,审计人员应当针对评估的风险设计细节测试,获取充分、适当的审计证据。在针对存在或发生认定设计细节测试时,审计人员应当选择包含在财务报表金额中的项目,并获取相关审计证据;在针对完整性认定设计细节测试时,审计人员应当选择有证据表明应包含在财务报表金额中的项目,并调查这些项目是否确实包括在内。如为应对被审计单位漏记本期应付账款的风险,审计人员可以检查期后付款记录。

(二) 实质性测试的主要工作

这一阶段的工作主要是正确运用各种审计方法,取得充分适当的审计证据和编制审计工作底稿等。

1. 检查被审计单位相关记录或文件实现对被审计单位财务资料所包含或应包含的信息进行验证；

2. 观察被审计单位经济活动流程，查找可能存在问题的环节；

3. 向被审计单位内部或外部的知情人员询问，获取被审计单位财务信息和非财务信息；

4. 审计人员对有形资产账户所记载的内容均应进行实物盘点，包括库存现金、有价证券、材料、固定资产、在产品和产成品等，通过盘点确定财产物资的实际情况；

5. 就被审计单位相关业务向第三方进行函证，通过直接来自第三方对有关信息和现存状况的声明，获取和评价审计事项的证据；

6. 审计人员要对被审计单位有关计算的结果进行复算，以确定被审计单位有无故意歪曲计算结果或者计算存在差错的情况，包括合计数的复算，有关调整数和分配数的复算；

7. 分析相关财务数据与业务数据之间的关联程度，结合在其他方式审计中发现的被审计单位内控制度存在漏洞及可能产生舞弊的环节，为进一步开展审计提供线索；

8. 审计人员有时还要做其他的工作，直至取得满意的审计证据。

（三）实质性测试方法

实质性测试阶段应当对报表、账簿、凭证进行查阅，确定原始凭证的真实性、合法性，金额的正确性，账务处理的规范准确性，账簿记录的正确性，资产、负债和损益真实性，计价准确性等。对一些报表项目进行分析性复核，确定勾稽关系的正确性，金额、比例等的合理性。

部分具体报表项目的实质性测试包括以下内容。

1. 对应收账款、其他应收款的审计

（1）获取或编制应收账款、其他应收款明细表，复核加计是否正确，并与报表数、总账数和明细账合计数核对相符；

（2）进行账龄分析，审查是否建立健全签认、催收等制度，并得到确实的执行；

（3）向债务人函证，确定应收款余额的真实性、正确性；

（4）请被审计单位协助标出已收回的应收账款和其他应收款金额，对已收回金额较大的款项进行检查，如核对收款凭证、银行对账等，并注意凭证发生日期的合理性；

（5）对未函证应收账款和其他应收款实施替代程序；

（6）是否存在尚未处理的坏账净损失，坏账准备的提取、转回与核销是否符合规定，收回已经核销的应收款项是否及时入账；

（7）应收账款在资产负债表中是否已恰当披露等。

2．对资产管理情况审计

（1）资产购置是否纳入年度预算或是否履行审批手续，固定资产购置是否按规定程序实施；

（2）资产的出售、报废等是否进行审批，是否进行评估或检验，账务处理是否正确，累计折旧是否冲销；

（3）资产的日常管理是否到位，年末盘点手续是否齐全；

（4）资产的产权关系是否明晰，资产的处置是否履行了相应的报批程序，是否存在因管理不严而造成人为丢失、毁损的情况；

（5）是否存在个人或小集体长期无偿占用国有资产的情况；

（6）资产的处置中是否因处置不当而造成国有资产的流失，国有资产的收益是否得以体现等。

3．对工程项目的审计

（1）工程项目的决策依据，是否有工程预算、结算、决算报告，有无相关工程合同、协议等法律文件，在建工程的维修项目有无审批手续、相关审计报告和工程合同等以及工程的财务入账情况；

（2）施工组织设计是否先进，现场施工队伍和机械设备的配置能否满足需要，指挥部的设置、定员、人员素质能否符合管理要求；

（3）是否建立工程预算管理、工资管理、成本管理等一系列管理制度，各项制度是否完善、严密；

（4）审查施工进度是否按计划进行，是否存在只抓进度而放松工程安全和质量管理，有无违规操作而导致安全质量事故的发生，造成经济损失；

（5）查看在建工程进度款的支付情况，看支付手续是否完备，支付条件是否按合同进行；

（6）工程项目完工后的各项资产进行清查，审查是否完成工程承包合同规定的各项指标，有无违反国家财经纪律的行为；

（7）工程是否按期交工，并办理了竣工结算，财务决策是否符合规定；

（8）转为固定资产的时间是否符合规定，有无转资不及时少提折旧的情况，有无固定资产清理损失挂账，未计入当期损益的问题等。

4．各项费用的审计

（1）成本费用核算是否真实，有无按当期预算计提或冲回成本的情况，各项成本费用的列支渠道是否正确；

（2）费用的开支标准是否符合有关规定，有无擅自扩大成本开支范围，提高开支标准导致成本费用不合理上升的情况；

（3）计算是否正确，原始凭证是否合法，发票是否真实，会计处理是否正确，以及审批是否合规；

（4）成本核算方法前后期是否一致，有无随意改变成本核算方法的情况，成本核算是否严格遵守权责发生制原则，正确划分了不同会计期间的费用界限等。

5.对负债的审计

（1）是否制定有关债务资金管理使用制度办法；

（2）获取或编制长短期借款明细表，复核加计是否正确，与总账数和明细账合计数核对相符；

（3）长短期借款是否严格执行有关债务管理的制度办法，借款费用的处理是否符合会计准则规定；

（4）应付款项中是否存在无明确支付对象或虚假支付对象的情况；

（5）其他应付款往来账务处理中是否有核算收支、调节损益现象，其他应付款的其他中有无核算项目的明细或详细明细清单等。

（四）实质性测试的范围

评估重大错报风险和实施控制测试的结果是审计人员在确定实质性程序的范围时的重要考虑因素。审计人员评估的重大错报风险越高，则需要实施实质性程序的范围越广。如果对控制测试结果不满意，审计人员应当考虑扩大实质性程序的范围。

在设计细节测试时，审计人员一方面要从样本量的角度考虑测试范围，另一方面要考虑选样方法的有效性等因素。如从总体中选取大额或异常项目，而不是进行代表性抽样或分层抽样。

实质性分析程序的范围有两层含义。第一层含义，是对什么层次上的数据进行分析。审计人员可以选择在高度汇总的财务数据层次进行分析，也可以根据重大错报风险的性质和水平调整分析层次。第二层含义，是需要对什么幅度或性质的偏差展开进一步调查。实施分析程序可能发现偏差，但并非所有的偏差都值得展开进一步调查。可容忍或可接受的偏差（即预期偏差）越大，作为实质性分析程序一部分的进一步调查的范围就越小。确定适当的预期偏差幅度同样属于实质性分析程序的范畴。因此，在设计实质性分析程序时，审计人员应当确定已记录金额与预期值之间可接受的差异额。在确定该差异额时，审计人员应当主要考虑各类交易、账户余额、列报及相关认定的重要性。

四、实施审计并进行审计取证

在审计过程中，审计人员应随时有针对性地收集与审计事项相关的审计证据，加以鉴定、分析和综合，形成具有足够数量、能够充分证明审计事项的审计证据体系。

（一）审计证据的分类

审计证据是指审计人员获取的、能够为审计结论提供合理基础的全部事实,包括审计人员调查了解被审计单位及其相关情况和对确定的审计事项进行审查所获取的证据。

1. 按审计证据的形式分类

按照审计证据的形式特征可分为书面证据、口头证据、实物证据、视听或电子数据资料。

（1）书面证据。是以文字记载的内容来证明被审计事项的各种书面资料。书面证据的来源比较广泛,有由外部直接获取的证据,如询证函;由被审计单位提供的证据,如银行对账单、工资发放表、会计记录等。

（2）口头证据。是指以有关人员的陈述、意见、说明和答复等形式存在的审计证据。是以被审单位内部或外部人员陈述的事实来证明审计事项的真相。一般情况下,口头证据本身并不足以证明事物的真相,需要审计人员进行进一步的验证。

（3）实物证据。是指以实物形态存在的各种财产物资。实物证据主要用以查明实物存在的真实性、数量和计价的正确性,如现金、存货、固定资产、在建工程等。

（4）视听或电子数据资料。是指用录像或录音磁带反映出来的形象或音响、计算机储存的数据和资料以及其他信息保存手段记录下来的资料来证明事实的证据。

2. 按审计证据的形态分类

按审计证据的表现形态可以分为鉴定和勘验证据、环境证据。

（1）鉴定和勘验证据。是指因特殊需要,由审计机关指派或聘请专门人员对某些审计事项进行鉴定而生成的证据。其生成的过程需要经过专业鉴定或者勘验。如对某些书面资料字迹的鉴定、票据真伪的鉴定、产品或工程质量的鉴定证明等。这种证据的可靠性取决于出具相关鉴定证据的专门人员的独立性和专业胜任能力。

（2）环境证据。环境证据是指对审计事项产生影响的各种环境事实。如当审计人员获知被审计单位有着良好的内部控制系统,并且日常经营管理又一贯严格遵守各项规定时,就可认为被审计单位现行的内部控制系统为财务报表项目的合法性、公允性提供了强有力的环境证据。

3. 按审计证据的相关程度分类

按审计证据的相关程度可以分为直接证据和间接证据。

（1）直接证据。直接证据是指对审计事项具有直接证明力,能单独、直接地证明审计事项真相的资料和事实。如在审计人员亲自监督实物和现金盘点情况下的盘点实物和现金的记录,就是证明实物和现金实存数的直接证据。

（2）间接证据。间接证据是指对审计事项只起间接证明作用,需要与其他证据结合起来,经过分析、判断、核实才能证明审计事项真相的资料和事实。

（二）审计证据的适当性和充分性

审计证据应当具备适当性和充分性。适当性是对审计证据质量的衡量，是指审计证据具有的相关性和可靠性。相关性是指审计证据与审计事项及其具体审计目标之间具有实质性联系。可靠性是指审计证据真实、可信。充分性是对审计证据数量的衡量，是指审计证据足以证明审计事项并形成审计结论。

审计证据的可靠性一般按照以下原则判断：

1. 从被审计单位外部获取的审计证据比从内部获取的审计证据更可靠；

2. 内部控制健全有效情况下形成的审计证据比内部控制缺失或者无效情况下形成的审计证据更可靠；

3. 直接获取的审计证据比间接获取的审计证据更可靠；

4. 从被审计单位财务会计资料中直接采集的审计证据比经被审计单位加工处理后提交的审计证据更可靠；

5. 原件形式的审计证据比复制件形式的审计证据更可靠。不同来源和不同形式的审计证据存在不一致或者不能相互印证时，审计人员应当追加必要的审计措施。

（三）审计取证方法

审计证据是实现审计目标、形成审计结论、作出审计决定的基础，要想审计工作取得成功，审计取证工作是关键。审计人员可以采取下列方法取得相应的审计证据。

1. 检查，通过对纸质、电子或其他介质形式存在的文件、资料进行审查，或对有形资产进行审查，取得与审计事项相关的财务会计资料、会议记录、文件、合同、实物、实物资产盘点清单和现金、有价证券盘点表等；

2. 观察，通过对被审计单位经营场所和有关业务活动及其内部控制的执行情况等进行察看，取得视听资料或编制观察记录；

3. 询问，通过对与审计事项有关的单位或个人进行书面或口头询问，取得书面答复、录音或编制询问笔录。口头询问时，审计人员应作书面记录，并要求被询问人员签字作证；

4. 外部调查，通过对与审计事项相关的事实向有关部门和单位调取注册、登记、商业交易、银行账户、被函证单位回函等资料；

5. 重新计算，通过审计人员对被审计单位的原始凭证及会计记录中的数据进行的验算或另行计算获得。一般而言，重新计算不仅包括对被审计的会计凭证、会计账簿和财务报表中有关数字的验算，而且包括对会计资料中有关项目的加总或其他运算；

6. 重新执行，通过人工方式或使用计算机辅助审计技术对有关业务程序或者控制活动独立进行重新操作验证，编制重新操作记录；

7. 分析程序,对财务报表和其他会计资料中的重要比率或金额及其变动趋势进行分析、研究,并对发现的异常项目及异常变动进行调查,以获取审计证据。分析的内容主要包括,将本期与上期或前期的会计数据进行比较;将实际数与计划数或同行业平均数进行比较;对财务报表各重要项目间的关系进行分析等;

8. 具体情况下可以采用的其他取证方法。

(四) 取证注意事项

审计人员在获取审计证据时,应该注意要获取相关人员及被审计单位的签字或盖章。其中,在审计取证过程中发现可能引起被审计单位误解或争议的事项、资料,可以编制情况说明,并由被审计单位签章进行确认。而对于不能取得被审计单位签章确认的,审计人员应当注明其原因。

以下是审计人员获取相关审计证据时,应当注意的事项。

1. 审计人员需关注被审计单位的经营场所和有关业务活动及内部控制的执行等情况并编制观察记录,注明查看事项、过程和结果形成书面证据;

2. 审计人员运用审计方法,得出反映审计事项事实情况的结论,应编制计算表、分析表,以及编制审计取证单,并附有所依据的原始材料;

3. 收集实物证据时,审计人员应当编制实物登记表,并注明实物的所有权人、数量、存放地点、存放方式等;

4. 在收集视听资料或电子数据资料时,应当编制视听与电子资料登记表,并注明制作方法、制作时间、制作人或电子数据资料的运行环境、系统以及存放地点、存放方式等;

5. 审计事项比较复杂或审计证据数量较大的,可以对审计证据进行汇总分析,编制审计取证单;

6. 不能或者不宜取得原始资料、有关文件和实物的,可以采取文字记录、摘录、复印、拍照、转储、下载等方式取得审计证据,再通过适当的方式将非书面证据转换成书面证据。

已采取的审计措施难以获取充分、适当审计证据的,审计人员应当采取替代措施;仍无法获取审计证据的,由审计组报请审计机关采取其他必要的措施或者不作出审计结论。

五、审计记录

审计人员应当真实、完整地记录实施审计的过程、得出的结论和与审计项目有关的重要管理事项,以支持审计人员编制的审计实施方案和审计报告,证明审计人员遵循相关法律法规和审计准则,也便于对审计人员的工作实施指导、监督和检查。根据记载内容的不同,审计记录包括调查了解记录、审计工作底稿和重要管理事项记录三类。

（一）调查了解记录

调查了解记录是审计人员对调查了解被审计单位及其相关情况作出的记录，其主要内容包括：对被审计单位及其相关情况的调查了解情况；对被审计单位存在重要问题可能性的评估情况；确定的审计事项及其审计应对措施。

由于审计实施方案是建立在调查了解被审计单位及其相关情况、评估被审计单位存在重要问题可能性的基础之上，因此审计人员应当在编制审计实施方案之前，对调查了解和评估判断的情况及其应对措施等作出记录；在审计实施方案执行过程中，如果审计人员根据审计获取的信息，判断可能需要调增新的审计事项，并需要对有关情况进行调查了解时，审计人员也应在开展相关的调查了解之后作出记录。

（二）重要管理事项记录

重要管理事项记录的生成贯穿于审计项目实施和管理的全过程，其编制主体既包括审计组成员，也包括审计组成员之外的其他单位和人员，如审计机关业务部门、审理机构，以及被审计单位及其相关人员等。重要管理事项记录应当记载与审计项目相关并对审计结论有重要影响的下列内容。

1. 可能损害审计独立性的情形及采取的措施；

2. 所聘请外部人员的相关情况；

3. 被审计单位承诺情况；

4. 征求被审计对象或者相关单位及人员意见的情况，被审计对象或者相关单位及人员反馈的意见及审计组的采纳情况；

5. 审计组对审计发现的重大问题和审计报告讨论的过程及结论；

6. 审计机关业务部门对审计报告、审计决定书等审计项目材料的复核情况和意见；

7. 审理机构对审计项目的审理情况和意见；

8. 审计机关对审计报告的审定过程和结论；

9. 审计人员未能遵守本准则规定的约束性条款及其原因；

10. 因外部因素使审计任务无法完成的原因及影响；

11. 其他重要管理事项。

重要管理事项记录可以使用被审计单位承诺书、审计机关内部审批文稿、会议记录、会议纪要、审理意见书或者其他书面形式。

（三）审计工作底稿

审计工作底稿主要记录审计人员依据审计实施方案执行审计措施的活动。其主要内容包括审计项目名称、审计事项名称、审计过程和结论、审计人员姓名及审计工作底稿编制日期并签名、审核人员姓名、审核意见及审核日期并签名、索引号及页码。其中，审计过程和结论主要包括：实施审计的主要步骤和方法，取得的审计证据的名称和来源，审计认定的事实摘要和得出的审计结论及其相关标准。

审计人员对审计实施方案确定的每一审计事项，均应当编制审计工作底稿。一个审计事项可以根据需要编制多份审计工作底稿。

审计证据材料应当作为调查了解记录和审计工作底稿的附件。其中，调查了解记录所附的审计证据材料主要有：反映被审计单位基本情况的单位性质、机构编制、财政财务隶属关系等方面的文件或记录，以及被审计单位的内部控制制度、信息系统技术文档等；与被审计单位业务运行相关的宏观经济形势、政策因素等外部环境及行业发展现状和趋势等资料；以往接受审计和监管情况的审计报告、检查结论、整改情况等资料。

审计工作底稿所附的审计证据材料主要有：与被审计单位财政收支、财务收支有关的会计凭证、会计账簿、会计报表等资料；与审计事项有关的法律文书、合同、协议、会议记录、往来函证、公证或者鉴定资料等；其他与审计事项有关的审计证据。

* 审计工作底稿参考格式，如表 7-3 所示。

表 7-3　审计工作底稿

第　页（共　　页）　　　　　　　　　　　　　　　　　　索引号：

项 目 名 称		
审计或调查事项	（按照审计实施方案确定的事项名称填写）	
审计人员		编制日期	
审计过程：（说明实施审计的步骤和方法、所取得的审计证据的名称和来源。多个底稿间共用审计证据且审计证据附在其他底稿后的，应当在上述内容表述完毕后，注明"其中，** 审计证据附在 ** 号底稿后"）		
审计认定的事实摘要及审计结论： （审计结论包括未发现问题的结论和已发现问题的结论。对已发现问题的结论，应说明得出结论所依据的规定和标准）		
审核意见：（审核意见种类包括：1. 予以认可；2. 责成采取进一步审计措施，获取适当、充分的审计证据；3. 纠正或者责成纠正不恰当的审计结论）		
审核人员		审核日期	

附件：页

第三节　审计项目的终结阶段

审计项目的终结阶段，也称审计报告阶段。该阶段的主要工作有：审核审计工作底稿；编制审计报告并征求被审计单位意见；复核、审理审计项目资料；审计机关审定审计报告等。

一、审核审计工作底稿

在审计项目的终结阶段,审计人员应当详细审阅审计工作底稿,在确定其事实清楚、证据确凿、程序完备之后,按照审计项目的性质和内容,进行分类、归集、排序和分析整理后,交由审计组组长对形成的审计工作底稿进行审核。

审计组组长应当对审计工作底稿的下列事项进行审核。

(1) 具体审计目标是否实现;

(2) 审计措施是否有效执行;

(3) 事实是否清楚;

(4) 审计证据是否适当、充分;

(5) 得出的审计结论及其相关标准是否适当;

(6) 其他有关重要事项。

审计组组长审核审计工作底稿后,应当根据不同情况分别提出意见,意见包括:予以认可;责成采取进一步审计措施,获取适当、充分的审计证据;纠正或者责成纠正不恰当的审计结论。

二、讨论审计发现的问题并提出初步处理意见

审计组结束现场审计后,审计组组长收集整理各审计小组和审计人员提交的审计工作底稿,组织审计组会议,讨论审计工作底稿,为撰写审计报告进行准备。

审计组组长将审计工作底稿进行归类整理,制作审计工作底稿汇总表,将每张审计工作底稿涉及的审计人员、审计事项、问题定性、主要数据和存在的疑问进行列示,对其中存在的疑问需要向审计组成员进行询问和核实。

审计组还应当讨论确定下列事项:评价审计目标的实现情况;审计实施方案确定的审计事项完成情况;评价审计证据的适当性和充分性;提出审计评价意见;评估审计发现问题的重要性;提出对审计发现问题的处理处罚意见和其他有关事项。如果讨论认为某些事项存在缺陷,应该进一步开展相关工作,补充完善。审计组应当对讨论事项的情况及其结果进行记录。这是对审计实施方案执行情况的梳理,也是对审计质量的初步检查,更是撰写审计报告的基础。

三、审计组编写审计报告并征求被审计单位的意见

审计组实施审计或者专项审计调查后,应当向派出审计组的审计机关提交审计报告。审计机关审定审计组的审计报告后,应当出具审计机关的审计报告。遇有特殊情

况,审计机关可以不向被调查单位出具专项审计调查报告。审计组的审计报告是审计组完成审计任务情况和审计结果的全面反映,是对审计实施方案执行情况的书面回答,审计报告撰写得成功与否直接影响着审计质量和审计效果。

(一) 审计报告概述

1. 审计组的审计报告概念及其特征

审计组的审计报告是审计组对审计事项实施审计后,向派出的审计机关反映审计工作情况和审计结果的书面文件。审计报告应当内容完整、事实清楚、结论正确、用词恰当、格式规范。

审计组的审计报告的特征主要有:(1)审计报告是法律要求制作的审计文书,体现的是审计组的行为和意愿,不是审计机关的意志,对被审计单位不具有法律约束力,且审计组还要主动征求被审计单位对审计报告的意见;(2)审计报告的提交对象是审计机关,不能作为审计机关的正式文书向被审计单位或被审计单位以外的其他单位发送;(3)出具审计报告并不体现整个审计过程的终结,它只是审计程序的一个中间环节。

2. 审计机关的审计报告

审计机关的审计报告是审计机关发表审计意见、作出审计结论的法律文书,是综合反映项目审计结果、充分发挥审计监督作用的基本载体,也是界定审计责任、控制审计质量、评价审计人员业绩的重要依据。

3. 审计机关审计报告(审计组的审计报告)的要素和内容

(1)审计报告要素

标题、文号(审计组的审计报告不含此项)、被审计单位名称、审计项目名称、内容、审计机关名称(审计组成员名称及组长签名)、签发日期(审计组向审计机关提交报告的日期)。此外,经济责任审计报告还包括被审计人员姓名及所担任职务。

(2)审计报告内容

① 审计依据,即实施审计所依据的法律法规规定,用以说明审计行为的合法性。审计法是实施审计的基本依据,对许多审计业务都有具体规定,如审计机关开展预算执行审计是依据《审计法》第十八条的规定等。

② 实施审计的基本情况,一般包括审计范围、内容、方式和实施的起止时间等。

③ 被审计单位基本情况,一般包括被审计单位的经济性质、财政财务隶属关系等。经济责任审计报告还应当包括被审计领导干部履行经济责任的基本情况。

④ 审计评价意见,即根据审计实施方案确定的审计目标,依照法律法规,以及国家有关政策、标准、项目目标等方面的规定,按照重要性原则,从真实性、合法性、效益性方面提出审计评价意见。

⑤ 以往审计决定执行情况和审计建议采纳情况。为促使被审计单位执行审计决定,

采纳审计建议,纠正审计查出的问题,审计组在审计或专项审计调查中对审计决定执行情况和审计查出问题整改及长效机制建立情况进行检查,并将检查结果纳入审计报告。

⑥ 审计发现的被审计单位违反国家规定的财政收支、财务收支行为和其他重要问题的事实、定性、处理处罚意见以及依据的法律法规和标准。经济责任审计还应明确被审计领导干部对审计发现问题应承担的责任。审计期间被审计单位对审计查出的问题已经整改的,审计报告还应当反映有关整改措施及结果情况。

⑦ 审计发现的移送处理事项的事实和移送处理意见,但是涉嫌犯罪等不宜让被审计单位知悉的事项除外。

⑧ 针对审计发现的问题,根据需要提出的改进建议。审计机关应当针对审计发现的问题,结合被审计单位的实际情况,从完善内部控制、加强管理的角度分析原因,并提出审计建议,确保审计建议的针对性和可操作性。

审计机关的审计报告参考格式如下。

****(审计机关全称)

审　计　报　告

* 审 ** 报〔20 **〕** 号

被审计单位:*****************

审 计 项 目:****************

根据《中华人民共和国审计法》第 ** 条的规定,****(审计机关全称或者规范简称)派出审计组,自 **** 年 ** 月 ** 日至 **** 年 ** 月 ** 日,对 ****(被审计单位全称或者规范简称。写全称时还应注明"以下简称 ****")****(审计范围)进行了审计,****(根据需要可简要列明审计重点),对重要事项进行了必要的延伸和追溯。****(被审计单位简称)及有关单位对其提供的财务会计资料以及其他相关资料的真实性和完整性负责。***(审计机关全称或者规范简称)的责任是依法独立实施审计并出具审计报告。

(一)被审计单位基本情况

　　**。

(二)审计评价意见

审计结果表明 ************************************

　　***。

(三)审计发现的主要问题和处理或处罚意见

　　**。

(四)审计建议

　　**。

对本次审计发现的问题,请 ****(被审计单位)自收到本报告之日起 ** 日(审计机关根据具体情况确定)内,将整改情况书面报告 ***(审计机关全称或者规范简称)。

本报告及有关整改情况随后将以适当方式公告。(审计报告中相关内容涉密的,应在相关段落后用括号标注密级,并在审计报告结尾注明"除已标明的涉密内容外,本报告及有关整改情况随后将以适当方式公告"。)

(审计机关印章)

**** 年 ** 月 ** 日

(二)撰写审计报告

在审核并讨论审计工作底稿后,审计组长根据审计工作底稿的内容及审计组的讨论意见撰写审计报告。在这个阶段,应重点关注以下四点内容。

1. 审计报告必须对审计工作方案提出的每项审计内容进行回答,保证审计报告的完整性。

2. 审计报告对问题的表述必须具备定量和定性两个要素,保证审计报告的专业性。还需根据审计发现问题的性质、数额及其发生的原因和审计报告的使用对象,评估审计发现问题的重要性,如实在审计报告中予以反映。

3. 原因分析和建议是审计报告的重中之重。审计的最终目标不仅是揭示问题,而是通过揭示问题进行原因分析,提出合理可行的建议来完善和推进某项工作。

4. 审计报告的文字必须言简意赅。审计报告对问题的表述应该简洁明了,突出重点,在不影响定性的前提下,对问题过程和细枝末节的描述可以省略,这样才不会影响报告阅读者对问题重点的关注。

(三)与被审计单位沟通

审计组实施审计或者专项审计调查后,应当提出审计报告,按照审计机关规定的程序审批后,以审计机关的名义征求被审计单位、被调查单位和拟处罚的有关责任人员的意见。经济责任审计报告还应当征求被审计人员的意见;必要时,征求有关干部监督管理部门的意见。审计报告中涉及的重大经济案件调查等特殊事项,经审计机关主要负责人批准,可以不征求被审计单位或者被审计人员的意见。

审计报告送达被审计单位后,被审计单位对审计报告有异议的,应当在收到审计报告之日起十日内提出书面意见。对于被审计单位的意见,审计组应当认真进行核实,并作出书面说明。必要时,应当修改审计报告。被审计单位自收到审计报告之日起十日内没有提出书面意见的,视同无异议,并由审计人员予以注明。

四、对审计发现问题的处理办法

每一个审计项目结束后,审计机关要向被审计单位出具审计报告,并针对发现的问题区分情况进行处理。为了进一步规范此项工作,可以通过以下分类办法进行处理。

（一）对属于审计机关法定职责范围和权限内问题的处理

对于审计查出的违法违纪违规问题,属于审计职权范围的,在审计过程结束之后,审计机关直接下达审计决定书,提出明确的处理意见,并在规定的时间内对整改情况进行检查和督导。

（二）对不属于审计机关法定职责范围和权限内问题的处理

不属于审计职权范围的,审计机关出具移送处理书,移送其他部门进行处理处罚,接受移送的部门应将处理结果及时函复审计机关。

1. 对于应由国务院相关部门(如财政、税务、海关等)或地方人民政府处理的问题,商得相关部门或地方人民政府同意后,审计机关可通过发送信函或派人移交,并请对方函告查处结果。其中有些重大问题可同时抄报国务院领导或地方人民政府主要领导。

2. 对于应由纪检监察部门追究有关人员责任或需纪检监察部门进一步立案调查的问题,直接移送纪检监察部门查处,审计机关按纪检监察部门要求予以积极配合。

3. 对于一般性的经济犯罪线索,在审计查证工作告一段落之后,由审计机关商得有管辖权的公安部门或检察机关同意,按照有关规定或商定的程序移交公安部门或检察机关立案查处,审计机关按要求予以积极配合。对有关涉嫌经济犯罪案件的线索,按照2020年国务院修订公布的《行政执法机关移送涉嫌犯罪案件的规定》和2000年审计署和公安部发布的《关于进一步建立案件移送制度和加强工作协作配合的通知》要求,在及时与公安部门进行会商并研究认定案件性质和管辖后再行移送。

（三）对于审计发现的管理不规范、体制机制制度方面问题的处理

审计机关应提出具体的审计建议,提请有关主管部门或被审计单位研究采取措施,促进完善制度、加强管理和深化改革。

（四）对重大问题的处理

对于审计发现的以下重大问题,审计机关可按程序上报国务院或地方人民政府。

1. 对于重大经济案件线索或重大的违纪问题,性质严重、需要有关部门迅速配合查处的;或审计已经查实,需要国务院或地方人民政府领导同志批示有关部门和地方人民政府迅速办理的,经审计机关主要负责人批准,向国务院或地方人民政府报送《审计要情》。对于地方审计机关发现的重大案件线索,在移交或进一步查处中遇到很大阻力时,也可由审计署进一步调查核实后向国务院报送《审计要情》。《审计要情》除报告主要违法事实外,还应提出移送的具体建议。

2. 对于一些特殊问题,经审计机关主要负责人批准,可先向国务院或地方人民政府分管领导同志口头或书面报告,再根据领导同志指示作出处理或提出处理建议。

(五)对需要引起部门和地方重视的问题的处理

对于一些重要的、典型的或带普遍性的问题,但严重程度达不到上报《审计要情》条件的,为了让中央或地方党政领导同志了解掌握情况,可以《重要信息要目》进行报告。编写《重要信息要目》一般应联系所反映情况的政策体制环境,尽可能汇总出审计总体的情况(包括数据等),写清问题金额及其比重,从审计样本推导出总体状况。

五、审计机关复核、审理和审定审计报告

审计报告征求意见后,审计组应当根据需要,在征求意见后形成审计报告的基础上,分别起草审计决定书和审计事项移送处理书。审计组提交的审计报告、审计决定书和审计事项移送处理书,需要经过审计机关业务部门、审理机构和审计机关业务会议或负责人的复核、审理和审定,最后提出审计机关的审计报告、审计决定书和审计事项移送处理书。

(一)审计机关业务部门的复核

审计组应当将审计报告、审计决定书、被审计单位或者有关责任人员对审计报告的书面意见,以及审计组采纳情况的书面说明、审计实施方案、调查了解记录、审计工作底稿、重要管理事项记录、审计证据材料和其他有关材料,报送审计机关业务部门进行复核。

审计机关业务部门在收到审计组报送的材料后,应当复核审计目标是否实现,审计实施方案确定的审计事项是否完成,审计发现的重要问题是否在审计报告中反映,事实是否清楚、数据是否正确,审计证据是否适当、充分,审计评价、定性、处理处罚和移送处理意见是否恰当,适用的法律法规和标准是否适当,被审计单位、被调查单位、被审计人员或者有关责任人员提出的合理意见是否采纳,以及需要复核的其他事项。

审计机关业务部门复核后,应当出具书面复核意见。审计机关业务部门应当将复核修改后的审计报告、审计决定书等审计项目材料连同书面复核意见,报送审理机构审理。

(二)审计机关审理机构的审理

审理机构以审计实施方案为基础,重点关注审计实施的过程及结果,主要审理内容有:审计实施方案确定的审计事项是否完成;审计发现的重要问题是否在审计报告中反映;主要事实是否清楚、相关证据是否适当、充分;适用法律法规和标准是否适当;评价、

定性、处理处罚意见是否恰当；审计程序是否符合规定。

审理机构审理时，应当就有关事项与审计组及相关业务部门进行沟通，充分交换意见，全面了解相关情况。必要时，审理机构也可以参加审计组与被审计单位交换意见的会议，或者向被审计单位和有关人员了解相关情况。审理结束后，审理机构应当出具审理意见书，并根据情况要求审计组补充重要审计证据或对审计报告、审计决定书进行修改。

（三）审计机关业务会议或负责人对审计报告的审定

审理机构将审理后的审计报告、审计决定书连同审理意见书报送审计机关负责人，由审计机关审计业务会议审定或审计机关负责人审定。审计机关审计业务会议或审计机关负责人的审核为最终审定。一般审计项目的审计报告，可以由审计机关负责人审定。重大项目的审计报告，应当由审计机关审计业务会议审定。

六、发出审计报告、审计决定书并进行相关移送或移交工作

（一）审计报告

审计报告经审计机关审定后，由审计机关负责人签发。签发后的审计报告应当按规定分别送达有关单位和人员。

（二）审计决定书

审计决定书是指审计机关对审计中发现被审计单位违反国家规定的财政财务收支行为，依法在法定职权范围内作出处理处罚决定的法律文书。审计决定书一般由审计组起草，其复核、审理程序同审计报告，最终由审计机关审定、送达被审计单位和相关人员。审计机关作出的审计决定，具有法律强制性，被审计单位应当执行。

1. 审计决定书的内容

审计决定书的内容应该包括：审计的依据、内容和时间；违反国家规定的财政收支、财务收支行为的事实、定性、处理处罚决定以及法律法规依据；处理处罚决定执行的期限和被审计单位书面报告审计决定执行结果等要求；依法提请政府裁决或者申请行政复议、提起行政诉讼的途径和期限。

2. 需要下达审计决定的情况

审计机关对审计发现的重要问题除应当在审计报告中反映外，还应根据审计法及其实施条例和《财政违法行为处罚处分条例》等规定，对下列问题作出审计决定。一是财政收支方面，违反预算法及其实施条例或者存在《财政违法行为处罚处分条例》规定的行

为。二是财务收支方面,违反会计法、企业会计准则等规定的行为。

3．审计决定的下达

审计机关下达审计决定,主要是对审计发现的问题提出处理处罚意见。审计处理是指审计机关对违反国家规定的财政收支、财务收支行为采取的纠正措施。审计处罚是指审计机关依法对违反国家规定的财政收支、财务收支行为采取的惩罚措施。在提出处理处罚意见前,审计机关需要关注以下因素。

一是审计机关提出的处理处罚意见应符合法律法规。具体是指,审计处理处罚的种类须符合法律法规要求,审计处理处罚的幅度在法律法规规定的范围内。

二是在对审计发现的问题提出处理处罚意见时,审计机关须考虑问题的性质、金额、情节、原因和后果,依法进行处理处罚或依法从轻、减轻和免予处罚。

三是对同类问题处理处罚的一致性。审计机关在对审计发现问题作出处理处罚决定时,要求做到"相同问题,同样对待",确保审计机关对不同单位作出的审计处理处罚决定的公平性。

4．对被审计单位合法权益的保护

为保护被审计单位合法权益,审计法及其实施条例和国家审计准则等都作出了相应规定。审计决定书处罚的事实、理由、依据、决定与审计组征求意见的审计报告不一致并且加重处罚的,审计机关应当依照有关法律法规的规定及时告知被审计单位和有关责任人员,并听取其陈述和申辩;在作出较大数额罚款的处罚决定前,应当告知被审计单位和有关人员有要求举行听证的权利。符合听证条件的,审计机关应当依照有关法律法规的规定履行听证程序。

如果被审计单位对审计决定不服时,可以自审计决定送达之日起 60 日内,提请审计机关的本级人民政府裁决,本级人民政府的裁决为最终决定。或是依照行政复议法在审计决定送达之日起 60 日内,向审计机关的本级人民政府申请行政复议,或是在决定送达之日起 6 个月内向法院提起行政诉讼。

审计决定书的参考格式如下。

****（审计机关全称）

审计决定书

*审**决〔20**〕**号

****（审计机关名称）关于****的审计决定

****（主送单位全称或者规范简称）:

自****年**月**日至****年**月**日,我署(厅、局、办)对你单位****进行了审计(专项审计调查)。现根据《中华人民共和国审计法》第四十五条(专项审计调查项目同时引用《中华人民共和国审计法实施条例》第四十四条)和其他有关法律法规,作出如下审计决定:

一、关于 ＊＊＊＊ 问题的处理(处罚)

＊＊＊
＊＊。

二、关于 ＊＊＊＊ 问题的处理(处罚)

＊＊＊
＊＊。

本决定自送达之日起生效。你单位应当自收到本决定之日起 ＊＊ 日(审计机关根据具体情况确定)内将本决定执行完毕,并将执行结果书面报告我署(厅、局、办)。

如果对本决定不服,可以在本决定送达之日起 60 日内,提请 ＊＊＊(审计机关的本级人民政府,其中审计署及其派出机构的本级人民政府都是国务院)裁决。裁决期间本决定照常执行。

(审计机关印章)

＊＊＊＊ 年 ＊＊ 月 ＊＊ 日

(三)审计事项移送处理书

审计事项移送处理书,是指审计机关对审计发现的依法需要移送有关主管机关或者单位纠正、处理处罚或者追究有关人员责任的事项,出具的审计业务文书。审计事项移送处理书的编审程序包括审计组起草、业务部门复核、审理机构审理和审计机关审定等,多数情况下与审计报告和审计决定书的复核、审理、审定同时进行,必要时也可以单独进行。如,在某些特殊情况下,为了保证时效性,审计组应当随时起草审计事项移送处理书,经审计机关审定后及时送达相关部门。

1. 审计事项移送处理书的内容

审计事项移送处理书的内容主要包括:审计的时间和内容;依法需要移送有关主管机关或者单位纠正、处理处罚或者追究有关人员责任事项的事实、定性及其依据和审计机关的意见;移送的依据和移送处理说明,包括将处理结果书面告知审计机关的说明;所附的审计证据材料。

2. 需要移送的事项

从审计机关公开的已办结违纪违法问题线索情况看,审计机关移送的事项包括以下几类。一是国家机关工作人员利用行政审批、资金分配等职权非法牟利。二是国有企业、国有金融机构工作人员利用管理、使用、运营国有资产、国有资源、公共资金的权力牟取私利。三是社会不法人员在经济领域进行违法犯罪活动。

对于下列事项,审计机关不得办理移送:基本事实尚未查清或者未获取充分审计证据的;追究有关责任人刑事责任或者党纪政纪责任的主要依据不足的;有关机关已经立案调查或者已进入司法程序的;有关问题已整改到位并对有关人员责任追究到位的;通过审计信息、审计报告进行反映的；属于审计机关审计处理处罚权限范围的。

3. 审计事项移送处理书的出具

审计事项移送处理书的送达单位，一般包括检察机关、公安机关、纪检监察机关，以及被审计单位和人员的主管机关或者单位等。审计机关发现党的领导干部涉嫌违纪的问题线索，应当向同级党组织报告，必要时向上级党组织报告，并按照规定将问题线索移送相关纪检监察机关处理。按照基本对等的原则，审计机关应当以审计机关本级、审计机关内设机构或审计机关派出机构的名义出具审计事项移送处理书。

审计事项移送处理书的参考格式如下。

****（审计机关全称）

审计事项移送处理书

* 审 ** 移〔20 **〕** 号

****（审计机关名称）关于 **** 的审计事项移送处理书

****（主送单位全称或者规范简称）：

我署（厅、局、办）在 **** 审计（专项审计调查）中发现，***（单位名称或者人员姓名）****（涉嫌犯罪、违法违规或者违纪行为）。具体情况如下：

********（列明涉嫌犯罪的单位名称、性质或者人员姓名、身份；涉嫌犯罪行为的事实、情节、涉案金额；涉嫌犯罪行为造成的后果等。）

依据《中华人民共和国刑法》（或者《中华人民共和国刑法修正案》等刑事法律）第 ** 条的规定，上述行为涉嫌构成 **** 罪，应当依法追究刑事责任。

根据《中华人民共和国审计法》（涉嫌犯罪的可同时引用《行政执法机关移送涉嫌犯罪案件的规定》）的规定，现移送你单位依法处理。请将立案情况及查处结果（移送主管部门或者政府处理的，只表述查处结果）及时书面告知我署（厅、局、办）。

附件：审计证据（共 ** 页，只送主送机关）

（审计机关印章）

**** 年 ** 月 ** 日

联系人：***（主办人）   联系电话：****

第四节   审计整改检查阶段

审计整改检查是指被审计对象及其相关职能部门对审计机关出具的审计报告、审计决定书等结论性文书以及审计事项移送处理书指出的问题，进行纠正、查处、追责问责、完善制度和改进工作的行为。审计整改检查的主体一般是审计机关原审计组人员，也可以另行指派审计人员。审计整改检查可以督促被审计单位认真执行审计处理决定，还可以发现并纠正原审计处理决定存在的不当之处。

　　如果检查发现被审计单位没有整改或者整改不到位,审计机关应当依法采取必要的措施。其中,被审计单位不执行审计决定的,审计机关应当责令限期执行;逾期仍不执行的,审计机关可以申请人民法院强制执行,同时建议有关主管机关、单位对直接负责的主管人员和其他直接责任人员给予处分。

一、审计整改检查的主要事项

　　被审计单位在收到审计报告及审计决定书后,应当依法执行审计决定书的各项处理、处罚决定,对相关事项进行处理、整顿和改进;落实审计报告提出的审计意见,查错纠弊、建章立制、堵塞漏洞、加强管理、改进工作;根据审计机关的处分建议或移送处理书,对相关责任人员给予组织处理、党纪政务处分或追究法律责任;采纳审计建议,制定并落实相关改进措施。

　　在审计整改检查阶段,审计机关主要检查或者了解执行审计机关作出的处理处罚决定情况,对审计机关要求自行纠正事项采取措施的情况,根据审计机关的审计建议采取措施的情况和对审计机关移送处理事项采取措施的情况。

二、审计整改检查的时间

　　审计机关可以在两个时段开展审计整改检查:一是审计实施阶段中的整改检查。在审计项目开展过程中,对一些时效性较强或较容易纠正的问题,如资金的拨付收回、账目处理错误等,审计组可以要求被审计单位立即整改,被审计单位也应该全力配合整改,该整改形式可减轻不少后续整改检查的工作量,同时由于审计现场实施阶段被审计单位重视程度相对较高,在一定程度上保证了问题整改的力度。二是审计报告、审计决定书出具后的整改检查。审计机关在结束实施阶段并形成正式审计报告后,在规定的时间内检查整改责任单位的整改情况,主要检查被审计对象执行审计决定、纠正存在问题以及采纳审计建议的情况。

　　但审计整改期限一般为被审计单位收到审计机关审定后的审计报告和审计决定书之日到审计决定书规定的整改结束之日。审计整改检查在审计决定书规定的审计整改结束日之后进行,如果是定期审计,审计机关可以结合下一次审计,检查或者了解被审计单位的整改情况。

　　被审计对象及其相关职能部门应当在审计报告及审计决定送达之日起 60 日内,将整改结果书面告知审计机关,并向本级人民政府或者有关主管部门报告。同时,应当在审计机关公告审计结果之日起 30 日内,向社会公告其整改结果。审计机关对被审计对象整改情况和向社会公告整改结果的情况进行检查。

　　整改报告内容包括审计报告、审计决定的落实情况,审计建议的采纳情况,对审计查出问题的纠正情况,对有关责任部门、责任人的处理结果,审计查出问题未整改到位的原因及下一步整改措施等。对审计机关反映的体制、机制、制度方面的问题,有关主管部门应当认真研究,建立健全制度规定。

三、审计整改检查报告

审计整改检查报告是审计机关指定的部门负责检查或者了解被审计单位和其他有关单位整改情况后,向审计机关提出的检查报告。审计机关可以采取电话催办、函询督办、送达资料核查、现场督查和约谈、移送等方式检查或者了解被审计单位和其他有关单位的整改情况。在审计人员检查或者了解被审计单位和其他有关单位的整改情况时,应当取得相关证明材料。

整改检查报告的内容主要包括:

(一)检查工作开展情况,主要包括检查时间、范围、对象和方式等;

(二)被审计单位和其他有关单位的整改情况;

(三)没有整改或者没有完全整改事项的原因和建议。

审计机关汇总审计整改情况,向本级人民政府报送关于审计工作报告中指出问题的整改情况的报告。

审计机关应当对被审计单位在整改期限内未完成整改、有关责任部门未进行处理、审计建议未采取有效措施、移送处理事项未按时办理或者无办理结果的,可以提请相关部门、单位督办,坚持立查立改、限期整改、以审促改、协调联动,加大整改检查力度,促进问题整改到位。此外,对被审计单位经整改检查后仍然整改不到位的,由审计组组长或相关领导约谈被审计单位主要负责人,督促其整改。而对实地检查未能落实的重大违法违规问题或领导批示的重要事项,以及屡审屡犯、整改不到位的被审计单位,可以提请政府部门审议并协调联合多个职能部门进行重点整改检查。重点整改检查结果向政府报告或者提请有关主管部门依法处理。

 思考题

即练即测

一、简答题

1. 简述审计项目的准备阶段。

2. 简述审计实施方案的内容。

3. 简述审计项目的实施阶段。

4. 简述审计项目的终结阶段。

5. 简述审计项目的整改检查阶段。

二、论述题

1. 审计人员可以从哪些方面调查了解被审计单位相关内部控制及其执行情况？

2. 审计取证的方法有哪些？

3. 审计人员获取审计证据时的注意事项有哪些？

4. 审计组审计报告的特征主要有哪些？

5. 审计整改检查应当注意什么？

第八章

审计结果利用

 导读

　　审计结果是指审计机关及其审计人员在审计实践中经过实施审计程序,汇总工作成果而形成的审计结论与建议,是审计机关在依法履行职责过程中形成的工作结晶,是审计机关在依法履行审计职责过程中形成的对经济社会发展有正向作用的有效产出。审计机关每年都要形成大量审计结果,充分运用审计结果是发挥审计监督职能的重要保证,也是发挥审计在党和国家监督体系中重要作用的有效途径。审计结果具有规范性、创新性、效益性和依附性等特征。

　　审计结果公开是指审计机关对审计管辖范围内重要审计事项的程序、内容、结果等向社会公众进行公开的制度,它体现了对政务公开、政府财政透明度的要求。审计结果公开实现了审计监督与舆论监督的结合,能强有力地制约和监督政府权力、促进政府依法行政方式的转变。本章对审计结果的概念、特征,审计结果公开的意义和审计结果利用进行阐述。

！本章学习目标

　　通过本章学习,学员应该能够:
　　(1) 了解审计结果的概念及特征,熟练掌握体现审计结果的主要审计报告或结论性文书;
　　(2) 理解审计结果利用的概念及三个层面。

第一节　审　计　结　果

一、审计结果概述

(一) 审计结果的概念和特征

1. 审计结果的概念

审计结果是指审计机关及其审计人员在审计实践中经过实施审计程序,汇总工作成果而形成的审计结论与建议,是审计机关在依法履行职责过程中形成的工作结晶,是审计机关在依法履行审计职责过程中形成的对经济社会发展有正向作用的有效产出。审计机关每年都要形成大量审计结果,充分运用审计结果是发挥审计监督职能的重要保证,也是发挥审计在党和国家监督体系中重要作用的有效途径。

审计结果一般包含四个方面的内容:

(1)审计工作中获得的被审计单位预算执行和财政财务收支情况;

(2)审计对象的经济责任履行情况,审计发现的违纪违法问题线索;

(3)审计机关对宏观经济政策和促进规范管理的意见和建议;

(4)审计工作中形成的经验、方法等。

2.审计结果的特征

(1)规范性。规范性是由审计执法的严肃性决定的。审计执法的严肃性要求审计机关、审计人员必须依法行使审计监督权,规范履行审计职责,严格按照审计准则以及操作规程,客观公正、实事求是地实施审计项目,取得审计资料,书写审计文书。确认审计结果规范性特征,可以按照基本审计准则、审计作业规程等规范性要求,制定审计结果的评价标准,使审计结果与业务工作紧密相关。

(2)创新性。审计结果应当在审计工作的管理与组织、技术与方法、意见与建议等方面,有所建树、有所突破、有所深化,而不应是因循守旧、重复模仿。确认审计结果创新性特征,可以激励审计人员的上进心,促使审计人员保持拼搏进取、积极向上的工作作风,使审计结果优质化建设与审计事业发展紧密相连。

(3)效益性。审计机关、审计人员应当制定科学的审计预算,合理调配、使用审计资源,充分发挥人、财、物的使用价值,以最小的资源投入,取得最大的工作成绩等。确认审计结果效益性特征,可以明确审计结果质量的价值标准,把审计工作和科学管理紧密联系起来。

(4)依附性。审计结果依赖于一定的语言文字形式表现出来,甚至诸如再生性、衍生性的审计结果,其文字材料的形成过程,就是审计结果的产生过程。因此,依附于一定的语言文字形式,是审计结果的重要特征。确认审计结果依附性特征,目的在于强调优化审计结果,必须优化表现与负载审计结果的诸如计算机操作以及相关文件制作的技术水平。

(二)审计结果公开的概念和意义

1.审计结果公开的概念

审计结果公开是指审计机关对审计管辖范围内重要审计事项的程序、内容、结果等向社会公众进行公开的制度,它体现了对政务公开、政府财政透明度的要求。审计结果公开实现了审计监督与舆论监督的结合,能强有力地制约和监督政府权力、促进政府依法行政方式的转变。

2. 审计结果公开的意义

（1）审计结果公开是审计工作自身发展的需要。向社会公布审计结果必须保证事实确凿、证据充分，处理、处罚的尺度把握正确，所作的审计评价和结论经得起社会公众的推敲。再则，审计机关同其他经济监督机构一样，在监督别人的同时，自身也需要接受监督，而实行审计结果公开本身也是一种接受监督的方式。而且事实已经证明，这种监督方式是受社会公众欢迎的。可以说，审计结果公开是加强社会各界对审计机关的监督，以及社会认识审计，塑造审计权威形象的有效举措。

（2）审计结果公开是审计整改落实的助推器。审计结果向社会公开，不仅是为了扩大社会影响力，更重要的是扩大社会对审计结果的知情权，便于社会和舆论直接参与监督，将审计监督与社会监督、舆论监督有机结合，形成监督的强大合力。在众目睽睽之下，公开审计结果会给被审计单位产生巨大压力。这种压力将促使被公告单位主动、迅速地去抓好审计整改措施的落实，并促进政府及其部门领导更加重视制度建设，规范管理。通过推动审计决定的执行，促进对违法违纪问题的查处整改，也增强了审计的执法力度和威慑力。

（3）审计结果公开是促进依法行政，增强政府威信的有力手段。审计结果公开能够满足社会公众对政府工作的信息需求，保障公众的知情权。把政府部门管理、分配、使用公共资金、国有资产、国有资源的有关信息公布于众，揭露公共财政管理中存在的问题，让公共财政管理暴露在社会公众的"阳光"之下，促进政府不断加强和改进公共财政管理，做到依法行政、公开透明、科学规范。通过审计结果公开，提高行政透明度，借助社会公众监督的力量，促进廉政勤政建设，遏制与惩治腐败，增强政府工作的威望和公众对政府的信任。

二、体现审计结果的主要审计报告或结论性文书

（一）《审计报告》《专项审计调查报告》

1. 审计报告的概念。审计报告是审计机关发表审计意见、作出审计结论的法律文书，是综合反映项目审计结果、充分发挥审计监督作用的基本载体，也是界定审计责任、控制审计质量、评价审计人员业绩的重要依据。

（1）狭义的审计报告包括审计机关在审计项目实施完成后出具的审计报告以及专项审计调查后出具的专项审计调查报告。

（2）广义的审计报告包括：审计组向审计机关提交的审计报告；审计机关向审计对象出具的审计报告，向本级党委政府提出的专题报告、综合报告、年度本级预算执行和其他财政收支情况审计结果报告；国务院和县级以上地方人民政府向本级人大常委会提出

的年度预算执行和其他财政收支情况审计工作报告。按照中共中央印发的《深化党和国家机构改革方案》相关规定,中央审计委员会对年度中央预算执行和其他财政支出情况审计报告进行审议。

2．审计组的审计报告

(1)审计组的审计报告的概念。审计组的审计报告是指审计机关派出的审计组根据对被审计单位及相关情况调查了解的结果,编制、调整和执行审计实施方案,获取充分适当的审计证据,编制审计工作底稿,经审计组组长审核后,据以起草的审计报告。从审计工作的阶段看,审计组向审计机关提交的审计报告是审计机关向审计对象出具审计报告的基础,作为审计机关内部文稿,对外不具备法律效力。审计机关按照规定程序审定后,出具对外具有法律效力的审计报告。

(2)审计组的审计报告的基本内容:

① 审计依据,即实施审计所依据的法律法规规定;

② 实施审计的基本情况,一般包括审计范围、内容、方式和实施的起止时间;

③ 被审计单位基本情况;

④ 审计评价意见,即根据不同的审计目标,以适当、充分的审计证据为基础发表的评价意见;

⑤ 以往审计决定执行情况和审计建议采纳情况;

⑥ 审计发现的被审计单位违反国家规定的财政收支、财务收支行为和其他重要问题的事实、定性、处理处罚意见以及依据的法律法规和标准;

⑦ 审计发现的移送处理事项的事实和移送处理意见,但是涉嫌犯罪等不宜让被审计单位知悉的事项除外;

⑧ 针对审计发现的问题,根据需要提出的改进建议。

3．审计机关的审计报告

(1)审计机关的审计报告的概念。审计机关的审计报告是指派出审计组的审计机关在审定审计组提出的审计报告后出具的审计报告。从审计报告主体看,审计机关的审计报告是审计机关向被审计单位及相关部门或单位出具的审计报告。审计报告经审计机关负责人签发后送达被审计单位,经济责任审计报告同时送达被审计领导干部,对外具有法律效力。

(2)审计机关的审计报告的主要内容。审计机关的审计报告的内容与审计组的审计报告基本相同,都包括以上八个方面的内容。需要注意的是第六个方面,即审计发现的被审计单位违反国家规定的财政收支、财务收支行为和其他重要问题的事实、定性、处理处罚意见以及依据的法律法规和标准,对于采取跟踪审计方式实施审计的,审计机关出具的审计报告应当反映审计查出但尚未整改的问题,以及已经整改的重要问题及其整改情况。

4.专项审计调查报告

（1）专项审计调查报告的含义。专项审计调查报告是专项审计调查工作结束后，经过规定程序后由审计机关审定并出具的审计报告。专项审计调查报告是反映问题、分析原因和提出意见建议的载体，是反映调查成果大小的关键。

（2）专项审计调查报告的内容。专项审计调查报告应包括调查的范围、内容和起止时间；被调查事项的基本情况；发现存在的问题及原因分析；调查结论和改进建议以及其他需反映的情况和问题。如果专项审计调查是与项目审计结合进行的，还应当将审计报告中反映的有关情况与调查结果一并汇总，形成专项审计调查报告。

专项审计调查报告除符合审计报告的要素和内容外，重点围绕推进科学发展和经济发展大局，抓住经济社会运行中的热点问题、难点问题和重点问题，根据专项审计调查目标重点分析其宏观性、普遍性、政策性，或者体制机制和制度问题，提出改进建议。

与审计项目有所不同，实施专项审计调查项目后，审计机关遇有特殊情况，可以不向被审计单位出具专项审计调查报告。所谓特殊情况，一是有的专项审计调查项目涉及面广、被审计的单位众多，调查报告也不具体针对某一被审计单位。二是有的专项审计调查是针对职能部门履行财政管理、税收征管等法定职责情况开展的，专项调查结论与其他单位并无实质性的利害关系。

（二）《审计决定书》《审计事项移送处理书》

1.审计决定书

（1）审计决定书的概念。审计决定书是指审计机关对审计中发现被审计单位违反国家规定的财政财务收支行为，依法在法定职权范围内作出处理处罚决定的法律文书。审计决定书一般由审计组起草，其复核、审理程序同审计报告。最终由审计机关审定、送达被审计单位和相关人员。审计机关作出的审计决定，具有法律强制性，被审计单位应当执行。

（2）需要下达审计决定书的情况。审计机关在开展审计或者专项审计调查中，发现被审计单位有违反国家规定的财政收支、财务收支行为的，依法应当由审计机关在法定职权范围内作出处理处罚决定，审计机关应当出具审计决定书。

（3）审计决定书的内容主要包括：审计的依据、内容和时间；违反国家规定的财政收支、财务收支行为的事实、定性、处理处罚决定以及法律法规依据；处理处罚决定执行的期限和被审计单位书面报告审计决定执行结果等要求；依法提请政府裁决或者申请行政复议、提起行政诉讼的途径和期限。

2.审计事项移送处理书

（1）审计事项移送处理书的概念。审计事项移送处理书是指审计机关对审计发现的依法需要移送有关主管机关或者单位纠正、处理处罚或者追究有关人员责任的事项，出具的审计业务文书。审计事项移送处理书的编审程序包括审计组起草、业务部门复核、审理机构审理和审计机关审定等,多数情况下与审计报告和审计决定书的复核、审理、审定同时进行,必要时也可以单独进行。

(2)需要移送的事项。从审计机关公开的已办结违纪违法问题线索情况看,审计机关移送的事项包括以下几类。

① 国家机关工作人员利用行政审批、资金分配等职权非法牟利。如贪污挪用公款、收受贿赂;以中介费等名义从财政资金分配中收取提成;违规参股企业获高额分红或低价入股再高价转让套现;倒买倒卖土地、矿产牟利等。

② 国有企业、国有金融机构工作人员利用管理、使用、运营国有资产、公共资金的权力牟取私利。如利用职务便利违规放贷、收受贿赂;私设股票交易"老鼠仓";在债券发行或交易中高买低卖向特定关系人输送利益;在企业改制、股权转让、重大资产转让处置、重大采购中,弄虚作假低卖国有资产、高买民营企业资产或股权;利用企业内幕信息投机牟利等。

③ 社会不法人员在经济领域进行违法犯罪活动。如通过伪造资料、虚构交易等手法,骗取国家财政资金;利用税务征管漏洞,虚开发票,偷税漏税;通过行贿等不法手段,与公职人员内外串通,侵蚀公共资金;通过伪造合同、发票、财务资料,提供虚假担保、虚假抵押等骗取金融机构信贷资金;以投资理财建设保障房、养老服务、农民互助合作等名义非法集资,损害人民群众权益等。

(3)审计事项移送处理书的内容主要包括:审计的时间和内容;依法需要移送有关主管机关或者单位纠正、处理处罚或者追究有关人员责任事项的事实、定性及其依据和审计机关的意见;移送的依据和移送处理说明,包括将处理结果书面告知审计机关的说明;所附的审计证据材料。

(4)审计事项移送处理书与审计决定书的区别。审计事项移送处理书与审计决定书的主要区别在于,审计决定书中涉及的审计发现问题,审计机关具有处理处罚的权限;审计事项移送处理书中涉及的审计发现问题,审计机关没有处理处罚的权限,需要移送至具有权限的部门或单位,由其作出处理处罚或追究有关人员责任。

(三)《专题报告》《审计信息》《审计要情》

1. 审计机关

在审计中发现有下列事项时,可以采用《专题报告》《审计信息》《审计要情》等方式向本级政府、上一级审计机关进行报告:

(1)涉嫌重大违法犯罪的问题;

(2)与国家财政收支、财务收支有关政策及其执行中存在的重大问题;

(3)关系国家经济安全的重大问题;

（4）关系国家信息安全的重大问题；

（5）影响人民群众经济利益的重大问题；

（6）其他重大事项。

2．专题报告

（1）专题报告的概念。专题报告是指审计机关将在审计过程中发现的重大事项，以专题形式向本级审计委员会、本级政府和上一级审计机关提交的报告。所谓重大事项，主要包括：涉嫌重大违法犯罪的问题；国家财政收支、财务收支有关政策及其执行中存在的重大问题；关系国家经济安全的重大问题；关系国家信息安全的重大问题；影响人民群众经济利益的重大问题。

（2）专题报告的主要内容。专题报告要适应其报告重大事项的特殊目的，时效性要求高，应当做到主题突出、事实清楚、定性准确、建议适当。主题突出，就是应紧扣所要报告的重大事项，全面反映相关情况。事实清楚，就是应如实、准确、清晰地反映情况，确保反映的情况真实、客观、可靠，涉及的数据准确。定性准确，就是应根据有关法律法规和政策，对所反映的情况和问题的性质作出恰如其分的认定。建议适当，就是应在深入分析原因的基础上，对所反映的问题提出明确具体、针对性和可操作性强的对策建议。

3．审计信息

（1）审计信息的概念。审计信息是对审计机关及其工作新近发生的具有社会意义、指导意义、并能引起各级领导及有关部门关注的事实的内部报道，它能真实地反映审计工作的动态、成果以及典型的人与事。宣传审计，为审计监督工作创造良好的社会氛围，具有重要的舆论作用。今天我们所谈论的审计信息，已经定格为一种行政公文的类型，一经领导签发，即具有行政效力。

（2）审计信息的类别

① 动态性信息。这类信息主要包括审计工作的重要决策、重大部署、重要活动的进展情况，以及与其工作有关的新事物、新动向，主要领导的活动、讲话；提出的新的工作思路等等。

② 经验性信息。这类信息主要反映审计工作中新的或典型的经验做法。它反映的内容，可以是工作中的一项，文字集中，篇幅短小；也可以围绕某项工作，反映一整套好做法、好经验，内容全面完整，信息量大。在这类信息中，最重要、最有价值的是反映在工作中的热点、难点问题上取得突破性进展的措施和做法。

③ 问题性信息。这类信息主要反映审计工作中存在的问题、失误和不足。在新的形势下所遇到的各种新情况、新问题等。反映问题，暴露矛盾，是这类信息的显著特征。对这类信息，上级主管部门和领导最为关注，采用率较高。

④ 综述性信息。这类信息是围绕某一主题，用高度概括的语言，对某一地区范围或某一方面工作，在一个时期内的整体情况进行综合概述。

⑤ 述评性信息。这类信息对所反映的事实进行边叙边议、边述边评。

⑥ 建议性信息。这类信息一般是反映下级或基层党员干部群众对领导或上级机关的建议。这类信息有助于领导及时了解下情，及时采纳基层群众的意见建议，改进工作。

（3）审计信息的写作要求。应当主题突出、事实清楚、定性准确、建议适当。审计信息应当事实清楚、定性准确、内容精炼、格式规范、反映及时。

4．审计要情

（1）审计要情的概念。审计要情是指审计机关在审计过程中，发现被审计单位存在重大事项、突出问题时，要将审计情况及时向有关领导作出书面汇报。《审计要情》发挥着其他审计文书无法替代的价值，起着连接审计与党委政府及主要领导之间的纽带和桥梁作用。可以这样说，《审计要情》既能体现审计工作成果，又是为党委政府出谋划策发挥审计建设性作用的重要载体，已成为领导科学决策、了解工作动态、把脉工作重点不可缺失的信息之源。

（2）审计要情的主要内容。现阶段，《审计要情》没有固定的模式和现成的模板，其主要的内容和格式要求是：标题要简短，标题中的问题要切中要害；引语要精炼，能引起相关领导或部门高度重视；问题要突出，一篇审计要情中问题不要写得太多，要突出重点；建议要具体，提出的建议要有综合性，站在全局高度、领导角度上建言献策。

（四）《财政预算执行审计结果报告》《经济责任审计结果报告》

1．审计结果报告的概念

审计结果报告既是审计机关实施财政预算执行审计和党政领导干部任期经济责任审计后的行政文书，也是审计机关实施财政预算执行审计和党政领导干部任期经济责任审计后的一定时间段上的审计结果。

2．财政预算执行审计结果报告

（1）财政预算执行审计结果报告的概念。财政预算执行审计结果报告是指审计机关向本级人民政府和上一级审计机关提出的本级预算执行和其他财政收支审计结果的报告。按照审计法规定，审计署要向国务院总理提出中央预算执行情况和其他财政收支情况的审计结果报告，地方各级审计机关每年要向本级人民政府和上一级审计机关提出本级预算执行情况和其他财政收支情况的审计结果报告。

（2）财政预算执行审计结果报告的内容主要包括以下五个方面：组织开展审计工作的基本情况；本级预算执行基本情况；对本级预算执行情况和其他财政收支情况的审计评价；审计发现的主要问题、处理意见及初步处理结果或整改情况；关于加强财政收支管理的意见。

审计结果报告中的其他财政收支情况，主要包括与财政收支有关的公共资金、国有资产、国有资源管理使用和有关领导干部经济责任履行等方面的情况。

3．领导干部经济责任审计结果报告

（1）领导干部经济责任审计结果报告的含义。审计机关审定审计报告后，对被审计的领导干部所在部门、单位违反财经法规问题，认为需要依法给予处理、处罚的，应当在法定职权范围内作出审计决定或者向有关主管机关提出处理、处罚意见。同时，对领导干部本人任期内的经济责任作出客观评价，向本级人民政府提交领导干部任期经济责任审计结果报告，并抄送同级组织人事部门、纪检监察机关和有关部门。

（2）领导干部经济责任审计结果报告的主要内容。领导干部任期经济责任审计结果报告的内容法律没有明确规定，在审计机关的执法实践中体现为："被审计党政领导干部及其所在单位基本情况；审计评价及对审计发现的问题应负的责任；主要工作业绩；审计发现的主要问题及处理意见。"与审计报告的内容一致。既然在审计报告四字中间加上了结果二字，那么，其内容必然应当有所侧重和不同。如果将审计发现的主要问题及处理意见这部分内容改为审计发现的主要问题及审计机关采取的处理措施，增加被审计领导干部及其所在单位对审计机关采取的处理措施的反馈意见，增加审计建议及其被采纳情况，结果报告内容才会更完整。

（五）《审计综合报告》《审计工作报告》

1．审计综合报告

（1）审计综合报告的概念。审计综合报告是指统一组织审计项目的审计机关，根据需要汇总审计情况和结果，按照审计机关规定的程序审定后，向本级政府和上一级审计机关报送，或者向有关部门通报的报告。综合报告在审计机关内部又称汇总报告。

（2）审计综合报告的编写。审计机关编制审计综合报告主要是在统一组织不同审计机关或者同一审计机关的多个审计组共同实施一个审计项目，或者分别实施同一类审计项目的情况下，为了充分利用审计成果，对某一行业、某项资金或某类单位的共性情况和问题，进行综合汇总反映，为领导机关和相关部门决策提供参考，推动完善相关领域的治理。

审计机关统一组织实施的审计项目，往往涉及某个行业或领域，相关主管机关掌握情况比较全面，对有关事项有较大的发言权。为确保审计综合报告的质量，必要时应当征求有关主管机关的意见。

2．审计工作报告

（1）审计工作报告的概念。审计工作报告是指审计机关依照法律规定，受本级人民政府委托，向本级人大常委会提出的关于年度本级预算执行和其他财政收支审计工作情况的报告。特别是各级审计委员会成立后，审计工作报告在向人大报告前，还需先报审计委员会审议，更是彰显了其政治性和法定性，重要性越发凸显。

（2）审计工作报告的主要内容：开展本年度预算执行审计工作的基本情况；对本级预算执行情况的总体评价；本级预算执行中存在的主要问题及纠正和处理情况；审计后政府

及各部门(单位)的整改情况；加强预算管理的意见；人大常委会要求报告的其他事项。

（3）审计工作报告的突出重点：突出反映政府治理情况；突出反映预算监督重点；突出反映公众关注事项。

第二节　审计结果利用

一、审计结果利用概述

（一）审计结果运用的概念

审计结果运用是指在本级审计委员会领导下，人大、政府以及相关部门根据各自职能，将审计结果作为促进内部管理、防范化解重大经济风险、提升财政绩效、推动体制机制完善，以及干部考核、任免、奖惩等方面的重要依据。

（二）审计结果利用制度

1. 向本级审计委员会报告制度

审计署应当每年向中央审计委员会报告年度中央预算执行和其他财政支出情况和其他重大事项。

地方成立审计委员会的，地方各级审计机关也应当每年向本级审计委员会报告年度本级预算执行和其他财政支出情况和其他重大事项。

2. 审计工作报告制度

国务院和县级以上地方人民政府应当每年向本级人民代表大会常务委员会提出审计机关对预算执行和其他财政收支的审计工作报告。

审计工作报告应当重点报告对预算执行的审计情况。必要时，人民代表大会常务委员会可以对审计工作报告作出决议。

3. 审计结果报告制度

审计署在国务院总理领导下，对中央预算执行、决算草案和其他财政收支情况，规划的实施情况，以及有关经济活动进行审计监督，向国务院总理提出审计结果报告。

地方各级审计机关分别在省长、自治区主席、市长、州长、县长、区长和上一级审计机关的领导下，对本级预算执行情况、决算草案和其他财政收支情况，规划的实施情况，以及有关经济活动进行审计监督，向本级人民政府和上一级审计机关提出审计结果报告。

4. 专题报告、审计信息和综合报告制度

审计机关对于在审计中发现的违纪违法问题线索，与国家财政财务收支有关政策及

其执行中存在的重大问题,关系国家经济安全和信息安全的重大问题,以及影响人民群众经济利益等重大事项,可以采用专题报告、审计信息等方式向本级人民政府和上一级审计机关报告。

审计机关统一组织审计项目的,可以根据需要汇总审计情况和结果,形成审计综合报告,向本级政府和上一级审计机关报送。

5. 审计事项移送制度

对审计或者专项审计调查发现的依法需要移送其他有关主管机关或者单位纠正、处理处罚,或者追究有关人员责任的事项,或者发现被审计单位所执行的上级主管部门有关财政财务收支的规定与法律、行政法规相抵触的,审计机关应当在审计报告的基础上,出具审计事项移送处理书,移送有关部门处理。审计机关要跟踪审计移送事项的查处结果,适时向社会公告。

6. 审计结果公告和通报制度

审计机关应当向社会公布审计结果,但涉及国家秘密、商业秘密、个人隐私和依照法律法规可以不予公布的除外。审计机关还可以向有关部门通报审计结果。

二、审计结果利用的三个层面

(一)被审计单位及其主管部门对审计结果的利用

被审计单位是直接接受审计的对象,如果审计发现的问题得不到有效解决,审计结果运用就无从谈起。被审计单位及其主管部门运用审计结果,首先要对审计发现的问题进行整改,然后针对这些问题产生的制度、管理方面的漏洞,完善制度、加强管理,并对有关责任人员进行问责追究,起到惩戒和警示的作用。

1. 执行审计决定

审计法及其实施条例明确规定了被审计单位执行审计决定并向审计机关报告审计决定执行情况的法定义务,以及审计机关检查被审计单位执行审计决定情况的法定职权。审计决定以审计决定书为载体。审计决定书自下达之日起生效,被审计单位应该在审计决定书规定的期限内完成整改,并向审计机关书面报告。通过执行审计决定,被审计单位对审计发现的违反财政财务法律法规的问题予以整改,纠正错误行为。

被审计单位按照审计决定书提出的要求进行整改,其主要措施有:在规定的期限内缴纳应当上缴的款项;在规定期限内追回、退还被侵占、挪用的国有资产和资金;在规定期限内退还违法所得;按照会计法、会计准则和其他财务会计制度规定调整会计账目和相关报表;按照审计机关要求及时足额缴纳罚款等。

2. 采纳审计建议

审计建议是指审计机关通过审计报告等形式,就审计查出被审计单位财政收支、财务收支中的问题,向被审计单位提出规范管理、遏制问题再次发生的措施和意见。审计建议可以帮助被审计单位完善制度加强管理,促进解决和防范问题,发挥"治本"的作用。

被审计单位收到审计报告后,针对审计报告提出的建议,根据自身情况予以研究采纳,制定相应的整改措施;根据审计结果反映出的问题,落实有关责任人员的责任,采取相应的处理措施;建立健全规章制度,加强对薄弱环节的管理,提升规范化管理水平和运营绩效。接受领导干部经济责任审计的被审计领导干部及其所在单位,还应当在党政领导班子或者董事会内部通报审计结果和整改要求,及时制定整改方案,认真进行整改,并将整改结果书面报告审计机关和有关干部管理监督部门。

有关主管部门应当督促被审计的部门、单位落实审计决定和整改要求,在对相关行业、单位的管理和监督中有效运用审计结果。对审计结果反映的典型性、普遍性、倾向性问题,应当及时进行研究,并将其作为采取有关措施、完善相关制度规定的参考依据。

3. 实施问责

审计发现的问题,除了需要予以纠正、堵塞漏洞外,对问题严重的,还应当依法追究有关人员的责任。

(1) 需要问责的情况。根据审计法及其实施条例和党中央、国务院有关文件的规定,需要问责的情况主要分为以下几类:

一是违反国家规定的财政收支行为和财务收支行为;

二是对审计发现问题整改不力、屡审屡犯的;

三是在审计中,拒绝、拖延提供与审计事项有关的资料,或者提供的资料不真实、不完整的,或者拒绝、阻碍检查的;转移、隐匿、篡改、毁弃会计凭证、会计账簿、财务会计报告以及其他与财政收支、财务收支有关的资料,或者转移、隐匿所持有的违反国家规定取得的资产;

四是报复陷害审计人员的。

对涉及上述需要问责情况的单位和人员,按照权责一致、有责必究的原则,由相关问责主体实施责任追究。

(2) 问责追究的主体和主要方式。审计机关对需要问责的事项,应按照干部管理权限向有关部门、单位提出问责建议,其中:对被审计单位内部管理的领导干部及有关人员进行问责的,应在审计报告中或通过其他方式,要求被审计单位对有关人员进行问责;对被审计单位正职或者副职负责人进行问责的,应向对该负责人具有干部管理权限的部门或者单位提出问责建议。

对审计移送的违纪违法违规问题,有关部门、单位应依纪依法作出处理处罚。如对国家工作人员违反国家规定的财政收支行为,可以依法对直接负责的主管人员和其他直接责任人员,给予警告、记过、记大过、降级、撤职,直至开除等处分;构成犯罪的,依法追究刑事责任;对违规不缴或少缴财政收入、违规使用骗取财政资金、违反财政收入票据管理规定以及私存私放财政资金或者其他公款等行为的,依法对直接负责的主管人员和其他直接责任人员处以罚款;对违反国家规定的财务收支行为的,审计机关在法定职权范围内,除对单位进行处理处罚外,对直接负责的主管人员和其他直接责任人员,可以处以罚款;审计机关认为应当给予处分的,向有关主管机关、单位提出给予处分的建议;构成犯罪的,依法追究刑事责任。

对整改不到位的,审计机关要与被审计单位主要负责人进行约谈。对整改不力、屡审屡犯的,要严格追责问责:在审计整改情况检查过程中,被审计单位未在规定时间内整改落实审计发现的问题,又未说明原因或原因不充分的;向审计机关反馈的整改情况失实的;对审计发现的问题屡审屡犯,且情节较为严重的,审计机关可以约谈被审计单位主要负责人。

(二)党委人大政府及相关部门对审计结果的利用

审计机关通过综合反映体制机制制度问题、突出风险隐患、违纪违法问题以及改革推进中的新情况、新问题,供党委、人大、政府和相关部门参考,为推动体制机制制度完善发挥重要作用。

1. 在干部监督管理方面的运用

《关于完善审计制度若干重大问题的框架意见》提出,把审计监督与党管干部、纪律检查、追责问责结合起来,把审计结果及整改情况作为考核、任免、奖惩领导干部的重要依据。在具体实践中,审计机关除向被审计单位出具审计报告、下达审计决定,以及向本级党委政府提供审计情况外,还根据职责、权限,向有关部门和地方通报审计情况。这些部门、地方运用审计结果加强对权力的监督制约,将审计结果作为考核、任免、奖惩领导干部的重要依据。

经济责任审计结果在干部监督管理方面的运用最为典型。《党政主要领导干部和国有企事业单位主要领导人员经济责任审计规定》要求,有关部门和单位应当根据干部管理监督的相关要求运用经济责任审计结果,将其作为考核、任免、奖惩被审计领导干部的重要依据,并以适当方式将审计结果运用情况反馈审计机关。经济责任审计结果报告应当归入被审计领导干部本人档案。《关于完善审计制度若干重大问题的框架意见》也要求,将领导干部经济责任审计结果和审计发现问题的整改情况,纳入所在单位领导班子民主生活会及党风廉政建设责任制检查考核的内容,作为领导班子成员述职述廉、年度考核、任职考核的重要依据。《党政主要领导干部和国有企业领导人员经济责任审计规定实施细则》进一步明确了各部门在经济责任审计结果运用的职责。

组织、人事部门在审计结果运用中的主要职责:一是根据干部管理工作的有关要求,将经济责任审计纳入干部管理监督体系;二是根据审计结果和有关规定对被审计领导干部及其他有关人员作出处理;三是将经济责任审计结果报告存入被审计领导干部本人档案,作为考核、任免、奖惩被审计领导干部的重要依据;四是要求被审计领导干部将经济责任履行情况和审计发现问题的整改情况,作为所在单位领导班子民主生活会和述职述廉的重要内容;五是对审计结果反映的典型性、普遍性、倾向性问题及时进行研究,并将其作为采取有关措施、完善有关制度规定的参考依据;六是以适当方式及时将审计结果运用情况反馈审计机关。

国有资产监督管理部门在审计结果运用中的主要职责:一是根据国有企业领导人员管理的有关要求,将经济责任审计纳入国有企业领导人员管理监督体系;二是将审计结果作为企业经营业绩考评和被审计领导人员考核、奖惩、任免的重要依据;三是在对国有企业管理监督、国有企业改革和国有资产处置过程中,有效运用审计结果;四是督促有关企业落实审计决定和整改要求;五是对审计发现的典型性、普遍性、倾向性问题及时进行研究,并将其作为采取有关措施、完善有关制度规定的参考依据;六是以适当方式及时将审计结果运用情况反馈审计机关。

从实际情况来看,审计结果在干部监督管理和考核评价中发挥了重要作用。如中央经济责任审计工作部际联席会议第五次全体会议在年度工作总结时指出,经济责任审计中发现领导干部负有直接责任的违规问题,这些问题的揭示,为组织、人事部门考核使用干部提供了重要参考;纪检监察和组织部门参考审计结果,对多名领导干部作出处理;有多名干部通过审计对其职责履行情况作出客观评价,澄清了一些说法和情况。

2. 在人大预算监督方面的运用

宪法明确规定,全国人民代表大会负责审查和批准国家的预算和预算执行情况的报告,县级以上的地方各级人民代表大会审查和批准本行政区域内的预算和预算执行情况的报告。根据审计法,国务院和县级以上地方人民政府应当每年向本级人民代表大会常务委员会提出审计机关对预算执行和其他财政收支的审计工作报告。国务院和县级以上地方人民政府,应当将审计工作报告中指出问题的纠正情况和处理结果向本级人民代表大会常务委员会报告。全国人民代表大会和地方各级人民代表大会负责审查预算执行的审计情况,必要时,可以对审计工作报告作出决议。

按照中央全面深化改革领导小组审议通过的《关于改进审计查出突出问题整改情况向全国人大常委会报告机制的意见》的要求,进一步研究完善审计整改情况向人大常委会报告制度,以适应审计整改新机制的要求。《关于完善审计制度若干重大问题的框架意见》要求,各级人大常委会把督促审计查出突出问题整改工作与审查监督政府、部门预算决算工作结合起来,建立听取和审议审计查出突出问题整改情况报告机制。

近年来,审计机关预算执行和其他财政收支审计结果成为各级人民代表大会预算审查监督的重要抓手,各级人民代表大会通过逐步加强对审计发现突出问题整改情况的监督力度,推动各级政府及部门认真严格执行预算法,确保国家财政稳健可持续。按照中央要求,全国人大开始探索建立审计查出突出问题整改情况报告机制,进一步健全完善了人大常委会监督工作制度,将审计监督与人大监督更好地结合起来,促进了审计查出问题整改工作制度化、长效化。

3．在查处违纪违法问题方面的运用

《关于完善审计制度若干重大问题的框架意见》要求，对审计发现的违纪违法问题线索或其他事项，审计机关要依法及时移送有关部门和单位，有关部门和单位要认真核实查处，并及时向审计机关反馈查处结果，不得推诿、塞责。实践中，纪检监察、司法机关依据审计机关提供的违纪违法问题线索，经过进一步核实查处，依纪依法追究相关人员责任，有力地打击了贪污腐败、失职渎职和其他经济犯罪。

审计机关将审计发现的依法需要移送纪检监察、司法机关纠正、处理处罚，或者追究有关人员责任的事项，以审计事项移送处理书的形式，移送纪检监察、司法机关。一般情况下，审计机关根据司法机关管辖范围的划分，将审计发现的涉嫌贪污贿赂、渎职等公职人员职务犯罪案件，或有明显违反党纪政纪规定应当追究责任或进一步调查的，移送纪检监察机关进行查处；涉嫌其他犯罪的案件，移送公安机关查处。既涉嫌贪污贿赂、渎职等职务犯罪又涉嫌其他犯罪，纪检监察和公安机关都有管辖权限的案件，通常向对涉嫌的主要罪行有管辖权的机关移送。

在打击违纪违法犯罪方面，审计机关与纪检监察、司法机关建立了协作配合机制，主要包括三个方面：一是建立工作联席会议制度，研究部署协作配合中的重大事项，通报问题线索的移送、查处等办理情况。共同研判涉嫌重大经济犯罪案件线索的性质以及移送、查处工作，统一协调审计机关与纪检监察、司法机关之间移送工作和双方有关协作等事宜；二是纪检监察、司法机关向审计机关派驻联络员，负责与审计机关的日常业务联络，对审计机关拟移送纪检监察、司法机关查处的问题线索研究提出参考意见，及时研究和协调解决双方协作中遇到的问题，掌握、反馈审计移送问题线索的查处情况；三是建立会商制度，就审计机关移送纪检监察、司法机关的某一重大问题线索，及时沟通具体情况。研究问题线索的定性、处理等问题，加强协作配合。

纪检监察、司法机关对审计机关移送的违纪违法问题线索通过进一步的核查和处理，对涉嫌刑事犯罪的提起诉讼，追究其刑事责任；对涉嫌违纪的给予党纪政纪处分。审计机关一般都要公告案件线索的移送办理情况。

4．在完善体制机制方面的利用

《国务院关于审计工作的意见》要求，各级政府主要负责人要把审计结果作为相关决策的重要依据。《关于完善审计制度若干重大问题的框架意见》中规定，对审计发现的典型性、普遍性、倾向性问题和提出的审计建议，有关部门和单位要认真研究，及时清理不合理的制度和规则，建立健全有关制度规定。

在实际工作中，对国家重大决策部署、有关政策措施贯彻落实情况审计，以及本级预算执行和其他财政收支审计查出的问题，各级党委、政府每年通过年度工作部署、常务会议等，对审计监督以及审计结果运用提出要求，部署审计整改工作；对审计发现的重大问题，通过作出批示或召开专题会议等形式，落实审计整改、加强审计结果运用；对审计反

映的典型性、普遍性、倾向性问题及时组织开展相应研究，并将其作为采取有关措施、完善有关制度规定的参考依据；将被审计单位落实整改和相关部门（单位）落实政府领导批示、会议议定事项等情况，纳入党委、政府督查督办事项，并将审计结果和审计整改情况，纳入各部门（单位）绩效考核、行政效能考核、行政监察范围。如审计署在总结多年科技经费审计情况的基础上，对实施哲学社会科学创新工程情况进行了深入剖析，上报了关于深化科研项目和科研经费管理制度改革促进科研创新有关情况的报告，得到国务院高度重视；之后，又根据科研经费专项审计中发现的对科研项目和科研资金检查过多亟须统筹和规范等情况，提出推进科技领域"放管服"改革，减少科技项目行政审批，确保科研机构和科技专家自主权以及减少重复监督等建议。2016 年 7 月，中共中央办公厅、国务院办公厅印发了《关于进一步完善中央财政科研项目资金管理等政策的若干意见》，对高校、科研院所的科研资金使用权限大幅"松绑"。

（三）社会公众对审计结果的利用

1. 审计结果公告的含义

审计结果公告是审计机关通过报刊、互联网等新闻媒体以及专门出版物等方式，依法向社会公众公开审计管辖范围内重要审计事项的审计结果，是审计机关政务公开、依法行政的重要体现，是提高审计工作透明度、充分发挥审计监督作用的重要举措。这里的审计结果也包含专项审计调查的结果。审计署 2003 年 12 月发布的关于防治非典型肺炎专项资金和社会捐赠款物审计结果公告，是第一份正式的审计结果公告，标志着我国审计机关审计结果公告制度的正式实施。

2. 审计结果公告制度的建立

我国国家审计结果公告制度在法律上得以确立，是 1994 年通过的《中华人民共和国审计法》第三十六条规定："审计机关可以向政府有关部门通报或者向社会公布审计结果。"随后，审计署于 1996 年发布了《审计机关通报和公布审计结果的规定》，对公告的内容和形式进行了规定。1997 颁布实施的《审计法实施条例》第三十五条规定："审计机关可以就有关审计事项向政府有关部门通报审计结果，可以向社会公布本级人民政府或者上级审计机关要求向社会公布的；社会公众关注的；法律、法规规定向社会公布的其他审计事项的审计结果。"2001 年 8 月，审计署颁布的《审计机关公布审计结果准则》对1996 年的规定进行了修订，对审计机关向公众公开重要审计事项审计结果的内容、形式、审批程序、注意事项、法律责任等都作了进一步详细的规定。

2002 年 3 月，审计署发布的《审计结果公告试行办法》规定："审计结果公告，是指审计署以专门出版物方式，向社会公开有关审计报告、审计意见书、审计决定书等审计结论性文书所反映内容的公告"。这一办法详细规定了审计结果公告的内容、组织工作、审批程序等。同年，审计署还颁布了《审计结果公告办理规定》，对审计署对外公告的内容、程序作了具体的规定。2002 年 11 月,我国发生了"非典"疫情,全社会对有关信息公开很关心,对防治"非典"资金的使用情况很关注。对此,审计署根据审计结果于 2003 年发布了第一份审计结果公告——《审计署关于防治非典型肺炎专项资金和社会捐赠款物审计结果公告》,迈出了中国审计公告的第一步。从审计报告公开到审计结果报告公开,在审计工作发展中具有里程碑意义。

根据审计法规定和国务院领导同志指示精神,2004 年审计署在较大范围内推行了审计公告制度,对外公告了 11 个部门(单位)和 3 项专项资金的审计结果。公告前反复征求了被审计单位的意见并征得他们同意,公告时将被审计单位的整改情况一并公布。实践证明,这样做的效果良好。从媒体反映看,广大群众对党中央、国务院坚持求真务实、支持审计署公开披露问题给予高度评价,对审计署依法履行职责、如实反映问题给予积极支持,对被审计单位接受监督、认真整改给予充分肯定,更加坚定了推进依法行政、加强民主法制建设的信心;从被审计单位看,对公告的问题,高度重视,认真对待,加强整改,规范管理;从各部门反映看,对没有审计或公告的单位起到了举一反三的借鉴和警示作用。

审计结果公告制度对审计机关自身建设、审计能力和水平、审计质量要求也是一个极大的促进和推动。地方审计机关也采取多种形式积极推进审计结果公开,并逐步加以规范,分别制定了审计结果公告办法,对社会普遍关注的财政专项资金审计或审计调查结果进行公告,促进了各部门单位加强管理,提高资金使用效益,并进一步扩大了审计监督的影响。

3．审计结果公告的形式

(1) 综合公告审计结果。这种公告是将多个审计项目结果综合在一起进行公告,其公告的各审计项目应当具备一定条件。通过综合公告能够有效反映全局情况,方便对比分析和深入了解。

(2) 专项公告审计结果。这种公告是将同一类资金(行业或部门)等审计项目的结果汇总后统一进行公告。

(3) 单项公告审计结果。这种公告是将某一具体审计项目的结果单独进行公告的形式。

4．审计结果公告的作用

审计结果公告在促进审计机关工作的公开透明、增强审计机关的公信力、扩大审计影响等方面起到了积极作用,在实践中具有非常重要的意义。

(1) 审计结果公告有利于提高审计工作的公开透明度,保障人民群众的知情权、参与权和监督权。政务公开是落实依法治国,建立健全惩治和预防腐败体系,形成行为规范、运转协调、公正透明、廉洁高效的行政管理体制的重要内容。审计机关实行审计结果公告制度,是贯彻落实政务公开要求,提高公开透明度的重大举措。同时,审计机关向社会公众公告审计结果,有利于人民群众和社会各界了解和掌握审计情况,广泛参与和监督政府公共事务管理,从而有效保障了人民群众的知情权、参与权和监督权。

(2)审计结果公告有利于发挥监督合力,促进审计发现问题的整改。审计机关公告审计结果,可以使其他监管部门和社会各方面了解审计工作情况,共享审计成果,有利于充分发挥审计监督、其他部门监督和社会监督的合力,提高监督效率和效果。同时,审计机关公告审计结果,把被审计单位置于社会舆论的监督之下,有利于督促被审计单位落实整改意见,保障审计工作目标的实现,发挥审计监督作用。

(3)审计结果公告有利于促进加强和改进审计工作,提高审计质量。审计机关公告审计结果后,社会公众既关注被审计单位对审计发现问题的整改情况,也关注审计机关的工作情况。同时,被审计单位更加关注审计结论的准确性。这些客观上都对审计工作提出了更高的要求,有利于增强审计机关和审计人员的质量意识、责任意识和自律意识,促进审计工作质量的提高。

5．审计结果公告的主要内容:

(1)被审计单位基本情况;

(2)审计评价意见;

(3)审计发现的主要问题;

(4)处理处罚决定及审计建议;

(5)审计查出问题的整改情况。

6．审计机关不得公告的信息

(1)涉及国家秘密、商业秘密的信息;

(2)正在调查、处理过程中的事项;

(3)依照法律法规的规定不予公开的其他信息。

涉及商业秘密的信息,经权利人同意或者审计机关认为不公告可能对公共利益造成重大影响的,可以予以公告。

7．审计结果公告的程序

(1)拟稿。审计机关业务部门一般在审计报告、审计决定书等相关审计结果性文书的基础上起草审计结果公告初稿。审计结果公告应当结构完整、数据准确,突出重点、通俗易懂。必要时,审计结果公告初稿可以征求被审计单位和相关单位的意见。

(2)审核。审计机关应当指定专门机构统一审核审计结果公告初稿。审核时,应当重点对审计结果公告的内容及其表述进行严格检查,确保审计结果公告事实清楚,证据确凿,定性准确,评价客观,符合相关保密规定。

(3)批准。审计机关公告审计结果,应当经审计机关主要负责人批准。

(4)发布。审计机关公告审计结果,应当指定专门机构统一发布审计结果公告。审计机关统一组织不同级次审计机关参加的审计项目,其审计结果原则上由负责该项目组织工作的审计机关统一对外发布。审计结果公告一般发布在审计机关的官方网站。

 **思考题**

即练即测

一、简答题

1. 简述审计成果的概念。

2. 简述审计报告与审计组审计报告的区别。

3. 简述专项审计与其他审计的不同。

4. 简述审计决定书的内容。

5. 简述财政预算执行审计结果报告。

二、论述题

1. 审计信息的类别包括哪些？

2. 审计结果报告与审计工作报告的区别有哪些？

3. 审计结果利用制度包括哪些？

4. 国有资产监督管理部门在审计结果运用中的主要职责是什么？

5. 审计结果公告的作用有哪些？

第九章

审计项目质量管理

 导读

　　审计质量是审计工作水平的综合反映和集中表现,是审计工作的生命线。审计质量控制是保证审计质量的重要手段。明确审计质量控制目标、要素和原则,建立并不断健全审计质量控制制度,完善审计质量控制措施,并将审计质量控制与责任追究结合起来,有利于促进审计质量的提高。本章对审计项目计划管理、审计项目现场管理、审计项目风险管理、审计项目档案管理、审计质量控制制度进行阐述。

本章学习目标

　　通过本章学习,学员应该能够:

　　(1) 了解审计项目计划管理的编制依据及原则、内容及形式,审计项目计划的调整,并熟练掌握审计项目计划编制的步骤及方法;

　　(2) 理解审计项目现场管理中审计方案、审计证据、审计记录和审计工作底稿、审计报告的质量控制;

　　(3) 了解审计风险的概念和特征,掌握审计风险的分类;

　　(4) 熟悉审计档案立卷与审计资料的归档;

　　(5) 理解并掌握审计质量控制的目标与审计质量控制的五个要素。

第一节　审计项目计划管理

一、审计项目计划的编制依据和原则

(一)审计项目计划管理概述

1. 审计项目计划管理的概念

　　审计项目计划管理是指审计部门制订审计计划、组织计划实施,并对计划执行情况

进行检查、考核等一系列活动的总称,是国家审计管理的重要环节,有广义和狭义之分。狭义的审计项目计划管理是指审计机关在编制审计计划的工作中,具体规定何人、何时、何地、用何种方法,通过何种途径以达到审计既定目标的过程。广义的审计项目计划管理是指审计机关确定审计目标、决定行动方针和行动方案,并依据项目计划配置各种资源,进而执行任务,最终实现既定目标的整个管理过程。

审计法及其审计法实施条例关于审计项目计划管理作出的要求是:

(1) 审计项目计划管理工作实行统一领导、分级负责制;

(2) 审计署负责管理审计署统一组织的审计项目计划和署本级审计项目计划,指导全国审计项目计划管理工作;

(3) 县级以上地方各级审计机关分别负责本地区审计项目计划管理工作。

不断探索审计项目计划管理的有效途径及方式方法,逐步实现审计项目计划管理科学化,是现阶段我国审计工作发展的必然要求。要做到切实加强审计项目计划管理,充分利用现有审计资源,合理确定审计重点和审计覆盖面,以保证审计工作高质高效进行。

2. 审计项目计划管理的功能

(1) 规范和协调审计工作

年度内审计工作的重点、目标、行业领域或部门,以及审计人员的调配,均由审计项目计划来协调和规范。科学有效的审计项目计划能够增加工作主动性,减少盲目性及内耗,降低审计成本,使审计工作能够稳定有效进行。

(2) 减少未来不确定因素的负面影响

审计项目计划管理能够通过周密细致的研究,系统运用科学方法和手段预测审计未来的发展变化,尽可能将影响审计的变量因素保持在可控范围内,减少未来不确定因素的负面影响,以促进审计工作顺利进行,确保审计目标的实现。

(3) 为审计控制工作提供标准

随时对审计过程进行检查,加强审计项目过程的控制,是保证审计目标顺利实现的必要手段。审计项目计划作为审计工作进度及质量的考核标准,能够对审计工作起到强有力的约束和督促作用。

(二)审计项目计划的编制依据

总体来说,年度审计项目计划的制定应当围绕政府工作中心,突出审计工作重点,合理安排审计资源,做好衔接整合,防止不必要的重复审计。制定依据主要有:

(1) 审计法确定的审计监督职责;

(2) 党和政府的重大决策部署,以及对审计工作的有关要求;

(3) 涉及经济社会发展全局的重大事项;

(4) 涉及人民群众切身利益的重大问题;

（5）社会关注的热点难点问题；

（6）上级审计机关的部署要求；

（7）审计机关自身审计力量等资源情况。

（三）审计项目计划的编制原则

1．整体性原则

坚持整体性原则，要求下级服从上级，业务部门归口综合管理部门，局部服从全局。各级审计机关和审计人员应从整体着眼，部分着手，统筹考虑，各方协调，减少资源损耗，最终实现审计项目计划管理的目标。

2．科学性原则

审计项目计划管理涉及审计工作的各个方面，必须讲究科学，努力按客观规律办事，实事求是，从实际出发，妥善安排。

3．严肃性原则

按照审计计划工作的要求，审计项目计划一经下达，必须确保完成，不得擅自变更。计划执行过程中，因特殊原因确有必要调整的计划，必须履行相应手续，待批准后方可作出调整。保证审计计划的严肃性和权威性，促进审计工作顺利完成。

4．灵活性原则

随着审计对象、审计资源等各种因素的变化，审计项目计划也应作出相应调整。灵活性与严肃性并不矛盾，在审计项目计划管理工作中，应将二者有机结合起来，以保障审计工作的质量和效果。

5．人本原则

审计人员是审计项目计划管理的实施主体，实现有效管理的关键是全体审计人员的积极参与。在进行审计项目计划管理时，要注重通过培训等手段，提高审计人员的职业道德素质和专业水平，并通过制定一系列管理制度，调动审计人员的积极性。

二、审计项目计划编制的步骤和方法

（一）审计项目计划编制步骤

1．调查审计需求，初步选择审计项目

审计机关通过了解、掌握、研究经济和社会发展形势，采取适当方式听取各级审计委员会成员单位、人大、政协、政府有关部门、组织部门、特约审计员、有关专家学者或社会公众的意见，收集对审计工作的需求，初选审计项目。

审计机关应从以下几方面调查审计需求,初选审计项目:

(1) 国家和地区财政收支、财务收支以及有关经济活动情况;

(2) 政府工作中心;

(3) 本级政府行政首长和相关领导机关对审计工作的需求;

(4) 上级审计机关安排或者授予审计的事项;

(5) 有关部门委托或者提请审计机关审计的事项;

(6) 群众举报、公众关注的事项;

(7) 经分析相关数据认为应当列入审计的事项;

(8) 其他方面的需求。

2. 对初选审计项目的审计目标、范围、重点和其他重要事项进行可行性研究

重点调查研究下列内容:

(1) 与确定和实施审计项目相关的法律法规和政策;

(2) 管理体制、组织结构、主要业务及其开展情况;

(3) 财政收支、财务收支状况及结果;

(4) 相关的信息系统及其电子数据情况;

(5) 管理和监督机构的监督检查情况及结果;

(6) 以前年度审计情况;

(7) 其他相关内容。

3. 对初选审计项目进行评估,确定备选审计项目及其优先顺序

评估内容主要有:

(1) 项目重要程度,评估在国家经济和社会发展中的重要性、政府行政首长和相关领导机关及公众关注程度、资金和资产规模等;

(2) 项目风险水平,评估项目规模、管理和控制状况等;

(3) 审计预期效果;

(4) 审计频率和覆盖面;

(5) 项目对审计资源的要求。

4. 综合审计机关可用审计资源,确定审计项目,编制年度审计项目计划

审计机关根据项目评估结果,审定年度审计项目计划草案,报经本级审计委员会批准并向上一级审计机关报告。

(1) 下列审计项目应当作为必选审计项目:

① 法律法规规定每年应当审计的项目;

② 本级政府行政首长和相关领导机关要求审计的项目;

③ 上级审计机关安排或者授权的审计项目。

审计机关对必选审计项目,可以不进行可行性研究。

（2）上级审计机关直接审计下级审计机关审计管辖范围内的重大审计事项,应当列入上级审计机关年度审计项目计划,并及时通知下级审计机关。

上级审计机关可以依法将其审计管辖范围内的审计事项,授权下级审计机关进行审计。对于上级审计机关审计管辖范围内的审计事项,下级审计机关也可以提出授权申请,报有管辖权的上级审计机关审批。

获得授权的审计机关应当将授权的审计事项列入年度审计项目计划。

（3）对于预算管理或者国有资产管理使用等与国家财政收支有关的特定事项,符合下列情形的,可以进行专项审计调查计划。

① 涉及宏观性、普遍性、政策性或者体制、机制问题的;

② 事项跨行业、跨地区、跨单位的;

③ 事项涉及大量非财务数据的;

④ 其他适宜进行专项审计调查的。

（二）审计工作方案的编制

1. 审计工作方案是实施审计的具体工作安排。它可使审计工作全过程受到有效的控制,保证达到一定的深度和广度,取得预期的成果。审计工作方案中应包括审计目标、范围、重点内容及组织安排等,经审计机关领导批准后实施。

2. 年度审计项目计划确定。审计机关统一组织多个审计组共同实施一个审计项目或者分别实施同一类审计项目的,审计机关业务部门应当编制审计工作方案。

3. 审计机关业务部门编制审计工作方案,应当根据年度审计项目计划形成过程中调查审计需求、进行可行性研究的情况,开展进一步调查,对审计目标、范围、重点和项目组织实施等进行确定。

4. 审计工作方案的内容主要包括:

（1）审计目标;

（2）审计范围;

（3）审计内容和重点;

（4）审计工作组织安排;

（5）审计工作要求。

5. 审计机关业务部门编制的审计工作方案应当按照审计机关规定的程序审批。在年度审计项目计划确定的实施审计起始时间之前,下达到审计项目实施单位。审计机关批准审计工作方案前,根据需要,可以组织专家进行论证。

6. 审计机关业务部门根据审计实施过程中情况的变化,可以申请对审计工作方案的内容进行调整,并按审计机关规定的程序报批。

（三）审计项目计划编制方法

审计项目计划编制方法是指对全部审计活动或具体审计项目,进行合理组织和安排时所采用的各种措施和手段。其目的在于确定审计目标,合理分配各种审计资源,以保证审计工作合理有效地进行。其主要内容包括计划制订方法、程序确定方法、方案设计方法等。计划制订方法,涉及如何设计审计总体目标以及对审计活动长、短期安排;程序确定方法,主要指对一般审计步骤的设计问题,包括对审计准备、实施与结束工作的具体安排;方案设计方法,涉及对具体审计项目进行审计的要点、审计顺序、审计时间、人员分工等部署问题。

三、审计项目计划的内容及形式

（一）审计项目计划的内容

审计机关年度审计项目计划的内容主要包括:

1. 审计项目名称;

2. 审计目标;

3. 审计范围;

4. 审计重点;

5. 审计项目组织和实施单位;

6. 审计资源;

7. 采取跟踪审计方式实施的审计项目,年度审计项目计划应当列明跟踪的具体方式和要求;

8. 专项审计调查项目的年度审计项目计划应当列明专项审计调查的要求。

（二）审计项目计划管理的内容

审计项目计划管理的内容包括审计项目计划编制工作的管理、审计计划执行过程的控制和审计计划执行结果的检查和考核。

1. 审计项目计划编制管理

其重点是编制科学、合理的审计项目计划,保证计划的严肃性,减少随意性以便指导审计工作。在编制审计项目计划时,应召开研讨会,进行可行性研究。结合审计人员素质以及审计对象、审计类型等情况,在科学测算的基础上,量力而行,留有余地。在时间安排上,避免各业争道,力求相对均衡。

2. 审计项目计划执行管理

其重点是贯彻、落实审计项目计划。应及时开展审前调查,撰写审前调查报告,组织相关审计人员进行审前培训。结合审前调查情况,通报被审计单位基本信息,学习有关法律、法规和政策规定,讲解审计工作方案,研究审计中可能出现的问题,确定必要的审计技术和方法。在审计项目计划执行过程中,应当注意整合审计资源,根据审计项目计划,进行任务分解和分配,及时掌握实际进度,并适时调整人员分工和项目进度,必要时打破专业分工界限,统筹安排审计任务,合理调配审计力量,以突出审计重点,保证审计项目的质量。

3. 审计项目计划质量管理

其重点是检查和评价审计项目计划执行及管理情况。审计项目计划质量管理可以采取互查、问卷调查等多种形式进行。对于审计项目质量较好的给予表扬;对于有问题的,应当责成被检查审计机关和审计人员予以纠正或者采取相应的改进措施;质量问题严重的应予批评。各级审计机关和审计人员还应按照专业分工和审计管辖范围,运用计算机等技术手段,逐步建立专业审计项目信息库及被审计单位资料库等,并做好数据的日常维护和更新工作,以实现审计项目计划管理的信息化和规范化。

(三) 审计项目计划的形式

审计项目计划呈现形式分为文字和表格两种形式。文字部分的内容包括:上年度审计项目计划完成情况;本年度项目安排的依据和指导思想;审计目的;完成计划的主要措施等;表格部分的内容包括:审计项目名称、类别、级别和数量;完成审计项目的时间要求和责任单位;被审计单位名称及其主管部门和所在地区等。

审计项目计划按照具体使用需求可分为以下几种类型。

1. 概念性计划

通常称为自上而下的计划,主要是确定初步的审计项目工作分解结构图,并根据结构图中的任务进行估计分析,进而汇总出最高层的项目计划。

2. 详细计划

通常称为自下而上的计划,主要是制定详细的审计项目工作分解结构图,需要详细到为实现项目目标必须做的每一项具体任务。然后由下而上汇总估计,成为详细项目计划。

3. 滚动计划

通过滚动的方法对可预见的将来逐步制订详细计划,随着项目的推进,分阶段地采用自上而下的方法,计划制订过程中的进度和预算。滚动计划的制订是在已经编制出的项目计划基础上,在经过一阶段(如一周、一月、一季度等,这个时期叫滚动期)之后,根据发生变化的项目环境和计划实际执行情况,从确保实现项目目标出发,对原项目计划进行主动调整。

四、审计项目计划的调整

（一）关于年度审计项目计划调整的相关规定

1. 年度审计项目计划一经下达，审计项目组织实施部门应当确保完成，不得擅自变更。

2. 在实施过程中，因特殊原因和重大变化需要作出调整的，审计项目组织实施部门应当将调整情况及时告知审计计划部门，由审计计划部门对审计项目的建项、分解提出调整意见，提交会议决定。

3. 调整计划以审计机关文件下达执行，同时报送上一级审计机关和本级人民政府。

4. 如果只有工作量的单项调整，则不调整年度审计项目计划，由审计项目组织实施部门向审计计划部门书面提出，审计计划部门汇总后，提交会议决定。

（二）年度审计项目计划需要调整的情形

年度审计项目计划执行过程中，遇有下列情形之一的，应当按照原审批程序调整：

1. 本级审计委员会、政府领导临时交办审计项目的；

2. 党中央、国务院出台的政策文件对审计工作提出要求需要调整审计项目计划的；

3. 有关单位提出审计需求需要进行审计的；

4. 突发重大公共事件需要进行审计的；

5. 原定审计项目的被审计单位发生重大变化，导致原计划无法实施的；

6. 业务部门提出新增审计项目安排建议或扩大、减少被审计对象的；

7. 需要更换审计项目实施单位的；

8. 审计目标、审计范围等发生重大变化需要调整的；

9. 其他需要调整的情形。

第二节　审计项目现场管理

一、审计方案的质量控制

为了保证审计结果能够达到预期目标，保证审计的真实性、准确性以及可靠性，审计人员应对审计方案的质量进行严格把控。

审计方案的质量控制主要分为三个层次。

（一）审计机关领导的质量控制责任

1. 批准审计方案，并下达执行。

2. 召开审计业务会议，审定重要项目的审计工作方案和审计实施方案。

3. 批准"审计方案"调整的事项：审计目标，审计组长，审计工作起止时间，其他必要事项。

4. 保证审计目标的适当性。适当性是指审计实施方案所确定的审计目标合适、妥当，准确地体现审计方案或该项审计所确定的审计目标。

（二）部门负责人的质量控制责任

审计组所在部门主要是审计业务部门，其负责人的质量控制责任主要有：

1. 业务部门负责编制审计工作方案；

2. 部门负责人审核审计实施方案；

3. 部门负责人批准审计实施方案的调整，包括审计范围、内容和重点，重要性水平及审计风险水平，主要的审计步骤和方法，审计组成员；

4. 部门负责人对审计范围和重点的适当性负责。适当性是指实施方案中审计范围和重点合适、妥当。

（三）审计组长和审计组成员的质量控制责任

1. 审计组长负责编制审计实施方案，审计组负责实施。

2. 审计组应当分析被审计单位的情况，确定重要性水平和评估审计风险，围绕审计目标确定审计范围、内容和重点。

3. 审计组应当将审前调查情况、初步分析情况、内部控制测评、重要性水平确定和审计风险评估的过程，以及审计实施方案调整情况加以记录。

4. 审计组长对审计内容的适当性、步骤和方法的可操作性负责。

5. 审计组成员对审前调查过程中形成的有关记录的真实性和完整性负责。

6. 由于审计实施方案编制、调整不当，造成重大违规问题应当查处而未能查出的，有关人员应当承担相应责任。

二、审计证据的质量控制

审计证据对于支持审计结论，保证审计工作质量具有重要意义，是进行审计质量控制的核心。

（一）明确具体的取证目标

审计人员在审计过程中,应始终围绕审计目标收集审计证据,保证审计证据的相关性。不同性质的审计项目,其具体取证目标也不同,审计人员应根据实施项目的具体情况来判断、选择审计取证的目标。

（二）科学评估重要性水平

审计人员判断审计证据是否充分,应当考虑的因素之一就是重要性。审计人员应对重要性水平做出科学的判断。重要性是一种容忍错报或漏报的最高界限,它与审计证据呈反向关系。如果规定的重要性水平越低,说明可容忍的错报或漏报程度越小,就应该执行越充分的审计程序,从而获得更多的审计证据;反之,如果规定的重要性水平越高,说明可容忍的错误或漏报程度越大,则可执行有限的审计程序,获取较少的审计证据。

（三）获取不同种类型的审计证据

审计证据多种多样,它们的可靠性并不是千篇一律的,有些审计证据的可靠性相对强一些,有些则差一些。审计人员要能够正确和有效利用审计证据,控制审计证据质量,有效利用好实物证据、书面证据、口头证据和环境证据等。

综上所述,审计证据质量的高低不但影响审计证据的证明力,更关系到审计报告的客观性和公正性。通过加强审计证据质量控制,提高审计机关审计项目质量控制的整体水平,更好地发挥审计"免疫系统"功能。

三、审计记录和审计工作底稿的质量控制

审计记录是形成审计结论、编制审计报告的基础。审计组成员所执行的审计业务都应当留下痕迹,以便支持审计人员编制审计实施方案和审计报告,证明审计人员遵循相关法律法规和国家审计准则,便于对审计人员的工作实施督导,对审计质量进行检查,进而实现对审计实施过程的控制。因此,审计组成员应当认真地记录实施审计的过程、得出的结论和与审计项目有关的重要管理事项,并保证审计记录的质量,以便使审计记录成为展现审计实施过程全貌、检验审计成果和质量、明确审计责任的重要载体。

审计工作质量很大程度上体现在审计工作底稿上,要控制审计工作质量,必须对审计工作底稿的编制和审核规定一整套严格的程序。对于应该完成的审计程序,不能任意省略;对于审计结果,要有明确结论。为了防止出现审计工作底稿内容不全面的情况,审计工作底稿要有严格的审核制度。对审计工作底稿的审核是实施质量控制、降低审计风险的重要程序,能够保证应该实施的审计程序没有遗漏,已实施的审计程序足够说明问

题,所作的专业判断是合适的,才能使审计质量的控制得以保障。

四、审计报告的质量控制

（一）编制审计报告前,审计项目负责人应审阅审计工作底稿的充分性,重点复核其是否足以支持审计人员所发表的审计意见,评估审计发现的重要性,这是由审计报告质量"重要性"的要求所决定。

（二）撰写审计报告。审计报告的格式应合理,内容应齐全。审计报告中对问题的阐述要事实清楚、可靠,证据要全面、有力,审计报告中所引用的法律法规依据要相关且可靠。

（三）根据审定的审计报告做出审计结论和决定,审计决定必须合理、合法、可行。

（四）做好后续审计工作。在审计结论与决定下达给有关方面执行一段时间后,审计小组应对其实际执行情况进行检查,以促使其得到真正的落实与执行,保证审计工作质量。

第三节　审计项目风险管理

一、审计风险的概念和特征

（一）审计风险的概念

国家审计风险是指审计机关及其审计人员没有按照法定职责、权限和程序实施审计,对被审计单位的财务收支报表和履行相关职能的情况发表不恰当的意见和评价,或是对被审计单位做出错误的处理处罚决定,从而给国家审计机关带来某种损失的可能。

（二）审计风险的表现形式

1. 审计评价风险

审计评价风险是指审计人员对被审计对象发表的评价意见与客观事实不符而产生的风险。

2. 审计定性（处理处罚）风险

审计定性（处理处罚）风险是指国家审计机关对审计中查出的问题定性不准,处理处罚不当而产生的审计责任。

3．审计结果公告风险

审计结果公告风险是指审计机关向社会公布审计报告内容及相关情况时出现的误差。

（三）国家审计风险的特征

国家审计风险的特征主要体现在以下四个方面。

1．客观性

现代审计的一个显著特征，就是采用抽样审计的方法，即根据总体中的一部分样本的特性来推断总体的特性。统计学的研究成果表明，以样本推断总体，无论采用的抽样方法及样本量如何，总存在一定的误差。这种误差可以控制，但一般难以消除。因此，不论是统计抽样还是判断抽样，若根据样本审查结果来推断总体，总会产生一定程度的误差，即审计人员要承担一定程度地作出错误审计结论的风险。即使是详细审计，由于经济业务的复杂、管理人员道德品质等因素，仍存在审计结果与客观实际不一致的情况。因此，风险总是存在于审计活动过程中，只是这些风险有时并未产生灾难性的后果，或对审计人员并未构成实质性的损失而已。所以，通过审计风险的研究，人们只能认识和控制审计风险，只能在有限的空间和时间内改变风险存在和发生的条件，降低其发生的频率和减少损失的程度，而不能也不可能完全消除风险。

2．普遍性

审计过程的每一环节，都可能产生误差并导致最终判断结果与客观实际不相符，即审计风险存在于审计活动的全过程中，每一项具体审计活动都会产生与之相应的具体审计风险。如制订审计计划时存在计划不充分的可能；搜集审计证据时有证据量或证据力不足的风险；对被审计单位内部控制水平评价不当导致的风险；抽样过程中由于样本与总体差异导致的风险；由于审计人员业务能力引起的运用审计程序不当导致的审计结论的不正确等。每一具体审计风险形成原因又是多方面的，有客观因素，如社会经济环境、被审计单位相关情况等；也有主观因素，如审计人员的业务能力和职业道德情况等。可见，审计风险的最终形成是审计活动全过程中若干因素合力的结果，具有普遍性的特点。

3．潜在性

国家审计机关及其审计人员责任的存在是形成审计风险的一个基本因素，如果国家审计机关及其审计人员在执业上不受任何约束，对自己的工作结果不承担任何责任，就不会形成审计风险，这就决定审计风险在一定时期里具有潜在性。如果国家审计机关及其审计人员虽然发生了偏离客观事实的行为，但没有造成不良后果，没有引起相应的审计责任，那么这种风险只停留在潜在阶段，而没有转化为实在的风险。审计风险是在错误形成以后，经过验证才会体现出来，假如这种错误被我们无意中接受，即不再进行验证，则由此而应承担的责任或者遭受的损失实际没有成为现实。所以，审计风险只是一种可能的风险，它对国家审计机关及其审计人员构成某种损失有一个显化的过程，这一过程的长短因审计风险的内容、审计所处的法律环境、经济环境和社会公众对审计风险的认识程度而异。

4. 可控性

尽管审计风险是客观存在和不可避免的，而且产生于审计的全过程中，受诸多因素综合影响，但只要掌握了审计风险的产生原因、背景、影响因素、运行特点和规律等，我们就可以采取有效措施，控制审计活动过程中的风险产生因素。如规范审计活动的外部环境、强化审计项目质量管理、提高审计从业人员素质、完善审计程序和技术方法等，最大限度地降低审计风险，从而实现对审计风险的有效控制，将最终审计风险控制在较低的、能被接受的水平。

二、审计风险的分类

从审计风险管理的角度分类可以分为可控风险和不可控风险。

（一）可控风险

可控风险是指由审计机构或审计人员可控制的因素导致的审计风险。如由于审计人员的素质、审计人员工作态度、审计方法选用、审计机构对审计工作的管理等因素导致的审计风险。

（二）不可控风险

不可控风险是指由审计机构或审计人员不能直接加以控制的不确定性因素所引发的审计风险，包括被审计单位内外两种因素。外部因素如国家经济形势的变化，内部因素如被审计单位内部控制健全程度等等。

第四节 审计项目档案管理

一、审计档案立卷

审计档案管理是指审计机关建立审计档案，并进行收集、整理、立卷、保管、利用、编研、统计、鉴定和移交的管理活动。审计档案是审计机关履行审计监督职责和执行审计调查任务的过程中直接形成的，具有保存价值的以纸质、磁质、电子、光盘和其他介质形式存在的历史记录。它体现和反映了审计机关履行审计监督职责及被审计单位执行国家财经法纪的情况,直接记载和反映了审计工作的全过程。审计文件材料归档工作实行审计组组长负责制,做到谁审计谁立卷,审结卷成,定期归档责任制。

(一)审计档案立卷的基本要求

1. 审计档案应做到完整、精练

"完整"是指每一年度审结的审计项目和完成的审计调查项目案卷要收集齐全;每一年度所产生的审计文件材料要收集齐全;每一案卷内重要文件的各次稿本要收集齐全。"精练"是指在立卷时要按照审计文件材料的保存价值决定取舍,这样才能保证审计档案的合法、有效。

2. 审计文件材料与行政文件材料一般不得混合立卷或重复立卷

不重要的文件修改稿不得归入审计档案。审计档案的组合要遵循其形成规律和特点,保持内在的历史联系,区别不同价值,便于保管和利用。为便于审计档案的安全保管和提供利用,要做到案卷封面整洁、书写规范、文件整齐有序、组装严密。

(二)立卷责任人

审计项目归档工作实行审计组组长负责制,审计组组长应当确定立卷责任人。

立卷责任人应当及时收集审计项目的文件材料,在审计项目终结后按立卷方法和规则进行归类整理,经业务部门负责人审核、档案人员检查后,按照有关规定进行编目和装订,由审计业务部门向本机关档案机构或者专职(兼职)档案人员办理移交手续。

(三)审计档案的立卷程序

1. 审计组立卷责任人应备置专门卷夹,做好立卷准备工作。

2. 审计项目实施开始后,立卷责任人要随着审计程序各个环节的完成,及时收集三大类审计文书。项目实施后要及时收集本项目的文件材料,并认真检查每一份文件材料的内容、格式是否完整、合规,手续是否完备,字迹是否清晰。

3. 审计项目终结以后,立卷责任人要对本项目的全部文件材料进行系统全面的整理,进一步做好文件材料的鉴别和筛选工作。对立卷责任人整理出的项目审计文件材料,由审计组长和相关业务部门负责人进行检查,发现不符合要求的,应责成立卷责任人进行补救。检查合格后,立卷责任人应着手做好审计档案的编目工作。

4. 不能入卷保存的相关证物,应另行包装,并在包装上注明相应的审计卷题名、案卷号、证物收集日期、数量来源等。包装后的证物可与审计案卷存放一处。不宜保存的证物,应及时拍成照片存入审计案卷内。

5. 与审计相关的声像档案、电子档案、计算机辅助审计软盘,应按件登记其内容、时间、作者及相应的审计案卷题名、案卷号,另行存放,并应在相应审计案卷的"备考表"中注明。

二、审计资料的归档

(一) 审计资料归档中存在的主要问题

1. 审计的基本情况和审计评价缺乏支撑材料。在归档中发现审计人员往往忽略基本情况的取证,审计评价资料有照抄照搬被审计单位的工作总结等情况。

2. 审计取证资料不完整。有些审计证据只有一个审计笔录且没有相关证据支撑。

3. 审计信息简报、审计报告外的专题材料没有归入审计档案。项目审计一般情况下,除了审计报告和决定外,还包括一些需要专门反映的问题,主要是以审计信息简报和专题材料的形式上报审计署和行业主管部门,但是有一些审计信息简报和专题材料的内容没有在审计报告中反映,导致这部分的证据材料无法归档,具有一定的风险。

4. 审计工作底稿编制问题。审计工作底稿是审计人员在完成审计取证后,对被审计单位的相关行为以及对审计结论有重要影响的审计事项所做的定性。由于个人对问题看法的角度不同,最后形成的审计报告的观点和定性往往与审计工作底稿不一致。因此,有的审计人员把原来的审计工作底稿废除,再将报告上的内容重新粘贴成审计工作底稿,影响了审计的真实性;更有甚者直接以审计报告内容作为审计工作底稿。

(二) 审计资料归档的质量管理要求

审计资料归档的质量管理基本要求是:审计项目文件材料应当真实、完整、有效、规范,遵循文件材料的形成规律和特点,保持文件材料之间的有机联系,区别不同价值,便于保管和利用。其具体包括四方面内容:严格执行《国家审计准则》,不断提高审计项目质量;提高审计人员审计质量意识,保证审计档案的质量;强化责任,落实到人;加大审计档案资源的利用工作,推进审计档案的电子化水平。

第五节　审计质量控制制度

一、审计质量控制的目标

审计项目质量控制的总体目标是,充分利用审计信息化管理平台,加强审计项目质量控制,以降低审计风险,提高审计报告质量,进一步真实、客观地反映被审计单位财政收支、财务收支以及有关经济活动，监督并合理评价上述情况的真实性、合法性和效益性。

审计质量控制目标，是审计质量控制过程的向导，它既是确定质量控制标准的前提，也是质量控制体系建立的基础。由于对审计质量的管理包括审计过程和审计结果两个方面，因此审计质量控制的目标也应包括这两个方面。

（一）审计过程方面的目标，即审计机关和审计人员在审计过程中应当遵守法律法规和国家审计准则。依法审计是审计工作的基本要求。审计机关建立审计质量控制制度，首先就是要保证审计机关和审计人员遵守法律法规规定的职责、权限和程序，按照国家审计准则要求执行审计业务，确保审计过程合法。国家审计准则是审计机关和审计人员履行法定审计职责的行为规范，执行审计业务的职业标准，评价审计质量的基本尺度，因此审计人员的审计行为应当符合国家审计准则。

（二）审计结果方面的目标，即审计机关实施审计后应当作出恰当的审计结论，依法进行处理处罚，取得审计成效，以满足国家和社会的需求。对审计机关而言，恰当的审计结论至关重要，依法进行处理处罚是履行职责的一个重要方面。审计机关建立审计质量控制制度，就是要保证审计机关作出恰当的审计结论，确保审计发现的问题事实清楚，证据适当、充分，适用法律法规正确，评价定性恰当，处理处罚适当，审计意见和建议可行。进一步讲，建立审计质量控制制度还应当保证审计机关全面履行审计监督职责，既要揭露违纪违法和影响绩效的突出问题，维护国家经济安全，促进加强廉政建设；又要注重反映相关制度缺陷、政策执行和管理中的突出问题，从体制、机制和制度方面提出改进建议，以满足国家和社会对审计工作的需求。

二、审计质量控制的五个要素

建立审计质量控制制度的要素包括审计质量责任、审计职业道德、审计人力资源、审计业务执行、审计质量监控等五个方面。

（一）明确审计质量责任

审计质量控制是审计工作走向法制化、规范化的必然要求，也是保证国家审计公信力的重要措施。审计工作质量是审计机关全员和全过程的全面质量控制。新实施的《国家审计准则》第一百七十四条规定："审计机关实行审计组成员、审计组主审、审计组组长、审计机关业务部门、审理机构、总审计师和审计机关负责人对审计业务的分级质量控制。"该《准则》第一百七十五条至第一百八十六条分别对审计组成员、审计组组长、审计机关业务部门、审理机构和审计机关负责人的工作职责和应承担的责任等作出了规定。只有明确各岗位的工作职责和应承担的责任，各责任主体才能明确其责任，为审计质量控制奠定坚实的制度基础。

（二）恪守审计职业道德

审计职业道德是规范审计人品行为的基本要求,也是审计人员的价值取向和精神理想。审计人员应当恪守严格依法、正直坦诚、客观公正、勤勉尽责、保守秘密的基本审计职业道德。审计人员除应遵守这些基本的审计职业道德外,还要保持应有的独立性。审计机关可以采取要求相关人员回避、实行轮岗交流和复核审理等措施,避免损害审计独立性。审计人员恪守审计职业道德,筑牢职业道德防线,为审计质量控制夯实内在的思想基础。

（三）培育审计人力资源

加强审计质量控制的关键之一就是要建设一支爱岗敬业、精通业务、廉洁守纪的审计人才队伍。审计人员应当具备与从事审计业务相适应的专业知识、职业能力和工作经验。审计机关应建立和实施审计人员的录用、继续教育、培训、业绩考核评价和奖惩激励制度,不断培育审计人力资源,确保审计人员具备与从事审计业务相适应的专业胜任能力,为审计发展提供人才保障。在实施审计的过程中,审计机关应对每一审计项目合理配备审计人员组成审计组,确保审计组在整体上具备与审计项目相适应的专业胜任能力。只有保证每项审计业务的质量,才能确保审计机关整体的业务质量。审计组作为每项审计业务的具体实施主体,审计机关应该慎重考虑审计组组长人选。

（四）规范审计业务执行

审计业务执行是审计机关委派审计组,按照适用的法律法规和审计准则的规定,执行审计业务项目的全过程。审计业务执行对审计质量控制有直接重大影响,因此审计业务执行是审计质量控制的关键环节,审计机关和审计人员在执行审计程序和审计过程的实质方面,均应遵守有关法律法规和审计准则的规定。审计人员执行审计业务时,应当合理运用职业判断,保持应有的职业谨慎,对被审计单位可能存在的重大问题保持警觉,审慎地评价所获取审计证据的适当性和充分性,客观公正地做出恰当的审计结论,并依法进行处理处罚。审计人员应积极与被审计单位进行沟通,认真听取其意见,尊重并维护被审计单位的合法权益。

（五）完善审计质量监控

监控审计质量控制制度的有效性,不断修订和完善审计质量控制制度,对于实现审计质量控制的目标起着不可替代的作用。我国审计机关目前实行的由审计组长审定审计实施方案、审核审计工作底稿和审计证据,审计业务部门复核审计报告和审计决定书、审理机构审查修改审计报告和审计决定书,审计机关负责人审定审计文书等,均属于对审计过程质量监控的主要措施。通过对审计全过程进行质量监控,可以及时发现和纠正审计人员和复核、审理人员等在工作中存在的重要问题,从而实现全面质量控制。

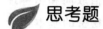 **思考题**

即练即测

一、简答题

1. 简述审计项目计划的原则。

2. 简述审计项目计划编制步骤。

3. 简述审计证据的质量控制。

4. 简述国家审计风险的特征。

5. 简述审计质量控制的五个要素。

二、论述题

1. 审计项目计划管理的功能有哪些?

2. 审计方案的质量控制主要分为哪几个层次? 分别包含哪些内容?

3. 国家审计风险的表现形式包括哪些? 具体展开分析。

4. 审计风险的组成要素有哪些? 分别有哪些特点?

5. 审计质量控制的目标是什么?

第十章

专项审计调查

 导读

专项审计调查是指审计机关主要采用审计的方法,对预算管理或者国有资产管理使用等与国家财政财务收支有关或者上级机关交办的特定事项,以及涉及民生及社会反映强烈的特定事项,经本级人民政府批准,对有关部门、单位和个人进行的专门调查活动。本章对专项审计调查概述、专项审计调查的立项与实施、专项审计调查报告、专项审计或调查结果的运用进行阐述。

本章学习目标

通过本章学习,学员应该能够:

(1) 了解专项审计及专项审计调查的含义与区别、专项审计调查的特点及要求、开展专项审计调查的现实意义;

(2) 掌握专项审计调查的主要事项、主要内容与采用的主要方法;

(3) 熟悉专项审计调查的立项与实施;

(4) 理解专项审计调查报告的含义、内容以及专项审计调查审计建议的编写,掌握专项审计调查结果的运用,对专项审计有一个全面、清晰的认知。

第一节 专项审计调查概述

一、专项审计调查及专项审计的含义与区别

(一) 专项审计调查的含义。专项审计调查是指审计机关主要采用审计的方法,对预算管理或者国有资产管理使用等与国家财政财务收支有关或者上级机关交办的特定事项,以及涉及民生及社会反映强烈的特定事项,经本级人民政府批准,对有关部门、单位和个人进行的专门调查活动。

(二) 专项审计的含义。专项审计是指审计机关依照法律规定对被审计单位特定事

项的真实性、合法性和效益性进行的经济监督活动。

（三）专项审计调查与专项审计的区别。专项审计调查与专项审计在目的、程序、对象、要求、作用等方面具有各自的特点。二者虽然都是审计法赋予审计机关的职责，但在一些具体方面是有所区别的。

1. 从审计目的看，二者是相同的，都是为国民经济的宏观正常运转服务，即从微观入手为宏观服务。但就专项审计的目的而言，主要是对某个单位或行业财政财务收支的真实性、合法性、效益性的确认和评价。而专项审计调查的目的是针对经济生活中存在的突出问题或对一些方针政策的实施情况开展有针对性的调查，目的性更强。

2. 从审计程序看，专项审计调查是以审计为基本手段的调查，这是与其他行业调查的区别所在。审计的规范、准则同样适用于审计调查。但毕竟调查不是审计，在程序上是有区别的。相较于审计而言，调查相对更加简化，有利于提高工作效率。一是在报告征求意见方面。专项审计调查可根据工作需要决定，审计组的审计报告和专项审计调查报告涉及重大经济案件等特殊事项，经审计机关主要负责人批准，可以不征求被审计单位和被审计人的意见；二是在审计机关报送专项审计调查报告方面。经审计机关审定后，再向本级人民政府和上级审计机关报告审计调查结果，遇有特殊情况，可以不向被调查单位出具专项审计调查报告。

3. 从审计内容看，专项审计是审计机关依法对被审计单位的财政财务的真实、合法、效益情况进行审计监督，工作内容比较单一；而专项审计调查，则是对国家财政财务收支有关的或本级政府交办的特定事项进行专门调查，对与国民经济健康运行息息相关的宏观问题进行观察、分析、判断，并提出建设性意见和建议，涉及面比较广。

4. 从审计对象范围看，专项审计的对象通常是一个单位或个人，涉及的对象范围比较窄，具有明显的微观性。专项审计调查客观上要求有一定的量和面，可同时针对全行业或不同法人单位就拟定的内容开展调查，对象范围要广，具有较强的宏观性。

5. 从对审计人员的要求看，经过多年的积累和规范，专项审计有较固定的模式，对审计人员的要求主要集中在以财政财务知识为基础，对各项会计准则和审计准则的正确把握。而专项审计调查不仅要求审计人员有查账的知识，更侧重于调查内容相适应的管理知识、专业知识、政策水平，要了解国家的大政方针等等。写作水平相对要求高，调查报告不仅要揭示存在的问题，更要有问题的成因分析，要有调查结论和改进建议。

二、专项审计调查的特点

（一）目标的宏观性。由于专项审计调查是对经济领域中带全局性、普遍性、倾向性的特定事项进行系统调查了解，通过综合分析，向有关部门反映情况、揭露问题、提出解决问题的建议，为党委、政府决策提供依据，为国家宏观调控服务。因此专项审计调查的目标具有宏观性。

（二）范围的广泛性。专项审计调查范围的广泛性主要体现在调查对象的广泛性和资料来源的广泛性两个方面。从对象上看，凡是与被调查事项有关的单位和个人都属于专项审计调查的范围。从资料来源上看，专项审计调查的证实材料既可以是从被调查单位的账册、报表中所收集的会计、统计数据，也可以是用调查走访有关人员等方式所收集的与被调查事项有关的其他资料。

（三）方式的多样性。从严格意义上讲，专项审计调查是审计和调查的有机结合，因此审计人员可以采用多种方式来开展审计调查。专项审计调查既可以是单项调查，也可以是多项调查；既可以是单独的审计调查，也可以结合项目审计开展审计调查；既可以通过审核被调查单位的会计、统计资料进行调查，也可以通过召开座谈会和走访有关单位、个人，以及向有关单位、个人发放审计调查表等方式来进行调查。

（四）作用的时效性。专项审计调查的目的是为上级经济决策提供依据，因此作出审计调查结论和提出审计调查建议必须要在上级有关部门作出决策之前，否则就会错过时机，使审计调查失去了应有的价值。

三、做好专项审计调查的要求

（一）明确专项审计调查的目标

开展专项审计调查时，必须确定审计调查的目标。专项审计调查的目标主要是调查了解有关地方、部门和单位财政财务收支所依据的特定政策、法律法规的执行情况，或者特定资金、项目的运作和行业状况，进而从体制和制度层面进行分析，查找政策、制度和管理方面存在问题的原因。

（二）合理确定专项审计调查的内容

开展专项审计调查时，要根据调查目标确定调查的内容，如审计调查国家财经法律法规和政策执行情况等。

（三）把握专项审计调查的对象范围

坚持按照《中华人民共和国审计法》确定的审计管辖范围开展审计调查。根据现行审计法律法规规定，专项审计调查范围按照被调查单位财政财务隶属关系或者国有资产监督管理关系开展审计调查。在实际调查过程中，也可以向与被调查事项有关的个人调查了解情况。

四、开展专项审计调查的现实意义

专项审计调查具有宏观性、广泛性、多样性、时效性等特点,可以使审计机关有效履行监督职责,为推动经济发展方式转变和经济又好又快发展服务,从而有效地发挥审计的"免疫系统"功能。

(一)专项审计调查能够为国家治理和经济高质量发展提供更好的服务

国家治理就是通过配置和运行国家权力,对国家和社会事务进行控制、管理和提供服务,确保国家安全,捍卫国家利益,维护人民权益,保持社会稳定,实现国民经济持续健康高质量发展。国家审计作为国家治理的重要组成部分,其工作职能正从经济监督向经济社会运行风险监督不断拓展,通过对政府其他部门自身运转和担负的公共职责履行进行专项审计调查,在监督公共政策执行、公共权力运用以及公共资金使用的同时,服务于国家大政方针和各项经济决策,揭示和反映重大管理漏洞、制度性缺陷和体制性障碍,提出切实可行的建议,提高政府机构运行效率,提升公共资金(资源)使用效益,保障国家经济安全,是国家经济持续健康高质量发展的必要保障。

(二)专项审计调查能够充分发挥审计监督在促进宏观决策方面的作用

一般而言,常规审计侧重于监督财政财务收支的真实性、合法性和效益性,审计对象涉及的部门或单位比较少,而且绝大部分属事后审计。由于审计的范围、时间、方式方法所限,常规审计只能反映财政财务收支等微观方面的问题。而专项审计调查可以针对多个部门或单位,审计范围也比较广泛,审计方式可以采取事中审计或事后审计,同时审计调查方法也比较灵活。因此,开展专项审计调查能够客观、真实、系统、全面地了解经济社会生活宏观方面的基本状况、存在的问题及发展趋势,能够掌握改革发展和经济生活中的深层次问题,能够揭示经济社会运行中的风险、矛盾和障碍,能够发挥预防、揭露、抵御功能,也就是审计保障经济社会健康运行的"免疫系统"功能。

(三)专项审计调查能够及时深刻地反映经济和社会生活中的突出问题

由于经济发展中存在不稳定不确定因素,因此,各级党政领导需要及时掌握和了解经济社会发展态势、国家各项政策的落实和政策执行中出现的新情况新问题。专项审计调查不同于一般的调查形式,既可以对财政财务收支进行检查,又可采用观察、问卷、座谈、走访、函询等多种调查手段;既能通过数字说话,又有评价、分析、建议和措施等文字表述;既关注经济运行的速度,又注重经济运行的质量和效益。因而可以根据各级领导关注的焦点、社会关注的热点和改革中的难点问题选择专项审计调查项目,围绕财经政策、法规、制度和宏观调控措施落实情况、财政财务管理体制运行情况进行调查,为党委、政府提供全面、客观、准确、及时的决策依据和解决问题的措施。

五、专项审计调查的主要事项

(一)国家财经法律、法规、规章和政策的执行情况,重大决策的落实情况;

(二)地方财经法规、规章和政策的合法性、合理性与科学性;

(三)有关资金的筹集、分配、使用、管理和绩效情况;

(四)地区、行业重大经济活动情况或者跨行业、跨地区、跨单位的重大经济活动情况;

(五)群众关心、社会关注的重要事项;

(六)党委、政府交办,上级审计机关统一组织或者授权的事项;

(七)审计机关确定的其他事项。

六、专项审计调查的主要内容

(一)国家有关财经法律、法规、规章和制度的执行情况;

(二)有关重点决策的落实情况;

(三)各部门、单位的经济活动情况;

(四)有关内部控制制度的建立和执行情况;

(五)有关国有资产的管理、使用情况;

(六)财政专项资金、科研项目经费、教育收费、捐资助学资金等有关资金的筹集、分配、管理和使用绩效情况;

(七)上级审计机构统一组织或者授权的事项,本单位交办、审计职能部门确定的其他事项。

七、专项审计调查采用的主要方法

(一)审阅调查法。即审计人员查阅被调查单位的会计账目和资料,调阅审计档案和文件,收集资料,取得相关的数据。

(二)重点调查法。即在审计过程中选取被调查单位的全部经济活动中一部分最具有代表性或典型性的资料进行重点调查。

(三)实地访谈法。即审计人员直接对被调查单位相关人员进行实地走访座谈了解被审计对象的真实情况,通过明察暗访的方式掌握其单位管理的全过程,抽查部分对象,核实人员发放名单、金额等实际情况。

（四）问卷调查法，即可采用设问式或表格式的试卷由被调查者据实填写。一份好的调查表，不仅有利于审计调查事项的汇总，更是对审计重点的直观反映，对于引领整个审计调查工作、把握方向具有十分重要的作用。

第二节　专项审计调查的立项与实施

一、专项审计调查的立项

专项审计调查事项应列入年度审计项目计划，实行计划管理。专项审计调查的事项主要有国家财经法律、法规、规章和政策的执行情况；行业经济活动情况；有关资金的筹集、分配和使用情况；本级人民政府交办、上级审计机关统一组织或者授权以及本级审计机关确定的其他事项。这些事项既可单独确定为专项审计调查项目，又可结合项目审计，进行专项审计调查，但应纳入审计项目计划，实行计划管理。

二、专项审计调查的实施

（一）开展专项审计调查工作，应成立专项审计调查组。按照审计计划，审计机关应根据专项审计调查事项的大小和工作难易程度及要求，指派能足够胜任该项工作的人员，组成调查组，确定调查组组长，实行组长负责制，明确权责，并由调查组组长负责拟定专项审计调查实施方案报请审计机关批准。

（二）进行专项审计调查，向被调查单位送达专项审计调查通知书。如果专项审计调查是结合项目审计开展的，可以在项目审计通知书中明确专项审计事宜。专项审计调查通知书的内容包括：

1. 被调查单位名称；
2. 调查的依据、范围、内容和时间；
3. 对被调查单位配合调查工作的具体要求；
4. 调查组组长及成员名单；
5. 专项审计调查的要求。

（三）专项审计调查实施方案的编写与调整。调查组实施专项审计调查，应当从整体上把握调查要实现的总体目标和具体目标，充分考虑项目的重要性和时效性，确定调查应对策略，进行可行性研究，编制专项审计调查实施方案。

调查组在编制专项审计调查实施方案前，应当进行审前调查。审前调查要紧紧围绕立项时确定的调查目标，可以采取实地抽样调查、查阅文献、专家咨询等方式进行。

在具体实施过程中,依据实际情况的发展变化,需要对专项审计调查实施方案进行调整,亦应在调整时补办报批程序和手续。

专项审计调查实施方案的主要内容如下。

1. 编制依据,包括国家审计准则、年度审计项目计划、审计调查工作方案等;

2. 被调查事项基本情况,重点说明项目的整体背景和现状;

3. 调查目标,必须在评估项目实际情况与审计机关自身能力的基础上,做到明确具体切实可行;

4. 调查的范围、内容、重点及调查方法或应对措施:

(1) 调查范围包括时间范围(即被调查事项的时间跨度)和被调查对象范围(即调查哪些单位);

(2) 调查内容包括为确保实现调查目标所需实施的具体调查事项以及所要达到的具体调查目标;

(3) 调查方法或应对措施是,为确保实现具体调查事项的具体调查目标而应当实施的程序,重在解决通过何种方式取得相关证据或资料,以及以何种方式分析取得的证据。

5. 调查起止时间;

6. 人员分工和调查工作量、经费预算;

7. 编制日期;

8. 其他内容。

(四) 实施专项审计调查。实施专项审计调查与实施项目审计的方法和要求基本相同。审计人员开展专项审计调查,可以充分使用除审计方法以外的其他调查方法,包括文献调查法、访问调查法、集体访谈法、问卷调查法等,其他调查方法取得的资料或者信息,可以作为审计人员对调查事项做出全面、合理、公允的判断,以及得出恰当的调查结论的重要依据。

实施专项审计调查的过程中,主要采取审计的方法取得被调查单位的有关材料。与项目审计一样,取得的证明材料应当客观、相关、充分和合法,足以证明被调查事项。取得的有关重要事项的证明材料,应当由提供者签名或者盖章予以核实和确认。不能取得提供者签名或者盖章的,审计人员应当注明原因。审计人员向被调查单位之外的有关单位和个人调查时,应当履行出示审计人员的工作证件和专项审计调查通知书副本的手续和程序。

第三节 专项审计调查报告

一、专项审计调查报告的含义

专项审计调查报告是专项审计调查工作结束后,专项审计调查组向审计机关提出的报告。专项审计调查报告是反映问题、分析原因和提出意见建议的载体,是反映调查成果大小的关键。

审计机关结合项目审计实施专项审计调查的,应当将审计报告中反映的有关情况与调查结果一并汇总,形成专项审计调查报告。

二、专项审计调查报告的内容

(一)专项审计调查报告的主要内容

专项审计调查报告包括:专项审计调查的依据;调查的范围、内容和起止时间;被调查事项的基本情况;发现存在的问题及原因分析;调查结论和改进建议以及其他需反映的情况和问题。如果专项审计调查是与项目审计结合进行的,还应当将审计报告中反映的有关情况与调查结果一并汇总,形成专项审计调查报告。

(二)专项审计调查报告内容的要素

1. 调查依据,即实施调查所依据的法律法规等具体规定。

2. 实施调查的主要情况,包括调查目标、范围、内容、方式、起止时间等。

3. 被调查事项情况及总体评价,调查情况要说明与调查目标有关的被调查事项背景信息,总体评价要针对调查结果发表审计意见。

4. 调查发现的主要问题及原因分析,包括事实、规模、性质、程度、阻碍、后果及原因等:

(1)每类问题的表述原则是先总体(包括该类问题总量、占总体比率、进展规模、程度和趋势、阻碍以及其后果)、后列举,列举的具体问题要有典型性,起到佐证总体结论的作用;

(2)对调查中发现的不具有普遍性、倾向性和重要性或业务(工作)操作失误等与调查目标联系不紧密且未造成阻碍的问题,在向本级人民政府的报告中,原则上不作具体描述或反映,但要依照有关规定采取适当方式要求整改。

(三)专项审计调查组的专项审计

专项审计调查组的专项审计调查报告报送审计机关前,以下事项应当以专项审计调查事项征求意见书形式,按单位就有关问题与事项分别征求被调查单位的意见:

1. 拟处理处罚的事项;

2. 审计公告的事项;

3. 调查组认为应当征求意见的其他事项。

被调查单位应当自收到专项审计调查事项征求意见书之日起 10 日内,提出书面意见,10 日内没有提出书面意见的,视同无异议。

三、专项审计调查审计建议的编写

专项审计调查成果的好坏,能否发挥作用,关键取决于综合分析后所提审计建议的质量。专项审计调查高质量的、合理化的审计建议的形成,要符合以下几个方面的要求。

(一)审计调查建议要围绕问题提出

审计建议要有针对性。在对专项审计调查发现问题进行全面、客观、辩证分析的基础上,针对调查发现的问题提建议,不能泛泛而谈,也不能先入为主或人云亦云。这就要求审计人员必须采取实事求是的科学态度,对审计调查发现的问题进行归纳、整理和分类,并对其产生的原因进行客观分析,辨证施治,指出问题的症结所在,对症下药,精准施策,促进被调查单位健全制度、规范管理、堵塞漏洞、提高效益,发挥审计在国家治理体系中的建设性作用。

(二)审计调查建议要体现宏观性

审计建议站位要高,要着眼宏观,从全局观察分析问题,提出解决问题的对策建议,促进被调查单位提高管理水平,真正体现出所提建议的价值,不能"头痛医头,脚痛医脚",就问题谈问题。审计建议要体现政策性,要围绕政策法规和制度要求,提出的建议要有利于被调查单位将政策制度转化为工作思路和工作措施,促进遵纪守法,规范管理,完善制度。所提建议必须符合国家政策规定,符合被调查单位事业发展方向,要从宏观着眼、微观入手,突出重点,区分主次,把要干什么、怎么干讲明白,说清楚,让被调查单位信服。

(三)审计调查建议要精准管用

所谓精准就是要切中要害,一针见血,达到"药到病除"的效果。提出建议前,首先,要把审计调查情况搞准。把每一笔账、每一件事、每一个线索都搞清楚、弄明白,充分掌握第一手资料。其次,要把原因找准。一个问题后面,往往有多重原因。审计人员要在全面分析的基础上,透过现象看本质,抓住主要矛盾和矛盾的主要方面,分析原因要言之有据。最后,在摸清情况、分析问题、找准原因的基础上,提出解决问题的意见和建议。提建议时要深思熟虑,做到有的放矢,不能含混不清、似是而非,更不能笼而统之、"包医百病"。所提建议还要管用,提建议是为了解决问题,被审计单位如果按照审计建议去做,达不到效果,或者收效甚微,甚至出现负效应,那就是无用的建议,甚至是有害的建议。

（四）审计调查建议在精不在多

审计人员要通过发现某一方面的问题，判断问题的实质。有些比较严重的深层次问题往往隐藏在一些小事之中，有些影响事业发展的问题又往往隐藏在苗头之中。因此，审计工作要洞察秋毫，严谨细致，抓住问题的核心和实质。所提建议在精不在多，要有深度，能解决实际问题就是质量上乘的建议。这就要求审计人员在专项审计调查时善于发现蛛丝马迹，小中见大、见微知著。还要学会透彻分析，从一大堆零散的现象和问题中找出本质规律，提出精准、到位、有预见性的对策建议。

（五）审计调查建议要有可操作性

在审计实际工作中，一些审计部门针对审计调查中发现问题，提出的审计建议要么针对性不强，缺乏可操作性；要么就事论事，缺乏高度；要么文不对题，空洞无物。审计工作不仅要回答"是什么"和"为什么"，更要回答"怎么办"，提出明确具体、具有可操作性的审计建议。

（六）审计调查建议要实不要空

查出问题不是专项审计调查的最终目的，提出审计建议、促进问题解决才是审计工作的真正目标。因此，审计建议不能华而不实，中看不中用，必须抓住关键，触及深层次问题，实实在在地解决实际问题。

1. 不能偏。要围绕体制机制是否完善，法规制度是否有漏洞，政策措施是否有缺陷，管理和流程是否不规范等审计目标，查出什么问题就提什么建议，做到不跨界不越位。

2. 不能散。提了一堆建议，如果建议的目标不聚焦，被调查单位无法落实，审计调查工作就失去了意义。

3. 不能空。建议要言之有物，要通过具体的数字、典型的事例，实实在在的问题，从中归纳出建议，不能脱离实际提一些空洞的建议。

（七）审计调查建议表述要准确

审计建议语言要精练，表述要准确。要做到言简意赅，用词准确，表述清晰，不跑腔走调。要针对被调查单位的具体情况，把握好语言分寸，提出解决问题的建议，回答好"怎么办"。

1. 表述要明确无误，做到层次分明、文字简洁，不拖泥带水、含混不清；

2. 表述要实在平和，用事实说话，用审计专业术语说话，把道理讲充分，做到言简意赅，不说过头的话；

3. 要确切具体，包括对建议采取的办法、措施、步骤和针对的单位、对象、内容等方面，都要注意准确性、合规性和逻辑性。

专项审计调查报告的参考格式如下。

专项审计调查报告

****（审计机关全称）

*审**调报〔20**〕**号

根据《中华人民共和国审计法》第二十九条的规定，****（审计机关全称或者规范简称）派出审计组，自****年**月**日至****年**月**日，对****（被调查单位全称或者规范简称。写全称时还应注明"以下简称****"）****（审计通知书列明的审计调查范围）进行了专项审计调查，****（根据需要可简要列明审计调查重点），对重要事项进行了必要的延伸和追溯。****（被调查单位简称）及有关单位对其提供的财务会计资料以及其他相关资料的真实性和完整性负责。***（审计机关全称或者规范简称）的责任是依法独立实施专项审计调查并出具专项审计调查报告。

一、被调查事项的基本情况

****

二、审计调查评价意见

审计调查结果表明

****

三、审计调查发现的主要问题及产生的原因

****

四、审计调查建议

****

对本次审计调查中发现的问题，请***（被调查单位）自收到本报告之日起**日（审计机关根据具体情况确定）内，将整改情况书面报告***（审计机关全称或者规范简称）。

本报告及有关整改情况随后将以适当方式公告。（报告中相关内容涉密的，应在相关段落后用括号标注密级，并在报告结尾注明"除已标明的涉密内容外，本报告及有关整改情况随后将以适当方式公告"。）

（审计机关印章）

****年**月**日

四、专项审计调查结果的运用

（一）审计机关要对审计调查组提交的专项审计调查报告进行认真审议，经审定后上报

对本级人民政府交办的或审计机关自行安排的专项调查项目，应将调查结果报本级人民政府和上一级审计机关；对上级审计机关统一组织或者授权的专项审计调查项目，

审计机关只将调查结果报告报上一级审计机关即可。

（二）对专项审计调查中发现的违反国家财政收支财务收支行为，审计机关应依法作出相应的处理处罚

由于专项审计调查取得证明材料的方法主要是审计方法，在调查过程中，可能会发现被调查单位违反国家财经法规行为。对此，审计调查组应及时报告审计机关，审计机关应依法作出相应的处理处罚。对于属于本机关法定职权范围的，可直接进行处理处罚，但处理处罚要按照项目审计法定的审计程序进行，程序必须到位、合法。对不属本机关法定职权范围的，应向相关部门和单位进行移送，并取得移送的证明文书。

（三）专项审计调查事项应认真建立完整的档案，加强档案管理

专项审计调查是审计机关的基本监督形式之一，要求将专项审计调查事项的全部相关材料建立档案进行管理。有关项目审计的档案管理已建立较完善的制度，专项审计调查事项的档案管理可参照执行。

🎯 审计结果利用案例

一、机场建设项目专项审计调查[①]

2019 年，审计署组织 18 个特派办对北京大兴国际机场等 17 重点机场建设项目进行了一项调查，涉及批复概算投资 3064.58 亿元。审计发现，17 个机场存在设置不合理招标条款、虚假招标、应招标未招标等问题；9 个机场不当增加投融资成本或造成损失浪费 8.59 亿元；9 个机场挤占挪用或多支付拆迁款 8.39 亿元；7 个机场通过高套定额等多获批概算 16.37 亿元；6 个机场 136.3 亿元资金闲置 1 年以上；因施工方案调整等，有 6 个机场无法按期投运、7 个机场的空管等工程建设缓慢，涉及投资 1425.46 亿元；12 个机场违规征地、土地闲置等 1.15 万亩。还有 7 个机场存在违规建设楼堂馆所、开发房地产或公务接待等问题，涉及 16.41 亿元、54.14 万平方米。

全国人大常委会预算工作委员会高度重视机场审计发现问题，将其列为 2018 年度审计查出突出问题整改情况的 5 个跟踪监督重点之一，专程赴四川成都天府机场实地察看整改情况，邀请审计署、财政部等部门参加座谈会，听取民航局关于机场审计发现问题整改情况的汇报，要求民航局将机场审计发现问题的单项整改报告提交全国人大财经委全体会议初步审议后，附在审计长向全国人大常委会汇报的整改报告后面，一并提交会议讨论。办理移送处理书 13 件，涉及党员领导干部、公职人员等 158 人。

---

① 案例根据中华人民共和国审计署及相关审计厅局资料整理。

二、审计署组织开展新冠肺炎疫情防控资金款物和新增财政资金专项审计①

2020年新冠疫情发生后,习近平总书记亲自指挥、亲自部署,多次对疫情防控工作作出重要指示。中央政治局常委会三次召开会议进行专题研究,中央应对疫情工作领导小组多次研究部署,国务院联防联控机制及时协调落实,各级各部门各单位紧急行动,全面加强疫情防控工作。同年2月,国务院常务会议明确要求,审计部门要加强监督,保证资金用在刀刃上,对借机骗取套取财政和信贷资金的违法行为坚决严惩不贷。审计署认真贯彻习近平总书记重要讲话、重要指示批示精神和党中央、国务院决策部署,统一组织全国审计机关开展了疫情防控资金和捐赠款物专项审计。

2020年2月至4月,审计署共派出2万多名审计人员,组成4300多个审计组,对疫情防控资金和捐赠款物实施了专项审计,坚持大数据审计与现场重点核查相结合,及时发现问题,及时推动整改,全力支持和配合疫情防控工作。至2020年3月底,各级财政共安排疫情防控资金1371.86亿元;审计的40家银行共向5995重点保障企业发放疫情防控专项贷款2314.73亿元;审计的8445个慈善组织和相关部门共接收社会捐赠资金378.24亿元,物资16.65亿件。

从审计情况看,各地区各部门认真贯彻落实习近平总书记关于疫情防控工作的重要指示精神和党中央、国务院重大决策部署,及时出台完善相关规章制度,调整优化财政支出结构,建立健全专项贷款投放机制,款物管理、分配和使用总体比较规范,为疫情防控提供了有力的保障。通过审计加快分配下拨资金76.51亿元、物资9994多万件,推动建立健全制度1584项,揭示骗取套取资金、倒卖侵占物资等违纪违法问题线索110多件,如7家熔喷布经销企业抬高供货价17倍以上扰乱市场秩序等,均依法移送有关部门处理。

随后,为有效应对新冠疫情冲击,使积极的财政政策更加积极有为,中央决定增加财政赤字1万亿元,同时发行1万亿元抗疫特别国债,建立特殊转移支付机制,将2万亿元资金直达市县基层、直接惠企利民。党中央、国务院明确要求开展2万亿元新增财政资金专项审计,加强全程监督。审计署对此项工作高度重视,成立了新增财政资金直达市县基层直接惠企利民情况专项审计办公室,并于6月底印发了《新增财政资金直达市县基层直接惠企利民情况专项审计工作方案》,明确按照统一组织、分级负责原则,实行"五统一",即由审计署统一审计工作方案、统一组织实施、统一处理原则、统一报告审计结果、统一对外审计公告,对新增财政资金筹集、分配、管理、使用情况实行数据分析全覆盖和现场审计全覆盖。促进资金及时拨付、精准使用、安全高效,促进资金直达市县基层、直接惠企利民,促进扎实做好"六稳"工作、全面落实"六保"任务,推动深化供给侧结构性改革和高质量发展,维护最广大人民的根本利益。

---

① 案例根据中华人民共和国审计署及相关审计厅局资料整理。

思考题

即练即测

一、简答题

1. 专项审计调查的含义。

2. 开展专项审计调查工作的工作内容包括哪些？

3. 简述专项审计调查的主要内容。

4. 简述专项审计调查报告的内容。

5. 对专项审计调查中发现的违反国家财经法规行为，审计机关应如何处理？

二、论述题

1. 专项审计调查与常规审计的区别有哪些？

2. 专项审计调查与专项审计的区别有哪些？

3. 请论述专项审计调查的立项与实施过程。

第十一章

审计全覆盖

实行审计全覆盖是以习近平同志为核心的党中央提出的明确要求,包括对公共资金、国有资产、国有资源和领导干部履行经济责任情况实行审计全覆盖。本章对审计全覆盖概述、公共资金审计、国有资产审计、国有资源审计进行阐述。

⚠ 本章学习目标

通过本章学习,学员应该能够:

(1) 了解审计全覆盖的提出以及实现审计全覆盖的重要意义,明晰审计全覆盖的内涵以及实行审计全覆盖的目标要求和保障措施;

(2) 了解并掌握公共资金审计、国有资产审计、国有资源审计的含义、对象以及主要内容,对公共资金审计、国有资产审计、国有资源审计有全面、清晰的认知。

第一节 审计全覆盖概述

一、审计全覆盖的提出

实行审计全覆盖是以习近平同志为核心的党中央提出的明确要求。2014 年 10 月 23 日,党的十八届四中全会审议通过的《中共中央关于全面推进依法治国若干重大问题的决定》提出:"对公共资金、国有资产、国有资源和领导干部履行经济责任情况实行审计全覆盖"的总体要求。2014 年 10 月,《国务院关于加强审计工作的意见》发布,在指导思想中明确"实现审计监督全覆盖,促进国家治理现代化和国民经济健康发展"。2015 年 12 月,中共中央办公厅、国务院办公厅印发《关于完善审计制度若干重大问题的框架意见》及相关配套文件的通知,在总体目标中规定"对公共资金、国有资产、国有资源和领导干部履行经济责任情况实行审计全覆盖,做到应审尽审、凡审必严、严肃问责"。2018 年 2 月,党的十九届三中全会审议通过《中共中央关于深化党和国家机构改革的决定》,提出

"构建统一高效审计监督体系,实现全覆盖"。《深化党和国家机构改革方案》强调"构建集中统一、全面覆盖、权威高效的审计监督体系"。

2018年5月23日,习近平总书记在中央审计委员会第一次会议上指出:"审计机关要拓展审计监督广度和深度,消除监督盲区,加大对党中央重大政策措施贯彻落实情况跟踪审计力度,加大对经济社会运行中各类风险隐患揭示力度,加大对重点民生资金和项目审计力度。"2019年6月,中央审计委员会办公室印发《关于深入推进审计全覆盖的指导意见》,明确了审计全覆盖的内涵、目标任务和要求等,加强对审计全覆盖的指导。为认真贯彻落实审计全覆盖要求,各级审计机关紧紧围绕党和政府工作中心,围绕经济社会发展大局,聚焦重点领域和关键环节,加大对重点部门单位、重点资金和重点项目的审计监督力度,着力促进经济高质量发展、促进全面深化改革、促进权力规范运行、促进反腐倡廉,充分发挥审计全覆盖作用。

二、实现审计全覆盖的重要意义

实现审计全覆盖,不仅是扫除审计监督盲区、提升审计成效的一个重要举措,还是推进依法治国、推进国家治理体系现代化的重要一环。同时,实现审计全覆盖也是经济社会发展的需要,更是审计机关不可推脱的历史重任。

(一)实现审计全覆盖是全面履行国家审计职能的客观需要

随着经济社会的快速发展,审计对象日益多样化、复杂化,客观上对国家审计监督提出了更高的数量和质量要求。面对审计监督任务的不断增长,审计资源紧张、审计力量相对不足的矛盾日益突出,极易形成审计监督的盲区。尤其是在一些资金总量虽然不大,但与公众利益关系密切的公共领域存在一定的审计监督死角。因此,努力盘活审计资源,提高审计效率,扫除审计盲区,实现审计全覆盖,是审计机关全面发挥审计监督职能的现实需要。

(二)实现审计全覆盖是审计监督服务于政府决策的现实需要

作为国家治理的有效工具,审计机关通过依法实施审计或审计调查,为国家治理提供全面、及时、客观、可靠的信息,是政府加强管理、完善决策机制、深化改革发挥的参谋助手。如果审计监督存在盲区,通过审计反映的问题就会不够全面、准确,审计披露的信息服务于政府决策时就可能出现偏差甚至产生误导。只有实现审计全覆盖,才能全面、客观、真实地反映经济社会发展的状况及存在的问题,从而为政府决策和管理提供有力依据。

（三）实现审计全覆盖是深化审计预防和惩治腐败作用的重要保证

国家审计机关自成立以来，一直站在反腐的最前沿。审计机关在常规审计中，发现的重大案件线索通过向有关部门移送后查处了一大批贪腐分子，为国家挽回了重大损失，如刘志军案就是发端于审计。党的十八大报告提出"党需要不断加大惩治腐败，把坚决惩治腐败摆到更加突出的位置"，在反腐高压态势下，审计更要勇于"亮剑"，发挥"反腐尖兵"的作用，为社会经济健康发展保驾护航，这是责任，是人民的期盼，也是历史使命。

（四）实现审计全覆盖是充分发挥审计"免疫系统"功能的重要保障

随着我国市场经济发展步伐加快，经济、政治、社会等各个领域正在不断发生着深刻变革，各种公共危机如自然环境危机、经济危机、安全危机等出现的频率和风险都在增加。国家审计参与国家治理的过程中，审计预警功能的发挥对于识别和发现潜在风险起到关键作用。影响公共安全的风险点通常渗透于经济社会发展的方方面面。因此，审计监督的覆盖面也就越来越大。只有通过审计对象全覆盖，才能充分发挥政府审计在完善国家治理中的"免疫系统"功能。

三、审计全覆盖的内涵

（一）审计全覆盖的概念

审计全覆盖是指审计机关依法将所有公共资金、国有资产、国有资源和领导干部履行经济责任情况纳入审计监督范围，着力构建横向到边、纵向到底，全方位、宽领域、多维度、立体式的审计监督全覆盖体系，实现审计范围、审计领域、审计对象、审计内容和审计频次等全覆盖。其目的在于从不同角度审视公共资金、国有资产、国有资源和领导干部履行经济责任情况，以推动重要领域和关键环节的改革，为全面推进依法治国提供有力支撑。主要包括以下四方面内容。

1. 审计范围的全覆盖

按照公共性原则，进一步拓展现有的审计范围，实现对公共资金、国有资产、国有资源、公共政策和公共权力等审计监督，努力做到党中央重大政策措施部署到哪里，国家利益延伸到哪里，公共资金运用到哪里，公权力行使到哪里，审计监督就跟进到哪里。

2. 审计领域的全覆盖

围绕财政资金使用和公共权力运行，实现预算执行审计、经济责任审计、政府性投资建设项目审计、国有和国有资本占控股或主导地位的企业审计、社会保障资金审计，以及各类财政专项资金审计等领域全覆盖，并逐步推进领导干部自然资源资产离任审计全覆盖。

3. 审计对象的全覆盖

审计机关要建立健全与审计全覆盖相适应的工作机制,科学规划,统筹安排,分类实施,注重实效,坚持党政同责、同责同审,依法将属于审计监督范围的所有管理使用公共资金、国有资产、国有资源的部门和单位,以及党政主要领导干部和国有企事业单位领导人员纳入全覆盖范围,做到审计机关审计对象和部门内部审计对象全覆盖。

4. 审计内容的全覆盖

充分发挥审计监督作用,审计内容应覆盖政治监督、政策执行、项目实施、财政财务管理,以及资金绩效、生态环境、民生保障、简政放权、深化改革、风险防范和权力运行等各方面。通过审计全覆盖,发现国家重大决策部署执行中存在的突出问题和重大违纪违法问题线索,反映经济运行中的突出矛盾和风险隐患,总结经济运行中好的做法和经验。

5. 审计频次的全覆盖

要针对不同的审计对象,基于不同的审计目标、不同的审计方式,实现不同频次的审计,做到"对重点部门、单位要每年审计,其他审计对象 1 个周期内至少审计 1 次;对重点地区、部门、单位以及关键岗位的领导干部任期内至少审计 1 次;对问题多、反映大的单位及领导干部要加大审计频次,实现有重点、有步骤、有深度、有成效的全覆盖。"

(二)审计全覆盖的含义

对于审计全覆盖的理解,不能简单地认为只是审计对象的全面覆盖,而应该是审计工作横向和纵向的全方位、立体式的覆盖,涉及审计范围的扩大、审计内容的深化、审计频次的合理安排等等。审计全覆盖要求,在一定周期内对依法属于审计监督范围的所有管理、分配、使用公共资金、国有资产、国有资源的部门和单位,以及党政主要领导干部和国有企事业领导人员履行经济责任情况进行全面审计,做到应审尽审、凡审必严、严肃问责。同时,要拓展审计监督的广度和深度,消除监督盲区,形成多层次、全方位的审计监督体系,确保党中央重大政策措施部署到哪里,国家利益延伸到哪里,公共资金运用到哪里,公权力行使到哪里,审计监督就跟进到哪里。

按照实行审计全覆盖的有关要求,要做到审计全覆盖,就要把握好"五个度"。

1. 要拓展审计监督的广度,进一步增大审计范围

按照公共性原则,进一步拓宽审计监督的范围,实现对公共政策、公共权力、公共资金、国有资产、国有资源和自然资源资产离任等审计监督,努力做到党中央重大政策措施部署到哪里,国家利益延伸到哪里,公共资金运用到哪里,公权力行使到哪里,审计监督就跟进到哪里,最大限度地"消除审计监督盲区",努力做到"应审尽审、凡审必严、严肃问责"。

2. 要增强审计工作的力度，进一步扩充审计对象

审计机关要建立健全与审计全覆盖相适应的工作机制，科学规划，统筹安排，分类实施，注重实效，坚持党政同责、同责同审，依法将属于审计监督范围的所有管理使用公共资金、国有资产、国有资源的部门和单位，以及党政主要领导干部和国有企事业单位领导人员均作为审计监督的对象，做到对领导干部全任期、公共资金全过程、项目建设全流程所涉及的单位和个人的全覆盖。

3. 要提升审计质量的高度，进一步丰富审计业务类型

随着经济社会的发展，审计质量的不断提升，审计业务类型也在不断创新发展。审计业务由过去主要对财政财务收支进行审计，发展到对领导干部履行经济责任情况、政策措施落实情况进行审计等。同时，审计机关和审计人员围绕对公共资金、国有资产、国有资源管理、分配、使用，实时开展了财政审计、金融审计、企业审计、政府投资项目审计、民生审计、资源环境审计和领导干部自然资源资产离任审计和涉外审计等类型。

4. 要挖掘审计检查的深度，进一步深化审计内容

在审计过程中，对每一个审计项目不能走马观花、一味追求数量，要做到审深审透，力争反映情况准、查出问题深、原因分析透、审计建议实。审计内容应进一步覆盖政策措施执行、工程项目实施、财政财务管理、资金使用绩效，以及生态环境、民生保障、简政放权、深化改革、风险防范和权力运行等各方面。审计还要注意发现机制体制方面的问题，并总结经济运行中好经验、好做法。

5. 要合理确定审计的频度，进一步做好审计计划安排

审计频度是指审计机关对于审计对象实施审计的频次。在审计计划制订中，要针对不同的审计对象，基于不同的审计目标、不同的审计方式，实行不同频次的审计。做到"对重点部门、单位要每年审计，其他审计对象1个周期内至少审计1次；对重点地区、部门、单位以及关键岗位的领导干部任期内至少审计1次；对问题多、反映大的单位及领导干部要加大审计频次，实现有重点、有步骤、有深度、有成效的全覆盖"。

四、实行审计全覆盖的目标要求

对公共资金、国有资产、国有资源和领导干部履行经济责任情况实行审计全覆盖，是党中央、国务院对审计工作提出的明确要求。审计机关要建立健全与审计全覆盖相适应的工作机制，科学规划，统筹安排，分类实施，注重实效，坚持党政同责、同责同审，通过在一定周期内，对依法属于审计监督范围的所有管理、分配、使用公共资金、国有资产、国有资源的部门和单位，以及党政主要领导干部和国有企事业领导人员履行经济责任情况进行全面审计，实现审计全覆盖，做到应审尽审、凡审必严、严肃问责。

对重点部门、单位要每年审计，其他审计对象1个周期内至少审计1次，对重点地区、部门、单位以及关键岗位的领导干部任期内至少审计 1 次,对重大政策措施、重大投资项目、重点专项资金和重大突发事件开展跟踪审计。坚持问题导向,对问题多、反映大的单位及领导干部要加大审计频次,实现有重点、有步骤、有深度、有成效的全覆盖。充分发挥审计监督作用,通过审计全覆盖发现国家重大决策部署执行中存在的突出问题和重大违纪违法问题线索,维护财经法纪,促进廉政建设;反映经济运行中的突出矛盾和风险隐患,维护国家经济安全;总结经济运行中好的做法和经验,注重从体制机制层面分析原因和提出建议,促进深化改革和体制机制创新。

五、实现审计全覆盖的保障措施

中共中央办公厅、国务院办公厅印发的《关于实行审计全覆盖的实施意见》中,提出的保障措施主要有两条:一是加强审计资源统筹整合;二是创新审计技术方法。

(一)加强审计资源统筹整合

1. 适应审计全覆盖的要求,加大审计资源统筹整合力度,避免重复审计,增强审计监督整体效能。

2. 加强审计项目计划统筹,在摸清审计对象底数的基础上,建立分行业、分领域审计对象数据库,分类确定审计重点和审计频次。编制中长期审计项目规划和年度计划时,既要突出年度审计重点,又要保证在一定周期内实现全覆盖。

3. 整合各层级审计资源,开展涉及全局或行业性的重点资金和重大项目全面审计,发挥审计监督的整体性和宏观性作用。

4. 在充分总结经验的基础上,完善国家审计准则和审计指南体系,明确各项审计应遵循的具体标准和程序,提高审计的规范性。

5. 集中力量、重点突破,对热点难点问题进行专项审计,揭示普遍性、典型性问题,深入分析原因,提出对策建议,推动建立健全体制机制,堵塞制度漏洞,达到以点促面的效果。

6. 建立审计成果和信息共享机制,加强各级审计机关、不同审计项目之间的沟通交流,实现审计成果和信息及时共享,提高审计监督成效。

7. 加强内部审计工作,充分发挥内部审计作用。

8. 有效利用社会审计力量,除涉密项目外,根据审计项目实施需要,可以向社会购买审计服务。

(二)创新审计技术方法

1. 构建大数据审计工作模式,提高审计能力、质量和效率,扩大审计监督的广度和深度。

2. 有关部门、金融机构和国有企事业单位应根据审计工作需要,依法向审计机关提供与本单位本系统履行职责相关的电子数据信息和必要的技术文档,不得制定限制向审计机关提供资料和开放计算机信息系统查询权限的规定,已经制定的应予修订或废止。

3. 审计机关要建立健全数据定期报送制度,加大数据集中力度,对获取的数据资料严格保密。

4. 适应大数据审计需要,构建国家审计数据系统和数字化审计平台,积极运用大数据技术,加大业务数据与财务数据、单位数据与行业数据以及跨行业、跨领域数据的综合比对和关联分析力度,提高运用信息化技术查核问题、评价判断、宏观分析的能力。

5. 探索建立审计实时监督系统,实施联网审计。

第二节   公共资金审计

一、有关概念介绍

(一)公共资金的含义和分类

1. 公共资金的含义

公共资金是指用于公共利益方面的资金,包括所有公共财政资金,以及由政府管理或委托其他单位管理的住房公积金、社会捐赠资金等其他公共资金。

2. 公共资金的分类

根据资金投向的不同,主要可划分为公共部门运转支出、公共投资建设项目支出和其他各类公共专项支出等。

(1)公共部门运转支出主要是指机关事业单位,以及联合会、基金会等非政府公益性机构运转支出,其运转资金由财政负担。

(2)公共投资项目建设支出是指基础设施投资项目以及专项资金投入建设的一些公益性工程项目,包括土地开发整理、城建、交通、农田水利、保障房、环境整治和信息系统建设等工程建设支出。

(3)公共专项支出是指政府为完成特定事项而安排或批准征收、募集、提取的具有专门用途的资金收支。主要有:社会保障类,即社会保险、救助、福利资金等;公共管理服务类,即教育、卫生资金等;政策性补助类,如涉农"一卡通"发放的各种补助、科技、环保、扶贫资金等。

（二）公共财政资金的概念和分类

1．公共财政的概念

公共财政是指在市场经济条件下，主要为满足社会公共需要而进行的政府收支活动模式或财政运行机制模式，国家以社会和经济管理者身份参与社会分配，并将收入用于政府公共活动支出，为社会提供公共产品和公共服务，以保障和改善民生，保证国家机器正常运转，维护国家安全和社会秩序，促进经济社会协调发展。取之于民，用之于民，是社会主义公共财政的本质。"公共财政"主要侧重于国家财政职能和功能的"公共性"。

2．财政资金的概念

财政资金是指国家运用价值形式参与社会产品分配，形成归国家集中或非集中支配，并用于指定用途的资金。财政资金一般采取财政收入和财政支出的形式存在。国家财政通过预算来实现。2011年，我国预算管理制度改革取得重大成果，全面取消预算外资金，将政府全部收入和支出全部纳入预算管理。

3．财政收入的分类

（1）税收收入。税收是政府为实现其职能的需要，凭借其政治权利并按照特定的标准，强制、无偿地取得财政收入的一种形式，它是现代国家财政收入最重要的收入形式和最主要的收入来源。下设增值税等21款。

（2）社会保险基金收入。社会保险基金收入是指企业或职工缴纳社会保险的费用，也是政府一项重要的财政收入。下设基本养老保险基金收入等6款。

（3）非税收入。非税收入是指除税收以外，由各级政府、国家机关、事业单位、代行政府职能的社会团体及其他组织依法利用政府权力、政府信誉、国家资源、国有资产，或提供特定公共服务、准公共服务取得的财政性资金，是政府财政收入的重要组成部分。下设政府性基金收入等7款。

（4）贷款转贷回收本金收入。贷款转贷回收本金收入，是指国内外贷款回收本金的收入及国内外转贷回收本金的收入。下设国内贷款回收本金收入等4款。

（5）债务收入。债务收入是国家凭借其信誉，以政府的名义，采用信用借款的方式筹集的收入，也称公债收入或国债收入。分设国内债务收入、国外债务收入2款。

（6）转移性收入。转移性收入就是指国家、单位、社会团体对居民家庭的各种转移支付和居民家庭间的收入转移。包括政府对个人收入转移的离退休金、失业救济金、赔偿等；单位对个人收入转移的辞退金、保险索赔、住房公积金、家庭间的赠送和赡养等。分设返还性收入等10款。

4．财政支出的分类

（1）按支出功能共分为17类。一般公共服务、外交、国防、公共安全、教育、科学技术、文化体育与传媒、社会保障和就业、社会保险基金支出、医疗卫生、环境保护、城乡社区事务、农林水事务、交通运输、工业商业金融等事务、转移性支出和其他支出。

（2）按支出经济共分为12类。工资福利支出、商品和服务支出、对个人和家庭的补助、对企事业单位的补助、转移性支出、赠与、债务利息支出、债务还本支出、基本建设支出、其他资本性支出、贷款转贷及产权参股、其他支出。

（三）其他公共资金的概念和分类

1. 其他公共资金的概念

其他公共资金是指除税收和政府性基金外，基于公共权力征收和公共资源使用而产生的用货币形式体现的物质财富。

2. 其他公共资金的分类

其他公共资金主要包括住房公积金、住宅维修基金、新农合基金、社会捐赠资金、彩票资金等。

（1）住房公积金。住房公积金是指由国家机关、社会团体、国有企事业单位及其他企业在职职工缴存的长期住房储金。住房公积金用于日后支付购买、建造自住用房，翻修、大修自住住房等费用的具有储备金性质的资金。

（2）住宅专项维修资金。住宅专项维修资金俗称房屋养老金，是指专项用于住宅共用部位、共用设施设备保修期满后的维修和更新、改造的资金。住宅专项维修资金由商品住宅的业主、非住宅的业主按照所拥有物业的建筑面积交存；出售公有住房的，由业主和售房单位按照所拥有物业的建筑面积交存住宅专项维修资金。

（3）新型农村合作医疗（简称新农合）。新型农村合作医疗是指由政府组织、引导、支持，农民自愿参加，个人、集体和政府多方筹资，以大病统筹为主的农民医疗互助共济制度。采取个人缴费、集体扶持和政府资助的方式筹集资金。

（4）社会捐赠资金。社会捐赠资金是指国内外政府机构、企业、事业单位、民间组织、社会团体和个人，以及国际组织对我国抗灾救灾、社会公益事业、社会慈善事业等方面提供的各种形式的捐赠款物。

（5）彩票资金。彩票资金是指国家为筹集社会公益资金、促进社会公益事业发展而特许发行、依法销售，自然人自愿购买，并按照特定规则获得中奖机会的凭证。在我国，国务院是福利彩票、体育彩票的特许发行机构，财政部负责全国彩票的监督管理，民政部和国家体育总局按照各自职能分别负责全国福利彩票、体育彩票管理工作。

二、公共资金审计

（一）公共资金审计的含义

公共资金审计是指审计机关依法对政府的全部收入和支出、政府部门管理或其他单位受政府委托管理的资金,以及相关经济活动进行审计。

(二)公共资金审计的对象

要根据公共资金的重要性、规模和管理分配权限等因素,确定重点审计对象。坚持以公共资金运行和重大政策落实情况为主线,将预算执行审计与决算草案审计、专项资金审计、重大投资项目跟踪审计等相结合,对涉及的重点部门和单位进行重点监督,加大对资金管理分配使用关键环节的审计力度。

(三)公共资金审计应关注的重点

主要检查公共资金筹集、管理、分配、使用过程中遵守国家法律法规情况;贯彻执行国家重大政策措施和宏观调控部署情况;公共资金管理使用的真实性、合法性、效益性等情况;公共资金投入与项目进展、事业发展等情况;公共资金管理、使用部门和单位的财政财务收支、预算执行和决算情况,以及职责履行情况,以促进公共资金安全高效使用。

(四)公共资金审计的特点

1. 审查范围的广泛性。公共资金审计的被审计单位范围比较广泛,不仅包括政府部门及其所属单位,而且包括其他使用公共资金的单位。由于政府部门的业务活动及对各种资源的运用,操作起来具有很广的辐射面,审计时需同时涉及诸多单位。因此,审计的对象和内容既包括物质生产部门,也包括非物质生产部门;既包括被审计单位各项经济业务活动,也包括其他非经济范畴的管理活动。除了政府机构财政收支和公共工程审计之外,还包括对政府投资的经济性、效率性、效果性进行必要的审查。

2. 审计标准的多样性。公共资金审计往往缺乏明确的法律制度或指标作为评价标准。非营利机构的业务活动既有经济效益,又有社会效益。经济效益的衡量可运用价值指标,而社会效益难以从数量上概括,需运用定性标准。因此,需要考虑分析各个被审计单位或项目的具体情况进行综合评定。

3. 审计过程的延续性。公共财政资金项目的绩效,有些可以马上体现出来,有些则需要经过一段时间才能表现出来。特别是公共工程项目,难以在短期内获得具体数字描述的效益。因此,在进行审计时只对当期业务活动的绩效进行审查,难以获取充分的审计证据来对其进行全面评价。所以需要进行追踪审计,即对业务活动的滞后性效益进行审查。

4. 审计方法的多样性。审计内容的变化性决定了审计方法的灵活性。公共资金审计不仅采用传统的、通用的审计方法(如顺查法、逆查法、详查法、抽查法等),而且还需采用分析法、论证法、评价法等。审计人员需根据审计对象、目标的不同,制定不同的审计方案,选择适当的审计方法。

5. 审计结论的有效性。公共资金审计已扩展到经济、社会、政治等方面,通过全面评价被审计单位经济活动和业务活动"经济"和"有效"的程度,揭示其影响绩效高低的问题所在,进而向被审计单位提出改进建议,指出进一步提高绩效的具体途径和办法,有效性作用尤为突出。审计的全过程始终着眼于指出问题所在、挖掘潜力这一中心,着眼于提高效率和增强效果。

(五) 公共资金审计的主要内容

1. 政策执行。公共资金政策性强,特别是社会保障类和政策补助类资金,政策更是纷繁复杂。因而公共资金审计要搜集相关法律法规、管理办法、实施办法、操作细则、奖励补贴规定等,重点审查两个方面:一是政策下达的偏差。本地区政策的范围、标准、方式等是否因地方利益与上级的政策规定存在明显偏差,违背政策初衷;二是政策执行的偏差。资金投向是否符合宏观调控政策的要求,将各项规定中"应当或禁止"的内容作为分析重点,审查实际执行是否存在扩大政策范围、降低政策标准等偏差。

2. 资金运行。公共资金运行绩效应重点从支出管理、业务管理、征收管理、结余管理四方面入手。(1)支出管理重点审查资金流转中分配拨付是否及时,有无滞留截留的情况;支出是否真实;资金管理账户是否多头开设,有无将变相套取的资金置于账外设立"小金库"的现象;支付方式是否按规定执行。(2)业务管理重点应根据业务办理流程,筛查业务数据,抽查重点、可疑数据的对应业务资料,防止违规审批、编造虚假业务资料骗取资金的情况发生。(3)征收管理重点审查征收主体、对象、标准是否符合相关规定,配套资金能否及时到位,核对征收票据审查收入入库的完整性和及时性。(4)结余管理重点审查资金结余金额是否得当及非正常结余的原因,资金存放或保值增值的途径是否符合要求,规定途径内是否执行优惠利率等。

3. 目标实现。针对不同公共资金的特点,从增加就业人数、提高产能、增加利税、节能减耗、扶助困难群众、增进社会和谐,提高人民生活水平等方面选取恰当的指标,进行定性和定量分析,作出科学评价。评价指标的获取可以根据财政部门制定的绩效预算目标、行业内部上报的基金、专项资金统计报表所列示的指标体系。如教育系统统一上报的教育事业统计报表、人社系统统一上报的社会保险统计报表等,不仅具有行业针对性、易获取,且易于在同行业内部进行分析比较。

第三节　国有资产审计

一、有关概念介绍

(一) 国有资产的含义和分类

1. 国有资产的概念

国有资产是指属于国家所有的一切财产和财产权利的总和,是国家所有权的客体。

具体而言,国有资产包括国家依法或依权力取得和认定的财产,国家资本金及其收益所形成的财产,国家向行政和事业单位拨入经费形成的财产,对企业减税、免税和退税等形成的资产以及接受捐赠、国际援助等所形成的财产。

国有资产是法律上确定为国家所有并能为国家提供经济和社会效益的各种经济资源的总和。就是属于国家所有的一切财产和财产权利的总称。在现实经济生活中,"国有资产"的概念有广义和狭义两种不同理解。

广义上的国有资产,指属于国家所有的各种财产、物资、债权和其他权益,包括:

(1) 依据国家法律取得的应属于国家所有的财产;

(2) 基于国家行政权力行使而取得的应属于国家所有的财产;

(3) 国家以各种方式投资形成的各项资产;

(4) 由于接受各种馈赠所形成的应属于国家的财产;

(5) 由于国家已有资产的收益所形成的应属于国家所有的财产。

狭义上的国有资产是指法律上确定为国家所有的并能为国家提供未来效益的各种经济资源的总和。

2. 国有资产的分类

按照国有资产的性质,可以分为经营性国有资产、行政事业性国有资产与资源性国有资产。

(二) 经营性国有资产的含义、特点与分类

1. 经营性国有资产的含义

经营性资产是指在生产和流通中能够为社会提供商品或劳务的资产。经营性资产的使用单位主要是具有法人地位的企业(含金融机构);经营性资产的运营要以追求经济效益为原则。具体地说,经营性国有资产指从事产品生产、流通、经营服务等领域,以盈利为主要目的的,依法经营或使用,其产权属于国家所有的一切财产。

经营性资产包括:企业国有资产(含金融机构);行政事业单位占有、使用的非经营性资产通过各种形式为获取利润转作经营的资产;国有资源中投入生产经营过程的部分资产。

2. 经营性国有资产的特点

(1) 效益性。经营性国有资产具有资本的一般属性,即逐利性,追求利润的最大化。但国有资本的逐利性受社会主义国家职能制约,不能唯利是图。既要讲究微观效益,更要讲究宏观效益,而且微观效益要服从于宏观效益。总体上讲要有效益,但根据国家意志,为了给其他企业或行业的盈利创造条件,有的企业或资本也可能微利、无利甚至亏损。

(2) 流动性。资本的增值只能在资本的不断运动中实现。资本的流动有两个层次,

一个是企业内部流动,另一个是资本的社会性流动。深圳、上海两个股票交易所的股票交易、企业的兼并转让、新企业的设立和老企业的破产等都是资本的社会性流动。

（3）经营方式的多样性。由于行业特点、技术基础、企业管理水平、生产规模、区域环境等方面的差别,经营性国有资产的经营方式不可能整齐划一,而是多样性的。当前,经营性国有资产的主要经营方式有独立经营、委托经营、承包经营、租赁经营、股份经营、联合经营等。

3. 经营性国有资产的分类

（1）按国有资产的存在形态,可分为固定资产、流动资产、无形资产、已投入企业开发经营使用的国有资源及其相关的权利和企业拥有有价证券以及由企业出资形成的权利等金融性资产五类。

（2）按国有资产所处的生产经营活动领域,可分为基本上从事第一产业的生产经营活动的国有经营性资产,基本上从事第二产业的生产经营活动的国有经营性资产,在第三产业的主要部门中从事经营活动的国有经营性资产和其他经营性国有资产四类。

（3）按国有资产是否直接由国家投资形成,可分为国家直接所有的经营性国有资产和国家间接所有的经营性国有资产两类。

（4）按国有资产所处的地域不同,可分为境内国有资产和境外国有资产两类。

（5）按国家在企业中所拥有资本的比例不同,可分为国有独资企业资产、国家控股企业资产、国家参股企业资产。

（6）按行政管理层次不同,可分为中央政府管理的经营性资产、地方政府管理的经营性资产。

（三）行政事业性国有资产的含义、特点和分类

1. 行政事业性国有资产的含义

行政事业性国有资产是指由行政事业单位占有、使用的,在法律上确认为国家所有、能以货币计量的各种经济资源的总和。包括国家拨给行政事业单位的资产,行政事业单位按照国家政策规定运用国有资产组织收入形成的资产,以及接收捐赠和其他经法律确认为国家所有的资产。

2. 行政事业性国有资产的特点

（1）配置领域的非生产性。行政事业性国有资产主要分布在社会非生产领域的各种组织中,如各级党政机关、科学、文化、教育等事业单位,各种人民团体等。但并非所有的行政事业性国有资产都分布在这些单位之中。同样,并非行政事业单位的国有资产都是非经营性国有资产,因为这些单位中的部分国有资产也可能成为经营性资产。

（2）使用目的的服务性。由于行政事业性国有资产主要配置于社会的非生产领域,其作用是为了保证各项行政事业单位工作能顺利开展,保证整个社会正常运转,支持社会经营性资产的营运。因此,行政事业性国有资产的使用不应以营利为目的,而只能以

服务为根本目的。

（3）资金补偿、扩充的非直接性。行政事业性国有资产的规模及其扩张速度，只能以国有资产的规模适度和不断发展为前提。在使用中，必须做到节约、有效地使用；在管理中，应尽可能地强化行政事业性国有资产使用者的节约意识和经济核算意识。

（4）资金占用、使用的无偿性。行政事业单位履行的是国家要求代为履行的国家机器的职责，生产的是公共产品及服务，基本不产生利润。因此行政事业单位国有资产没有自我补偿、自我积累的能力，主要靠国家财政拨款进行购置、更新和维持运转。

3. 行政事业性国有资产的分类

（1）按国有资产的存在形态，可分为流动资产、固定资产、材料和低值易耗品、长期投资、有形资产、无形资产和其他资产。

（2）按国有资产的运用动态，可分为动产、不动产。

（3）按国有资产的运用方向，可分为经营性资产、非经营性资产。

二、国有资产审计

（一）国有资产审计的含义

国有资产审计是指审计机关要依法对行政事业单位、国有和国有资本占控股或主导地位的企业（含金融企业，以下简称国有企业）等管理、使用和运营的境内外国有资产进行审计。

（二）国有资产审计的对象

要根据国有资产的规模、管理状况以及管理主体的战略地位等因素，确定重点审计对象。国有企业审计主要是对资产负债损益情况进行审计，将国有资产管理使用情况作为行政事业单位年度预算执行审计或其他专项审计的内容。

（三）国有资产审计应关注的重点

主要检查国有资产管理、使用和运营过程中遵守国家法律法规情况，贯彻执行国家重大政策措施和宏观调控部署情况，国有资产真实完整和保值增值情况，国有资产重大投资决策及投资绩效情况，资产质量和经营风险管理情况，国有资产管理部门职责履行情况，以维护国有资产安全，促进提高国有资产运营绩效。

（四）国有资产审计的特点

1. 经营性国有资产审计的特点（主要以企业国有资产审计为例）

（1）多方交叉互动下的资产重组，对审计工作提出了新挑战。提高国有企业股权多元化水平,就是要引入部分非公有制资本特别是民间资本参与国有企业的经营;在部分竞争性领域,国企将实现一定程度的退出,转型升级到更高层次。要实现国有资本与非公有制资本之间的有序流动和交易,其前提是国有资本产权的合理界定和评估。国内外的历史经验也表明,产权转让和企业重组是国有资产流失的主要环节。在这个环节中,国有企业之间的重组,往往通过隐匿资产或夸大债务的方式流失;国有企业与非国有企业之间的产权转让,则通过低估国有资产或高估非国有资产的方式流失国有资产。因此,如何充分保障国有资产的安全完整、保值增值,对审计当好经济发展"安全员"提出了严峻挑战。

(2)企业"走出去"战略步伐的加快,对审计工作提出了新课题。党的十八大报告把实施"走出去"战略作为全面提高开放型经济水平的重要内容,明确指出:"加快走出去步伐,增强企业国际化经营能力,培育一批世界水平的跨国公司。"国有企业"走出去"的步伐将越来越快。面对国内外复杂多变的经济形势,如何将国有企业境外业务和支出更有效地纳入审计范畴,加强对境外投资和驻境外机构的审计,关注境外资产的规模、管理和使用情况,维护境外国有资产安全,确保境外利润回流到国有资本的"钱袋子"是企业审计的一个崭新课题。

(3)促使企业发展的政策落实,对审计工作提出了新考验。改革步入深水区后,往往出现"议而难决、决而难行、行而难破"等政策"肠梗阻"问题。国有企业改革已进入攻坚阶段,在这一过程中,确保政令畅通尤为关键。一直以来,保障政策贯彻落实都是企业审计的重要内容,随着改革的推进,其重要性将会越来越高。审计部门要加大对中央重大政策措施贯彻落实情况的跟踪审计力度,及时发现和纠正有令不行、有禁不止行为,及时揭示和反映政策执行中出现的新情况新问题,促进政令畅通,为深化国有企业改革各项政策措施的落实保驾护航。

(4)违法违纪手段越来越隐蔽,对审计工作提出了新要求。当前,在国有企业领域内,还存在着一些管理不善、违规决策或决策失误导致国有资产流失和损失浪费的问题,以及一些重大违法违规问题和经济犯罪案件线索。这些重大违法违规问题不仅数额巨大,而且手段也日益翻新,呈现出以权谋私期权化、获利敛财间接化、对抗调查智能化、腐败案件涉外化等新特点,这些已经成为当前一些国有企业深化改革和发展最为严重的问题之一。由于违法违纪的手段越来越隐蔽,由此使审计查处问题的难度越来越大,进一步增加了审计风险,也对审计质量提出了更高的要求。

2. 行政事业性国有资产审计的特点

(1)审计的对象得到扩展。不仅包括使用财政资金的单位和部门,只要是涉及提供公共产品和公共服务,以及分配、管理和使用有形或无形公共资源的单位和部门都是审计或延伸审计的对象,即从以往关注政府资金层面的审计拓展到有形或无形的资产、资源等,包括收费权、资源开发许可、土地等。

(2)审计内容得到深化。不仅关注政府全部收入和支出等财政财务收支活动,而且更要关注支出结果的效果,即要审查与评价以前或当年支出形成的资产以及政府可支配资源的利用程度与潜在的效益,大大地拓展了审计的广度。

(3)审计视角得到扩大。通过审计不仅要从总体上审查政府性资金在内的资产总体情况,更要关注资产管理中存在的制度性缺陷,揭露由此带来的资金、资源利用缺失、闲置等效益性问题,发挥审计的宏观监督作用,促进政府根据公共财政的发展方向全面、高效地履行公共职能。

(4)审计方法得到更新。在审计实施中,除了在审计中运用一体化的管理方式实施一般审计、审计调查、延伸审计等,还可以尝试各种形式的调查表,通过公共资产(资源)管理部门填写的数据,经计算机手段进行关联分析,找到管理中存在的缺陷,同时还需要从政府层面上确立制度以发挥社会协审力量,用信息化技术采集审计所需涉及的单位及事项的信息,进行综合比对,确定具体审计目标。

3. 资源性国有资产的特点

(1)点多。一个资源性资产审计项目往往会涉及城区、乡镇、村等多个分散的点。这些点少则十几个,多则几十个,审计人员几乎每天都需要往返各个点上现场调查取证,才能获得相关情况。

(2)面广。自然资源资产审计涉及水、土、气、林、矿五个方面的内容,同时,还要审计相关资金征管用、项目建设运行以及生态环境保护法律法规的执行情况等等,涉及面非常广。

(3)专业性强。实施资源性资产审计,需要同时结合运用常规审计方法与环境科学、自然资源法律、自然资源监测等专业知识,才能取得客观充分的审计证据。因此,审计人员不仅需要具备审计专业知识,还需要掌握生态学、动物学、植物学、社会学、工程学等方面的相关知识。

(五)国有资产审计的主要内容

1. 经营性国有资产审计

在企业资产负债审计中,主要是围绕企业国有资产服务经济社会高质量发展,提升国有经济竞争力、抗风险能力等情况开展审计,主要包括以下内容。

(1)落实中央和国家有关国有经济布局和国企改革政策的决策部署情况。重点关注重大投资项目是否符合国家及经济发展规划和产业政策,是否符合国有经济布局和产业结构战略性调整方向。检查国有企业改革相关重点任务落地和实际效果情况,促进落实企业国有资产管理情况专项报告制度。

(2)推动高质量发展战略落实及国有资产保值增值情况。重点关注聚焦主责主业,做强做优做大国有资本和国有企业,更好发挥国有资本引领放大和服务战略功能的情况。检查企业加大主业投资和研发投入，积极培育主业及开展数字化赋能，提升产业链供应链稳定性竞争力，实现国有资产保值增值的情况。

（3）资产负债损益的真实合法效益及风险管控情况。重点关注企业是否按照国家会计制度要求进行会计处理，会计报表的编制是否按照真实、合法、效益原则，是否如实反映企业经营状况，闲置资产的盘活和处置是否合规、有效。检查企业是否建立健全流程风险管控体系，是否积极采取措施防范化解重大投资和经营风险、债务风险、金融业务风险等，防止国有资产流失。

（4）国有监管制度体系建设及整改追责落实情况。重点关注企业法人治理结构的建立、健全、运行和内部控制制度的制定、执行情况，企业重大事项决策是否履行到位，监管是否有效覆盖。检查审计发现的国有资产管理问题是否整改落实到位，对造成损失风险的责任单位和个人是否进行调查追责。

2. 行政事业性国有资产审计

在行政事业单位年度预算执行审计中，主要围绕行政事业性国有资产的配置、使用、管理，以及保障国家机关和事业单位节约高效履职等情况开展审计，主要包括以下内容。

（1）资产制度建设情况。重点关注行政事业单位是否建立健全国有资产管理制度，对资产购置、验收登记、核算入账、领用移交、维修保管、清查盘点、出租出借、对外投资、资产处置、绩效管理等各环节细化管理要求、明确操作规程；是否强化对资产配置、管理、使用、处置等关键环节的管控。

（2）资产基础管理情况。重点关注资产的核算情况，资产是否完整入账，是否纳入统一台账管理，是否做到账账相符、账实相符。关注资产登记管理和清查盘点情况，固定资产卡片管理是否规范，是否定期进行固定资产清查盘点，盘盈、盘亏是否及时规范处理。关注资产权属管理，是否及时办理土地、房屋等固定资产权属证书或权证变更登记。

（3）资产管理使用情况。重点关注资产配置情况，是否严格按规定标准配置办公用房、办公设备及家具等，资产的购置、建设、租用是否严格执行政府采购等法律法规。关注资产使用情况，资产功能与单位职能是否相匹配，资产有无长期闲置、有无被下属单位或他人无偿占用；资产出租出借、对外投资是否严格履行审批程序，租金是否及时足额收取和上缴；是否积极推进固定资产在单位内部调剂共享、提升使用效益；信息化资产是否纳入资产管理，系统是否正常运行。关注资产处置情况，资产处置是否履行审批手续、是否按规定进行评估，处置收入是否及时足额收取入账、是否按规定实行"收支两条线"管理。对于公共文化教育体育等民生设施，要关注规划建设、经费保障、使用管理和使用绩效等内容，同时要关注公共服务的可及性和公平性等情况。

第四节　国有资源审计

一、有关概念介绍

（一）国有资源的含义和分类

1. 国有资源的含义

国有资源是指国家所拥有的土地、森林、矿藏等资源，是人们现有的知识、科技水平条件下，对某种资源进行开发，能够带来一定经济价值的资源。根据国家有关法律法规规定，国有资源是所有权属于国家的资源型资产。

我国领土、领海、领空内的自然资源都归国家或集体所有，《中华人民共和国宪法》九条规定："矿藏、水流、森林、山岭、草原、荒地、滩涂等自然资源，都属于国家所有，即全民所有；由法律规定属于集体所有的森林和山岭、草原、荒地、滩涂除外。"由此可见，我国的土地资源、矿产资源、森林资源、水资源、大气资源、生物资源、海洋资源等自然资源均为国家或集体所有，这些资源均属于国有资源。

2. 国有资源的分类

按资源存在的物质形态又可以分为以下六类。

（1）国土资源。国土资源是指一个国家主权管辖的一切陆地、河流、湖泊、内海等资源的总称，包括耕地、林地、草原、园地、内陆水域、沿海滩涂、城镇农村用地，以及名胜古迹、自然保护区和其他未开发利用的土地资源等。

（2）国有森林资源。国有森林资源是指国家依法所有的天然森林以及林区内的野生动、植物，国家投资或全民所有制单位在所用土地内营造的林木、国家征收集体所有的林地等。

（3）国有矿产资源。国有矿产资源是指包括呈固体、气体、液体的各种金属、非金属、燃料、地下水资源的总称。《中华人民共和国矿产资源法》规定：矿产资源属于国家所有地表或者地下的矿产资源所有权，不因其所依附的土地的所有权或者使用权的不同而改变。

（4）国有草原资源。国有草原资源是指陆地上生长的能够作为放牧的饲用植物，以及割草的场地，包括草山和草地。《中华人民共和国草原法》规定：草原资源属国家所有，有法律规定属于集体所有的草原除外。

（5）国有水资源。国有水资源是指各种呈固态、液态和气态分布于海洋、陆地，以及大气中的各种水体。一般情况下，水资源主要是指陆地上的水，即地表水和地下水。地表水包括江河水、湖泊水、土壤水，以及存在陆地的冰川等；地下水是指分布于地表以下的水。《中华人民共和国水法》规定：除法律规定属于农村集体经济组织所有的水塘、水库中的水以外,水资源属于国家所有,即全民所有;依附于土地的地表水和地下水,不因土地所有权或使用权的不同而改变。

(6)国有海洋资源。国有海洋资源是指分布在属于我国管辖的海域内的各种资源,包括各种海洋生物资源、水资源、海底矿藏资源、海底石油和天然气资源等。

(二)国有资源的特点

1. 品种的稀缺性。资源品种稀缺是指我国在迄今为止的勘探工作中,国家建设很需要的那些资源品种的特殊拥有状况,或者表现为空白,或者表现为稀少。

2. 数量的有限性。资源数量有限性是指某些资源与我国经济建设对这些资源的需求量和耗用量相比,是不足的和短缺的。

3. 品质的复杂性。我国的各类资源中,有许多优质资源,但在相当多的矿种中,存在富矿少、贫矿多的现象。而且我国的矿产资源中有许多是共生矿、伴生矿,使采选工作复杂化。

4. 分布的失衡性。我国的资源分布很不平衡,如水资源大部分集中于西南,铁矿则一半以上集中于华北、东北和四川等地。总的状况是欠发达地区资源比较丰富,而经济发达地区的资源,特别是矿产资源比较匮乏。

二、国有资源审计

(一)国有资源审计的含义

国有资源审计是指审计机关依法对土地、矿藏、水域、森林、草原、海域等国有自然资源,特许经营权、排污权等国有无形资产,以及法律法规规定属于国家所有的其他资源进行审计。

(二)国有资源审计的对象

根据国有资源的稀缺性、战略性和分布情况等因素,确定重点审计对象。加大对资源富集和毁损严重地区的审计力度,对重点国有资源进行专项审计。要将国有资源开发利用和生态环境保护等情况作为领导干部经济责任审计的重要内容,对领导干部实行自然资源资产离任审计。

(三)国有资源审计应关注的重点

主要检查国有资源管理和开发利用过程中遵守国家法律法规情况,贯彻执行国家重大政策措施和宏观调控部署情况,国有资源开发利用和生态环境保护情况,相关资金的征收、管理、分配和使用情况,资源环境保护项目的建设情况和运营效果、国有资源管理部门的职责履行情况,以促进资源节约集约利用和生态文明建设。

（四）国有资源审计的特点

1. 开放性。国有资源环境系统是一个开放的系统,因此国有资源审计的范畴极为广泛。从横向来看,应包括自然、经济、社会这三部分,即社会不断增长的物质需求,经济满足社会持续发展需求的能力及自然满足社会需求和经济发展的永续能力。具体包括:社会经济生活发展环境、国家资源开发环境、生态平衡环境等诸多方面。国有资源审计并无明确的时空限制,其目前已逐步向绿色食品、环保产业、健康卫生等领域拓展。从纵向来看,国有资源审计的范围包括有关资源环保法规政策措施的执行情况及效果;资源环保机构设置的健全性、职能的可靠合理性以及监管的效果;资源环保资金征收、管理、使用的完整性、可靠性、有效性;环保措施、手段、技术的合理性、科学性、经济性以及潜在环境风险评估。另外,国有资源审计范围的开放性决定了其审计方法也具有开放性,任何发现、揭示和评价资源环境可能存在的问题和隐患的方法都可以借鉴使用。

2. 多样性。国有资源审计涉及经济学、法学、管理学、社会学、统计学、工程学等多方面的知识。因此在进行审计时,所使用的审计手段不应仅仅局限于传统的账目审计,还需扩展到运用自然科学技术,比常规审计具有更高的科学技术含量。国有资源审计的人员不仅需要具备财务、审计知识,还要具备一定的资源、环境、统计、工程等方面的知识,其专业胜任能力和培训等方面的要求比常规审计更高、更严格。

3. 目的性。国有资源审计以落实节约资源和保护环境基本国策为目标,维护资源环境安全,发挥审计在促进节能减排措施落实以及在资源管理与环境保护中的积极作用。这赋予了国有资源审计的目标特殊性使其有别于传统的财务收支审计、经济责任审计等,更加突显了国家当前科学发展和可持续发展的理念。

4. 现场性。国有资源审计的目的是尽早发现资源环境中可能存在的重大问题。这决定了无论是对资金使用效益、制度和政策落实情况进行审计,还是项目取得的经济社会效益等的审计,单纯对书面资料进行审计无法达到审计目的。因此国有资源审计方法更着重现场的检查、核对和分析,只有通过现场取证、核查,才能对资源环境状况进行直观了解。

5. 联合性。国有资源审计要客观公正地对资源、环境工作质量做出评价,需要大量的资源环境技术指标,而取得这些技术指标需要相当充分的检测装备和高级专业技术人才。同时为了保证审计结论的客观性和权威性,减少审计风险,还需要权威资源环保专家的帮助和指导,单纯由审计人员使用一些常规审计方法实现审计目的是不可行的。在进行国有资源审计时一般应联合有关专业部门实施,即审计机关联合环境保护局等单位,聘请环境工程技术专家等加入资源审计工作。利用外部人员熟悉专业技术知识的优势,以提高审计的效率、效果和权威性。

（五）国有资源审计的主要内容

1. 自然资源及相关生态环境保护主要指标完成情况。重点关注永久基本农田保护面积、生态保护红线面积、城乡建设用地规模等约束性指标是否完成；城市空气质量优良天数比例、细颗粒物评价浓度、地表水市控断面达到或优于三类水质比例、主要污染物排放量减少、森林覆盖率、单位 GDP 二氧化碳排放降低、单位 GDP 能耗降低等约束性指标是否完成。

2. 自然资源保护和开发利用情况。重点关注"多规合一"的国土空间规划体系建立情况，包括国土空间规划编制与实施情况、"三条控制线"的科学划定与落实情况、自然生态空间用途管制负面清单指南制定及落实情况；关注适应"新发展格局"的国土要素安全供给体系构建情况，包括重大建设项目用地保障、新增用地供应管理、存量土地盘活挖潜等；关注水资源保护与开发利用情况，包括生产、生活用水总量和强度以及控制水资源"双控行动"、深入推进节水型社会建设开展情况等；关注林业资源保护与有效利用情况，包括公益林保护情况，森林病虫害防治情况等。

3. 自然资源恢复治理情况。重点关注"山水林田湖草"的资源保护与生态修复体系建立情况，包括耕地用途管制、永久基本农田集中连片整治、耕地占补平衡、全域土地综合整治与生态修复、矿山地质环境恢复治理工作、重大生态修复工程和示范试点等；关注源头治理推进绿色发展情况，包括能源消费总量和强度的"双控"政策落实等；关注深化五水共治情况，包括"美丽河湖""污水零直排区"等建设、饮用水安全保障情况。

4. 资源环境专项资金监管情况。重点关注节能减排、污染防治、生态保护修复、资源开发利用等财政专项资金投入、分配、管理和使用情况，以及生态环境保护修复重大工程、环境基础设施、资源循环利用等重点项目的实施效果。

 思考题

即练即测

一、简答题

1. 简述审计领域及审计对象全覆盖。
2. 简述公共财政及财政资金的概念。
3. 简述公共资金审计的特点。
4. 简述国有资产审计的含义及其关注重点。
5. 简述国有资源审计的含义及其关注重点。

二、论述题

1. 为什么要实行审计全覆盖？如何保障审计全覆盖？
2. 在进行公共资金审计时，主要审计哪些内容？
3. 什么是行政事业国有资产？主要包括哪些及其分类。
4. 请论述进行经营性国有资产审计的主要内容。
5. 在进行自然资源保护和开发利用情况审计时，应重点审计哪些内容？

第十二章

政策落实跟踪审计

导读

　　国家治理目标往往通过执行公共政策得以实现,开展公共政策审计是国家审计发挥其功能的重要形式,也是国家审计参与国家治理的重要体现。国家重大政策措施贯彻落实情况跟踪审计是审计机关的重要职责,也是发挥审计促进国家重大决策部署落实的保障和作用的重要方式。本章对政策落实跟踪审计的含义与特点、政策落实跟踪审计内容与方法、政策落实跟踪审计实务进行阐述。

！本章学习目标

　　通过本章学习,学员应该能够:

　　(1) 理解政策落实跟踪审计的含义与特点;

　　(2) 了解并熟悉政策落实跟踪审计的内容、方法以及政策落实跟踪审计实务。

第一节　政策落实跟踪审计的含义与特点

一、政策落实跟踪审计的含义

(一) 政策落实跟踪审计的概念

　　政策落实跟踪审计是指以国家审计机关为主体,在政策措施落实过程中的某个时间节点介入,对各地方各部门传递、执行、落实中央重大决策部署等政策措施的过程和效果情况进行动态的鉴证、评价和监督,及时发现和纠正有令不行、有禁不止行为,以确保党和国家的方针、政策得到贯彻落实。政策落实跟踪审计的审计对象指的是国家相关部门出台的各种政策的执行情况、各种资金管理情况以及绩效情况等。通过政策落实跟踪审计,可以更好地发现政策措施落实过程中的各方面问题,推动政策能够更加稳健地贯彻落实。

（二）政策落实跟踪审计的目标

政策落实跟踪审计的目标包括总体目标与具体目标。政策落实跟踪审计的总体目标是揭示和反映妨碍国家政策顺利实施的困难和问题，督促及时整改，促进完善政策措施，推进政策贯彻落实，提升政策的执行效果。其具体目标可概括为：通过政策及配套政策措施落实的合法性和合规性，政策相关项目管理和政策相关资金管理的经济性、效率性和效果性，最终达成政策落实情况跟踪审计的总目标。经济性是指政策相关项目在达到预定政策目标时，资金耗费尽量少，确定在完成既定目标的情况下，成本是否最小化，各项政策相关的资金的分配和使用情况是否合理。效率性主要是评价政府政策执行、制度设计和预定目标达成等方面。效果性主要表现在预期目标实现的效果，其内容包括：政策目标的实现程度；实现的效果与政策之间的关系，如项目资金使用情况、政策实施前后效果等。

（三）政策落实跟踪审计与常规审计的辨析

1. 审计目标定位不同

常规审计以事后监督、查错纠弊找问题为主，用现有规章制度来评价已经发生的经济活动的真实合规性，着眼于从财务角度事后发现问题。政策落实跟踪审计，旨在全程或适时介入政策执行的某个环节，以政策制定的初衷、操作流程、预期达到的效果来判别落实情况，以工作开展的进度、效果、效益以及促进管理等为目的。

2. 审计方法手段不同

常规审计大多是对经济活动发生后形成的账册、凭证、单据等财务数据进行分析、复核、比对、查证，即主要依托物质要素静态地开展计算审核，借此形成结论报告。政策落实跟踪审计则围绕政策执行过程中的各个相关要素，除了常规审计方法，还通过调查、走访、座谈、问询等核查手段，客观真实地揭示政策落实的本真状态和效果。

3. 审计成果形式不同

常规审计基于审计工作底稿、审计取证资料、财务账表等来认定基本的审计事实，形成格式统一、定性规范、用词谨慎、整齐划一的审计报告或审计决定。由于政策落实跟踪审计的审计对象不再拘泥于财务账表等事后信息，审计资料的形式可以是文件、情况通报、专业服务咨询报告、问询笔录、拍摄的影像视频、领导批示等，各种资料旨在佐证政策落实的真实状态。审计工作结束后应出具审计报告，并且可以在审计报告基础上形成情况反映、督办书、整改通知、审计要情或信息通报等多种形式的文书。

（四）政府绩效审计、政府投资建设项目跟踪审计和政策落实跟踪审计对比

政策落实跟踪审计是一种新型审计，是为了促进国家政策顺利实施并实现预期效果

而进行的。政策落实跟踪审计、政府投资建设项目建设跟踪审计和绩效审计进行对比分析如表 12-1 所示。

表 12-1　政府绩效审计、政府投资建设项目跟踪审计和政策落实跟踪审计

	政府绩效审计	政府投资建设项目跟踪审计	政策落实跟踪审计
审计主体	国家审计机关及审计人员	国家审计机关及审计人员，但对同一建设项目进行多次审计时，审计主体会发生变动	国家审计机关及审计人员，但对同一政策进行多次审计时，审计主体会发生变动
审计客体	政府或部门公共资金支出的情况	政府投资建设项目前期准备、建设实施、竣工决算、资金管理情况	政策相关的国务院各部门和地方各级人民政府及部门政策措施落实情况，地方政府配套的各项政策措施制定情况，以及政策相关的项目和资金情况
审计形式	非跟踪审计，事后审计，是一种静态审计	跟踪审计，事中审计和事后审计相结合，是一种动态的审计	跟踪审计，事中审计和事后审计相结合，是一种动态的审计
审计目标	对公共资金支出的经济性、效率性和效果性进行审计评价	对政府投资建设项目的真实性、合法性和有效性进行审计评价	对政策及配套政策措施落实的合法性和合规性，政策相关项目管理和政策相关资金管理的经济性、效率性和效果性做出审计评价

政策落实跟踪审计是在政府投资建设项目跟踪审计和绩效审计的基础上进一步发展而来的。与政府投资建设项目跟踪审计和绩效审计相比，政策落实跟踪审计的客体具有广泛性和多样性，其审计内容较为复杂，除了政策相关的项目和政策相关资金情况，还包括政策配套措施制定情况，政策以及配套措施执行情况。另外，政策落实跟踪审计的审计形式具有动态性和持续性，需要根据政策实际实施情况进行审计规划，可能对同一政策进行多次审计。政策的相关特性会影响到审计工作的开展，如政策的种类和数量多，涉及部门多等，而绩效审计却是静态的和不持续的，只在经济活动完成后进行一次，所以与政策落实跟踪审计介入的时间也不同。最后，政策落实跟踪审计没有现成的客观存在的评价标准，审计人员需要根据审查的政策以及配套的措施、细则文件来拟定评价标准，而政府投资建设项目跟踪审计和绩效审计中投资项目建设情况和公共资金支出情况的评价标准是客观存在的，审计人员可以直接查明事实真相，做出是非判断。

二、政策落实跟踪审计的特点

政策落实跟踪审计作为一种审计制度的创新，它以促进政策的落实和改进完善为目标，围绕政策措施的执行和落实情况，合理运用审计方法。与常规审计方式相比，它具有

以下特点：

（一）审计内容的时效性

与常规审计项目相比，政策落实跟踪审计有更高的时效性要求，其目的就是要及时发现问题，防患于未然。只有第一时间跟进政府关心和社会关注的政策热点、难点及焦点，及时揭示执行过程中苗头性和倾向性问题，同时提出有针对性的对策建议，政策落实跟踪审计才能发挥应有的作用。因此，政策落实跟踪审计需要重点关注政策执行过程中的薄弱环节和潜在风险，特别是可能引发的社会不安定因素，防范苗头性问题或局部性问题演变成趋势性问题或全局性问题，实现政策执行边审计、边纠正、边整改、边提高。

（二）审计过程的阶段性

常规审计一般是事中或事后审计，主要针对的是结果。而政策落实跟踪审计贯穿于政策执行的整个过程，政策执行各环节的时间跨度大。执行过程中不可避免地存在调整变化等情况，所以政策落实跟踪审计带有明显的阶段性特点，会依据不同的政策实施阶段有所区别。为此，政策落实跟踪审计要在全面掌握政策执行过程的基础上，根据某一阶段关注的重点，选择最能反映实际情况的审计对象作为切入点，发表阶段性建议。通过对政策措施的全过程审计，层层推进审计目标，促使政策持续完善、管理持续规范，提升政策落实跟踪审计的建设性作用。

（三）审计方法的多样性

除常规审计项目采取的审阅、查询、计算、复核等一般方法以外，政策落实跟踪审计还需要结合政策和跟踪的要求相应扩展审计方法。一是广泛采用访谈、调查问卷等方法，全面了解政策措施的真实执行情况；二是通过经常性的部门沟通和专家论证咨询，克服审计力量不足和审计人员专业素质的局限；三是综合运用比较分析、趋势分析或因素分析等方法，分析掌握政策实施前后以及政策执行不同阶段产生的效果；四是充分利用信息化手段，推广运用联网审计技术方法，开展全过程跟踪审计。

（四）审计评价的外部性

一些政府职能部门既是政策制定主体又是执行主体，其对政策执行情况进行的监督和评价，往往具有局限性。而作为政府体系中独立于行政审批权以及各种利益冲突之外的经济监督主体，审计机关可以有效地克服政策内部监督的局限性。审计发现的情况客观、公正，有助于适时调整宏观调控力度，修正政策实施中存在的问题，改善政策执行力。

（五）审计成果的效益性

政策落实跟踪审计从宏观着眼,微观入手,根据国家经济运行过程中出现的典型的、有代表性的问题,综合分析其运行规律,组织专项审计,对国家经济运行态势进行预报,为党委政府决策提供参考。在实际执行过程中,以资金流向为重点,对具体的政策效果以及执行过程进行监督检查,审查其是否按照政策本身的精神进行落实,是否偏离了国家宏观调控的目标和方向,以此来纠正执行过程中偏离宏观调控的行为,提升政策执行效率。

第二节　政策落实跟踪审计的内容与方法

一、政策落实跟踪审计的内容

（一）政策执行过程审计

政策执行过程审计重点关注公共政策是否得到全面、有效执行,主要包括以下内容。

1. 政策执行的组织,主要包括执行机构的设置是否合理,人员配备是否到位,政策执行机构与相关机构的职责关系是否清晰,执行机构运行是否顺畅,工作态度是否积极等。

2. 配套规章制度的制定,包括各地区、各部门、各单位在执行政策过程中是否结合实际制定配套规章制度,配套规章制度是否完善、细化,配套规章制度是否符合政策的目标和要求,配套规章制度是否符合实际情况。

3. 政策的传导,包括政策传导机制是否顺畅,传导工具是否有效,是否将政策传达给每个利益相关者并使其能准确认知自己的角色和承担的权利义务,政策宣传是否到位从而创造良好的政策实施环境。

4. 政策内容的落实,包括执行机构对政策执行涉及的利益相关方情况的分析和掌握是否充分,执行指令是否明确,执行机构是否全面按预期计划执行各项政策内容,相关公共资金是否到位和按要求管理使用,相关公共项目是否启动和按要求建设,政策涉及的各利益相关方是否积极主动配合执行。

5. 政策执行的时间,包括执行政策是否及时,相关时机选择是否得当,有期限的政策是否在截止时期便停止执行,是否存在严重的时滞现象。

6. 政策执行的监督检查,包括政策执行的监督检查机制是否健全,检查是否及时,检查的覆盖面、深度和质量是否符合要求,检查发现的问题是否得到及时、有效解决。

7. 政策执行的信息反馈,包括政策执行的信息反馈机制是否建立和有效实施,政策执行过程中成功和失误的信息是否及时反馈给政策执行机构或制定机构,政策执行机构或制定机构根据相关信息做出的决策是否得到及时传达。

（二）政策执行效果审计

政策执行效果审计主要关注公共政策目标的实现程度以及政策执行带来的其他方面的影响，具体包括以下内容。

1．政策执行的直接效果

（1）可以计量的直接效果，即评估是否完成政策设定的一些数量指标，如政策确定的经济增长率、通货膨胀率、就业率、居民收入增长率、贫困人口减少数量、受教育人数、耕地保有数量、污染物排放数量等指标的完成情况和完成程度，以及政策相关者的满意度。

（2）非计量的直接效果，即评估政策确定的方向性定性目标的实现情况，如产业政策确定的产业结构调整情况，环境保护政策确定的环境改善情况。

2．政策执行的间接效果

（1）对政治的影响，如一项或一组政策的实施对法制化建设、改进政府运作和服务水平、人民对政府的支持程度、人民参政议政和民主化水平、增强政治稳定性和提高国际地位的影响。

（2）对经济社会其他方面的影响，如土地管理和环境保护政策除实现政策自身目标外，对地区经济增长和经济发展的影响。

（3）对执行其他政策的影响，评估执行一项政策对其他相关政策实施效果带来的促进或抵消作用，如刺激居民消费的减税政策对财政收入和政府投资的影响。

3．政策执行的整体效果

（1）政策各组成部分功能的协调性。评估政策各组成部分的功能是否相互协调、相互促进，是否存在各部分功能相互抵消而影响政策整体功能的发挥，评估政策各组成部分的功能是否充分发挥，是否存在因政策某一方面执行的欠缺而掣肘政策整体功能的发挥。

（2）政策功能与政策环境的适应性。评估政策执行涉及的利益群体、自然环境、社会环境与政策执行的适应性，是否存在因政策执行环境、执行时机不当影响政策整体功能的发挥。

（3）各项政策组合的有效性。评估一项政策与其他相关政策内容的一致性，各项政策整体和长远目标的协调性，评估各执行机构执行政策中是否相互支持、相互配合，共同促进政策整体目标的实现。

二、政策落实跟踪审计的方法

现有政策落实跟踪审计的方法主要是从常规审计方法衍生而来。政策落实跟踪审计的审计内容的广泛性和多样性，决定了其审计方法的多样性。针对会计资料的部分，可以借鉴常规审计方法里的会计检查法；针对其他资料，可以借鉴资料审查法，对其他书面资料进行审计证据的采集；针对政策相关资料以外的客观事实进行调查时，可以借鉴审计调查方法。除此之外,政策落实跟踪审计的方法也有一定的创新与拓展。

（一）审计调查阶段对相关政策进行梳理汇总。政策落实跟踪审计项目的实施,对该项目涉及的相关政策进行汇总梳理,厘清政策脉络。要对政策出台的背景、目标任务、主要内容、后续措施等进行全面地把握和分析,了解该项政策涉及的职能部门和牵头部门,尽可能多地获取详尽的财务数据、业务数据和其他资料,并进行充分的调研,从而确定审计的主要领域和重点内容。

（二）审计实施阶段扩大审计覆盖面和抽查重点项目相结合。解决覆盖面的问题,一方面可通过对各部门是否制定配套的实施办法和工作方案,是否制定具体措施、承接并制定目标任务细化方案、明确责任主体、建立健全保障机制等方面上政策落实情况上的审计来解决。另一方面可通过大数据审计方式,对相关业务数据和财务数据进行处理分析,全面反映政策措施落实的效果。在把握总体情况的基础上,通过分析和筛选,选择部分重大项目或重点事项进行抽查,集中反映政策落实情况中存在的突出问题。

（三）运用大数据审计,提升审计效率。在审计过程中,应加大利用现代科技进行审计的力度。运用大数据审计,对政策涉及的各项数据进行分析处理。如税收优惠政策由于涉及面广、涉及企业众多,如果仅对部分抽查企业执行情况进行审计,难以全面反映税收优惠政策的落实情况,审计结果说服力不强。税收优惠政策落实情况跟踪审计必须对涉及的全部税收数据进行分析处理,并对处理结果进行核实,以全面反映该项政策的落实情况。运用信息技术实现政策跟踪联网审计,构建联网审计平台,实现对政策落实情况的持续跟踪。

（四）统筹审计资源,共同参与审计。一是整合审计机关内部资源。审计机关内部各业务部门长期从事某一方面审计工作,对其领域内相关单位的职能机构、政策动向、人员岗位都比较熟悉,可以抽调有关业务部门人员参加政策落实跟踪审计,有利于节约时间、提高效率、保障质量。但必须建立相应的激励约束机制,鼓励业务部门抽调骨干人员参加跟踪审计,激发调动参审人员的工作积极性。二是积极引进社会力量。政策是我国政府治国理政的重要抓手,政策的落实会影响社会公众各阶层的实际利益,政策实施所影响的利益相关群体对政策科学适当与否、政策的落实是否到位最具有发言权,审计机关可以引入社会力量参与政策落实跟踪审计的计划安排、效果评估等工作内容,共同做好政策落实跟踪审计工作。

第三节　政策落实跟踪审计案例

一、稳增长促改革调结构惠民生防风险政策措施贯彻落实跟踪审计

（一）政策概述

1. "稳增长"就是要坚持扩大内需、稳定外需,大力发展实体经济,努力克服各种不稳

定、不确定因素的影响,及时解决苗头性、倾向性问题,保持经济平稳运行。

2."促改革"包括财税体制改革、户籍制度改革、收入分配体制改革等。

3."调结构"就是要进一步优化三次产业比例,优化农业产业结构,优化工业支柱结构,优化传统服务业与现代服务业结构,优化财政结构。

4."惠民生"要求坚持更加积极的就业政策,努力扩大就业;完善社会保障体系,提高社会保障水平;优先发展教育,改善教育办学条件;大力发展文化事业和文化产业,把满足人民日益增长的文化需求作为扩大内需的重要组成部分。

5."防风险"即整治市场乱象,弥补制度短板,化解银行业风险;加速清理违规金融业务,整顿监管互联网金融行业;规范资产管理市场,服务实体经济及金融消费者。

(二)审计框架

审计框架如图 12-1 所示。

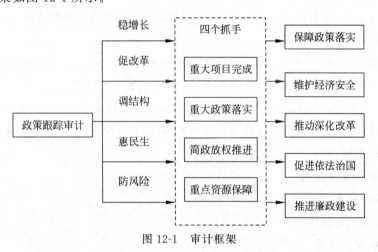

图 12-1 审计框架

(三)案例——《2015 年 10 月稳增长促改革调结构惠民生防风险政策措施贯彻落实跟踪审计结果》①

引言

一、总体情况

2015 年 10 月,审计署继续组织对 31 个省、自治区、直辖市(以下统称省)和 29 个中央部门、7 户中央企业落实稳增长促改革调结构惠民生防风险政策措施情况进行了跟踪审计,重点审计了重大项目建设、生态环境保护及治理项目推进、简政放权等政策落实、部分资金管理等情况,抽查了 615 个单位、492 个项目,涉及中央资金 1131.55 亿元。

① 来源:中华人民共和国审计署,https://www.audit.gov.cn/n5/n25/c78874/content.html,发布时间 2015 年 12 月 10 日。

从总体审计情况来看,一些部门和地区积极采取措施,推动简政放权、减轻中小企业负担等政策落实,取得较好成效。但审计也发现,部分重点建设项目推进缓慢。

二、审计重点

(一)重大项目完成情况

主要关注机场、铁路等基础建设项目,保障性安居工程,水利及污水处理项目,石化能源、电力、通信等项目的建设情况,关注点包括项目的审批立项是否及时,工程实施进度如何,是否按期竣工,竣工运营绩效等方面。

(二)重大政策落实情况

加大民生资金和项目、环境保护等政策的落实审计力度,关注政策落实中执行、审核、推进及整改的问题。

(三)简政放权等政策

主要清理、取消和下放部分行政审批事项,推进改革商事制度,推进改革通关程序,清理、取消部分收费项目和职业资格许可认定,在简政放权及转变政府职能等方面做出贡献。

(四)重点资源保障情况

对资金使用合规、资金使用绩效、土地管理等重点资源保障情况进行审计,主要关注财政资金的使用安全,合理配置,存量盘活,运营绩效等方面问题。

2015年10月稳增长促改革调结构惠民生防风险政策措施贯彻落实跟踪审计重点关注了重大项目建设、生态环境保护与污染治理项目推进、资金管理、简政放权等政策落实情况。

三、审计流程(略)

四、审计结果及运用

(一)审计结果

1. 重大项目建设方面

(1)铁路建设方面

12个铁路项目年度投资计划完成率偏低,27条铁路项目段落4377公里尚未投产。部分重大水利工程续建项目2015年投资计划完成率较低,北京新机场建设部分关键工作未达到进度要求。

(2)居民生活基础设施工程推进方面

21个省部分重大水利工程、保障性安居工程、农村公路、农村饮水安全项目存在项目进展缓慢,个别地区存在虚报建设任务量、开工量或完工量等问题。3个重大水利工程续建项目中央投资完成率低于50%。

(3)生态环境保护与污染治理项目推进方面

① 青海国家三江源生态保护综合试验区内的14个污水处理厂建设进展缓慢。截至2015年10月底,有11个项目尚未建成运营。

② 滇池流域水污染防治项目实施进度慢,难以按计划完成。规划涉及的项目开工率应达到100%,完工率达95%以上。截至2015年10月底,项目实际完工55个,完工率

54.46%。

③ 部分地区淘汰黄标车工作推进不理想。截至 2015 年 9 月底,各地上报累计淘汰黄标车 82.36 万辆,占目标任务的 70.73%。

2. 简政放权等政策落实方面

(1) 海关总署和质检总局未有效整合原有申报系统。截至 2015 年 8 月底,抽查的 20 个口岸 5000 多家代理报关企业和 3000 多家代理报检企业中,分别有 52.34% 和 63.25% 尚未安装统一版"一次申报"系统。另外,关检双方"大通关"改革进程不同步,异地通关执法结果互认程度不一致,在一定程度上使进出口商品纳入"三个一"实施范围受限。

(2) 部分海关、质检下属企事业单位及个别关联民营企业,依托部门资源或经营与部门履职相关业务,收取服务费。2013 年至 2015 年 7 月,共收取费用 1.77 亿元,其中控股企业向质检总局信息中心分成现金 1509 万元。

(3) 安徽省地震局从下属单位开展行政审批中介服务收费中取得分成,用于该局人员及办公经费。地震工程研究院将从事中介服务收入中的 55% 向安徽省地震局分成,2010 年 7 月至 2015 年 10 月安徽省地震局累计分得 9143.23 万元。

(4) 广东省地震局向企业或个人转嫁专家评审费。2013 年至 2015 年 10 月,广东省地震局通过上述转嫁方式收取并发放专家评审费用 304.1 万元,其中 297.16 万元被局机关和下属事业单位人员领取。

(5) 上海市人力资源和社会保障局违规认定失业人员,导致不符合条件的民办非企业单位享受创业就业税收优惠政策。

3. 资金管理方面

(1) 财政部未根据项目变化情况调整下达补助资金,造成财政资金 3247.5 万元在省级财政部门结转。

(2) 甘肃省兰州市农业委员会下属单位违规将应上缴财政的土地收益等资金 8960.6 万元用于职工住宅楼或办公楼建设。

(二) 审计整改情况

稳增长促改革调结构惠民生防风险政策跟踪审计结果公告以披露跟踪审计结果为主,以披露整改反馈进度为辅。在审计过程中,审计人员会对一些非重大的项目推进、资金使用情况等问题实施"边审计边整改"的办法。

据《2015 年 11 月稳增长促改革调结构惠民生防风险政策措施贯彻落实跟踪审计结果》显示,对 2015 年 10 月,跟踪审计发现问题的整改情况进行了检查,从检查情况看,审计结果整改情况良好。有关部门和地方认真整改跟踪审计发现的问题,取得较好成效。在重大项目建设方面,各政府部门积极划拨财政资金,督促项目建设进度,全面清查虚报任务量情况并清零重置;在简政放权政策落实方面,各职能部门厘清权责关系,积极精简行政手续,依法依规减轻企业税收与费用负担;在资金管理方面,切实加强对财政资金的管理利用,及时划拨资金,打通政策落实的最后一公里。

二、减税降费政策措施落实跟踪审计

(一)政策概述

减税降费政策包括普惠性税收减免政策、小型微利企业普惠性企业所得税减免政策、鼓励研发创新税收优惠政策、个人所得税改革、小税种税收优惠政策以及增值税改革政策等减税政策;降低社会保险费率、根据涉企收费目录清单清理收费、清理规范行政审批中介服务等降费政策。

(二)减税降费政策跟踪审计

1. 审计内容

(1)审查减税降费重点任务进展和完成情况

按照党中央、国务院关于减税降费的工作部署和要求,重点检查财政、税务等部门和各地区是否及时出台有关减税降费政策措施;检查有关部门按照职责范围和分工制定具体落实措施、任务分解、工作进展和完善制度保障等情况。

(2)审查减轻税收负担政策措施落实情况

审计要持续关注国家陆续出台的降低增值税税率、增值税留抵退税试点、放宽享受减半征收企业所得税优惠的小型微利企业标准、取消委托境外研发费用加计扣除限制等一系列优惠政策是否落实到位,促进各项税收优惠政策应享尽享。

(3)审查清理规范涉企收费政策措施落实情况

审计要持续关注已经出台的着力降低企业税费负担、融资成本、制度性交易成本、人工成本、能源成本和物流成本等各项清理规范涉企收费政策是否落实到位。

2. 审计重点

(1)减税方面,审计重点如表 12-2 所示。

表 12-2　减税方面的审计重点

相 关 政 策	审 计 重 点
增值税改革政策	❖ 审查不同行业增值税税率是否按标准降低; ❖ 审查增值税小规模纳税人标准是否执行; ❖ 审查涉农贷款增值税优惠情况; ❖ 审查出口退税率落实情况。
小微企业普惠性税收优惠政策	❖ 审查税务部门是否按规定调整核定的税率和税额,是否存在小微企业增值税优惠政策纳税人未能享受优惠的问题; ❖ 审查是否对符合享受税收优惠的小微企业及时办理退税。

续表

相 关 政 策	审 计 重 点
鼓励研发创新税收优惠政策	❖ 审查高新技术企业和初创科技型中小企业所得税优惠政策落实情况和效果； ❖ 审查创业投资企业和天使投资个人投向初创科技型企业所得税优惠政策落实情况和效果； ❖ 审查高新技术企业和科技型中小企业亏损结转年限延长等所得税优惠政策落实情况和效果。
小税种税收优惠政策	❖ 关注资源税、城市维护建设税、印花税、城镇土地使用税、耕地占用税等地方税种，以及教育费附加和地方教育费附加减半征收优惠政策落实情况和效果。

（2）降费方面，审计重点如表 12-3 所示。

表 12-3　降费方面的审计重点

审 计 重 点	具 体 内 容
关注涉企收费目录清单执行情况	❖ 对照政府性基金和行政事业性收费目录清单、政府定价的经营服务性收费目录清单，关注是否存在继续收取已明令取消、停征、免征的行政事业性收费；是否未经批准自立名目收费以及自行提高收费标准等违规收费情况。
关注行政审批中介服务收费情况	❖ 按照国务院和各级人民政府清理规范行政审批中介服务事项的规定，关注是否存在违反规定将应由政府部门承担的费用转嫁企业承担等情况。
关注依托行政资源、行政权力及影响力收费情况	❖ 关注是否存在针对企业的乱收费、乱罚款和乱摊派等情况；是否存在通过指定服务、违规开展培训或评比达标等向企业乱收费等情况；是否存在行业协会商会代行政府职能自立项目收费、强制收费等情况。
关注保证金收取与退还情况	❖ 通过查阅保证金台账，检查是否在规定日期前清退完毕，核实涉企保证清单是否符合国家要求。

（三）案例——《2019 年二季度 A 省减税降费政策跟踪审计》①

引言

一、总体情况

根据审计署工作部署，减税降费审计工作由财政审计工作领导小组办公室具体组织。对于 A 省减税政策落实情况审计，由审计署驻 A 省特派办牵头负责，于 2019 年 4 月至 6 月对 A 省政府 2019 年第二季度贯彻落实国家重大政策措施情况进行跟踪审计，对 A 省减税降费政策落实情况进行跟踪审计，统筹协调特派办和地方审计机关审计资源组织落实，并由特派办汇总上报审计情况；对于降费政策落实情况审计，地方审计机关结合政策跟踪、部门预算执行、对下级财政决算审计、企业审计、金融审计等审计项目一并开展。

据统计，A 省第一季度税收收入增幅放缓，受上年减税政策翘尾以及小微企业普惠性减税政策的影响，2019 年第一季度，A 省税务部门累计组织税费收入较去年同期增长 6.8%。其中，A 省全部税收收入增长 6.38%，较去年同期回落 9.79%。从税种看，A 省

---

① 案例根据中华人民共和国审计署及相关审计厅局资料整理。

增值税直接收入增长 8.03%,同比去年同期回落 15.18%;"六税两费"中的六税合计增长 2.4%,同比回落 9.2%;个人所得税下降 19.7%,降幅较 1 月增长 11%;1—2 月,社会保险费同比增长 12.1%;其他非税收入同比增长 8.7%。

二、减税政策审计项目分析

(一)减税政策内容及重点

A 省的减税政策审计是特派办和地方审计机关在全面调研的基础上,监督反映各项税收优惠政策落实情况和效果,切实推动解决影响企业充分享受减税红利的问题和障碍,如表 12-4 所示。

表 12-4　减税方面涉及的政策及政策内容

政策执行期	政策名称	政策内容
至 2021.12.31	《财政部 国家税务总局关于实施小微企业普惠性税收减免政策的通知》(财税〔2019〕13 号)	1. 月销售额 10 万元以下的增值税小规模纳税人,免征增值税; 2. 小型微利企业年应纳税所得额减按 25%、50% 计入应纳税所得额,按 20% 的税率缴纳企业所得税。
	《国家税务总局关于增值税小规模纳税人地方税种和相关附加减征政策有关征管问题的公告》(国家税务总局公告 2019 年第 5 号)	增值税小规模纳税人减按 50% 征收"六税两费"。
	《财政部 税务总局关于创业投资企业和天使投资个人有关税收政策的通知》,(财税〔2018〕55 号)	调整初创科技型企业从业人数和资产条件: 1. 从业人数不超过 300 人; 2. 资产总额和年销售收入均不超过 5000 万元。
2018.5.1 起	《财政部 国家税务总局关于调整增值税税率的通知》(财税〔2018〕32 号)	纳税人发生增值税应税销售行为或者进口货物,原适用 17%、11% 税率的,税率分别调整为 16%、10%。
	《财政部 国家税务总局关于统一增值税小规模纳税人标准的通知》(财税〔2018〕33 号)	转登记日前连续 12 个月或者连续 4 个季度累计销售额未超过 500 万元的一般纳税人,在 2019 年 12 月 31 前,可选择转登记为小规模纳税人。
至 2020.12.31	《财政部 税务总局关于设备器具扣除有关企业所得税政策的通知》(财税〔2018〕54 号)	单位价值不超过 500 万元的新购进的设备、器具允许在计算应纳税所得额时一次性扣除。
	《财政部 税务总局关于金融机构小微企业贷款利息收入免征增值税政策的通知》(财税〔2018〕91 号)	金融机构小微企业贷款利息收入免征增值税。

(二)减税政策审计组的审计内容

1. 关注增值税改革相关政策的执行情况和效果

审计组重点关注 A 省关于降低增值税税率、统一增值税小规模纳税人标准和留抵退税等增值税改革政策措施执行情况,看是否出台配套细则、完善政策落地各个环节,是否全面有效落实,重点关注部分行业实际降负情况,反映是否存在抵消政策优惠的情形。

2. 关注小微企业相关税收优惠政策执行情况和效果

小微企业相关的税收优惠政策主要包括固定资产一次性税前扣除、减半征收企业所得税两项税收优惠政策,审计组需具体反映政策落实中部分行业存在的难以享受税收优惠的情况。

3. 关注研发费用加计扣除等惠及高新技术企业、科技型中小企业、创投企业的税收优惠政策执行情况和效果

审计组将具体对高新技术企业和科技型中小企业所得税优惠政策执行情况、受众反响做出调查和反映,同时关注创投企业所得税优惠政策执行情况,反映政策执行效果以及政策中影响优惠效果的问题,关注职工教育经费税前扣除等所得税优惠政策,反映是否执行到位。

4. 关注出口退税率政策落实情况和效果,持续关注相关政策的执行情况和效果。

三、减税政策审计过程(略)

四、减税降费政策审计项目总体评价

（一）审计结果

1. 增值税小规模纳税人可转未转

根据《关于统一增值税小规模纳税人标准的通知》(财税〔2018〕33号),规定增值税小规模纳税人标准为年应征增值税销售额500万元以下。A省税务局根据上述文件精神,于2018年5月1日至2018年12月31日期间,已为6000余户增值税一般纳税人办理转登记为小规模纳税人手续,并减免税收0.6亿元,但仍有符合增值税小规模纳税人标准的一般纳税人6万余户未申请转登记为小规模纳税人,未享受相应的小规模纳税人减税政策。

2. A省涉及涉农贷款的增值税减税政策未落实

为支持中国邮政储蓄银行"三农金融事业部"加大乡村振兴的支持力度,财政部发布调整涉农贷款增值税政策的通知,规定自2018年7月1日至2020年12月30日,对中国邮政储蓄银行提供的涉农贷款利息收入可按3%的征收率缴纳增值税。截至2019年3月,中国邮政储蓄银行A省分行由于业务、财务系统改造未完成,无法区分借款人是否属于农户、农村企业、农村组织机构,贷款业务是否属于可享受增值税优惠的涉农贷款,从而难以计算涉农贷款利息收入,导致中国邮政储蓄银行A省分行未能享受该项减税政策优惠。

3. 创投企业投资于种子期、初创期科技型企业税收优惠政策落实情况

根据A省金融监督管理局和中国证券监督管理委员会提供的A省2018年度备案创业投资企业名单,截至2018年底,A省共100余户通过备案的创业投资企业,上述创投企业中仅有1户已享受创投优惠,抵扣应纳税所得额500余万元。2018年Y市创业投资有限责任公司向两家高新技术产业投资超700万元,但由于划入上述两家企业股权时

已不符合财税〔2018〕55号文的"接受投资时设立时间不超过5年"的规定,该公司将无法享受创投税收优惠政策。

（二）审计建议

根据减税降费政策措施落实相关审计情况,从审计重点抽查的有关地区和部门落实税收优惠政策、执行涉企收费目录清单制度、清理规范行政审批中介服务等情况看,被审计地区和部门应进一步认真贯彻落实党中央、国务院实施更大规模减税降费政策措施的决策部署,在降低企业和个人负担、激发市场主体活力等方面做好相关工作。税务总局应持续打好政策惠民和服务便民"组合拳",简化办理程序,减轻办税负担,进一步加强政策执行中部分措施配套协调,完善相关机制。针对行政事业性收费、涉企经营性收费、开展中介服务或转嫁费用等情况,民政等相关部门应进一步清理相关应免征的行政事业性收费、应退未退政府性基金,针对依托主管部门的行政审批事项开展中介服务并收取费用的行为进行整改,并规范行业协会商会管理。

三、清理拖欠民营和中小企业账款跟踪审计

（一）政策概述

第一步优先清理:拖欠农民工工资;涉及供气供暖等民生、安全方面的工程项目欠款;中央或省级财政已下达专项资金预算或通过调剂解决了资金渠道的欠款;有条件清偿的地方"两款一金"、大型国有企业欠款、按照政策规定入库保留的PPP项目到期应付合同款等。

第二步着力清理:暂时难以落实预算资金的地方政府欠款;已被叫停的不规范PPP项目、政府购买服务项目且已形成一定工作量的欠款（有关工程项目不得借机重新启动）;确有困难的国有企业欠款,由各级监督管理机构督促有关地方和企业制订详细清偿计划。

（二）清理拖欠民营和中小企业账款跟踪审计内容

1. 审计内容

根据审计对象的不同,清理拖欠民营和中小企业账款跟踪审计内容主要分为政策执行情况、重大工程项目进展情况、项目资金运用情况、政策落实跟踪审计发现问题整改情况四个方面。与此同时,在全面分析阻碍政策落实的执行要素基础上,寻找导致政策落实的低效是政策作用、执行力度差,还是政策本身制定脱离实际、不科学的原因。第一时间提出审计意见,提高各项政策落实跟踪审计的实施效果。审计重点和审计内容如表12-5所示。

表 12-5　清理拖欠民营和中小企业账款跟踪审计重点及内容

重点方面	主要内容
"清欠"政策执行情况	❖ 是否建立单位台账；是否划分有分歧、无分歧账款；是否优先清偿民生类欠款及农民工工资欠款；是否做到严防新增拖欠； ❖ 党委、政府是否召开工作会议部署；是否成立"清欠"领导小组；是否有专门管理机构。
重大工程项目进度情况	❖ 重点审计工程项目立项、可行性研究报告和批复材料；与施工企业签订的施工合同；建设、施工、监理等多方面确认的工程进度表或竣工验收、结算等资料；工程计划资金组成及资金实际到位情况明细；截至目前已经支付的工程款明细表。
项目资金运用情况	❖检查资金运用是否与政策制定内容一致；是否有挪用资金导致项目未能完成情况；是否有资金筹集不及时、不到位、分配不合规、管理不合理导致资金浪费情况。
政策落实跟踪审计发现问题的整改情况	❖ 单位是否在限期内进行整改；单位负责人是否定期向审计组汇报偿还情况。

2. 清理拖欠民营和中小企业账款跟踪审计流程与方法

审计人员采取实地延伸审计的方法，重点延伸欠款数额大、未还款数额大的单位。具体审计流程如下：

（1）运用访谈法，审计组到被审计单位，与其相关负责人进行面对面或电话形式进行沟通，向被审计单位相关人员说明审计工作需要的资料和账款，双方约定监督、检查时间；

（2）审计小组进驻被审单位，到被审计单位召开审计座谈会，根据企业报送的资料，查阅是否已划分有分歧、无分歧账款；针对无分歧账款是否可以偿还过半，是否有新增拖欠账款，详细分析企业清偿情况，寻找疑点。审计人员通过核对数据，对"原计划当月还款金额"与"当月实际还款金额"不一致的着重进行原因分析，通过向主管单位索取相关数据，深入企业，对其进行调查走访的形式，发现问题；

（3）与相关负责人沟通，询问在清理拖欠中小民营企业账款过程中遇到的困难，审计实际偿还额是否与计划偿还额一致，如不一致询问原因并要求整改；

（4）分析问题原因，向审计组组长汇报审计情况，撰写工作底稿。

（三）案例——X 省清理拖欠民营和中小企业账款跟踪审计

一、总体情况

本次审计的项目主要是调查了解 2019 年 X 省政府部门及大型国有企业清欠政策（以下简称"清欠"政策）落实情况，尤其是 4 月由工信厅牵头、国资委主管，收集并整理省政府部门及大型国有企业在 4 月重新厘清的台账，重点关注了清偿计划的制订，是否划分有分歧、无分歧账款，是否逐月足额清偿欠款，债务是否新增等问题。审计核实"清欠"

政策数据的真实性,深入企业,厘清清欠台账口径,从政策层面帮助被审计单位建立完整准确台账,推动清欠工作扎实有序开展。

（一）X省政府部门拖欠账款情况统计

据统计,截至2019年4月底,X省政府部门共拖欠账款约192亿元,已清偿约42亿元,剩余欠款总额约150亿元,其中纳入2019年底前偿还金额约67亿元,剩余欠款中拖欠工程款约128亿元,拖欠物资采购款约3亿元,拖欠保证金约14亿元,拖欠民营企业数量11456个。

（二）X省本级大型国有企业拖欠账款情况统计

据统计,截至2019年4月底,X省本级大型国有企业共拖欠账款约1124亿元,已清偿约60亿元,剩余欠款总额约52亿元,其中纳入2019年底前偿还金额约46亿元。剩余欠款中拖欠工程款约20亿元,拖欠物资采购款约27亿元,拖欠保证金约13亿元,拖欠民营企业数量28776个。

二、审计重点及内容

根据审计对象的不同,"清欠"政策内容主要分为政策执行情况、重大工程项目的进展是否按计划进行的情况、工程资金运用是否合理的情况、政策落实跟踪审计发现问题是否及时进行整改情况这四方面。同时,在全面分析阻碍政策落实的执行要素基础上,寻找导致政策落实的低效是政策作用、执行力度差,还是政策本身制定脱离实际、不科学的原因,第一时间提出审计意见,提高各项政策落实跟踪审计的实施效果。

（一）"清欠"政策执行情况

重点关注是否建立单位台账;是否划分有分歧、无分歧账款;是否优先清偿民生类欠款及农民工工资欠款;是否做到严防新增拖欠。党委、政府是否召开工作会议部署;是否成立"清欠"领导小组;是否有专门管理机构。

（二）重大工程项目进度情况

重点审计工程项目立项、可行性研究报告和批复材料;与施工企业签订的施工合同;建设、施工、监理等多方面确认的工程进度表或竣工验收、结算等资料;工程计划资金组成及资金实际到位情况明细;截至目前已经支付的工程款明细表。

（三）项目资金运用情况

主要检查资金运用是否与政策制定内容一致;是否有挪用资金导致项目未能完成情况;是否有资金筹集不及时、不到位、分配不合规、管理不合理导致资金浪费情况。

（四）政策落实跟踪审计发现问题的整改情况

主要审计单位是否在限期内进行整改;单位负责人是否定期向审计组汇报偿还情况。

三、审计流程（略）

四、审计结果运用及整改情况

在"清欠"过程中,审计小组成员注重对政策落实跟踪审计的整改情况,如：YC石油克服困难,积极筹措资金,及时落实清欠阶段性目标任务,采取办理国开行专项贷款、调整内部资金等多种措施,保障清欠工作进度。一是下发了《关于做好2019年清欠工作的通知》,要求集团划拨给下属企业的专项资金不低于50%用于清偿拖欠账款。并将清欠工作纳入年度预算管理,2019年1月涉油单位安排专项清欠资金36.40亿元。二是按照4月30日重新确定的清欠台账,制订了还款计划及清欠工作方案,无分歧逾期账款偿还比例已达到64.74%,力争12月底前完成无分歧欠款清理。三是加强组织领导,综合施策,防范财务运行风险。进一步抓生产、强营销、优化投资、深化改革,通过不断提升企业盈利能力和资产运营效益,从根本上解决资金困难局面。

YS集团下属A公司于2019年1月已在国开行融资1.5亿元,专项偿付逾期民营企业账款,截至4月审计指出的1.55亿元拖欠账款已清偿完毕。目前,按照全省进一步排查核实清欠台账底数的工作部署,4月,A公司再次对应付账款进行了梳理排查,并清理出无分歧欠款285.67万元,有分歧欠款1.580万元,已及时制订还款计划和保障措施。一是无分歧欠款在2019年6月底前使用自有资金完成清偿;有分歧欠款按照友好协商、主动沟通的原则,尽快协商处理。二是积极清收自身企业的应收账款、将低效和无效的资产进行处置、开展保理业务,进一步提高自身的资产质量。降低"两金"占用率、从而提高企业的资金使用效率,严防新增拖欠,确保清欠目标顺利完成。

与此同时,审计组成员在审计过程中,努力帮助被审单位做到如下几点:一是进一步完善清欠工作台账;二是严格按计划进度偿还欠款,敦促企业对于未清偿的无分歧账款逐项完善清偿计划,明确偿还工作的时间表、路线图,进一步关注企业还款的资金来源,逐月逐笔进行偿付;三是坚决杜绝政府和企业新增拖欠,重点关注了应付账款和合同管理,帮助政府和企业建立起预防"边清边欠"的长效机制;四是要求政府和企业加大清欠力度,确保完成全年清欠工作计划;五是积极处理有分歧欠款,做好后续计划安排,对于有分歧欠款,积极分类解决,对于进入司法程序的欠款,应积极配合司法机关,对于债权企业已注销或失联的,要登记在册,做到底数清晰。

拓展案例

思考题

一、简答题
1. 简述政策落实跟踪审计的概念。
2. 简述政策落实跟踪审计的内容。
3. 简述政策落实跟踪审计评价方法。
4. 简述减税降费政策跟踪审计存在的问题。
5. 简述清理拖欠民营和中小企业账款跟踪审计流程与方法。

即练即测

二、论述题

1. 政策落实跟踪审计同常规审计业务类型的辨析。

2. 政府绩效审计、政府投资建设项目跟踪审计和政策落实跟踪审计对比。

3. 政策落实跟踪审计方法有哪些创新与拓展？

4. 如何完善减税降费政策跟踪审计？

5. 清理拖欠民营和中小企业账款跟踪审计的内容。

第十三章

财 政 审 计

 导读

财政审计是指审计机关以国家法律法规为依据,对政府财政及其他预算执行部门分配、管理和使用公共资源,提供公共产品和公共服务等履行公共经济责任的行为,进行监督、评价和报告的独立控制活动。本章对财政审计的内涵、财政审计的目标以及财政预算执行及决算草案审计、部门预算执行及决算草案审计、税收审计、政府投资审计进行系统的阐述与实务过程说明。

本章学习目标

通过本章学习,学员应该能够:

(1) 理解财政审计的含义、特点、目标以及审计对象;

(2) 熟悉财政预算执行及决算草案审计、部门预算执行及决算草案审计、税收审计、政府投资审计四类财政审计的相关内容,对财政审计有一个全面、清晰的认知。

第一节　财政审计概述

一、财政审计的含义与特点

(一) 财政审计的含义

财政审计是指审计机关根据国家法律和行政法规的规定,对国家财政收支及相关经济活动的真实、合法和效益情况进行的监督检查,主要包括财政预算执行及决算草案审计、部门预算执行及决算草案审计、税收审计、政府投资审计等。

我国《宪法》规定,中央和地方各级审计机关负责对中央和地方各级人民政府财政收支的预算和执行情况进行审计监督,向国务院和本级人民政府提交审计结果报告,并代表政府向全国人大常委会和本级人民代表大会报告审计工作。因此,财政审计是宪法和法律赋予国家审计的基本职责,也是国家审计的永恒主题和首要任务。

(二)财政审计的特点

1. 宏观性。财政审计涉及财政政策、财政体制、财政制度等国家宏观调控方面的事项,要重点关注政府间财政关系以及财政政策与货币政策、产业政策等方面的协调情况,并对涉及宏观政策方面的问题做出审计评价。

2. 整体性。财政审计要对政府的所有收入和支出进行监督,涉及政府活动的方方面面;同时,财政审计要从国家治理的高度对财政活动进行总体把握,形成一个完整的体系,对财政管理的总体情况做出评价。

3. 政策性。财政审计通过对政府部门财政收支规模、结构、管理和政策实施效果的审查,揭示预算分配和执行中存在的突出问题,提出完善资金分配、加强预算管理等方面的建议,促进提高政策实施效果。

二、财政审计的目标

财政审计开展之初,基本上是围绕国家经济工作重点和财政改革的进程而展开的,事后监督和为财政改革保驾护航是其主要特点。随着审计事业的发展和深化,财政审计的作用不仅仅体现在整肃经济秩序、严格财经纪律等方面。近几年,党和政府对国家发展做出的重大战略部署使财政审计面临新的任务与挑战。

(一)总体目标

财政审计通过对国家财政收支及相关经济活动的真实、合法和效益情况开展全方位、多层次监督检查,密切关注各部门、系统财政资金的使用,加强防范财政风险的能力,促进经济健康发展,从而实现维护国家财政安全、促进深化财政体制改革、推动完善公共财政和政府预算体系、增强财政政策有效性、促进依法民主科学理财和提高预算执行效果的目标。

(二)具体目标

1. 以促进经济健康发展,维护财政安全为目标。通过调查了解中央制定的一系列保持经济平稳较快发展措施的贯彻落实情况以及实施中存在的问题,对深层次的体制、机制进行评价和分析,并相应地提出改进和完善各项措施的意见和建议,确保国家积极财政政策等各项措施执行到位,促进社会经济健康发展。同时通过审计关注财政风险,维护财政安全。

2. 以促进建立统一、完整的政府财政预决算管理制度为目标。通过对预算编报、预算执行、国有资本经营预算执行等情况的审计调查,重点反映预算不完整、项目不细化、执行不严格,向人民代表大会报告预算执行情况不全面等影响公共财政体系建设的体制性、机制性问题,揭示预算执行结果与人民代表大会批准的预算在规模及结构上存在的偏差,推动政府预算的公开透明,进一步提高预决算管理的规范性和完整性,促进规范政府预算会计制度和向人民代表大会报告制度,提高公共财政管理水平。

3. 以促进地方加强债务管理,防范财政风险为目标。审计通过揭示地方政府性债务监督管理制度不健全或贯彻落实不到位,缺乏债务风险的监控和防范机制,政府投融资机构多而乱,部门或单位自行举债,缺乏统一的债务规划和预算,更缺乏人大监督,部分债务资金违规使用,效益不高等问题,促进地方政府关注债务风险,规范债务管理,建立政府债务预算、风险预警机制和债务风险责任制度,合理确定举债规模,减少地方财政风险。

4. 以促进部门预算制度的有效运行为目标。通过对部门预算执行情况的审计,揭示行政事业单位在部门预算执行中存在的问题,遏制公务支出中的公款消费和浪费现象,规范财政财务管理,从制度层面研究与提出带有根本性和长远性的解决办法,规范支出行为,降低行政成本,提高行政效能,促进部门预算制度的健康有效运行。

5. 以促进落实惠民政策的长效机制为目标。通过对社保资金、公积金、廉租住房建设等民生资金和民生工程的审计,反映社会关注的民生问题的资金使用管理情况,揭露落实国家有关政策不到位,以及严重影响和损害群众利益的突出问题,提出完善政策、健全制度的建议,促进政策的落实,促进贯彻落实节约资源和环境保护的基本国策,促进提高基层公共服务能力。

三、财政审计的对象

财政审计的对象主要是参与国家财政收支管理及有关经济活动的各级政府和相关部门、各级财政的预算单位和其他管理分配使用财政资金的单位,主要包括:管理分配使用财政资金的本级政府及其组成部门、直属机构,下级政府和其他有关部门、单位;负责征收财政收入的税务、海关和其他有关部门、单位;其他取得财政资金的单位和项目等。这些内容都属于审计机关对财政收支进行审计监督的职责范围,体现了国家审计领域的广阔性和财政审计大格局的广泛性。

第二节　财政审计的内容

审计机关依法对政府的全部收入和支出、政府部门管理或其他单位受政府委托管理的资金,以及相关经济活动进行全面审计,主要内容包括财政预算执行及决算草案审计、部门预算执行及决算草案审计、税收审计以及政府投资审计。

一、财政预算执行及决算草案审计

对各级政府预算执行及决算草案进行审计,主要监督检查预决算的真实、合法和效益情况,以及财税政策执行、政府预算体系建设、重点专项资金管理使用、财政体制运行、政府债务管理等情况,促进加快建立现代财政制度,建立权责清晰、财力协调、区域均衡的中央和地方财政关系。

财政预算执行及决算草案审计主要包括本级预算执行审计和对下级政府预算执行与决算审计。

(一)本级预算执行审计

1.本级预算执行审计的含义

本级预算执行审计是指各级审计机关依据本级人大审查和批准的年度财政预算,对本级财政及各预算执行部门和单位,在预算执行过程中筹集、分配和使用财政资金的情况,以及组织政府预算收支任务完成情况和其他财政收支的真实、合法、效益性所进行的审计监督。

2.本级预算执行审计的目标

本级预算执行审计的目标在于促使财政在国民经济中的职能作用得以正确、充分和有效地发挥,维护财政预算的严肃性,加强政府对本级预算收支的管理和人大对财政预算执行情况的有效监督,为强化宏观管理和控制、发展社会主义经济服务。本级预算执行审计是财政审计的一个重要组成部分,是国家审计机关依照法律、法规规定,对本级政府主管财政预算执行的机关,以及其他预算执行机构,在财政预算执行过程中筹集、分配财政资金的活动和预算收支任务完成情况的真实性、合法性、有效性所进行的审计监督。

3.本级财政预算执行情况审计的主要内容

(1)审查预算执行情况报告的合理性、真实性;

(2)审查预算收入的完成进度是否达到计划要求,分析预算收入大幅度增减的原因;

(3)审查预算支出是否严格按照国家预算执行,进度是否与计划一致。审查预算支出超支或未完成计划的原因;

(4)审查并评价被审计单位组织预算收支平衡的措施是否切实可行及其实施效果;

(5)查核动用预备费是否适当,手续是否完备;

(6)查核救灾款的支出有无虚报冒领、挪用、侵占现象;

(7)审查财政结余资金是否真实、正确,是否做到了收支平衡;财政结算资金是否按规定进行结转,往来资金是否合理;

(8)审查是否存在预算外资金的问题;其资金有无滥支滥用,违反财经法纪现象,有无利用预算外资金从事违法经济活动等情况。

（二）对下级政府预算执行与决算审计

1．对下级政府预算执行和决算审计的含义

对下级政府预算执行审计是审计机关依照国家法律、行政法规对下级政府预算执行的真实、合法和效益情况进行监督的行为，通常称为"上审下"。

对下级政府财政决算审计是上级审计机关对下级政府财政收支决算的真实、合法、效益情况进行监督的行为。

2．对下级政府预算执行和决算审计的主要内容

（1）非税性收入审计

非税性收入是财政部门按照国家统一政策、制度的规定直接组织的收入。按照国家预算收支科目，由地方财政部门组织的非税性收入，如国有企业上缴利润、基本建设贷款归还收入、其他收入、罚没收入、行政性收费收入、债务收入等。

上级审计机关对下级政府非税性收入审计时，重点检查政府各部门、各单位是否按照国家规定将非税性收入及时、足额地按规定的预算级次上缴财政，有无截留、坐支的问题；财政部门对各部门、各单位上缴的非税性收入，是否纳入预算管理，有无采取挂预算暂存、预算外暂存，在预算之外进行收付核算，逃避监督的问题。

（2）财政收入退库情况审计

地方退库项目主要是按规定可以从预算收入中退库拨补的国有企业计划亏损补贴和按照先征后退政策所退的增值税、消费税、企业所得税等各项税收，以及由于技术性差错需办理的退库和改变企业隶属关系办理财务结算所需要的退库。各级财政必须严格按照财政部批准的退库项目办理收入退库，不得擅自设立退库项目。

（3）财政支出审计

对下级政府财政支出情况的审计主要检查以下内容。

① 支出列报是否真实。通过审计核实各项预算支出数同支出列报依据是否一致，有无采取以虚列支出的方式转移财政资金的问题。

② 执行法律和财政政策情况。重点检查财政对农业、教育、科技的投入是否高于经常性收入的增长，有无违反有关法律的规定，不能保证农业、教育、科技的财政投入正常增长的问题；预算收入超收部分是否用于减少财政赤字、解决历史遗留问题、增加对农业的投入、支援经济不发达地区和少数民族地区；是否贯彻国家有关财政政策，从严控制财政支出。

③ 转移支付资金的管理和使用情况。转移支付资金主要有两大类型，即不规定使用方向和具体使用项目的一般性转移支付，以及规定使用方向或具体使用项目的专项转移支付。对一般性转移支付要重点检查是否按规定拨付资金，有无转作预算外管理的问

题；对专项转移支付要检查是否坚持专款专用原则,有无挪作他用的问题。

④ 财政结算资金审计。财政结算资金是指中央财政和地方财政、上级财政和下级财政之间,在财政管理体制确定以后,由于客观情况变化,企业、事业单位隶属关系调整,财政收支转移等原因在年终需要统一结算的资金。主要内容包括体制结算、专项拨款结算、企业事业单位上划下结算、因国家采取的财经政策措施而影响上下级财力变动所需要的单项结算和上下级垫付往来款的结算。国家对各项结算均有明确具体的结算标准和结算办法,应按国家规定,重点从三个方面进行审计:

一是审查每一结算事项文件依据是否准确,基础数据是否可靠,结算办法是否合规,结算数据是否真实,有无结算基础不实的问题;

二是审查税收返还的结算。对结算事项应区分不同情况,有重点地进行检查。如对分税制体制税收返还收入结算的审计,应重点检查增值税、消费税两税收入有无虚增虚减的问题;

三是审查地方有无采取不正当手法,通过结算为财政、税务系统增加各项经费的问题。

⑤ 结转下年支出审计。结转下年支出是预算安排的支出结余,按照专款专用的原则结转下年继续使用的资金。由于结转下年支出是否真实、合理、合规,对财政结余以至下年政府对财政资金的安排会产生直接影响,因此审计结转支出是否符合国家的政策规定,也是对下级政府预算执行情况和决算审计必不可少的内容。

二、部门预算执行及决算草案审计

财政支出分为本级支出和补助下级支出,本级支出的主要对象是本级各部门。审计机关按照法律规定,不仅要对部门预算执行情况进行审计,而且要对部门预算执行结果,即部门决算进行审计,促进提高本级财政支出管理水平和财政资金使用效益。

(一) 部门预算执行审计

1. 部门预算执行审计的含义

对各级党政工作部门、事业单位、人民团体等的部门预算执行和决算草案进行审计,主要监督检查部门预决算的真实、合法和效益情况,重点关注贯彻中央八项规定及实施细则精神、"三公"经费和会议费支出等情况,促进严格预算约束,建立全面规范透明、标准科学、约束有力的预算制度。

2. 部门预算执行审计的内容

(1) 部门预算管理情况

主要对部门管理本级及所属单位预算执行情况进行审查,审计主要包括以下内容。

① 部门预算管理体制。主要审查两个方面：一是部门与本级财政的预算管理关系，包括部门与本级财政部门、发展改革部门等的预算(项目)申报、审批程序、运行过程和要求，对有专门管理规定的预算项目要予以特别关注。二是部门与所属单位的预算管理关系，主要包括部门对所属单位预算管理职责划分、管理权限赋予、预算执行具体过程的管理和控制情况等。对部门预算管理体制的审查，主要是掌握部门预算管理总体情况，找出预算管理体制中存在的缺陷和薄弱环节，并且据此确定进一步审查的方向和重点。

② 部门预算管理制度。主要审查三个方面内容：一是部门预算管理制度的健全性，主要审查部门对预算管理主要领域、主要环节、特定领域和特定要求等是否通过制度规定下来，以及相关制度与部门预算管理实际要求相符合的情况。二是部门预算管理制度的合法性，主要审查部门制定的预算、财务管理制度与国家法律法规等相符合的情况。三是部门预算管理制度执行的有效性，主要审查各项制度的实际执行情况和相关内部控制实施情况。对部门预算管理制度的审查，主要是进一步掌握部门预算管理总体情况，发现内部管理和控制的漏洞，揭露部门财务管理不到位、制度执行不严格等问题。

③ 部门银行账户管理情况。主要审查四个方面内容：一是银行账户开设程序，主要审查部门遵守国家规定程序在相关银行开户情况，实行国库集中收付改革的部门，按国库单一账户体系要求开设银行账户的情况；二是银行账户数量，主要审查部门基本账户、其他账户数量，揭露部门随意开立银行账户、银行账户过多等问题；三是银行账户中收支的内容，主要审查部门各银行账户管理的具体收支内容、银行账户年初余额、年度收支情况、年末余额，掌握部门收支总体规模和结构；四是银行账户使用的管理情况，揭露部门出租、出借银行账户，违反有关资金专户存储管理规定等问题。

(2) 部门分配、批复、调整预算和拨付资金情况

主要审查部门根据预算管理权限，分配、批复、调整预算和拨付资金情况，审计具体包括以下内容。

① 部门分配预算情况。主要审查部门按照预算管理权限和所属单位职责、任务、机构、人员等，分配预算资金的情况，确保分配结构合理，促进职责履行和各项事业发展；审查部门预算落实到具体单位和项目的情况，促进预算分配的细化；审查部门按规定将本级和所属单位的所有资金纳入部门预算管理的情况，确保预算分配的完整性；审查部门违反《预算法》和其他有关规定，在部门预算中安排补助下级支出、非预算单位支出等不属于部门预算范围的事项，促进分配内容的正确性。

② 部门批复预算情况。主要审查批复本部门预算后 15 日内向所属单位批复预算情况，促进部门批复预算的及时性；审查部门根据财政部门批复本部门预算的科目和项目，如实向所属单位批复预算情况，揭露部门批复预算中随意调整预算科目和项目，调增、调减预算金额，擅自改变预算资金用途等问题；审查部门根据财政部门批复的本部门预算，足额向所属单位批复预算情况，反映部门批复预算不完整、预留预算资金等问题。

③ 部门调整预算情况。主要审查部门追加、追减预算的依据、申请，调整的预算占部

门年度预算的比重,分析调整预算的原因和对资金管理、使用带来的影响,促进部门预算改革;审查部门遵守预算调整的程序和审批权限等规定的情况,揭露部门擅自调整预算等问题。

④ 部门向所属单位拨付资金情况。在部门向所属单位拨款的情况下,主要审查部门严格按照预算拨付资金情况,揭露无预算、超预算拨款,挤占、挪用预算资金等问题;审查部门按照预算级次拨付资金情况,揭露超越预算级次或向非预算单位拨款等问题;审查部门按项目进度拨款情况,反映资金拨付不及时,滞拨、欠拨、截留、克扣应拨预算资金问题,以及未按项目实际进度预拨大量预算资金,影响资金使用效益、项目建设和事业发展等问题。

(3) 部门基本支出情况

根据部门预算制度的规定,部门预算支出划分为基本支出和项目支出两类。基本支出是为保障机构正常运转、完成日常工作任务而安排的预算支出,包括人员经费支出和日常公用经费支出两部分。基本支出实行定员定额管理。对部门基本支出审计具体包括以下内容。

① 部门基本支出预算的真实性。主要审查部门按照定员标准,即根据国家按该部门性质、职能、业务范围和工作任务所下达的人员配置标准和实际资产量,申请基本支出预算资金情况,揭露多报人员、资产,虚报冒领预算资金等问题,确保基本支出预算的真实性。

② 部门基本支出执行预算情况。主要审查部门根据财政部门所确定的人员定额、资产费用定额和基本支出预算使用预算资金的情况,揭露部门未严格执行基本支出预算,挤占、挪用专项资金用于基本支出,或将基本支出预算资金用于非预算单位或其他非规定用途的开支等问题,反映基本支出定额不合理、不公平、不公开等问题。

③ 部门基本支出执行国家规定标准情况。主要审查部门人员工资、津贴补贴、奖金、社会保障缴费、医疗费、住房公积金、交通费、差旅费、会议费等人员经费和日常公用经费执行国家规定标准情况,揭露擅自扩大支出范围、提高开支标准、超范围和超标准使用资金等问题。

④ 部门基本支出效益情况。主要审查部门贯彻厉行节约原则,加强日常公用经费等的管理和控制,有效使用资金情况,揭露经费使用中挥霍浪费、乱支滥用等问题,促进提高工作效率,保障部门有效履行职责。

(4) 部门项目支出情况

部门项目支出是为完成特定的行政工作任务或事业发展目标,在基本支出预算之外安排的专项支出,项目支出审计具体包括以下内容。

① 部门项目立项申报情况。主要审查六个方面内容:一是立项背景和过程;二是项目实施的必要性;三是项目实施的可行性;四是项目目标的科学性;五是项目预算情况;六是项目申报程序。

② 部门项目审核情况。主要审查部门对项目实施单位申报材料、申报条件、申报内容的真实性、可靠性进行审核的情况;审查部门聘请专家或委托中介机构对立项依据的充分性、项目目标的合理性、组织实施能力与条件、预期社会效益和经济效益、预算支出、资金筹措、项目风险等进行评审的情况,以及专家的评审意见和建议。

③ 部门项目库建设和管理情况。主要审查部门对项目进行审核、评审后,按照轻重缓急进行排序情况;审查部门项目库是否完备,能否满足编制项目支出预算的需要;审查部门对项目库进行集中管理、对已批复预算的项目进行清理以及项目库中的项目按年度实行滚动管理等情况。

④ 部门项目实施情况。主要审查项目实施方案、合同等符合法律法规规定和审批的内容和目标等,调增、调减项目的内容、原因及其合理性,调整项目内容按规定进行申报、审批情况;审查项目实施进度,分析未按规定进度实施的原因及对项目建设的影响;审查项目质量、项目技术的科学性和先进性、满足工作需要的情况等。

⑤ 部门项目预算执行和资金使用情况。主要审查四个方面内容:一是严格执行项目预算情况;二是项目资金使用情况;三是项目结余资金管理情况;四是项目收支核算情况。

⑥ 项目实施和资金使用效果。主要审查项目完成后,组织项目验收和总结情况,项目行政工作和事业发展情况;审查部门和项目单位资金管理、使用情况,项目资金使用的经济性、效率性、效果性,使用项目资金取得的社会效益和经济效益等。

(5)部门收入情况

部门及所属单位的收入包括一般财政预算拨款收入、纳入预算管理的政府性基金收入和其他收入。部门及所属单位收入审计具体包括以下内容。

① 收入取得的合法性。对财政拨入的一般预算拨款收入、纳入预算管理的政府性基金收入,主要审查如实申报、申请预算资金情况,揭露弄虚作假、虚报冒领、骗取财政资金等问题;审查各种收费或罚没收入等是否符合国家的有关政策规定,是否实行了"收支两条线"并纳入预算管理规定情况,揭露存在不按规定上缴、私设"小金库"、乱支滥用等问题。

② 相关收入纳税情况。对部门所属单位应当纳税的收入,主要审查严格按照国家规定进行纳税申报情况,及时、足额缴纳税款情况,揭露隐瞒、转移收入,偷税、漏税等问题。

③ 收入管理情况。主要审查各项收入是否全部纳入部门预算,由财务部门统一管理,各项收入核算的完整性、准确性等,揭露收入预算不完整、私设"账外账"、私存私放资金等问题。

(6)部门结余情况

部门及所属单位结余是指其收支相抵后的差额,包括财政拨款结余和非财政拨款结余两部分。财政拨款结余又分为基本支出结余和项目支出结余。部门结余审计主要包括以下内容。

① 结余资金规模及形成原因。在审查部门及所属单位各项收支的基础上,核实结余

资金规模和结构,保障结余资金的正式性和准确性;具体分析形成结余的原因,分清因预算编制不实、下达预算较晚、拨款不及时、预算执行进度缓慢、历史或政策性因素以及其他原因形成的结余数额,有针对性地提出加强管理的建议。

② 结余资金管理情况。审查结余资金纳入部门年度决算情况;事业单位按国家规定比例用基本支出结余提取专用资金或结转事业资金情况;项目完成、中止或撤销形成的净结余资金纳入下年度预算重新申报、审批情况;非经营性基本建设项目竣工后结余资金管理、按规定比例分配和归还财政情况;实行国库集中支付资金结余的对账和按规定上报情况;结余资金核算情况等。

③ 结余资金使用情况。审查部门按规定方向使用基本支出结余情况,揭露用基本支出结余提高人员经费开支标准等问题;对项目完成、中止或撤销形成的净结余资金,审查按规定申报并按批准的预算予以使用的情况,揭露擅自动用净结余资金等问题;对项目当年已执行但尚未完成和项目因故当年未执行需要延迟到下年执行而形成的专项结余资金,审查按原用途使用和使用效益的情况,揭露长期闲置、挤占挪用专项结余资金等问题。

(7) 部门征缴国家非税收入和执行"收支两条线"规定情况

一些部门依照法律法规规定,履行执收执罚职责,负责征收和管理相关的行政事业性收费收入、罚没收入、国有资本经营收益、国有资源(资产)有偿使用收入等国家非税收入。对部门征缴非税收入情况的审计主要包括以下内容。

① 非税收入征收的合法性。主要审查三个方面内容:一是非税收入项目设立的合法性,审查部门的行政事业性收费等项目是否经有权部门审查批准,罚款是否具有法律法规依据,揭露擅自设立收费项目,征收国家明令禁止的收费,以及其他乱收费、乱罚款等问题;二是征收范围和标准的合法性,审查执行国家规定的征收范围和标准情况,揭露超范围、超标准征收,以及应征未征、随意减免国家非税收入等问题;三是征收管理情况,审查征收票据使用情况,揭露收费票据不合规等问题。

② 执行收缴分离制度情况。主要审查部门按规定取消自行开设的各类非税收入账户情况,揭露部门自行开设收费"过渡账户"等问题;审查部门严格执行相关非税收入征收和缴款相分离的制度,即由执收执法单位做出征收决定,缴款人将应缴国家非税收入直接缴入财政部门指定的账户,避免部门自收自缴非税收入等问题。

③ 执行"收支两条线"规定情况。主要审查部门征收非税收入与部门支出脱钩情况,对纳入预算管理的非税收入及时足额上缴国库,对尚未纳入的非税收入及时足额缴入规定账户的情况;部门支出通过部门预算予以核定情况,揭露部门用收取的非税收入安排相关支出,截留、转移、坐支、挪用、私分国家非税收入等问题。

(8) 部门执行政府采购制度情况

《中华人民共和国政府采购法》(以下简称《政府采购法》)规定,部门及所属行政事业单位用财政资金采购政府采购目录以内或限额标准以上的货物、工程和服务,应当实行政府采购。对部门执行政府采购制度审计具体包括以下内容。

① 部门编报政府采购预算和计划情况。主要审查部门按照政府采购法律法规和年度预算编制要求,编制政府采购预算,将应实行政府采购的货物、工程和服务全部纳入政府采购预算情况;审查部门根据下达的政府采购预算,全面、详细、及时编报政府采购计划情况,保障政府采购严格按照预算和计划执行。

② 部门执行集中采购制度情况。主要审查部门依法将列入政府采购目录的货物、工程和服务委托集中采购机构进行采购的情况,揭露部门违反《政府采购法》规定,不委托或化整为零,擅自采购列入政府采购目录的货物、工程和服务,规避集中采购问题。

③ 部门执行采购方式和采购程序情况。对采购机构的集中采购和部门分散采购的活动,主要审查三个方面内容:一是政府采购方式,审查部门依法采用公开招标、邀请招标、竞争性谈判、询价、单一来源采购方式的情况,揭露不执行规定采购方式、规避公开招标等问题。二是招投标程序,审查招标文件制作、招标公告发布、投标和开标活动组织、评标委员会组成、评标专家选择的合规性,评标办法和评标过程的公正性、合理性,中标人确定和招标结果的合法性,依据法律、招投标文件和政府采购预算签订采购合同情况,以及采购合同全面履行情况。三是其他采购程序执行情况,审查竞争性谈判、询价等采购程序执行的合规性、规范性,揭露违反公开、公平、公正原则,未按规定方式和程序开展政府采购,违规操作、弄虚作假、行贿受贿、损害国家和采购人利益等问题;政府采购效果,审查组织采购的及时性和采购活动效率,采购物品价格和节约资金情况,采购物品质量,采购合同执行情况和供应商后续服务情况等。

(9) 部门国有资产管理情况

部门及所属单位国有资产包括由财政性资金形成的资产、国家划拨给的资产、按照国家规定组织收入形成的资产,以及接受捐赠和其他经法律确认为国家所有的资产。对部门国有资产审计具体包括以下内容。

① 部门国有资产配置情况。主要审查国有资产配置的合理性,执行国家规定标准等情况,揭露超标准配置、国有资产闲置浪费等问题;审查部门购置资产时按规定程序报经审批、执行预算和政府采购制度等情况,揭露无预算擅自购置资产、无偿占用企业等其他经济组织资产等问题。

② 部门国有资产使用情况。主要审查部门违反规定用国有资产对外担保、投资举办经济实体、出租、出借以及相关收入管理情况,审查国有资产使用效益,防止资产低效运转、长期闲置以及使用中的不当损失和浪费,保障国有资产的安全、完整。

③ 部门国有资产处置情况。主要审查部门处置国有资产时履行审批手续情况,揭露部门擅自转让、出售、置换、报损、报废国有资产,特别是在机构变动过程中违规私分、调换或变卖国有资产等问题;审查资产处置过程中依法进行评估和采用公开拍卖等规定方式等情况,揭露未按规定进行评估、暗箱操作、低价转让国有资产、造成资产严重流失等问题;审查部门执行政府非税收入管理规定,对国有资产处置收入实行"收支两条线"管

理情况,揭露截留、坐支、挪用国有资产处置收入等问题。

④ 部门国有资产管理情况。主要审查部门建立健全国有资产管理制度,加强监督检查情况,实行资产管理部门统一登记、管理,财务部门统一建账、核算的情况,定期清查盘点情况,以及按照规定真实、准确报告国有资产情况等。

(10) 部门其他财务管理情况

主要审查部门及所属单位负债情况,按规定偿还各项负债和负债核算情况;审查机构划转撤并或单位清算财务管理的情况,包括全面清理各项财产、债权、债务,按规定办理国有资产移交、接收、划转手续,妥善处理各种遗留问题等,以及审查部门及所属单位其他相关财务收支及管理情况。

(二) 部门决算草案审计

部门决算草案审计主要是对各部门编制的年度决算草案进行审计,确保部门年度决算草案的真实性、合规性。

1. 部门决算草案审计的内容

在部门预算执行审计的基础上,部门决算审计主要对各项决算收支和部门决算编制管理情况进行审计,主要包括以下内容。

(1) 年终财务清理、结算的情况

主要审查部门及所属单位按规定清理、核对年度收支数字和各项缴拨款项、各项往来款项、各项财产物资情况,以及年终结账情况等。

(2) 编制决算草案的情况

主要审查部门及所属单位按规定编制决算草案,有关账表、表表相符合情况;决算内容全面、完整情况;各项决算收支数额真实、准确情况;审查因虚列支出、随意结转造成决算不实等问题;因隐瞒、漏报而形成表外资金、资产,甚至造成国有资产流失等问题。

(3) 部门汇总所属单位决算草案的情况

主要审查部门按规定汇总所属单位决算,将所属单位全部收支(含事业收支和事业单位的经营收支等)统一纳入汇总的决算报表情况,以及因漏汇、少汇,造成决算不完整等问题;审查部门以所属单位上报的会计数字为准汇总决算报表,以及因随意调整科目、弄虚作假、估列代编造成会计信息失真等问题。

(4) 部门决算草案与预算差异的情况

主要审查部门及所属单位预算执行结果与批复预算数相符合情况;预算的追加、追减和各预算科目之间资金调剂的上报审批情况;年度预算内、预算外收入完成预算计划情况;各项支出按预算和用款计划拨付,预算资金结余、滞留情况及其原因。

(5) 部门决算草案反映的资金使用效益情况

主要审查部门及所属单位贯彻执行增收节支的财政政策情况;各项资金使用达到预

期计划目标和最终或阶段性的成果情况；部门决算反映的资金使用取得社会效益和经济效益，各项资金收支和事业发展与社会经济发展相适应情况等。

（6）部门决算草案反映预算执行审计结果的情况

主要审查预算执行审计发现的问题在决算中得到相应调整和纠正的情况；审查预算执行审计中未予审计或虽经审计但情况仍未查实的重要事项等。

2. 部门决算草案审计与预算执行审计的关系

部门决算审计实质上是审计机关依法对部门预算执行结果的真实、合法、效益情况进行的审计监督，是部门预算执行审计的延续。部门预算执行审计与部门决算审计有着密切的关系，表现为：第一，部门预算执行审计和决算审计是部门财政收支审计监督的两个不同阶段；第二，部门预算执行审计是部门决算审计的基础；第三，预算执行审计和部门决算草案审计工作可以相互促进。

三、税收审计

（一）税收审计的含义

税收审计是对海关、税务系统收入征管情况进行审计，主要监督检查依法征收、税制改革推进，以及结构调整、科技创新、大众创业、环境保护等方面税收优惠政策落实情况及效果，推动清费立税，完善税收体系，促进建立税种科学、结构优化、法律健全、规范公平、征管高效的税收制度。

国税地税征管体制改革后，由审计署统一组织对税收征管情况、税务部门预算执行和其他财政收支情况等开展审计。未经审计署统一安排，地方审计机关原则上不对税务部门实施审计。

（二）税收审计的目标

税收审计的总体目标就是促使税务机关合法、高效地做好各项工作。具体目标包括：促使税务机关依法进行税收征收、管理、稽查，保证税款的及时足额入库；推动税务机关按照规定使用行政经费，努力降低行政成本，提高工作效益；激励税务机关全面加强内部建设特别是对税务人员的专业知识和职业道德培训，不断提高他们的综合素质。

（三）税收审计的内容

1. 税收计划完成情况审计

税收计划是财政预算的主要组成内容，是税务机关及征管人员组织税款入库的重要依据。针对税收计划完成情况审计，主要是通过核对税务部门征收的各项税收的征收数、国库入库数、财政部门列报数是否一致，审查税收收入的实际完成情况及其真实性；分析税收超收或短收的原因；分析增值税、消费税、企业所得税等主体税种的收入情况，是否与相关的经济要素增长相适应。

2. 税源管理情况审计

税源管理情况审计的内容主要包括：审查税务部门是否按要求对纳税人进行登记管理，有无因工作不力造成对纳税人漏征、漏管或不按规定进行登记的问题；审查税务部门对纳税人监控是否到位、是否有力，有无因对纳税人申报应纳税额严重失实情况、严重偷逃税款情况的失察造成税收严重流失的问题；同时对纳税人的异常申报情况，是否及时进行纳税评估；审查税务部门在企业申报的基础上，对应征税金、入库税金、企业欠缴税金、税收减免等税源组成内容的核算是否合规，核算结果是否真实，有无人为留有余地而隐瞒少报税源等问题。

3. 税收政策执行情况审计

税收政策执行情况审计，就是审查地方政府和税务部门是否按照税法和税收政策的规定，及时、足额组织税收收入。税收政策执行情况审计的内容主要包括：审查地方政府和税务部门有无侵蚀税基和改变法定税率，少征税款；审查地方政府和税务部门有无超越税收管理体制规定的权限，在国家规定之外制定减免税政策；审查有无层层下放减免税审批权限，将属于国家和省级的权限下放到基层政府和税务部门。

4. 税收征管制度执行情况审计

税收征管制度执行情况审计，就是审查税务部门是否按照《税收征管法》的规定，组织税收收入和管理税收业务。

审计的主要内容包括：审查税务部门是否按规定为所有纳税人办理了纳税登记手续，登记的内容是否全面、清楚，纳税人发生变化是否及时办理变更登记、重新登记或注销登记等；审查税务部门是否及时为纳税人办理纳税申报，税款超过期限是否及时催缴入库，滞纳金是否按规定收缴，减免滞纳金有无经过审批，是否符合制度规定；审查地方政府或税务部门有无违规改变征税办法，对企业应缴税收实行承包或变相承包的办法，造成税收收入流失的问题；审查税务部门是否按规定办理企业缓税，有无以缓代免造成收入流失，或违规批准企业超期缓税的问题；审查地方政府和税务机关是否正确处理依法征税和完成税收计划的关系，有无为了完成税收计划，在企业当年没有应缴税收的情况下，预先征收属于下年的税收的问题；审查税务部门所征税款是否及时足额缴入国库，税款所属预算级次的划分是否正确，有无延压、截留、转移税款以及挤占上级财政收入等问题；审查税务部门对发票的印制、领用、保管、核销制度是否完善，手续是否齐全，有无因发票管理漏洞造成税收流失的问题；审查税务部门稽核检查制度是否健全和有效，内部控制是否合理、可靠，税务违法处理是否合法，定性是否准确，处理是否适度，有无以罚代税、以罚代刑的现象；审查税务部门对税务代理的管理是否有力，有无因代扣代缴义务人应扣未扣、应缴未缴税款，造成收入流失的问题。

5. 税收退库情况审计

对税收退库情况进行审计的主要内容包括：税务部门办理的税收退库内容是否符合国家规定，有无自定政策增加退税项目，违规办理超范围退库的问题；税务部门办理退库的预算级次是否符合财政体制的规定，有无混淆预算级次，多退上级财政收入的问题。

6. 税收报表审计

对税收报表进行审计，主要审查：税收报表的完整性，报表是否齐全、完整，有无漏表、漏项；各报表数字的真实性，各项数字是否根据相关账簿的数字填列，汇总报表是否与基层单位报表的汇总数字一致；各报表数字的平衡关系是否正确；各报表之间的数字勾稽关系是否合理、是否成立。

7. 流转税审计

流转税是以流转额为计税依据的税种，主要包括增值税、消费税和营业税，流转税审计包括税收征收、税收管理、税收减免和税收退库四个方面。

税收征收情况审计的重点包括：征税范围是否合法，计税依据是否正确，应纳税额是否正确等；税收管理情况审计的重点包括纳税人资格认定情况、增值税专用发票管理情况等；税收减免审计的重点包括税务部门是否正确执行税法和国务院有关减免税政策、有无越权自行制定减免税政策等；税收退库审计的重点包括税务部门办理税收退库的项目是否在国家规定范围之内，税收退库的级次是否与入库一致，税收退库的比例是否符合规定，税收退库的手续是否完备，程序是否合规等。

8. 企业所得税审计

企业所得税是对企业生产经营所得和其他所得征收的一种税，其审计内容包括应纳税所得额、所得税减免、所得税汇算清缴、所得税缴库四个方面。

应纳税所得额审计的主要内容包括收入总额的真实性、费用总额的真实性、纳税调整的真实性、亏损抵补的真实性。所得税减免审计主要包括税务部门有无超越企业所得税管辖权，自立章法，减免企业所得税；税务部门是否按规定的程序和范围审批减免税，有无扩大范围、延长期限、提高幅度批准减免税。所得税汇算清缴审计主要包括税务部门是否在规定的期限内进行所得税清缴；税务部门是否正确核定企业应纳税所得额及适用税率；对于少缴的所得税，税务部门是否在下半年如数补缴，多缴的是否在下年度抵缴或退回。所得税缴库审计的主要内容包括税款缴库级次是否正确，税款缴库是否及时足额，有无所征收税款存入过渡账户延迟缴库占用收入。

四、政府投资审计

政府投资审计是指审计机关对政府重点投资项目以及涉及公共利益和民生的城市基础设施、保障性住房、学校、医院等工程，就其建设和管理情况实施的审计，是审计机关审计业务的重要组成部分。政府投资审计关注投资项目规划布局、投向结构和经济社会环境收益等情况,能够促进深化投融资体制改革、扩大有效投资、优化供给结构、提高投资绩效。审计机关开展政府投资审计,不应参与工程项目建设决策和审批、征地拆迁、工程招标、物资采购、质量评价、工程结算等管理活动,也不能强制要求以审计结果作为竣工结算依据。

(一)政府投资审计的目标

政府投资作为政府实现其宏观经济管理职能的重要手段,在我国经济活动中发挥着重要作用。随着国民经济的快速发展,中央和地方各级政府公共性基础设施等投资支出占财政支出的比例越来越大。1999 年 2 月,《国务院办公厅关于加强基础设施工程质量管理的通知》中,首次提出"对重大项目要进行专项审计和跟踪审计"的要求。2004 年 7 月,国务院颁布的《关于投资体制改革的决定》特别指出:"审计机关要依法全面履行职责,进一步加强对政府投资项目的审计监督,提高政府投资管理水平和投资效益。"为加大对政府投资项目的审计监督力度,促进提高财政资金使用绩效,审计机关不断创新审计方式,将审计监督"关口"前移,开展了政府投资审计。

因此,该审计的总体目标是进一步加强政府投资审计工作,规范政府投资项目审计行为,提升政府投资审计质量和成效,充分发挥审计保障国家经济社会健康运行的"免疫系统"功能。

(二)政府投资项目审计的特点

1. 涉及的审计对象多

政府投资项目审计的主要对象是政府投资、以政府投资为主的建设项目以及其他关系到国家利益和公共利益的重大公共工程项目。具体包括政府投资和以政府投资为主的建设项目、全部和主要使用政府部门管理或受政府委托管理的公共资金的项目、政府与社会资本合作的项目、国有和国有资本占控股地位或主导地位的企业(含金融机构)投资的项目、其他关系到国家利益和公共利益的重大公共工程项目。政府投资项目还包括诸多项目业主、勘察设计单位、施工单位、监理单位、供货单位,以及政府财政、发改、建设、国土等部门。与其他专业审计相比,审计对象更具复杂性。

2. 被审计的资金来源复杂

政府投资资金来源包含各类政策性和商业贷款、债券,也包括来自证券市场、资本市场的融资资金以及行政事业收入、捐款、赠款和国内外贷款等。

3. 审计人员需要掌握的专业知识不同于其他专业审计

政府投资审计是一种高层次且较为复杂的专项审计,其涉及预算定额、工程技术、合同管理、环境保护以及财务审计等多方面的专业知识,对审计人员的业务素质、政治素质要求较高,所以审计部门应加强对现有审计人员的业务培训,提高其工作水平。

(三)政府投资审计的主要内容

1. 履行基本建设程序情况。主要审查项目的建议书、可行性研究、初步设计、施工图设计、招投标、建设实施、竣工验收等程序是否符合规定,有无因决策失误和重复建设造成重大损失浪费等。

2. 有关政策措施执行和规划实施情况。主要审查项目建设是否符合国家宏观调控政策、相关产业政策,是否符合国家或地区发展规划等。

3. 项目建设资金管理情况。主要审查项目建设资金到位和管理使用情况,反映挤占挪用建设资金、损失浪费等问题。

4. 工程质量、安全情况。主要审查工程建设质量和安全管理制度的建立、健全和落实情况,揭露和反映工程质量安全隐患等。

5. 设备、物资和材料采购情况。主要审查设备、物资和材料采购是否按照规定实行招标,招标过程中有无低价中标、暗箱操作等重大违法违规问题和经济犯罪案件线索。

6. 工程造价情况。主要审查已完成投资的真实性、合规性,揭露和反映虚假计量、设计变更不实和造价不合理等问题。

7. 土地利用和征地拆迁情况。主要审查征地拆迁资金拨付和管理使用情况,揭露挤占、挪用、套取、截留征地拆迁资金等行为。

8. 环境保护情况。主要审查采取的相关环境保护措施的合理、有效性,分析项目建设对环境造成的影响等。

9. 投资绩效情况。主要审查项目是否按照计划工期实施,评审项目的投资效益,包括经济效益、社会效益和环境效益,分析存在问题的原因;揭示投资管理体制、机制和制度方面的问题,促进深化投资体制改革等。

拓展案例

除上述审计内容外,还应当关注项目决策程序是否合规,有无因决策失误和重复建设造成重大损失浪费等问题;应当注重揭示和查处工程建设领域中的重大违法违规问题和经济犯罪线索,促进反腐倡廉建设;应当注重揭示投资管理体制、机制和制度方面的问题。

 思考题

一、简答题

1. 简述财政审计的概念。

2. 简述税收审计的目标。

即练即测

3. 简述财政审计的特点。

4. 简述部门决算草案审计与预算执行审计的关系。

5. 简述本级预算执行审计的目标。

二、论述题

1. 本级财政预算执行情况审计的主要内容是什么?

2. 如何看待财政审计的具体目标?

3. 对下级政府财政支出情况的审计主要检查哪些内容?

4. 税收审计包括哪些内容?

5. 政府投资审计的特点有哪些?

第十四章

金融审计

导读

金融审计是指审计机关依据法律法规和政策规定,对中央银行及其他金融监管机构、国有及国有资本占控股地位或主导地位的金融机构的财务收支,以及资产、负债、损益的真实、合法、效益情况进行的审计监督。本章对金融审计的内涵、目标和对象、金融审计主要业务中的金融监管部门审计、银行业审计、证券业审计、保险业审计进行阐述。

本章学习目标

通过本章学习,学员应该能够:

(1)理解金融审计的相关概念、目标、对象、技术与方法;

(2)熟练掌握中央银行等金融监管部门审计、银行业审计、证券业审计、保险业审计四类金融审计的相关内容,对金融审计有一个全面、清晰的认知。

第一节　金融审计概述

一、金融审计的相关概念

(一)金融审计的含义

金融审计是指审计机关依据法律法规和政策规定,对中央银行及其他金融监管机构、国有及国有资本占控股地位或主导地位的金融机构的财务收支,以及资产、负债、损益的真实、合法、效益情况进行的审计监督。金融审计主要包括金融监管部门审计、银行业审计、证券业审计、保险业审计等。

(二)金融机构的概念

金融机构是指国务院金融管理部门监督管理的从事金融业务的机构,涵盖行业有银行、证券、保险等,可划分为金融监管机构与接受监管的金融企业。

(三)金融监管的概念

金融监管是金融监督和金融管理的总称。金融监督是指金融主管当局对金融机构实施的全面性、经常性的检查和督促,并以此促进金融机构依法稳健地经营和发展。金融管理是指金融主管当局依法对金融机构及其经营活动实施的领导、组织、协调和控制等一系列的活动。

金融监管是指政府通过特定的机构(如中央银行)对金融交易行为主体进行的某种限制或规定。金融监管本质上是一种具有特定内涵和特征的政府规制行为。金融监管有狭义和广义之分。狭义的金融监管是指中央银行或其他金融监管当局依据国家法律规定对整个金融业(包括金融机构和金融业务)实施的监督管理。广义的金融监管在上述含义之外,还包括了金融机构的内部控制和稽核、同业自律性组织的监管、社会中介组织的监管等内容。

(四)金融企业的概念

金融企业是指执行业务需要取得金融监管部门授予的金融业务许可证的企业,包括执业需取得银行业务许可证的政策性银行、邮政储蓄银行、国有商业银行、股份制商业银行、信托投资公司、金融资产管理公司、金融租赁公司和部分财务公司等;执业需取得证券业务许可证的证券公司、期货公司和基金管理公司等;执业需取得保险业务许可证的各类保险公司等。

地方金融企业是指依法取得金融业务许可证的非中央管理金融企业,包括城市商业银行、农村商业银行、农村合作银行、信用社、新型农村金融机构、信托公司、金融租赁公司、财务公司、消费金融公司、证券公司、期货公司、基金管理公司、保险公司等。地方财政部门是地方金融企业的财务主管部门,对本级地方金融企业实施财务监督管理,指导下级财政部门开展财务监督管理工作。

(五)金融机构与金融企业的区别

金融机构不一定都是企业性质的,如人民银行是国家的管理机构;金融企业则是以营利为目的的企业单位,如各商业银行、保险公司等。

(六)金融审计与金融监管的区别

1. 与金融监管按照不同领域分别进行监管相比,金融审计的综合性更强,更便于实现跨业穿透和对风险的综合研判。

2. 金融审计具有对金融机构监管开展再监督的性质,不仅审计金融机构的财务收支、业务经营活动等,还会对金融管理部门履行监管职责的情况进行监督。

3. 金融审计独立性较强。审计机关对金融机构的监督职责,是依据《宪法》规定独立行使的监督权,与金融机构没有管理与被管理的关系。

(七) 金融审计的特点

1. 综合性

金融审计监督的内容不仅涉及金融机构的财务收支,还涉及与财务收支相关的各项经营活动,不仅要审计银行、证券公司、保险公司、信托投资公司等金融企业,还要审计中国人民银行、银保监会、证监会等金融监管机构;不仅要揭露金融企业在资产、负债、损益的真实性、合法性、效益性等方面存在的突出问题,还要揭示金融体制、法规、政策等方面存在的缺陷和薄弱环节,并提出宏观建议。

2. 整体性

根据我国商业银行法,商业银行分支机构不具备法人资格,在总行授权范围内依法办理业务,其民事责任由总行承担。金融机构实行垂直领导和统一管理,近年来普遍实施了扁平化管理和电子信息的集中化、海量化、共享化。对金融企业要实施一体化审计,在作出审计结论、提出意见和建议时,应考虑整体的情况。

3. 延伸性

金融部门业务具有广泛性,决定了金融审计具有较为突出的延伸性。对金融机构的财务收支真实、合规、效益的审计,除了需要审计金融机构本身的财务收支外,还需要延伸到与其相联系的金融业务和有关经济活动。

(八) 金融审计应关注的重点

金融审计是国家审计的重要内容,一方面能够维护财经纪律严肃性,有力促进金融机构提高财务活动经济效益;另一方面能够发挥审计的信息反馈作用,更好地为国家制定执行宏观经济政策提供决策参考。相比其他审计工作,金融审计数据量大、专业性强。因此,在开展金融审计时,应重点关注以下三方面内容:

1. "审查"业务档案是深根之本。梳理业务档案是审查每一笔金融业务的抓手,最能直观反映出业务在条线中的漏洞。重点应关注贷款、信托、保函等金融业务,在贷前调查、授信审批、放款出账、贷后管理等各个环节中的落实情况;查看每笔业务在准入时是否符合管理办法;在开展过程中是否严格执行程序;在出账后是否落实监督管理。

2. "追查"资金流向是重中之重。资金流向能反映出业务资金的真实用途,主要是从金融机构内部查询系统获得借款人交易资金流水,然后将受托支付对象与借款合同确定的支付对象进行比对,查看前后是否一致;同时利用各类相关软件,查看受托支付对象与借款人是否存在实际控制的关系；最后通过协查其他金融机构，获得资金真实去向，从而确定借款人是否存在改变贷款用途，将资金挪作他用，或者是虚构贸易背景，骗取贷款资金等违法行为。

3."核查"实际情况是旁引之证。在掌握充分的审计证据后，通过正式问询业务条线人员、实地考察第三方企业、协查其他金融机构等方式，佐证业务违规点的真实性，明确责任主体，查深查透违规事项，保证每一笔金融资金规范、透明，让金融审计切实发挥作用。

二、金融审计的目标

（一）总体目标

金融审计通过对金融监管部门、金融市场、金融机构开展全方位多层次审计监督，密切关注各项金融活动、各个金融市场和各类金融风险，守住不发生系统性金融风险的底线，揭示阻碍金融发展的体制机制障碍，增强金融服务实体经济的能力，推动金融监管体制改革，推动金融反腐，从而实现维护金融安全，促进有序发展，推动深化改革，服务国家治理的目标。

（二）具体目标

1.以促进金融业持续健康发展为目标，重点对金融业总体走势开展宏观审计。一是注重从战略方向上切入。金融业制定战略发展规划、明确战略重点布局对金融企业的发展起着统揽性、驾驭性的作用。因此，金融审计必须全面掌握金融业的战略目标及发展措施，并注重分析战略发展的可行性，才能切实为金融企业的长远发展把好脉。二是注重从信贷投向上切入。信贷投向是金融业运行的核心环节。正确的信贷投向能够使金融企业抓住战机、焕发生机、获取商机，防止因投向目标不明和投向方位宽泛化而影响企业的进一步发展。

2.以提高金融企业竞争力为目标，重点对金融系统开展效益审计。一是围绕结构布局状况开展效益审计。金融企业贷款结构多样化，从对象上看：既有企贷也有个贷；从用途上看：既有生产贷也有消费贷；从规模上看：既有大宗贷也有小额贷。因此，金融审计就是要围绕贷款的不同类型有针对性地进行分析，切实评价朝阳性信贷方向、潜质性信贷方向和信贷需谨慎投入方向等的趋势前景。二是围绕决策实施状况开展效益审计。一些金融企业由于决策失误、决策滞后、决策过时给企业发展带来实际经济损失或潜在损失。具体表现为：不良贷款规模居高不下、企业经营效益居低不上等。另外有些企业盲目放贷、拍脑门决策、缺乏对企业还贷能力和水平的科学论证、对前景估计不足等，导致其陷入贷款有时间、还贷无期限的窘境。这都与金融企业在贷款决策方面缺乏慎重考虑有直接关联。因此,必须分析决策的可行程度,界定实施决策在企业实现效益中所起的作用。三是围绕市场营运状况开展效益审计。金融市场运行水平是实现和创造效益的最终检验、衡量环节。由于有些金融企业对金融市场走势缺乏深入研究,在市场布局和营运方面的对策不足,造成市场开拓不力,甚至无法走出经营困境等状况发生。因此,通过金融审计了解企业在金融市场中的占有份额,营销网点覆盖设置水平,适时提出增强市场辐射力,扩大市场占有率的建议,从而促进金融企业由适应市场向引导、驾驭和开拓市场的转变。

3. 以防范和化解金融风险为目标,重点对存在风险的状况开展风险导向审计。一是增强对风险的识别功能。风险是在经营过程中发生重大问题或潜在问题的可能性,且风险始终伴随在经营发展的全过程。因此,防范风险是金融企业发展必须始终关注的重要内容。通过运用相关审计方法和计算机技术,选准风险的存在方位,判断风险的存在概率,以增强对问题的分辨力、预测力,进而正确、及时、敏锐地识别风险,为化解风险提供导航性信息数据,增强对风险的超前应对能力。二是增强对风险的揭露功能。对于发现的风险要及时予以揭露。揭露资产不安全风险,切实指出金融资产流失给企业运行带来的危害。揭露财务管理风险,切实关注资金运行中的异常变化,跟踪延伸审计,做到纵向上查深查透,不留死角。横向上查细查实,不留空当。揭露管理程序方面的风险,指出因管理薄弱而制约企业健康运行的后果。三是增强对风险的排解功能。对发现的问题及时研究整改,提出纠正措施。同时敦促被审计单位建立复核复审制度,落实责任,严把放贷关口,从而进一步提高贷款投放的安全程度,从而有力地防范、化解金融风险。

4. 以提高金融系统运营水平为目标,重点对资产质量开展审计。金融资产是企业发展的重要物质基础,是金融企业发展所依托的主要载体。一是注重对金融资产总量的审计。资产总量反映金融企业的总体经济规模和金融企业的阶段性发展水平。因此,应高度重视金融资产总量审计,切实摸清金融企业的家底,分析金融企业的资产、负债、损益的全貌。切实跟踪资产总量的增减变化,真实、及时、全面地反映和有效运用资产总量的成果。二是注重对金融资产质量的审计。金融资产质量水平直接决定着资产企业运营水平。因此,金融审计就是要抓住金融资产质量这个关键,切实监督评估金融资产质量的等级,促进金融企业改善资产品质,提高资产质量,调优资产结构。三是注重对金融资产增量的审计。金融资产增量是培育金融企业后续发展力的重要标志,只有扩大增量才能为金融资产增值增效提供坚实保障。因此,金融审计应动态审视资产的增长变化,加强对增量资产的关注和分析,从而判定金融企业发展前景,促进其持续发展。

5. 以促进国家宏观政策落实水平为目标,重点对落实效果进行审计。一是关注投贷公共设施项目实际效果。国家为体现改革成果由人民共享的理念,加大公共设施的建设力度,向基础公共设施建设投入大量的信贷资金。金融审计需要从确保信贷资金运行合规性、安全性的基点出发,努力为国家节约建设成本,提高贷款的使用效果。二是关注投贷民生项目实际效果。国家通过信贷渠道加大向改善民生、发展民生领域的投贷力度。

如,各级政府大规模开展了以促进百姓安居乐业、为弱势群体提供服务为特征的棚户区改造工程、暖房子工程。因此金融审计需要将审计目标锁定在用于棚改专项信贷资金是否有挪用、挤占的行为,确保贫困百姓居住条件得到实际改善、生活水平有所提高。三是关注投贷重点产业重点项目的实际效果。国家重视东北老工业基地建设,投入大量贷款培育符合国家产业政策的高科技产业、新兴产业、环保产业和生态产业等。金融审计需要把握产业政策的扶持重点方向,注重信贷资金使用的具体效果,促进振兴东北老工业基地建设步伐。

三、金融审计的对象

金融审计的对象主要包括以下几方面。

(1) 货币当局和金融监管当局。包括"一行两会",即中国人民银行、中国银行保险监督管理委员会和中国证券监督管理委员会。

(2) 银行业。包括国有及国有资本占控股地位或主导地位的商业银行及政策性银行。

(3) 证券业。包括国有及国有资本占控股地位或主导地位的证券类金融机构。

(4) 保险业。包括国有及国有资本占控股地位或主导地位的保险类金融机构。

此外,还包括国有及国有资本占控股地位或主导地位的资产管理公司、金融控股公司、信托公司、租赁公司、基金公司等金融机构和交易及结算类金融机构。

四、金融审计的技术与方法

金融机构特别是金融企业具有信息化程度高、数据集中度高、业务关联度高等特点,这些特点直接导致金融审计数据采集时间长、存储难度大、处理速度慢。为有效地破解这一技术难题,审计机关应主动适应金融企业信息化发展的客观要求,尽快组建数据分析专业化队伍,发挥其熟悉数据集中原理、模式及特征的优势,采取定期研讨、集中力量攻关等方式切实提高工作效率。通过分析电子数据,准确发现风险地区、风险机构、风险业务及风险资金,及时揭露金融企业经营管理中存在的风险隐患。在具体审计实施中,依托审计专业化队伍的优势,在把握总体特征的基础上,依据审计需求,按照"总体、类别、个体"三个层次,分别对财务核算、存款业务、贷款业务、中间业务等内容进行科学分类,构建计算机审计分析模型。为提高其科学性与针对性,积极探索适应金融审计的现代审计方法。

(一) 趋势分析法

趋势分析法是根据数据特征,将若干类关联数据直接导入 Excel 表格,运用计算机转换及超级链接等功能将表格内容自动生成趋势变化图形,将数据的异常变化或异常现象,列为审计重点。趋势变化图形具有生动、形象、直观的特点,能够清晰地反映某一类或若干类经济活动现象的变化趋势与阶段性特征。运用趋势分析方法有利于把握某一类或若干类经济活动现象的总体特征,快速找出相关数据的异常变化,从而增强分析问题的针对性,提高审计效率。

(二)结构分析法

结构分析法是从审计需求出发,依据结构分析原理将金融企业的存、贷业务分解为若干部分,并对每部分进行结构性细化,从而发现疑点与线索。此种分类方法具有清晰、直观、易于操作等特点。审计实施中,可以借助计算机功能将总体数据转换为饼状图或柱形图的形式来显示相关部分份额及其占总体的比重,并将金融业务划分为存款业务、贷款业务、中间业务等若干业务板块,按照结构性原理对每个部分进行再分解,从中找出个性或共性问题。

(三)联网视频法

联网视频法是依托信息化系统开展计算机联网在线审计,探索金融业务同步实时审计。充分利用金融企业业务流转系统、信息查询系统、监管控制系统、分析预测系统,认真分析金融企业网络信息化运行特征,对经济运行的相关数据进行采集、转换、审查、归纳与综合,最终实现对金融企业履行职责及执行金融政策情况的综合评价,揭示金融企业在政策执行、经营活动、资产管理中存在的突出问题及风险隐患。此种方法具有时效性强、政策性强、信息技术要求高等特点。运用该方法有利于拉动审计监督关口前移,从源头上制止或纠正决策失误或重大违法违纪问题。

在综合运用上述方法、揭示重大违法违纪问题的基础上,深度分析产生问题的原因,并注意从体制、机制、政策、法律、管理等层面,提出综合性的审计建议,促进其加强管理、提高资产质量、维护金融安全、防范金融风险。

第二节　金融审计的内容

一、中央银行等金融监管部门审计

(一)金融监管部门的定义

金融监管部门是指根据法律规定对一国的金融体系进行监督管理的机构。其职责包括按照规定监督管理金融市场、发布有关金融监督管理和业务的命令和规章、监督管理金融机构的合法合规运作等。目前,我国的金融监管机构包括"一行两会",即中国人民银行、中国银行保险监督管理委员会和中国证券监督管理委员会。

(二)金融监管部门的主要职责

1. 中央银行的主要职责

中国人民银行(简称:央行)是中华人民共和国的中央银行,为国务院组成部门。其主要职责是,依法制定和执行货币政策;发行人民币,管理人民币流通;按照规定审批、监督管理金融机构;按照规定监督管理金融市场;发布有关金融监督管理和业务的命令和规章;持有、管理、经营国家外汇储备、黄金储备;经理国库;维持支付、清算系统的正常运行;负责金融业的统计、调查、分析和预报;从事有关的国际金融活动等。

2. 中国银行保险监督管理委员会的主要职责

中国银行保险监督管理委员会(简称:银保监会)是国务院直属事业单位。其主要职责是,依照法律法规统一监督管理银行业和保险业,维护银行业和保险业合法、稳健运行,防范和化解金融风险,保护金融消费者合法权益,维护金融稳定。

3. 中国证券监督管理委员会的主要职责

中国证券监督管理委员会(简称证监会)是国务院直属事业单位。其主要职责是,依照法律、法规和国务院授权,统一监督管理全国证券期货市场,维护证券期货市场秩序,保障其合法运行。

(三)金融监管部门的审计

金融监管部门的审计主要介绍中央银行的审计。

1. 中央银行审计的对象

审计对象主要包括中国人民银行总行机关(含国家外汇管理局机关),一、二级分行及其支行。

2. 中央银行审计的内容

(1)中央银行预算执行情况审计

① 审查会计资料的真实性。通过对中央银行会计凭证、账簿、报表情况审查,确认会计资料是否真实,有无在系统预算之外设立财务收支账户的问题。

② 审查财务收支的合规性。首先,审查中央银行按照财政部批准的财务收支计划层层下达情况,是否存在超计划下达计划等问题;其次,审查各项收入的核算情况,利息收入的计算是否准确无误,有无截留、少列收入等问题;再次,审查各项利息支出的计息范围、利率和按实列支情况,各项业务支出开支标准,各项管理费的开支范围和标准,各项专项支出的使用情况,以及是否有向所属或被监管单位集资、摊销费用和虚列支出的情

况；最后，审查财务收支计划执行结果，重点审查预算收入是否完成计划，预算支出是否控制在财务支出计划限额内，以及盈利解缴或亏损拨补、总准备金提取和使用情况。

（2）内部管理与控制制度情况的审计

审查总体内控制度和内部管理控制程序的健全性、相关性、制约性和有效性的情况，以及各项内控制度执行的情况。

（3）其他财务收支情况的审计

主要审查中国人民银行（含国家外汇管理局）系统所属的事业单位的财务收支情况，所属企业（含挂靠的企业单位和企业化管理的事业单位），如中国印钞造币总公司和中国金币总公司的各项资产形成和运用，各项负债形成和偿付，以及由此产生的财务收支情况。

3. 中央银行审计应关注的重点

（1）要按审计程序进行审计监督，对查出的违反国家规定的财政、财务收支行为，要依照有关法律、法规和规章的规定进行处理。

（2）主要采取行业审计的方式，对重要审计事项进行专项审计。实施审计时以抽样审计为主，并可运用计算机辅助审计技术。

（3）审计中央银行时可以按规定要求其提供相关财务资料。

（4）中央银行审计只能由审计署统一组织，由审计署及其派出机构具体实施，而且不能授权给下级审计机关审计。

（5）对中央银行违反《审计法》的规定，拒绝或拖延提供与审计事项有关资料，或者拒绝、阻碍审计检查的，可以由审计署作出相应的处理。

二、银行业审计

（一）银行业的概念

银行业是指以经营存款、放款、办理结算为主要业务，以安全性、流动性、盈利性为经营原则，并以盈利为主要经营目标的企业。

（二）银行业审计的对象

银行业审计的对象主要是商业银行、城市信用合作社、农村信用合作社等吸收公众存款的金融机构以及政策性银行。商业银行是指国有独资商业银行和国有资产占控股地位的股份制商业银行。

（三）银行业审计的内容

1. 资产审计

（1）各项贷款审计。主要审核执行国家利率政策，按期收回本金和利息的情况，贷款利息计算的正确性,以及贴现贷款的利息和手续费计入当期损益的情况;依法正确处理贷款抵押物取得的净收入的账务处理情况;非正常贷款的管理及其应收利息核算情况。

（2）拆出资金审计。主要审计拆出资金的真实性,有无以证券回购、暂付款等为名变相拆出资金;或以拆出资金为名,将资金用于放贷、炒房地产、炒股票等情况;拆出资金利率使用的合规性,有无收取高息或加收手续费、咨询费的情况;拆出资金本息的回收情况。

（3）呆账、坏账准备金审计。主要审计两项准备金的计提范围、基数和比例的正确性;呆账贷款损失的确认,核销审批程序和权限划分情况;坏账损失的确认与核销的合法性;已冲销呆账、坏账损失,以后又收回的账务处理情况;两项准备金单独核算和在会计报表中列示的情况等。

（4）各种应收及暂付款项情况审计。主要审计各项应收及暂付款项的真实情况;增减变动记录的完整情况;金额较大或异常项目,其原始凭证的齐全情况;长期挂账未能收回款项的原因;转作坏账损失办理审批手续的情况等。

（5）固定资产及其折旧的审计。主要审计固定资产的所有权归属和账实相符情况,通过购入、自制自建、投资投入、融资租赁、接受捐赠和盘盈等多种方式所增加的固定资产计价的合规性;固定资产净值占资本金比例的情况;固定资产折旧方法的一贯性和折旧额计算的正确性等。

（6）在建工程审计。主要审计投入在建工程的各项支出的真实性和工程计价的正确性;已交付使用但尚未办理竣工决算的工程转入固定资产核算的情况;已完工项目以及转入固定资产会计处理的正确性等。

2. 负债审计

主要审计各项存款、借款和拆入资金的形成与管理,利率的使用,各种应付款项计提、管理和使用,以担保、保函等形式所形成的或有负债的真实、合法和效益情况。

3. 所有者权益审计

主要审计实收资本的构成和增减变动,各项公积金的计提和使用,利润结转和分配的情况。

4. 损益审计

主要审计各项业务收入和支出执行权责发生制原则的情况,各项收入和支出的真实与合法性,资本性支出与收益性支出的划分,税前、税后利润计算和税收解缴的情况。

（四）银行业审计应关注的重点

1. 内部控制方面

银行的内部控制是防范金融风险,是银行健康运行的前提和保障。审计中应充分了解银行的组织框架、发展战略、公司章程、业务决策规则、流程,以及各项管理制度的建设情况、执行情况,以分析审计风险,确定重要性水平。

2. 信贷资产方面

贷款是银行的一项基本业务,也是银行最重要的资产。审计的目标是审查贷款业务的合规性和合法性,包括贷款程序、贷款主体资格、贷款用途、信用情况、利率的合规情况审查。其中担保贷款还应对担保人的担保资格、担保能力进行核查,其中重点对贷款展期、不良贷款、银行承兑汇票、贴现及银票垫款进行审查。另外,应将贷款业务与表外业务审计相结合,重点关注银行承兑汇票业务,对其业务贸易背景的真实性、资金用途进行必要的延伸审计。

3. 资金业务和中间业务方面

随着国内金融市场日益完善,各类金融产品层出不穷,银行的资金业务逐步成为其利润增长的重要通道。银行资金业务具有涉及产品类别多、更新快、环节过程复杂、交易手段灵活等特点,这给审计工作增加了难度,也带来更多新的挑战。其业务主要包括:同业间存放和拆借、投资、衍生金融工具交易、流动性管理、利率管理等。审计的目标是检查各类资金业务的真实性、合法性和资金管理的风险性,分析业务是否符合国家法律法规和授权规定。重点对主要账户、敏感业务、异常事项等重大项目进行详细审计,包括现金业务、同业往来业务、主要融通业务、理财业务等。

4. 投资业务方面

银行投资业务包括股权投资和债券投资。审计目标是对其业务流程即投资决策过程、执行过程、业务核算、管理等环节的真实性、合法性和效益性的审查。重点审查投资业务批准程序,是否经过集体决策,关联交易的公允性,风险控制与投资收益的匹配性,财务核算的真实性和完整性。

5. 信息科技方面

现代商业银行的经营管理是与先进的计算机技术的高度融合,金融行业信息系统的安全性、完整性及有效性直接影响到国家财产安全、经营目标的真实反映,因此促进银行业加强信息系统安全控制,防范信息技术漏洞带来的风险,保证业务数据、财务数据的真实性、完整性,日渐成为审计监督的关注重点。审计目标包括:了解信息系统的业务流程控制、信息系统的设计、运行和维护情况;了解数据输入、输出及数据处理情况,检查信息系统的安全控制。

6. 财务管理及财务收支方面

财务管理是银行审计的重要部分,审计目标即检查银行财务决算报表是否真实、完整地反映了其财务状况和经营成果,重点包括:审计财务报告是否真实反映了金融机构发生的主要经济事项;各项收入、支出及成本核算是否按照财务准则的要求;风险与效益、成本与收益是否匹配。

三、证券业审计

(一)证券业的概念

证券业是指从事证券发行和交易服务的专门行业,是证券市场的基本组成要素之一。主要经营活动是沟通证券需求者和供给者直接的联系,并为双方证券交易提供服务,促使证券发行与流通高效地进行,并维持证券市场的运转秩序。

(二)证券业审计的对象

证券业审计的对象主要有证券管理机构(中国证券业协会)、证券经营机构、证券交易机构以及证券服务机构。

(三)证券业审计的内容

证券业审计包括对证券自营业务的审查、证券经纪业务的审查、投资银行业务的审查和客户资产管理业务的审查。审计的具体内容如下:

1. 审查自营业务的合规、效益情况,重点关注是否使用自有资金进行结算、资金来源的合法性等;

2. 审查经纪业务的真实合规情况,重点关注是否违规为客户办理证券认购、交易,是否利用内幕消息违法违规交易等;

3. 审查资产管理业务的真实合规情况,重点关注是否有收入不入账、支出不真实、佣金返还等问题;

4. 审查内部管理和控制制度的建立和执行情况,揭示内部管理薄弱环节和制度缺陷;

5. 关注资本市场运行中的突出问题,并从体制、机制上分析原因,提出建议。

(四)证券业审计应关注的重点

1. 货币资金。货币资金是证券审计中要特别关注的项目,它包括现金和银行存款。现金是指证券公司的库存现金,包括人民币现金和外币现金。现金是证券公司流动性最强的资产,虽然现金在公司资产总额中的比重不大,但是证券公司发生违法违规的案件大都与现金有关。因此,在对现金的审计中要注意证券公司的内部控制。在年终审计时应注意抽查大额现金收支、检查外币现金折算是否正确、是否有未入账的现金、是否私设"小金库"、库存现金盘点数是否与账面数一致等。

由于证券公司资金存取数额一般都比较巨大,且客户在证券公司从事业务活动都是通过银行来完成的,因此,银行存款在证券审计中就显得尤为重要。银行存款是企业放在银行或其他金融机构的货币资金。在年终审计时需要抽取银行存款余额调节表,检查未达账项是否到达;抽取金额较大的银行存款进行审计;检查外币银行存款的折算是否符合有关规定等。

在货币资金审计中,还应重点检查是否存在公司内部人员挪用客户保证金、是否存在法人投资者以个人名义炒股、是否存在关联方之间互相转移资金等现象。

2. 上存备付金。上存备付金审计要分币种审计,一般分为人民币上存备付金、美元上存备付金、港币上存备付金三类。上存备付金审计主要是审查是否真实存在、金额是否正确、外币折算是否正确、是否存在未达账项需要调整。

3. 交易保证金。交易保证金审计主要是审计上海证券交易所交易保证金和深圳证券交易所交易保证金,审查其是否真实存在、金额是否正确、是否存在未办理结算手续的交易保证金。

4. 应收款项。应收股利、应收利息、应收账款审计,重点关注其真实性,特别是要和收入科目结合考虑。

5. 交易席位费。要审计交易席位费取得的时间、取得的席位号、取得的入账价值、摊销年限和剩余价值等。

6. 自营证券。自营证券审计主要是审计营业部内非经纪类账户持仓股票按审计日的市值的调整,属于内部管理账户调整。自营证券审计还要审计证券公司与总部、其他证券公司的往来款项,必要时可发函询证。

7. 应付利息。应付利息审计主要是分币种审计应付利息金额。应以营业部柜台系统中提供的客户资金账户内未结算的利息扣除非经纪类账户内未结算的利息后的余额为依据,再分析考虑营业部所使用软件系统计算利息的可靠性,最终分析得出客户资金账户内未结算的利息,即应付利息报表金额。

8. 内部应付款。内部应付款用于核算公司总部与所属证券营业部、各营业部之间的往来结算业务。主要分以下明细审计:存放在清算中心的资金(包括人民币、美元、港币等)、财务资金总部、转入上级管理费和转入利润收缴余额等。最后核对该营业部与总部之间往来是否正确。

9. 代买卖证券款。代买卖证券款,是指金融企业接受客户委托,代客户买卖有价证券而由客户交存的款项。代买卖证券款审计分为经纪类客户、委托理财类客户、自营账户、关联账户和内部管理账户等。根据《个人债权及客户证券交易结算资金收购意见》有关规定,非正常经纪类账户资金余额不纳入收购范围,在清算审计中,将在代买卖证券款中核算的非正常经纪类账户资金余额从代买卖证券款中扣除。

四、保险业审计

（一）保险业的概念

保险业是指将通过契约形式集中起来的资金，用以补偿被保险人的经济利益业务的行业。

（二）保险业审计的对象

保险业审计的对象是一切经营保险业务的保险企业。

（三）保险业审计的目的

保险业审计是指对保险企业经营的各种保险业务活动所进行的审计。其目的是通过对保险业务活动的审查和监督，促进保险企业贯彻执行国家的方针政策，加强法制观念，正确签订和执行保险合同，维护保险人和被保险人双方的正当利益，改善保险企业的经营管理，增强企业的活力，提高企业素质和经济效益，顺利完成保险计划，充分发挥保险在国民经济建设中的作用。

（四）保险业审计的内容

保险业审计是指审计机关通过依法履行职责，对保险公司进行监督，发挥预防、揭示和抵御的"免疫系统"功能，以公司总部和各级分支机构以及综合经营下所属各类子公司为审计对象，全面掌握其资产情况、偿付能力及盈亏的真实情况。同时，以各项业务流程为主线，加强对资金来源和运用的全面掌握和了解，以保护国家金融安全，抵御金融风险，推动国家金融有序发展，实现国家良好治理。审计的具体内容如下：

1. 保险业务合规性审计，审查各项承保业务、理赔（给付）业务是否真实合规；保险资金运用是否合规、安全、有效益；揭示保险投资资产的风险状况和潜在损失等问题；

2. 财务收支真实性审计，揭示保费收入和支出不实等财务风险问题；

3. 审查内控流程和风险管理工作的健全和有效情况，深入揭示保险经营管理中存在的薄弱环节和突出问题；

4. 关注保险市场运行中的突出问题，并从体制、机制上分析原因，提出建议。

（五）保险业审计应关注的重点

1. 审查保险展业、防灾和理赔工作是否做到"合法""合理""真实"和"有效"。展业、防灾和理赔工作必须认真贯彻执行国家有关方针政策和法律、法规以及保险合同的规定。既要提高保险企业的自身经济效益,也要充分发挥保险促进生产和保障人民生活安定的积极作用。

2. 审查财务收支和各项经济活动是否"正确""真实"与"合法"。查明各种凭证、账目、报表等资料所反映的经济活动是否存在虚假不实、营私舞弊或铺张浪费。根据实际情况提出建议,改善保险业的经营管理。

3. 审查是否管好用好流动资金。保险企业的流动资金是保证其履行补偿职能的保险基金。它必须在保险企业的全部资金中占相当的比重。只有管好、用好流动资金及有价证券,才能保证保险企业经营活动的正常进行。

4. 对固定资产管理进行审计监督。通过对固定资产的全面核算与监督,避免国有资产遭受损失,改进管理,提高保险企业的经济效益。

5. 对专项基金进行审计监督。保险企业专项基金有各种业务准备金、利润留成项目下的专项基金等。管好、用好各项专用基金有利于正确处理保险人与被保险人之间的经济利益关系,稳定保险事业的经营;有利于正确处理国家、企业和个人之间的经济利益关系;有利于调动职工的积极性,促进保险事业的健康发展。

拓展案例

6. 对保险企业偿付能力的审计监督。保险企业有足够的偿付能力才能承担补偿义务。

🍃 思考题

一、简答题

1. 简述金融审计与金融监管的区别。
2. 简述金融审计的总体目标。
3. 简述中央银行的主要职责。
4. 简述中央银行审计与国家审计的关系。
5. 简述银行业审计在信贷资产方面应关注的重点。

即练即测

二、论述题

1. 金融审计应关注的重点有哪些?
2. 中央银行审计应关注的重点有哪些?
3. 试论述证券业审计的内容。
4. 试论述保险业审计的内容。
5. 保险业审计应关注的重点有哪些?

第十五章

企 业 审 计

 导读

　　企业审计是指审计机关依据法律、法规和政策规定,对国有及国有资本占控股地位或主导地位的企业的资产、负债、损益的真实、合法和效益情况进行的审计监督。本章对企业审计的内涵、目标和对象以及企业审计的内容进行阐述。

！本章学习目标

　　通过本章学习,学员应该能够:

　　(1) 了解企业审计发展的简要历程及新时代深化企业审计监督的重大意义;

　　(2) 了解企业审计的内涵、对象和目标;

　　(3) 熟练掌握国有企业投资运营国有资本情况审计、政府授权履行出资人职责的机构审计、国有资本经营预算收支审计三类企业审计的内容,对企业审计有一个全面、清晰的认知。

第一节　企业审计概述

一、企业审计发展的简要历程

　　国家审计机关自 1983 年成立之日起,对国有及国有资本占控股地位或主导地位的企业审计是其重要的工作任务之一。围绕为深化国有企业改革服务的中心,国有企业审计经历了由严肃财经法纪为重点,到以资产负债损益审计为重点,到以经济责任审计为重点,再到以维护国有资产安全为中心的发展历程。20 世纪 80 年代初期,我国经济体制改革逐步铺开,国有企业经营自主权不断扩大,但一些企业自我约束机制不健全,经济效益较差,违反财经法纪的现象比较普遍。这一时期的企业审计,主要是开展查错纠弊式的财务收支审计、违纪专项审计、行业审计等,以促进企业增收节支、提高经济效益。

　　党的十四大明确了经济体制改革的目标是建立社会主义市场经济体制,国有企业的改革和发展进入快车道。为适应国有企业改革发展的新形势,1993 年颁布了《全民所有制工业企业转换经营机制审计监督规定》,审计重点转向企业资产负债损益的真实合法和效益,监督国有资产保值增值,通过在会计领域打假治乱,促进国有资产保值增值。党的十五大明确国有企业改革是经济体制改革的中心环节,确定了"抓大放小"的国有企业改革战略和建立现代企业制度的改革目标。在这一阶段,以 1999 年《国有企业及国有控股企业领导人员任期经济责任审计暂行规定》颁布为标志,国有企业审计从查错纠弊为主的传统财务收支审计,逐步转向以资产负债损益的真实性审计为基础,以经济责任审计为重点,以"摸家底、揭问题、促发展"为主线的路子,围绕企业会计信息、重大经济决策、内部管理和遵守财经法规等,客观评价国有企业领导人员任期经济责任,促进企业加强和改善经营管理,保障国有资产保值增值。2010 年,按照中共中央办公厅、国务院办公厅印发的《党政主要领导干部和国有企业领导人员经济责任审计规定》,重点审计企业财务收支的真实、合法和效益情况,有关内部控制制度的建立和执行情况,履行国有资产出资人经济管理和监督职责情况。之后,按照规定实施细则要求,重点审计国有企业领导人员贯彻执行党和国家有关经济方针政策和决策部署,遵守有关法律法规和财经纪律,企业发展战略制定和执行,有关目标责任制完成,重大经济决策,企业财务收支的真实、合法和效益,国有资本保值增值和收益上缴,重要项目的投资、建设、管理及效益,企业法人治理结构的健全和运转,履行有关党风廉政建设第一责任人职责,以往审计中发现问题的整改等情况。

党的十八大以来,国有企业审计坚决贯彻落实党中央、国务院要求,以维护国有资产安全,促进国有企业科学发展为目标,不断加强对国有企业资金、权力和责任的审计,通过对国有企业贯彻落实国家重大政策措施情况的审计,促进政令畅通;通过揭示和反映国有经济运行中的风险隐患,维护国有资产安全;通过从体制、机制、制度层面揭示问题、分析原因和提出建议,促进深化改革;通过加强对国有资产运营相关权力和责任的监督和制约,促进健全权力制约和监督机制;通过全面监督国有企业财务收支的真实、合法和效益,促进企业经营管理制度建设;通过揭露重大违纪违法违规问题,促进廉政建设。

二、企业审计的内涵

企业审计是指审计机关依据法律、法规和政策规定,对国有及国有资本占控股地位或主导地位的企业的资产、负债、损益的真实、合法和效益情况进行的审计监督。主要包括国有资产监管部门审计、国有企业审计、国有资本经营预算审计等。

我国国有及国有资本占控股地位或主导地位的企业是中国特色社会主义的重要物质基础和政治基础,是党执政兴国的重要支柱和依靠力量。国家审计是党和国家监督体系的重要组成部分,国有及国有资本占控股地位或主导地位的企业在国家政治生活和国民经济中的重要地位,决定了国家审计对国有及国有资本占控股地位或主导地位的企业进行审计的必要性。

三、企业审计的对象

根据《审计法》《审计法实施条例》《关于深化国有企业改革的指导意见》和《关于深化国有企业和国有资本审计监督的若干意见》的规定和要求,当前企业审计的具体对象包括:一是国有独资企业;二是国有资本占企业资本总额50%以上的企业,以及国有资本占企业资本总额比例不足50%,但是国有资产投资主体实质上拥有控制权的企业;三是国有企业领导人员履行经济责任情况;四是国有资产相关监管机构、国有资本投资、运营公司等。

四、企业审计的目标

企业审计要聚焦重点领域,依法履行职责,增强国资国企审计的敏锐性、前瞻性和时效性,将推动改革、防范风险、促进发展摆在更加突出的位置,强化审计"查病""治已病、防未病"功能,着力发挥审计常态化"经济体检"作用。

(一)聚焦投资、运营和监管国有资本情况开展审计。密切关注国有资本投资、运营公司的设立及运转情况,加大对权力集中的重点岗位和资金密集、资源富集、资产聚集的重点领域、重要环节的审计力度。重点审计国有资本经营预算编制、执行和绩效,以及相关制度建立健全情况;聚焦国有资产监管机构规范资本运作、提高资本回报、维护资本安全,以及科学合理制定国有企业经营目标、完善考核评价体系和过错问责等职责履行情况。

(二)聚焦深化国企改革、防范化解重大风险情况开展审计。围绕国企改革"1+N"制度体系和三年行动方案决策部署,密切关注混合所有制改革和自然垄断行业改革、国有法人治理结构和健全市场化经营机制,以及国有企业科研投入、科研成果转化和核心技术创新攻关等情况。围绕国有企业资产负债损益的真实性、合法性、效益性,以防范企业债务风险、金融业务风险、市场风险为目标,重点审计国有资产处置、存量盘活以及债务规模、风险防控等情况,揭示风险隐患和薄弱环节。

(三)聚焦落实中央重大政策措施情况开展审计。密切关注国有企业贯彻执行深化改革、创新发展、优化布局和"瘦身健体"、提质增效、化解过剩产能等政策措施,以及实施走出去战略、推进"一带一路"等重大专项任务和有关目标责任制完成情况;贯彻落实中央八项规定精神及其实施细则和廉洁从业规定情况;国有企业领导人员守法、守纪、守规、尽责和履行经济责任情况;加大对国有企业资金分配、重大投资决策和项目审批、重大物资采购和招标投标、贷款发放和证券交易、国有资产和股权转让、土地和矿产资源交易情况的审计力度,揭露以权谋私、失职渎职、贪污受贿、内幕交易等问题。

（四）聚焦贯彻落实"三重一大"决策制度情况开展审计。重点审计国有企业党组织和董事会在重大事项决策中的职责履行情况；国有企业发展战略制定、执行情况及其效果；国有企业重大投资决策、投资管理和绩效情况，特别是涉及大额资金使用、资本运作、投资合作、资产处置、物资采购、工程招标等重点事项、重要岗位和关键环节管控情况；密切关注决策事项是否违反国家有关法律法规，是否与国家相关政策相抵触，是否脱离国有企业发展实际；决策过程是否存在盲目决策、违法决策、专断决策、随意决策等问题；决策是否达到预期目标，是否因决策失误造成国有资产损失浪费、生态环境严重破坏、重大安全生产事故等严重后果。

五、新时代深化企业审计监督的重大意义

企业审计是伴随着国有企业发展而不断成长、成熟的。国有企业在国家政治生活和国民经济中的重要地位，决定了国家审计对国有企业进行审计的必要性。加强对国有企业的审计监督，对于推动深化国资国企改革、国有经济保值增值，促进国民经济持续、健康发展具有重大意义。

（一）深化企业审计监督是促进国有企业建立和完善现代企业制度，提高国有经济核心竞争力的客观需要。审计机关在审计国有企业过程中，寓服务于监督之中，深入剖析企业经营和发展存在的突出束缚和瓶颈，揭露影响企业深化改革以及发展壮大存在的问题，揭示深层次原因，提出解决问题的路径和对策。推动企业健全完善公司法人治理结构、建立国有企业领导人员分类分层管理制度、实行与社会主义市场经济相适应的企业薪酬分配制度、深化企业内部用人制度改革，加速建立完善产权清晰、权责明确、政企分开、管理科学的现代企业制度。

（二）深化企业审计是加快国有企业转换经营机制，提高经济效益的必然要求。企业的核心任务就是提高经济效益。国有企业审计，就是要对企业效益情况进行剖析，有针对性地提出运营管理方面的建议，帮助企业挖掘潜力、改进管理、缩减成本，推动国有企业同市场经济深入融合，促进国有企业经济效益和社会效益有机统一，增强国有企业经济活力，推进国有经济战略性结构调整，从而达到提高经济效益、实现国有资产保值增值的主要目标。

（三）审计监督是加强对国有企业监管，防范国有资产流失和风险的重要举措。加强监管是搞好国有企业的重要保障。新一轮国企改革，明确把强化监管作为重要内容。审计作为国企监管的一个重要举措，对国有企业的运营管理有着至关重要的意义。在国有企业的改革发展进程中，必须进行审计监督，健全国有资本审计监督体系和制度，实行企业国有资产审计监督全覆盖。通过审计强化对企业关键业务、改革重点领域、国有资本运营重要环节以及境外国有资产的监督，促进规范操作流程，推进国有企业廉政建设，维护国有资产所有者的权益，优化国有资产投资结构，防止国有资产流失，防范重大风险，

提高国有资产运营效益。

第二节　企业审计的内容

一、国有企业投资运营国有资本情况审计

（一）审计对象

国有企业投资运营国有资本情况审计对象为国有资本投资、运营公司。根据《关于推进国有资本投资、运营公司改革试点的实施意见》（国发〔2018〕23号），国有资本投资、运营公司功能定位为在国家授权范围内履行国有资本出资人职责的国有独资公司，是国有资本市场化运作的专业平台。公司以资本为纽带、以产权为基础依法自主开展国有资本运作，不从事具体生产经营活动。国有资本投资、运营公司对所持股企业行使股东职责，维护股东合法权益，以出资额为限承担有限责任，按照责权对应原则切实承担优化国有资本布局、提升国有资本运营效率、实现国有资产保值增值等责任。

1. 国有资本投资公司

国有资本投资公司主要以服务国家战略、优化国有资本布局、提升产业竞争力为目标，在关系国家安全、国民经济命脉的重要行业和关键领域，按照政府确定的国有资本布局和结构优化要求，以对战略性核心业务控股为主，通过开展投资融资、产业培育和资本运作等，发挥投资引导和结构调整作用。推动产业集聚、化解过剩产能和转型升级，培育核心竞争力和创新能力，积极参与国际竞争，着力提升国有资本控制力、影响力。

2. 国有资本运营公司

国有资本运营公司主要以提升国有资本运营效率、提高国有资本回报为目标，以财务性持股为主，通过股权运作、基金投资、培育孵化、价值管理、有序进退等方式，盘活国有资产存量，引导和带动社会资本共同发展，实现国有资本合理流动和保值增值。

3. 国有资本投资公司与国有资本运营公司区别

（1）对象。国有资本投资公司以产业资本投资为主，主要是投资实业，以投资融资和项目建设为主；国有资本运营公司以资本运营为主，运营的对象是持有的国有资本（股本），包括国有企业的产权和公司制企业中的国有股权。

（2）目标。国有资本投资公司着力培育产业竞争力，重点是要解决国民经济的布局结构调整。通过资本投资而不是行政权力保持对某些产业和企业的控制力，实现政府的特定目标；国有资本运营公司侧重改善国有资本的分布结构和质量效益，强调资金的周转循环、追求资本在运动中增值。通过国有资本的运营，重塑科学合理的行业结构与企

业运营架构,提高资源配置效率。

(3)方式。国有资本投资公司通过投资事业拥有股权,对持有资产进行经营和管理。国有资本投资公司通过产业资本与金融资本的融合,提高国有资本流动性,开展资本运作、进行企业重组、兼并与收购等;国有资本运营公司的经营方式包括兼并或分立,成立合资公司、公司制改建、培育上市公司、产权转让置换等。国有资本运营公司是纯粹控股企业,不从事具体的产品经营,主要开展股权运营,行使股权管理权利,在资本市场通过资本运作有效组合配置国有资本。

国有资本投资公司侧重于市场失灵或市场残缺的纠正和弥补。对于信息不对称和自然垄断的领域,对于市场无力或不愿意投资但对于国民经济又特别重要的领域,以及关系国家安全和国民经济命脉的领域,国有资本的投入都将发挥重要的作用。国有资本投资公司意在实施国家对经济的引导,实现政府特殊的公共目标,如减少社会不公、促进区域协调发展等。国有资本投资公司为了实现政策性目标进行产业类投资,通过资本投资而不是行政权力保持国有经济的控制力和影响力;国有资本运营公司侧重于发挥市场机制的作用,推动国有资产实现形式由实物形态的"企业",转变为价值形态的资本,包括证券化的资本,促进国有资本在资本市场上的流动,使国有经济布局和功能可以灵活调整,利用市场的力量让资本流动到最能发挥作用的地方,使国有资本发挥更有效的作用。国有资本运营公司意在降低市场中的交易费用,担负着健全国有资本市场体系的职责。国有资本运营公司将国家所有实物形态的国有资产转换成可以用财务指标清晰界定、计量并具有良好流动性、可进入市场运作的国有资本,从而使"半政府工具,半市场主体"状态的国有企业,成为平等的市场竞争的参与者。

(二)审计目标

我国组建国有投资、运营公司的初衷是实现我国国有资产保值增值的需要,而要明确目标的实现与否,发现国有资本投资运营中存在的问题,对国有企业投资运营国有资本情况进行审计十分必要。进行国有企业投资运营国有资本情况审计,有利于全面深化改革,促进国家治理体系和治理能力建设,实现国有资产的保值增值。

(三)主要审计内容

1. 对贯彻执行国家法律法规和经济政策情况开展审计。重点审计企业执行《中华人民共和国会计法》《中华人民共和国公司法》和《中华人民共和国企业国有资产法》等财经法规情况,贯彻执行国家、省、市有关国有资产管理相关政策情况;审查企业内部制订的财务管理制度、办法等是否符合国家规定并严格执行。

2. 对企业资产管理使用及保值增值情况开展审计。主要审核各项资产的真实性、完整性、合法性;审查国有资产保值增值情况,分析国有资产有无流失、损失、浪费等问题。

3. 对企业负债情况开展审计。重点审查往来款项清理是否及时,有无长期挂账和利用往来账户隐瞒收入等问题。

4. 对企业重大经济决策情况开展审计。重点审查企业经营、基本建设、对外投资等重大经济事项的决策程序是否正确,有无因决策失误或管理不善造成损失浪费等现象。

5. 完善国有企业法人治理结构情况开展审计。摸清国有企业党委、董事会、经营层设置情况,重点关注企业是否设置内部审计机构、专职内审人员配备和内部审计监督作用发挥情况。

二、政府授权履行出资人职责的机构审计

(一)审计对象

国有资产监管机构是代表本级政府履行出资人职责、监管企业国有资产的机构。因此,政府授权履行出资人职责的机构和部门管理国有资本情况审计的对象为国有资产监管机构。

1. 国有资产监管机构性质

(1)国有资产监管机构是履行国有资产出资人职责的专门机构。国有资产监管机构只承担国有资产出资人职责,不承担政府的社会公共管理职能。国有资产监管机构是履行国有资产出资人职责的唯一机构。

(2)只有国有资产监管机构行使国有资产出资人职责,承担社会公共管理职能的其他政府部门、机构不应也不能承担国有资产出资人职责。

政资、政企尚未分开的单位,应当按照建立社会主义市场经济需要的国有资产管理体制的要求,加快改革,加快实现政企分开、政资分开。政企分开、与政府部门脱钩后的企业,由国有资产监管机构履行出资人职责,依法对企业国有资产进行监管。

(3)国有资产监管机构是履行国有资产出资人职责的统一机构。国有资产监管机构作为出资人,拥有对所出资企业享有资产收益、重大决策和选择管理者的权利。这三项权利是国有资产出资人职能不可分割的有机组成部分。统一行使这三项权利既是出资人权利行使的客观要求、出资人权益得以实现的保障,又是落实国有资产经营责任,解决国有资产谁都负责、谁都不负责的前提和关键。

(4)国有资产监管机构是代表政府履行国有资产出资人职责的机构。在党的十六大和《企业国有资产监督管理条例》确定的国有资产管理体制下,政府是国有资产出资人代表,政府设立国资机构,授权该机构代表自己行使国有资产出资人职责。第一,国有资产监管机构行使出资人职权源于政府的委托授权,国有资产监管机构要对政府负责,履行国有资产出资人职责应体现政府的意志、利益。第二,政府委托、授权国有资产监管机构代表自己行使出资人权利并未丧失自己的出资人资格,政府作为出资人享有所出资企业

特别重大事项的最终决定权和收益的最终获取权。

（5）上下级国有资产监管机构间具有指导监督关系。国务院国有资产监管机构负责制定企业国有资产监管的规章、制度，以及指导国有企业改革和发展的政策措施。这些规章制度、政策措施，地方国有资产监管机构和国有企业必须遵照执行。据此，实现上级国有资产监管机构对下级国有资产监管机构的指导监督。

2．国有资产监管机构设置

国务院，省、自治区、直辖市人民政府，设区的市、自治州级人民政府，分别设立国有资产监管机构。设立三级国有资产监管机构，符合我国国有资产、国有企业主要集中在地市以上的现状，同党的十六大确定的中央、地方三级政府行使出资人职责的国有资产管理体制相一致。企业国有资产较少的设区的市、自治州，经省、自治区、直辖市人民政府批准，可以不单独设立国有资产监管机构。

3．国有资产监管机构职责

（1）依法对所出资企业履行出资人职责。一是依法对所出资企业履行出资人职责，维护所有者权益；二是向所出资企业派出监事会；三是对所出资企业负责人进行任免、考核和奖惩。

（2）对国有（控股）企业、企业国有资产管理的职责。一是指导推进国有（控股）企业的改革和重组；二是通过统计稽核等方式对企业国有资产保值增值状况进行监管。

（3）国务院国有资产监管机构制定规章、制度的职责。国务院国有资产监管机构还可以制定企业国有资产管理的规章、制度。这些规章、制度具有法律效力，地方国有资产监管机构、国有出资企业要执行。

4．国有资产监管机构义务

（1）推进国有资产合理流动和优化配置，推动国有经济布局和结构的战略性调整。

（2）保持和提高关系国民经济命脉和国家安全领域国有经济的控制力、竞争力，提高国有经济的整体素质。

（3）探索有效的企业国有资产经营体制和方式，加强企业国有资产监管工作，促进企业国有资产保值增值，防止国有资产流失。

（4）指导和促进国有及国有控股企业建立现代企业制度，完善法人治理结构，推进管理现代化。

（5）尊重、维护国有及国有控股企业的经营自主权，依法维护企业合法权益，促进企业依法经营管理，增强企业竞争力。

（6）指导和协调解决国有及国有控股企业改革与发展中的困难和问题。

（二）审计目标

政府授权履行出资人职责的机构和部门承担着监管企业国有资产保值增值的责任，

不仅要指导推进国有企业改革和重组、推进国有企业的现代企业制度建设、完善公司治理结构、推动国有经济布局和结构的战略性调整,还需组织所监管企业上交国有资本收益,参与制定国有资本经营预算有关管理制度和办法。为了督促政府授权履行出资人职责机构和部门履行其相应的职责,并发现其履职过程中存在的问题,有必要对政府授权履行出资人职责的机构和部门管理国有资本情况进行审计。

(三)主要审计内容

1. 对贯彻落实中央有关决策部署情况进行审计。

2. 对遵守国家法律法规情况进行审计。主要审计执行《中华人民共和国会计法》《中华人民共和国企业国有资产法》等财经法规情况,贯彻执行国家、省、市有关国有资产管理相关政策情况。

3. 对从管企业为主向管资本为主职能转变情况进行审计。重点关注在优化国有资本布局、规范资本运作、提高资本回报、维护资本安全等方面,依法放权、依法行权、主动作为、有效作为情况。

4. 对重大改革措施实施情况进行审计。主要审计国有资本授权经营体制和经营性国有资产集中统一监管等情况。

三、国有资本经营预算收支审计

(一)国有资本经营预算的概念

国有资本经营预算是国家以所有者身份依法取得国有资本收益,并对其进行分配而发生的各项收支预算,是政府预算的重要组成部分。

1993 年,党的十四届三中全会首次提出国有资产经营预算概念。1995 年颁布的《中华人民共和国预算法》及其实施条例提出将国有资产经营预算纳入预算编制,标志着建立国有资产经营预算正式取得法律地位。但由于当时国有企业发展普遍缺乏资金,国家对国有企业实行了暂停上缴税后利润的政策,国有资本经营预算一直处于悬空状态。

2007 年 9 月,《国务院关于试行国有资本经营预算的意见》中,明确了试行国有资本经营预算的指导思想和原则,确定了国有资本经营预算的收支范围及编制、执行和审批程序后,才使国有资本经营预算正式进入了实施阶段。可以说,国务院文件的下发,标志着我国国有资本经营预算制度正式建立。

2008 年,《中华人民共和国企业国有资产法》规定,国有资本经营预算按年度单独编制,纳入本级政府预算,报本级人民代表大会批准。国有资本经营预算支出按照当年预算收入规模安排,不列赤字。国务院和地方人民政府财政部门负责国有资本经营预算草案的编制工作,履行出资人职责的机构向财政部门提出由其履行出资人职责的国有资本经营预算建议草案,同时明确审计机关应对国有资本经营预算的执行情况进行监督。

根据《国务院关于试行国有资本经营预算的意见》规定,国有资本经营预算是国家以所有者身份依法取得国有资本收益,并对其进行分配而发生的各项收支预算。国有资本经营预算是我国建立政府复式预算体系中的重要组成部分,是以国有资本的宏观运营为目标,反映国家作为资本所有者代表与国有企业之间的收益分配和再投资关系,并通过计划、反映和监督国有资产管理机构履行出资人职责的活动来实现国有资本的保值增值,推动经济结构战略性调整与国有企业的根本性重组,确保国有资本的优化配置,服务于政府社会和经济管理的总体目标。

(二)国有资本经营预算审计的概念

国有资本经营预算审计是指审计机关依据本级人大审查和批准的年度国有资本经营预算,对本级财政及各预算执行部门和单位,在预算编制、预算管理、预算执行及其决算等方面,以及国有参股企业收益真实性所进行的审计监督。

1. 审计对象

国有资本经营预算审计的对象涉及本级财政部门、本级代表国有资产出资人的国有资产监管机构以及其他有企业监管职能的部门和单位。

2. 审计目标

国有资本经营预算是我国建立政府复式预算体系中的重要组成部分,对于有效反映国家作为出资人与国有企业之间的收益分配和再投资关系,推动经济结构战略性调整与国有企业的根本性重组,实现国有资本的保值增值,服务政府社会和经济管理的总体目标具有重要意义。因而,国有资本经营预算审计不仅是国有企业审计的主要内容,也是构建国家财政审计大格局的一个重要环节。国有资本经营预算的作用决定了国有资本经营预算审计不仅要揭露在国有资本预算编制、预算管理、预算执行等方面存在的问题,不断规范财政管理,提高财政资金使用效益,还要站在企业审计的角度,关注国有资本经营预算支出的使用情况,审查资金使用的真实、合法和效益性,发挥审计的免疫系统功能作用。

(三)主要审计内容

1. 审计预算编制、执行情况。主要审计财政部门国有资本经营预算编制的完整性和向各部门批复预算情况,预算执行中的调整情况。审查是否全面、完整地反映国有资本收益的收缴、分配和使用情况,是否按照批准的年度预算、用款计划以及预算级次和程序拨付预算支出资金。

2. 审计预算收入的完整性,揭示国有资本经营收益征收中存在的突出问题。国有资本经营预算的收入是各级人民政府及其部门、单位履行出资人职责的企业上交的国有资本收益,主要包括国有独资企业按规定上交国家的利润、国有控股和参股企业国有股权获得的股利和股息、企业国有产权转让收入、国有独资企业清算收入,以及国有控股、参股企业国有股权分享的公司清算收入等。在审计中,要关注财政部门、国有资产监管机构以及其他负责国有企业监管职能的部门和单位,是否按规定将国有资本收益及时、足额地收缴到财政并纳入预算,做到了应收尽收,是否存在违反"收支两条线"原则的截留、挪用和坐支等行为。

3. 审计预算支出的合规性、完整性和效益性。国有资本经营预算的支出是根据产业发展规划、国有经济布局和结构调整、国有企业发展要求,以及国家和地方战略、安全等需要对国有资本经营预算收入进行分配而安排的支出,主要包括国有资本金资本性支出、费用性支出和其他支出等。审计预算支出审计要有效揭示国有资本经营收益支出中存在的突出问题:审查预算支出的安排是否细化到相应的项目或单位,计算资本性支出和费用性支出的比例是否合理;对资本性支出,要从宏观上分析编制资本性支出的政策依据是否真实可靠,是否符合国家的产业布局和企业发展战略;对费用性支出,要关注支出安排及资金使用的合法性,注意有无虚列费用支出或挤占挪用财政资金的问题。

在国有资本经营预算支出的效益审计方面,要关注国有资本的投向是否有利于国有经济的布局和结构调整,能否根据国家产业发展战略正确引导社会资本的流向,充分发挥国有经济对国民经济的主导作用和控制力与竞争力。还要从增长质量和增长总量两个方面分析国有资本经营预算支出的效益,防止重复建设和盲目投资。

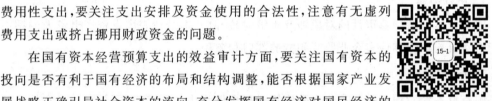

拓展案例

拓展案例

4. 审计国有企业收益的真实性,主要是审计国有企业利润的真实性。企业的收益是国有资本经营预算收入的主要来源,也是国有资本经营预算的编制基础。在审计中,要关注有无通过关联企业隐瞒或转移收入,是否存在虚增成本或费用的问题。

 思考题

一、简答题

1. 企业审计的本质目标。

2. 企业审计的对象。

3. 国有资本投资公司与国有资本运营公司在目标方面的区别。

4. 国有资产监管机构的性质。

5. 国有资本经营预算审计的内涵。

即练即测

二、论述题

1. 国有企业投资运营国有资本情况审计内容。
2. 国有资产监管机构的职责。
3. 国有企业领导人员履行经济责任情况审计内容。
4. 国有资本运营公司与国有资本投资公司经营方式的区别。
5. 国有资产监管机构的义务。

第十六章

民 生 审 计

 导读

民生审计是审计机关开展的与保障民生密切相关的审计项目的总称,其内容涉及衣食住行、安居乐业、生老病死等事关人民群众切身利益的敏感问题。本章对民生审计概念和特点、民生审计目标、民生审计主要内容,重点对扶贫审计、涉农审计、社会保障审计、教科文卫等领域审计、对重大突发性公共事项进行跟踪审计进行阐述。

! 本章学习目标

通过本章学习,学员应该能够:

(1) 理解民生审计的相关概念、目标及对象;

(2) 掌握扶贫审计、涉农审计、社会保障审计、教科文卫等领域审计,对重大突发性公共事项进行跟踪审计的相关内容,对民生审计有一个全面、清晰的认知。

第一节 民生审计概述

一、民生审计的相关概念

(一)民生审计的概念

民生审计是指审计机关以维护国家和社会安定和谐为目标,依法对与人民群众利益最为密切的民生资金、项目和政策进行的审计监督。

民生审计是审计机关开展的与保障民生密切相关的审计项目的总称,其内容涉及衣食住行、安居乐业、生老病死等事关人民群众切身利益的敏感问题。

(二)民生审计的特点

1. 阶段性

民生涉及一个国家经济、社会、政治、文化、生态等多个方面,在财力有限的情况下,政府无法面面俱到。因此,政府在履行其保障民生职能时,必须考虑经济社会发展现阶段财政的保障能力,统筹兼顾短期和长期利益,设计科学合理的民生保障体系,设定适宜的保障标准。正因为如此,在不同的时期,民生保障的基本内容和重点都有所不同,民生审计的内容也随之变化,具有明显的时代特征和阶段性。

2. 综合性

作为民生审计的审计兑现,民生问题涉及广泛,民生需求具有多层次、多种类的特点,这就决定了民生审计的高度综合性,包括了教育、就业、社会保障、医疗卫生、保障性住房、环境保护等多方面内容,涉及财政、财务、社会管理、人口、财政、生态环境、工程等多个学科领域。

3. 服务性

主要体现在两方面:一方面是有效推动国家治理。通过民生审计,推进国家社会保障体系的建设,推进民生资金分配、管理和使用,促进国家资源的优化配置和政府管理效能的提升,促进国家治理体系的健全完善;另一方面是切实维护人民群众基本利益。通过民生审计,进一步加大了对涉及民生的重点领域、重点部门、重点资金和重点项目的监管,为各种惠民政策措施的全面落实提供了有力保障,促进政府增强公共服务意识和公共服务能力,为最广大人民根本利益的实现提供了保障。

(三) 民生审计关注的重点

1. 关注民生政策措施的落实。开展政策落实跟踪审计,既是党中央、国务院交给审计的一项重要任务,也是审计关注民生的重要体现。审计机关要把着力维护人民根本利益,重点关注扶贫、教育、医疗、社会保障、就业等民生政策落实,以及公共资源、公共资产、公共服务的公平合理分配等情况,维护社会公平正义。着力推动全面深化改革,以供给侧结构性改革为主线,密切关注"三去一降一补"、简政放权、"放管服"改革、生态文明建设和积极财政政策等重大决策部署贯彻落实情况,保障改革协调推进。

2. 关注民生资金使用的绩效。随着国家对民生领域持续发力,民生资金投入越来越大。审计机关要把民生资金使用绩效作为重要审计目标,紧紧围绕扶贫、"三农"、就业、社会保障、科技、文化、教育、医疗等民生领域问题加强审计,重点关注扶贫资金使用绩效,促进提高扶贫实效,确保打赢脱贫攻坚战;重点关注涉农资金管理使用等情况,推动涉农资金整合和统筹使用,促进强农惠农政策落到实处;重点关注社保基金管理使用和投资运营情况,以及基本公共资金使用效益,促进民生保障体系不断健全完善。

3. 关注民生项目的质量和效益。随着改革的深入推进和经济的不断发展,各级政府加大了民生领域投资力度,各类民生工程相继上马。审计机关要充分发挥对人民群众利益的保障作用,加强对全局性、战略性、基础性重大公共基础设施项目的审计监督,重点关注项目社会效益、经济效益和环境效益,促进可持续发展;加强政府投资建设项目绩效审计,关注政府投资规划布局和投向结构,促进政府改善投资结构,提高投资的质量和效益;加强对国有资本投资审计,密切关注国有资本投资、运营情况,促进国有企业做强做优做大,以及国有资本保值增值增效。

4. 关注民生工作的责任履行。审计机关要以经济责任审计为依托,同步开展自然资源资产离任审计,切实让民生政策、目标、资金和项目落实落地。在审计中,要紧紧围绕权力运行和责任落实,在监督领导干部贯彻执行党和国家经济方针政策、决策部署等情况的同时,对事关民生的政策措施、资金和项目,特别是提高人民生活质量的重大民生工程、与人民群众生活息息相关的污染治理、保障人民利益的政策措施等要严查细究,加大对各种损害人民群众利益的违法违纪问题查处力度,促进领导干部守法守纪守规尽责,确保民生政策措施稳步推进。

5. 关注民生保障长效机制的建设。审计机关要立足长远,重点审计民生保障体系构建是否健全,即目标定位、政策制定、职能设定、机构设置和沟通协调应急等机制是否全面建立,是否实现了统筹安排、高效运转。对涉及面广、事关群众长远利益、短期内又无法全面解决的民生问题,建立统一、规范、可持续的民生保障体系。同时,重点审计民生相关制度设计的公平性,即审查享受民生保障对象的范围、层级和基本保障的标准是否实现了基本公共服务的均等化的目标,最大限度满足当前民生的基本需求。

二、民生审计的目标

民生审计的目标是促进深化改革、保障和改善基本民生、维护人民利益,确保政策要求、预算安排、资金拨付和民生项目落地生根,不断完善和发挥实效,推动提高民生保障水平。

民生审计政策性强。民生审计时,要突出"社会公平正义、资金安全效益、政策落实有效"的原则,追踪资金,跟踪政策,评估成效。充分发挥审计揭示民生热点、难点问题;维护民主权利、民生利益;促进民生改善、民生制度设计等方面的作用。根据民生审计原则,更加关注公平正义,倾听民生诉求,维护群众利益;更加关注资金安全,揭示重大损失浪费和潜在风险;更加关注项目成果绩效,强化政府职责;更加关注体制机制疏漏,完善政策制度设计和建立有效的调控体系。

三、民生审计的对象

民生审计的对象主要是各级政府中参与扶贫、"三农"、就业、社会保障、科技、文化、教育、医疗、救灾等民生政策制定与执行、资金和项目管理的行政主管部门或单位,主要包括:发展改革、财政、社会保障、住房和城乡建设、交通、环境保护、教育、卫生、扶贫、农业、水利等部门,以及从事项目施工、建设、监理的企业和事业单位。

第二节 民生审计的内容

一、扶贫审计

（一）扶贫审计的概念和原则

1. 扶贫审计的概念

扶贫审计是国家审计机关通过对精准扶贫、精准脱贫政策措施落实情况进行跟踪审计，以及开展扶贫资金项目绩效审计，重点审计脱贫工作责任制落实情况，精准扶贫、精准脱贫相关项目实施和资金管理使用情况，维护扶贫资金安全，促进提高扶贫资金使用绩效，促进打赢脱贫攻坚战。

2. 扶贫审计的原则

（1）坚持客观求实。要严格遵循扶贫相关法律法规，以是否符合中央决定精神和重大改革方向作为审计定性判断的标准，实事求是地揭示、分析和反映问题，做到"三个区分"：即把推进改革中因缺乏经验、先行先试出现的失误和错误，同明知故犯的违法违纪行为区分开来；把上级尚无明确限制的探索性试验中的失误和错误，同上级明令禁止后依然我行我素的违法违纪行为区分开来；把为推动发展的无意过失，同为谋取私利的违法违纪行为区分开来，审慎作出结论和处理。推动建立完善激励和容错、纠错机制。

（2）坚持依法审计。要严肃查处损害国家和人民利益、重大违纪违法、重大履职不到位、重大损失浪费、重大环境污染和资源毁损、重大风险隐患等问题，对以权谋私、假公济私、权钱交易、骗取扶贫及相关涉农资金、失职渎职、贪污受贿等违法犯罪问题，要始终坚持"零容忍"，坚决查处。

（3）坚持鼓励创新。要注重保护扶贫开发中的新生事物，对突破原有制度或规定，但有利于扶贫脱贫政策措施落实，有利于维护贫困群众利益，有利于推进财政资金统筹使用和提高资金绩效，有利于资源节约利用和保护生态环境的创新举措，要坚决支持，鼓励探索，积极促进规范和完善，大力推动形成新的制度规范。

（4）坚持推动改革。要关注影响扶贫领域改革发展的深层次问题，对制约和阻碍中央扶贫开发政策措施贯彻落实，制约和阻碍简政放权、政府职能转变，制约和阻碍提高绩效等体制机制性问题，要及时反映，大力推动完善制度和深化改革。

（二）扶贫审计的主要内容和重点

1. 扶贫审计的主要内容

（1）审查精准扶贫政策落实情况

① 关注是否存在体制机制不健全造成扶贫责任不落实、任务不明确、重点不突出的问题；

② 关注各行业部门是否制定年度扶贫工作方案或实施意见，以及年度扶贫工作完成情况；

③ 关注是否按照"八个精准"和"五个一批"的要求，结合当地实际出台相关政策措施、制定脱贫方案和目标任务；

④ 关注制定执行扶贫政策措施过程中，是否存在对上级精准扶贫精神简单机械转化多、细化政策措施和建章立制少等问题；简单部署工作、组织检查评比多，及时研究解决工作中遇到的实际困难和问题少等问题；生搬硬套外地经验多，指导推广符合当地实际的典型经验少的问题；

⑤ 审查脱贫任务完成的真实性及脱贫认定程序的合规性。

（2）审查资金筹集分配使用管理情况

① 专项扶贫资金总体情况。摸清财政专项扶贫资金安排、分配、使用、结余和支出结构与方向的总体情况。

② 资金项目计划和方案的落实情况。关注是否制定资金使用计划，资金使用计划是否及时发布，项目实施方案是否包括项目建设内容、实施期限及进度安排、精准扶持到户到人措施等内容，是否按要求进行了公开、在村内是否进行了公示。

③ "雨露计划"和金融扶贫贷款贴息资金的管理使用情况。揭露扶贫资金分配和管理使用过程中的腐败问题；在资金分配过程中，重点关注是否存在优亲厚友，违规超标准、超范围分配或发放扶贫资金等问题，着力揭露单位或领导干部贪污私分扶贫资金以及利用职权为本人及亲友谋取不当利益等重大违纪违法问题。

（3）审查项目建设运营效益情况

① 审查扶贫项目建设情况。摸清扶贫项目总量及其进度，审查完工扶贫项目建设内容是否符合实际和贫困户的需求，造成项目效益效果不明显，未能兑现收益和未能带动贫困人口就业等问题。

② 审查扶贫项目后期管护及效益情况。关注完工的扶贫项目建成后是否及时竣工验收并投入使用，产权是否明晰，有无建成后因管护不到位导致设施毁坏、重复投入维修，造成资金浪费及使用效益不高等问题；同时揭露扶贫项目建设领域的腐败问题，关注有关主管部门领导干部及工作人员，是否存在利用职权干预工程招标投标并从中牟利等问题；关注有关主管部门及领导干部是否存在利用职权插手工程建设，重点揭露有无扶

贫建设项目被层层转分包、雁过拔毛,有关主管部门及领导干部与施工单位相互串通勾结,对工程进行虚估冒算、虚假验收,导致出现严重质量问题以及项目建设资金被违规侵占等问题。

(4) 审查农村人居环境整治及生态环境治理相关情况

关注生活污水治理、农村改厕等工程开展情况,助力农村人居环境改善,推动美丽乡村建设提档升级。以农村环境整治相关专项资金和项目为主线,着力反映挤占挪用专项资金、拖欠工程款、工程立项、审批、建设和竣工验收方面存在的问题。一是审查资金分配、管理以及使用方面是否合规,分析资金的使用效果。二是对项目实施进行跟踪审查,分析是否根据地理、民俗和经济水平,制定人居环境改善的具体目标,项目完成情况和以往问题整改不到位的问题,推进农村人居环境整治及生态环境治理机制创新,确保长效运行。

2. 扶贫审计关注的重点

(1) 关注政策执行,促进扶贫脱贫政策落地生根。关注国家和各级政府精准扶贫精准脱贫各项政策的进展和效果;关注贯彻落实发展生产脱贫、易地搬迁脱贫、生态补偿脱贫、发展教育脱贫、社保兜底脱贫等政策措施的进展和效果;关注扶贫规划、年度计划、项目布局、资金投向等,尤其关注推动贫困县统筹整合使用财政涉农资金相关政策的落实情况,着力揭露和查处责任不落实、机制不完善、方法不恰当,以及不作为、慢作为、假作为等问题,推动整改问责,促进各项政策措施落地生根、不断完善和发挥实效。紧紧围绕"六个精准"要求,关注建档立卡信息系统建立和运行情况,促进贫困人口精准识别、精准施策、精准脱贫。

(2) 关注资金管理,促进扶贫专项资金精准使用。扶贫资金是贫困群众的"救命钱"。要关注资金规范管理情况,揭示和防范管理中的薄弱环节和潜在风险,切实发挥扶贫资金的整合使用效益;关注资金整合情况、财政资金聚合作用发挥情况,对以"专款专用"为借口,拨付资金不及时,造成资金长期趴在账上难以发挥效用的问题,坚决曝光查处;关注资金使用情况,查深查透各类违法、违纪、违规问题,促进各类涉农资金聚焦脱贫攻坚。

(3) 关注扶贫效果,促进扶贫作用精准体现。关注脱贫攻坚任务完成情况,重点审计是否按照国家和省市政府有关统筹整合使用财政资金的要求使用资金,是否把资金真正用到扶贫开发上;关注项目扶贫效果情况,查看整村推进、易地扶贫搬迁、特色产业发展、生态建设、村级道路畅通、饮水安全、危房改造等扶贫开发重点项目投入使用后,农业生产生活条件改善、农民收入提高的情况,重点揭露脱离实际、盲目决策,造成重大损失浪费的"形象工程"、"政绩工程";关注贫困人口受益情况,通过检查、分析和评价扶贫效果,着重揭示因决策、管理等人为因素造成的资金效益差、损失浪费等问题,促进扶贫重点项目发挥实效。

(4) 关注制度建设,促进扶贫审计工作制度化长效化。深刻认识和把握脱贫攻坚常态化特征,注重扶贫工作长效化、科学化、规范化、简约化。揭示和反映体制机制问题,密切关注扶贫开发工作中出现的新情况新问题,着力揭示和反映阻碍政策措施落实、制约资金整合的体制性障碍和制度性缺陷,及时提出对策建议,促进完善制度机制。同时注重完善扶贫审计工作机制,推动扶贫审计工作制度化长效化,充分发挥审计在促进精准扶贫精准脱贫中的保障和监督作用。

(三) 扶贫审计的方法与步骤

1. 文件审查法

采用文件审查法,通过向当地政府办公室、扶贫、财政、发展改革、民政等部门单位,收集领导小组、管理机构、联席会议制度、会议纪要、精准扶贫规划、精准扶贫年度资金整合方案、精准扶贫资金项目管理办法和资金管理使用办法,国家关于扶贫资金的政策和管理办法等资料,审查是否有相关文件和制度,是否规范合规,审查扶贫体制建立情况。

2. 财务资料审查法

通过审查扶贫资金分配管理使用的相关文件、相关制度、审批手续等,观察扶贫资金的筹集、分配、拨付、管理、使用等方面,是否符合国家扶贫政策、扶贫资金管理制度、财经制度。关注资金筹集分配使用管理情况,并揭露扶贫资金使用、管理、分配过程中,截留、挪用、腐败等问题。

3. 业务资料审查法

通过查阅贫困户、贫困村、贫困县的基础资料、档卡资料,以及扶贫资金分配管理使用的相关文件、相关制度、审批手续等内容,审查人口识别的精准、扶贫资金分配的精准、扶贫资金及项目管理中的审批等情况,从而发现扶贫资金分配、管理、使用方面是否存在问题。

4. 项目资料审查法

通过对扶贫项目的前期审批资料、中期建设资料、后期管理资料进行审查,了解扶贫项目总量及其进度及扶贫项目后期管护及效益情况,揭露完工的扶贫项目建成后是否及时竣工验收并投入使用,产权是否明晰,有无建成后因管护不到位导致设施毁坏、重复投入维修,造成资金浪费及使用效益不高等问题。

5. 现场调查核对法

对于扶贫资金发放到位情况,扶贫项目建设情况,扶贫开发效益情况,以及前面几种审查方法梳理的疑点线索,留下的空白点和盲点,应采取延伸调查、现场核对的方法,通过上门询问、座谈了解、现场目测、勘探测量等方式,将财务资料、业务资料、项目资料与现场调查资料相互核对,核实疑点线索,销号空白点和盲点,将扶贫资金分配管理使用及效益等情况查全、查清、查实。

二、涉农审计

（一）涉农审计的概念和特点

1. 涉农审计的概念

涉农审计是审计机关依法对支持农业和农村发展的资金收支的真实、合法、效益进行监督的行为，它涉及农业部门筹集、投入、分配、管理、使用国家农业资金以及执行国家有关农业和农村经济政策的部门和单位。

2. 涉农审计的特点

涉农资金具有范围广、层次多、专业性强和涉农利益直接等特性，这些特性就决定了涉农审计的若干特点，主要有以下几种。

（1）涉农审计延伸力度要求高

涉农资金大多由财政部门或农、林、水、土等主管部门进行拨付，经过乡镇再到各村后分配给村民，中间层次、环节较多，也最容易产生滞留挪用等现象。审计如果单从较上层资金往来看，很难发现相关问题的存在，只有抓住资金去向不放，一查到底才能够揭示资金运行的真实面貌。

（2）涉农审计风险大

由于涉农资金流经领域多，涉及管理人员素质参差不齐，属问题多发领域。尤其村级土地征用资金大幅增加的情况下，征地资金的管理使用亟须加强。从实际情况看，村级组织审计主要依据本级政府的指派，很多村级组织尚缺少监督意识，民主集中制流于形式，导致风险的潜伏性较深。由于涉农资金越往下层越分散，枝节越多，抽样审查的风险也就越大。

（3）涉农审计涉及领域广、专业性强

关系到"三农"方面的资金可以说范围很广，有农业种植、征地拆迁、农村公用设施、养老保险和合作医疗、村级财务、农村税费减负等各个方面。而涉农审计必须对农业扶持项目的立项、征地补偿标准的执行、涉农建设项目招投标合规合法公开性、专项资金筹集管理、村级集体经济运行等方面进行较为详尽的审查。不同行业都有自身的行业特点，依据的法律法规也不尽相同，审计必须熟悉相关联的专业知识，才能使自己的结论客观公正合理。

3. 涉农审计的对象

（1）农业专项资金的管理单位

农业专项资金的管理单位主要有：第一，国务院农业、水利、国土资源、林业、气象、农业综合开发、扶贫、财政、发展改革等主管部门及其直属企事业单位；第二，地方各级人民政府农业、水利、国土资源、林业、气象、农业综合开发、扶贫、财政、发展改革等主管部门及其直属企事业单位;第三,受国务院委托管理农业专项资金的社会团体。

(2)农业专项资金的项目单位

农业专项资金的项目单位主要是指直接使用农业专项资金,并负责农业专项资金项目实施的单位。

(3)其他管理和使用农业专项资金的单位组织

(二)涉农审计的内容

围绕实施乡村振兴战略,关注转变农业发展方式、推进农业结构调整、推进农村一二三产业融合发展、深化农村土地制度改革、实行耕地保护及轮作休耕、提高农业技术装备和信息化水平等重大政策措施落实情况,重点审计政策执行、资金使用、项目实施、资源利用等方面情况,推动涉农资金整合和统筹使用,促进强农惠农政策落到实处。涉农审计主要包括以下内容。

1. 审查农村农业公共设施建设资金情况

近年来随着城市化的进程加快,农村道路、园林以及农业基础设施建设比以往大幅增加,但其建设规模相对较小,立项等级也不高。在前期招投标、中期项目管理和资金拨付、后期资金结算等方面还存在一定的薄弱环节,如果监督机制不健全,极易发生各类违法违纪案件。审计中,要对项目决策民主性、程序合规性、资金拨付合理性进行审查,重点查处程序不合规、资金使用中损失浪费,甚至存在贪污等问题。

2. 审查被征地农民拆迁补偿资金情况

征地拆迁补偿资金下拨后,是否及时补偿到位,直接关系社会的稳定和谐。妥善安置被征地农民,解除他们的后顾之忧乃当务之急。审计中,要对征地拆迁资金到位及时完整性、专项性进行审查,重点揭示征地资金被挪作他用、虚造拆迁名册套取资金等问题。

3. 审查农业专项资金管理使用情况

农业专项资金除常规审查项目资金是否存在滞留现象外,还需要对项目立项合理性、程序的合规性进行审查,审查立项有无科学依据,审查是否凭人情关系对有关项目进行补贴。其次还应对项目效益情况进行审查,评价农业专项资金的效率、效果,分析当初决策的科学合理性。

4. 审查农民养老保险和农村医疗合作制度建设情况

农民养老保险和农村医疗合作制度的建设,首要一环就是资金筹集,省、市、县(市、区)、镇(乡、街道)各级资金筹集是否到位,避免只算账面账。审计中,要了解农村养老保险资金保值增值、运行缺口压力情况,被征地农民基本养老保险制度建立是否完善;农村医疗合作制度实施是否存在筹资年限短、总体筹资标准过低以及补偿经费报销是否过宽等现象的发生。

5. 审查涉农税费改革情况

近年中央和地方高度重视农业税费减免,以求减轻农民负担,增加农民收入。几次税费减免让农民得到了实惠,但各地执行进度和力度还有所不同,审计应对涉农税费减免情况进行专项调查,了解农民实际受惠情况,为政府政策的制定提供参考依据。

6. 审查村级财务公开和财务规章遵守情况

随着公开化制度的推行,村级财务管理日渐规范,但近年来村级领导干部、财务人员经济犯罪现象呈上升势头,已经引起各界的关注。审计中,要关注村级财务公开是否到位,有无存在形式化、未能细化,在暂存、暂付往来款中存在隐匿收入和不合规支出等问题;有无打着为集体经济投资获利的幌子,为个人经营铺底或存在周转资金行为;资金投向是否合理,是否存在收益少风险大等问题;有无村组干部相互勾结、虚报冒领,从中获利等现象。

7. 关注农民工工资拖欠问题

农民工是当今经济建设的重要力量,农民工工资拖欠问题是关系农民工家庭生存以及社会稳定的大事。对财政资金建设的工程项目,要建立拖欠农民工工资黑档案,实行准入制度,对严重拖欠农民工工资的施工企业禁止参加招投标。

(三) 实现涉农审计全覆盖的难点

涉农资金范围广、层次多、政策性强,直接涉及农民利益。从横向看,涉农专项资金来源渠道多,涉及财政、水利、农业、国土资源、林业、扶贫开发等多个部门;从纵向看,资金分配链条长,涉及中央、省、市、县、乡五级政府;从资金最终流向看,受众面广,不但包括涉农机构、龙头企业、合作化组织,而且还涉及农村的千家万户。另外每项农业专项资金都有其政策背景、目标、实施重点方向及相应的资金管理办法,资金政策意图明显。上述特性就决定了要实现涉农资金审计全覆盖存在以下难点。

1. 涉农项目点多面广,难以把握审计的广度与深度。我国涉农专项资金多种多样,并且项目众多,存在"小而散"的特点。涉农资金由财政等主管部门从中央、省市层层拨付到县、乡,中间层次、环节较多,容易产生滞留挪用等现象。审计要发现涉农资金分配管理使用各环节的问题,必须紧紧围绕资金流向,一查到底。而大多数涉农资金在项目设置和资金分配上存在"撒胡椒面"的客观情况,这就造成一项资金在一个省内往往涉及数十个项目县市,甚至在一个县市内又涉及多个乡镇、村组或农民个人。审计部门受到时间、人力等因素的影响,通常是以资金量大小开展抽样式审计,无法满足对每一个项目、每一笔资金进行详细的审计监督,有的环节、有的领域、有的审计对象难以审查到位,更难审深审透。

2. 涉农资金项目管理水平低下,难以防范审计风险。由于涉农资金涉及的项目技术含量不高,施工难度不大,质量要求标准不一,因而参与具体施工队伍和人员数量众多,素质参差不齐,项目、资金管理水平普遍较低,造成问题多发。受审计力量和时间的限制,审计人员在审计涉农资金时不可能面面俱到。同时,由于涉农资金的具体使用者或补助对象大多为县以下基层单位或农民个人,这些单位和个人往往不能进行规范的财务核算,发生具体业务时也不能出具规范、有效的书面凭证,因此审计人员难以收集到充分、可靠的审计证据,只能通过观察、问询等手段收集可靠性相对较低的证据,审计风险较高。

3. 审计手段和技术方法落后。多数农业审计人员还停留在传统的账表式审计模式之中,也就是手工查账,调查核实,掌握情况,发现问题,真正的计算机审计模式的运用还处在探索阶段,当前审计业务干部虽然基本掌握计算机操作运用,但未能真正很好运用计算机进行辅助审计,计算机审计实际操作能力和水平还有待提高。涉农项目大多在最基层的农村,受到当地实际环境的制约,基层不仅没有专业的审计人员,也缺乏相关财务等资料的电子数据,具体到项目现场的时候,无法开展计算机审计。

三、社会保障审计

(一) 社会保障审计的概念及特点

1. 社会保障审计的概念

社会保障审计是指审计机关以养老保险、医疗保险为重点,对社会保险基金管理使用和投资运营情况进行审计,揭示突出问题和风险隐患,保障基金安全规范运行;围绕新型城镇化目标,对保障性安居工程、住房公积金等住房保障资金、城镇棚户区和城乡危房改造项目进行审计,推动建立健全以政府为主提供基本保障、以市场为主满足多层次需求的住房供应体系;对社会救助、社会福利和优抚安置等方面进行审计,推动健全社会救助体系和社会福利制度,维护社会公平。

2. 社会保障审计的对象

从社会保障业务的主管部门看,主要是人力资源和社会保障、民政、住房和城乡建设、财政等部门。

从社会保障资金的性质看,主要是社会保险基金,社会救助、社会福利、就业保障、住房保障、社会捐赠资金,企业年金以及全国社会保障基金理事会管理的全国社会保障基金等。

(二) 社会保障审计的内容

社会保障审计主要包括以下四个方面的内容。

1. 社会保障基金收入的审计

(1) 根据国务院颁布的《社会保险费征缴暂行条例》和其他有关征收社保基金的法规,监督检查社会保障基金缴款单位和个人是否按国家法规和部门规定的项目和比例及时、足额缴纳社会保障基金,有无不按时缴纳、截留、挪用或非法侵占社会保障基金的问题;检查基金管理机构对征收对象的基础资料统计是否准确,如对养老保险基金审计,检查有无应参加统筹的企业事业单位和职工而未参加者,企业、事业单位的人数、工资总额等基础资料是否真实,有无通过漏报工资总额、职工人数而少缴基金等问题,有无拒缴基金的问题。未经财政机关和基金管理部门批准,不按时缴纳社会保障基金的,除按规定补缴外,是否还按规定缴纳了滞纳金。对于截留、挪用或采用非法手段侵占社会保障基金的,除追回基金外,由主管部门对直接责任人和有关人员给予相应的行政处分,并对单位处以一定的罚款,构成犯罪的,由司法机关追究有关人员的法律责任。对财政划转的资金,应检查是否及时足额地划转到基金管理机构。

(2) 基金的投资收益和基金的利息收入是否及时收回或记账,有无将投资收益和利息收入等存入账外,私设"小金库"甚至贪污私分等违法违纪问题。

2. 社会保障基金支出的审计

(1) 监督检查社会保障基金的专款专用情况。主要是监督检查社会保障基金是否严格按国家有关规定,专门用于社会保障事业;有无违反规定擅自改变基金的用途;有无被挪用于流动资金或其他不正当的开支、有无拖延发放情况。

(2) 监督检查社会保障基金的开支范围。主要监督检查社会保障基金是否严格按照国家规定的开支范围正确支付;有无扩大开支范围,把不属于基金负担的支出列入基金支出,如医疗保险基金和生育保险基金的支付;有无虚报冒领、报销自费药品和营养药品等现象;对职工工伤保险基金开支范围的认定是否符合法规制度;医疗保险基金和生育保险基金中,有无滥开药品和超范围检查等问题。

(3) 监督检查社会保障基金的开支标准。主要监督检查各项社会保障基金的开支是否按法定的标准执行;有无违反国家规定擅自提高或降低开支标准的问题。

(4) 监督检查社会保障基金的支出结构。主要监督检查各项社会保障基金的支出结构是否合理;有无乱提管理费、挤占基金、损害受益方利益的问题。

3. 社会保障基金管理的审计

(1) 检查社会保障基金的各项管理制度是否健全有效;地方出台的管理制度和国家、部门法规是否一致;基金管理机构的内部控制制度是否完善,能否保证基金合法、合规运作。

(2) 监督检查社会保障基金收入专户储存情况。社会保障基金收入是否坚持"收支两条线"原则,按时上缴财政专户储存;有无多头开户、储蓄存款、公款私存等问题。

(3) 监督检查社会保障基金个人账户情况。主要检查是否按规定建立个人账户,其设置是否齐全,收支情况是否清楚;有无违反财经纪律挪用个人账户基金的情况。

(4) 监督检查社会保障基金的保值增值情况。主要检查基金运作过程是否符合保值增值的需要;有无保值增值的具体措施,增值的幅度是否正常;基金有无贬值的现象。

4. 对社会保障基金结余的审计

(1) 社会保障基金结余的安全性。主要检查社会保障基金的结余账面数字是否准确,以及结余基金的具体分布情况,应纳入专户储存的是否纳入专户;有无将结余的基金用于国家明令禁止的投资项目;有无藏匿、转移、挪用、贪污结余基金等问题。

(2) 主要监督检查社会保障基金结余的规模和结构是否合理;基金的结余营运、投资是否符合国家规定;投资的方向、结构、规模是否合理;是否符合安全性、流动性、效益性的原则,做到基金的安全保值和增值。

(三) 社会保障审计关注的重点

以养老保险、医疗保险为重点,对社会保险基金管理使用和投资运营情况审计,揭示突出问题和风险隐患,保障基金安全规范运行;围绕新型城镇化目标,对保障性安居工程、住房公积金等住房保障资金、城镇棚户区和城乡危房改造项目进行审计,推动建立健全以政府为主提供基本保障、以市场为主满足多层次需求的住房供应体系;对社会救助、社会福利和优抚安置等方面进行审计,推动健全社会救助体系和社会福利制度,维护社会公平。

四、教科文卫等领域审计

(一) 教科文卫等领域审计的概念

教科文卫等领域审计是指对教育、科技、文化、医药卫生等领域重点资金和项目的审计。重点监督检查政策落实、资金分配、项目实施等情况,及时反映相关领域改革中的新情况新问题,促进规范管理、完善制度、提高绩效,推动深化科技管理体制等相关领域改革,健全国家基本公共服务制度,完善基本公共服务体系,提高义务教育、基本医疗、公共卫生、公共设施、公共文化等基本公共服务共建能力和共享水平。

(二) 教科文卫等领域审计关注的重点

1. 教育领域重点资金和项目审计关注的重点

(1) 关注教育项目决策的科学性。教育资金投入是否到位、管理是否有序、能否达到预期效果,要及时发现和揭示教育资金运行中的有关决策问题,从根本上保证教育资金科学、有序地管理和使用。

（2）关注教育资金投入的总体规模。重点审计义务教育财政拨款的增长比例是否符合教育法的相关规定，农村教育经费的投入力度是否有利于城乡教育均衡化发展，教育资金的投入与教育负债程度是否相匹配，教育资金预算编制是否全面合理。

（3）关注教育资金管理的规范性。对资金量大的学校及有收费职能的单位进行重点审计，检查其资金管理的制度是否健全，各项收费是否严格执行"收支两条线"规定，有无截留、挪用等问题，代收的款项是否专款专用，结余资金是否及时退还学生等。

（4）关注教育建设项目资金使用的合法性及效益性。近几年，国家加大了对教育投入，相继组织实施了不少的固定资产投资项目，要重点关注有无擅自降低建设标准、工程造价不真实、高估冒算工程建设资金等问题。同时对项目效益情况进行审计调查，看有无因立项不准、责任不清、管理不善或工程质量等原因造成损失浪费或安全隐患问题。

（5）关注资金运行的安全性。对教育资金的使用要实施经常性审计和跟踪审计，对存在问题及时纠正和整改，规范完善专项资金管理使用，确保各项教育资金的使用安全、效益。

2. 科技领域重点资金和项目审计关注的重点

（1）关注专项资金制度的建设。通过审计，分析科技资金管理制度与国家相关科技资金的管理政策是否匹配；科技改革进展情况是否能满足国家对科技政策调整的要求；结合实际操作过程，分析当前执行的管理办法是否存在需要改进的部分。

（2）关注科研项目管理是否规范。重点检查项目管理是否流于形式，通过延伸抽查科研项目承担单位，查阅项目立项和验收报告材料、检查项目单位财务实际收支情况，现场检验科研项目成果效果情况，注意发现项目管理不够规范，主管部门项目督导不力等问题。

（3）关注科技专项资金的分配与使用。重点检查有无违规使用财政资金问题。科技专项资金要专项用于科技创新工作，不能肆意扩大开支范围、挤占截留或者挪用贪污。通过检查会计凭证、银行对账单和财政国库支付明细表查询资金最终流向，对资金用于行政经费支出和巧立名目发放个人补助的情况予以重点关注。

（4）关注科技项目产出成果和绩效。对被审计单位提供的有关数据进行对比，分析企业研发投入强度、企业专利申请占比、授权量占比、发明专利申请占比、发明专利授权占比等指标。同时，通过延伸检查科技担保公司、重点实验室、科创中心或者孵化器等科技创新平台，检查科研专项资金是否及时拨付到位，平台服务企业是否发挥作用。

3. 文化领域重点资金和项目审计关注的重点

（1）关注公共文化事业的投入。审查公共文化产品和服务项目、公益性文化活动纳入公共财政经常性预算的情况，以及文化建设专项资金的拨付情况。特别是镇街和村、社区文化建设投入情况，盯紧文化建设资金流向，强化延伸审计和审计调查，促进公共文化服务资金向农村倾斜，促进健全完善由政府主导、同财政收入相匹配、同人民群众文化需求相适应的公共文化投入保障机制。

（2）关注文化服务体制机制的建立。审查有关的公共文化服务工作实施方案和相关管理制度，是否存在方案和制度不健全情况；审查广播电视"村村通"向"户户通"政策落实情况、文化服务数字化政策制度是否建立等。重点关注老年人、未成年人、残疾人、农民工等特殊群体公共文化服务保障政策执行，是否为特殊群体提供了活动平台，是否按规定制定了实施方案，及时发现文化惠民政策落实不到位情况。

（3）关注文化服务设施的建设。一方面，审查农家书屋和文化广场是否建设、配套设施是否到位、文化服务设施是否有闲置现象、是否改变设施用途、是否存在使用率低等情况；另一方面，审查公共文化服务设施项目台账档案，重点关注投入资金较大的文化项目，查看文化建设项目手续是否齐全、招投标是否规范；对建设项目要进行现场勘察审计，重点审计设施项目质量是否达标、是否按标准施工等情况。

（4）关注文化服务资金的使用。审查文化经费收支是否真实、合法，文化资金补贴是否到位。重点关注文化专项资金是否按规定用途使用，有无骗取、挪用、截留、滞留资金以及文化资金大量结存闲置等问题，从而致使文化资金不能发挥公共文化服务效益等情况。

（5）关注文化服务运行管理情况。审查图书馆、文化馆、体育馆和综合文化中心等全年开放情况，时间是否达到标准、是否全部开放。对图书馆的审计，要重点关注：图书入库是否精准、图书借阅是否规范、书本册数是否达标、更新是否及时、图书报刊是否全部上架等情况。

（6）关注公共文化管理和服务。加大跟踪审计力度，跟进监督建成公共文化基础设施的使用、管理情况，既看经济效益，又看社会效益，揭示有无管理不善、使用不到位、服务水平低下等问题，促进创新完善公共文化管理运行机制和服务模式，提升公共文化管理服务水平。同时，将文化事业发展、文化产业建设成果等纳入镇街和部门领导干部经济责任审计评价体系，促进领导干部将文化建设纳入重要工作日程，在推进文化强市建设中切实履职尽责。

4. 医药卫生领域重点资金和项目审计关注的重点

（1）关注有关政策的落实情况。结合卫生主管部门在年初制定的项目绩效考核方案以及考核结果，检查基本公共卫生服务项目政策落实情况、考核执行是否流于形式、考核结果是否真实全面等问题。要以居民健康档案建立、老年人健康管理、孕产妇健康管理等服务项目政策落实为重点，通过查阅健康档案、现场查看系统、实地走访医院内部、与医疗人员面对面交流等多种形式，掌握基本公共卫生服务项目政策落实情况。

（2）关注资金的安排、拨付与使用。了解基本公共卫生服务专项资金总体规模，审查财政预算安排的配套资金情况，重点揭示专项资金未纳入年度预算安排、未按规定足额配套到位等问题。同时，要审核预算安排的资金是否按时间节点及时下拨，资金拨付是否与工作任务量相挂钩，资金使用是否按要求设立台账等备查资料，重点揭露未按规定拨付使用以及截留、挪用资金的问题。

（3）关注对基层医疗卫生机构的审计。结合医疗单位的财务管理及业务流程等内部控制制度，检查项目实施、资金使用等方面是否真实、规范，专项资金有无损失浪费或闲置而未发挥效益，有无弄虚作假、虚报冒领、套取资金、搭车收费等问题，并对基本公共卫生服务项目的业务数据运用大数据分析获取审计疑点和线索，促进提高审计效率和质量。

（三）教科文卫等领域两项重要资金的审计内容

1. 教育经费审计

（1）教育经费投入情况。重点了解各级人民政府是否将教育经费支出，按照事权和财权相统一的原则，在财政预算中单独列项；是否根据本地实际，增加本级财政支出中教育经费所占的比例；各级财政预算内拨款的"三个增长"，尤其是财政经常性收入与教育经费的比例是否增长；中小学生均教育经费和生均公用经费是否逐年增长，达到国家和省级规定的标准。

（2）用于教育的各项税费征收、分配和使用情况。是否按实际缴纳的增值税、营业税、消费税税额的规定比例足额计征教育费附加；税务部门对统一征收的教育费附加，是否定期全部解缴同级财政部门；财政部门是否及时将资金足额拨付给教育部门，专项用于改善义务教育阶段中小学办学条件和弥补剥离企业自办中小学经费不足，加快地方基础教育发展。

（3）教育经费拨付、管理和使用情况。检查教育经费拨款是否按照预算及时拨付到位，有无挤占挪用教育经费用于非教育方面的现象；各项教育经费和专项资金支出是否真实、合法，有无虚列支出、转移资金和贪污、私分等问题。

（4）社会捐赠资金管理和使用情况。检查各地接受用于教育的社会捐赠资金是否严格管理，合理使用，做到专款专用，有无挤占、挪用现象。

（5）教育办学各项收费情况。检查中小学各项收费是否合法，有无自立项目收费和扩大范围收费现象，学校杂费收费有无超标准收费情况；检查教育主管部门和中小学校收费票据管理和使用是否合规、合法，有无使用财政部门统一印制的收费收据，有无收费不出具收据的问题；检查各项收费是否严格执行"收支两条线"，是否按规定及时、足额缴入财政专户，有无隐瞒、截留收入，私设"账外账"和"小金库"现象；检查学校代收代付款项的收取、使用、结算情况，代收的款项是否专款专用，结余资金是否与学生及时结算等。

2. 医疗保险基金审计

医保基金是人民群众的"看病钱""救命钱"。近年来，审计署及各地方审计部门高度重视医保基金审计，并不断加大医保基金审计的力度。该审计主要包括以下五个方面的内容。

（1）审查医疗保险基金有关政策落实。审计人员要具体了解地方政府自行制定的医保政策与国家医保政策法规、文件精神是否一致。

① 重点关注重大疾病、慢性病治疗用药纳入医保报销政策落实情况。通过关联比对医院患者诊疗数据、医保药品目录数据,审查是否存在患者在医院无法购买到医保目录用药的问题;分析定点医疗药房购药审批程序,审查是否存在因医保经办机构设置不合理报销条件导致患者报销难等问题。

② 重点关注取消药品和耗材加成政策执行情况。利用医院 HIS 系统数据中的药品、耗材进销差价,审查进销差价是否符合国家规定,揭示医院是否存在违规加价或变相加价、变相加重患者负担的问题。

③ 重点关注困难群体医疗保障政策落实情况。通过将特困人员、低保对象、建档立卡贫困人员数据与参保人员缴费数据比对,揭示是否存在困难群体未参加城乡居民医保、未纳入大病保险保障范围、未按规定享受个人缴费部分的财政补贴、城乡医疗救助保障不到位等问题。

④ 重点关注国家组织药品集中采购和使用试点等重点改革推进情况。利用国家集中采购目录与医保数据系统比对,揭示是否存在集中采购后医保经办机构对同一通用名下中选和非中选药品的支付标准不统一、定点医疗机构未落实集中采购任务、低价中选药品被虚开倒卖等问题。

（2）审查医疗保险基金的筹集。审计人员要具体了解财政等部门是否足额对医疗保险基金进行了预算安排,并严格执行预算等。

① 重点关注财政补助资金筹集情况。利用居民参保信息表、财政补助标准和居民医保银行对账单、特殊人群信息表,审查是否存在财政补助资金不到位、不及时的问题。

② 重点关注减免缓政策执行情况。利用工商登记数据、工信部门防疫物资生产企业名单和医保征缴数据,审查是否存在应减免未减免、应缓缴未缓缴和违规减免缓的问题。

③ 重点关注违规参保情况。关联比对民政部门殡葬数据和参保人员信息数据,审查是否存在为已死亡人员缴纳医保费,增加财政负担的问题。

④ 重点关注一票征缴政策执行情况。审查因一票征缴政策执行不到位,导致企业未为职工缴纳职工医疗保险的问题;比对养老保险信息数据与医保信息数据,审查是否存在企业只为职工缴纳养老保险不缴纳职工医疗保险问题。

⑤ 重点关注基金利息缴存情况。审查财政、医保部门银行存款明细账、银行对账单,关注财政、医保部门是否将基金产生的利息及时缴入基金专户,是否存在基金利息不缴或违规挪用基金利息问题。

（3）审查医疗保险基金的管理方式。审计人员要了解财政部门和医保经办机构是否对医疗保险基金严格按照"收支两条线"管理。

① 审查资金存放情况。通过审查财政、医保银行对账单,关注基金存放账户是否符合规定,是否按规定存放到五大国有商业银行,是否执行社保基金优惠利率政策,看是否

采取竞争性存放形式。

②审查资金核算情况。通过审查财政、医保部门基金银行存款日记账,检查是否按规定对基金进行财政专户管理、分户核算。

（4）审查医疗保险基金的使用。审计人员首先要了解医保定点医疗机构（定点医院和定点药店）与医保经办机构之间的结算流程,包括数据如何对接上传、基金支付依据以及支付审批流程等各个环节。目前,大部分定点医院与医保信息系统基本实现了数据连接,分为数据直连和非直连两种模式。数据直连是指医院HIS系统直接与医保信息结算系统对接,非直连指医院需要重新将医院HIS系统数据人工导入医保信息结算系统。

①重点关注医保基金定额分配情况。利用医保基金定额分配表和基金结算表,审查是否存在医保基金定额过低,导致定点医疗机构普遍超支过大而医保基金结余过多的问题。

②重点关注医保基金结算情况。利用医保基金定额分配表和医保基金结算表,审查医保部门是否存在二次报销的问题。

③重点关注欺诈骗保问题。利用医保信息系统数据和医院HIS系统数据,审查定点医疗机构有无利用假检查、假处方、假住院等方式骗保,有无通过现金返利或串换药品等方式招揽患者实施骗保,有无与上游医药生产流通企业合谋虚开耗材药品发票骗保,有无村医虚开处方报销以及定点医疗机构违规收费、重复收费等问题。

④重点关注医院的药品耗材。医院是医疗保险基金支付的主要对象,药品耗材是医疗保险基金支付的主要内容。一是审查公立医院药品耗材、医疗设备采购情况,主要审核公立医院是否按照规定统一从药品耗材采购平台进行采购,有无线下采购的情况,大型医疗设备是否通过公开招标采购,对于同一药品、耗材、大型医疗设备比对分析同类医院采购价格情况,重点揭示医院个别人员在药品耗材以及大型医疗设备采购过程中滥用职权收受回扣,造成国有资产损失的问题。二是关注药品耗材加价情况。主要延伸审计药品生产企业和销售环节,反映药品加价情况,重点审核销售企业是否存在通过虚开发票等方式抬高药价并逃税等问题。

（5）审查医疗保险基金的信息系统。目前,骗取医疗保险基金除了伪造处方病历等相关住院材料外,还有通过修改上传医疗保险信息系统数据的问题。因此,审计人员需要重点关注医疗保险基金信息系统的共享、预警与安全。

①重点关注医疗保险信息共享机制情况。通过审查医疗保险基金与民政部门的低保、"五保"、孤儿、殡葬等信息,关注是否与人社部门的养老保险信息,与公安部门的交通肇事、治安处罚信息,与司法部门的服刑人员信息实现了共享。

②重点关注医疗保险信息系统预警情况。通过审查医疗保险信息系统数据对定点医院、定点药房信息系统数据的监控和预警功能,关注医保信息系统与定点医疗机构HIS系统数据、药店数据等数据平台是否建立了实时传输机制,是否实现了医疗保险信息系统对医生诊疗处方的实时监控,对医保违规、违法行为的实时预警功能。

③ 重点关注医疗保险信息系统安全情况。医疗保险基金数据传输的薄弱环节主要从外部环境和内部环境两个方面衡量，外部环境主要查看医疗保险数据传输过程。如果医院 HIS 系统与医保信息系统直连，那么通过数据修改骗取医疗保险基金相对而言风险较小。反之，如果医院 HIS 系统与医保信息系统非直连，需要人员重新手工录入，那么数据修改的风险便会高一些。另外，审计也要关注定点医疗机构上传的数据内容，如果上传的数据属于明细数据，包括业务明细和财务明细，那么数据修改骗取医保基金的风险就会相对较小。反之，如果上传的数据仅是资金总额，不包含医院就诊明细或者医保患者刷卡明细，那么数据修改骗取医疗保险的风险就会相对较大。

五、对重大突发性公共事项进行跟踪审计

（一）对重大突发性公共事项进行跟踪审计的概念和特点

1. 对重大突发性公共事项进行跟踪审计的概念

重大突发公共事件跟踪审计是指在重大突发性公共事项发生后，为了保证突发公共事项处理中公共资金物资筹集、管理、使用、分配等环节，具有合规性、经济性、效率性、效果性，审计部门按照政府的安排或社会公众的委托，依法对公共资金运行的全过程实施监督评价，并将客观、公正的审计结果向社会公众披露的过程。重点监督检查有关资金、物资的筹集、分配、拨付、使用情况和有关项目的建设推进情况，保障重大突发性公共事项应急处置、预防预警、恢复重建等工作顺利进行。

2. 对重大突发性公共事项进行跟踪审计的特点

（1）特殊的审计目标。重大突发性公共事项跟踪审计的目标是提高政府保障公共安全和处置突发公共事项的能力，最大限度地预防和减少突发公共事项，降低损害程度，维护公共安全和社会稳定，促进经济社会全面、协调、可持续发展。

（2）动态的审计过程。重大突发性公共事项的审计属于紧急事项审计，即一种非常状态下的审计，不能用常规状态下的审计流程来应对。再加上重大突发性公共事项影响重大，需要在公共事项所涉及的资金或者物资的运作过程中进行审计，目的是使问题能够在事项进行过程中及时得到解决和纠正，而不是像传统审计那样到事项结束之后再去审计。

（3）突发的审计事项。重大突发性公共事项具有发生时间、范围、程度等不确定的特点，对于审计来说也是一种应急审计，审计人员可能没有现成的规章制度可以遵循，如何及时、合理、有序地开展跟踪审计是审计工作面临的一个难题。而且在处理突发性公共事项的过程中还会出现一些新问题新情况，这给审计的组织管理工作带来了极大的挑战。

（二）对重大突发性公共事项进行跟踪审计关注的重点

1. 制定跟踪审计规范。制定重大突发性公共事项跟踪审计应急预案。为做好重大

突发性公共事项跟踪审计的风险管理，尽可能在总结过去工作经验的基础上，充分考虑跟踪审计环节中可能出现的风险，制定相应的重大突发性公共事项跟踪审计应急预案，以确保重大突发性公共事项审计工作的规范化和制度化。

2. 建立联动机制。重大突发性公共事项跟踪审计与突发性公共事项财政投入体系建设有机结合。公共财政是政府管理突发性公共事务的财力保障，是防范和化解突发性公共事务危害的最后一道防线。因此，重大突发性公共事项的跟踪审计工作应该作为一个系统工程来抓，并且和突发性公共事项的财政投入体系建设结合起来，更能起到强有力的监控作用。

3. 储备审计资源。建立审计专业人才库。要在重大突发性公共事项审计中做到及时审计，快速反应，平时就要有充足的审计资源，以备在紧急状态下调用。据此，各级审计机构应建立可能需要的各类人才档案，并根据各自的特长进行分类，同时进行相应的培训和学习，统一调度、整体规划，提高审计队伍的快速反应和执行紧急审计任务的能力。

4. 披露动态审计信息。发布跟踪审计事项报告。为及时反馈审计中出现的问题、难点、重点、风险、下一步工作计划、管理部门对审计建议的反应，应在跟踪审计过程中发布一系列的事项报告，这不是审计的最终报告，而是审计的阶段性成果。

5. 属地专项资金审计调查和上级部门全程跟踪审计相结合。由于重大突发性公共事项的特殊性，需要调配的审计资源较多，因此为提高工作效率，应采取属地专项资金审计调查和上级部门全程跟踪审计相结合的方式，充分发挥当地的审计能量，通过审计机关开展层层审计，必要时可从其他地区调配骨干力量充实到审计队伍中来。

（三）对重大突发性公共事项进行跟踪审计方法与技术

1. 采用"全过程跟踪审计"模式。对重大突发性公共事项实施全过程跟踪审计模式，是将审计工作贯穿于公共资金物资的筹集、管理、使用、分配等运行环节中，通过事前、事中、事后的全过程实时监督，防止公共资金的使用过程中出现问题。

2. "同级审""上审下"方法相结合。"同级审"是指本级审计机关对本级管理公共资金物资的政府部门公共资金的筹集、使用、管理进行监督审查；"上审下"是指对本级公共资金管理的政府部门公共资金的筹集、使用、管理进行监督审查的是上级审计机关。这样在审计过程中开展工作所遇到的阻碍较小，能较客观、公正地反映被审计对象的真实状况。通过"同级审"和"上审下"的审计方式相结合，这样能相互补充，相互协调，对公共资金的审计工作更有效。

3. 常规审计和审计调查相结合。在重大突发性公共事项跟踪审计方法中，询问、盘点、检查等常规审计方法是基础方法，此外还可以运用观察、分析复核等方法来对审计项目实施审计。如深入基层，对公共救助资金物资的分发、使用及效果进行核实，深入救灾建

拓展案例

设现场去察看恢复重建工程项目的质量问题,对所发现的问题深入思考分析,找出其中的缺陷并提出完善审计建议。

4. 加强计算机审计技术的应用。随着信息技术的发展,审计人员在开展重大突发性公共事项跟踪审计的过程中,应加强对计算机审计技术的应用。通过采用计算机及相关审计软件,利用数据库等技术对相关业务资料进行分析、计算,发现其中存在的问题。通过计算机审计技术的应用,能够全面掌握公共资金的使用状况,突出审计重点,提高重大突发性公共事项跟踪审计的效率、效果。加强重大突发性公共事项跟踪审计方法的应用,指导跟踪审计工作,提高审计工作效率,有利于及时发现和总结审计管理中好的做法,探索规律,创新审计管理模式与方法,提高管理效益。

拓展案例

思考题

即练即测

一、简答题

1. 简述民生审计的含义。
2. 简述民生审计关注的重点。
3. 简述扶贫审计的特点。
4. 简述涉农审计的对象。
5. 简述教科文卫等领域审计方法与技术。

二、论述题

1. 开展涉农审计工作时应关注哪些重点?
2. 扶贫审计具体包括哪些内容?
3. 社会保障审计包括哪些方面?
4. 对重大突发性公共事项进行跟踪审计应该关注的重点有哪些?
5. 对重大突发性公共事项进行跟踪审计的方法与技术有哪些?

第十七章

资源环境审计和领导干部自然资源资产离任审计

 导读

资源环境审计是指审计机关以习近平生态文明思想为指引,落实绿色发展理念,促进"五位一体"总体布局和"四个全面"战略布局的实施,对政府和企事业单位有关自然资源开发利用管理和生态环境保护情况(包括但不限于财政财务收支活动)实施的审计监督。本章对资源环境审计概述、资源环境审计的内容、自然资源离任审计进行阐述。

本章学习目标

通过本章学习,学员应该能够:

(1)理解资源环境审计的相关概念、目标及对象;

(2)掌握资源审计与环境审计的概念、特点、内容及关注重点;

(3)了解自然资源资产离任审计的对象和内容,掌握自然资源资产离任审计结果的报告与运用,对自然资源资产离任审计有一个全面、清晰的认知。

第一节 资源环境审计概述

一、资源环境审计的相关概念

(一)资源环境审计的概念

资源环境审计主要是指通过各级审计部门的联动工作,对政府及企事业单位所开展的环境管理进行更加系统化的监督管理,并通过评价鉴定其经济活动对环境带来的影响,以此来全面推进社会经济可持续发展,并通过对被审计单位所上报的信息进行验证,确保信息更加真实可靠。简而言之,资源环境审计是指审计机关依法对政府及相关主管部门和相关企业、事业单位与资源环境有关的财政财务收支及其相关管理活动的真实、合法和效益情况进行的审计监督。

（二）资源环境审计的主要方法

传统审计方法在资源环境审计取证方面是适用的,但由于资源环境审计的特殊性,其在审计分析方面则存在一定的局限性。因此资源环境审计必须探索一些新的审计分析方法。目前主要有以下方法。

1. 机会成本法

环境资源的开发利用和保护相当于对多种互斥方案的选择。资源有限性决定了选择一种形式就要放弃其他形式,放弃方案中的最大经济效益为所选方案的机会成本,该方法适用于因水资源短缺、废弃物占地等原因造成的经济损失计量。

2. 资产价值法

环境条件的差别可以通过地价或宅价反映,据此推算环境资源的价值。常用回归分析法计算、测定环境条件对地价的贡献度,该贡献度可视为环境资源价值。该方法适用于宅地周边的森林、草坪等绿色效益的计量。

3. 人力资本法

专门用于评估计量环境污染影响人体健康的经济损失。该方法将环境污染引起的人体健康损失分为医疗费、丧葬费等直接经济损失和护理费等间接经济损失,适用于对人身危害重大的重污染企业环境污染的计量。

4. 恢复费用法

环境资源被破坏,改善的效益较难评价,可以估计恢复或防护一种资源不受污染所需的最低费用就是恢复费用法,适用于消烟除尘、污水处理等治理费用的计量。

5. 防护费用法

消除和减少环境污染的有害影响所愿意承担的费用来衡量环境污染的损失。适用于出现了噪声污染,需要安装消音或隔音装置。

6. 调查评价法

咨询专家或环境利用者,当环境物品的供给数量或质量发生变化时,人们愿意支付或接受补偿的金额,按调查结果评价环境资源损失价值或保护措施效益。可运用于评价如洪水对农田、水利设施等造成的经济损失。

7. 决策和风险分析法

一般来说资源环境开发和保护的措施或方案是多选择性的,并且部分资源环境项目难以用年度去体现。有的项目可当年完成,而有的却要跨年度甚至多年度才能完成;有的当时对资源环境没有影响或影响不大,而有的在几年后产生影响或有着长期影响。如何正确评价、预测项目的成本和效果是个难题,使用决策和风险分析法可以较科学地解决这个问题。

8．在线监测法

资源环境领域的监测网络目前正在完善之中。如卫星遥感数据接收系统、GPS 全球定位系统、空气监测系统、排污监测系统、GIS 地理信息系统等。资源环境审计应大胆利用这些在线监测设备和系统，在审计期间进行定期和不定期的在线监测。目前在部分资源环境审计项目中已使用这一方法。如耕地保护情况、防护林保护工程审计中，审计人员尝试利用 GPS 系统进行了查证，取得了较好的效果。

二、资源环境审计的目标

资源环境审计的目标分为资源审计目标和环境审计目标两部分。

（一）资源审计目标可分为宏观目标和微观目标。资源审计的宏观目标是实现资源审计的"免疫系统"功能，维护国家的资源安全。其中，资源安全是指一个国家或地区可以持续、稳定、及时、足量和经济地获取所需自然资源的状态或能力。资源审计的微观目标则是通过监督、评判、督促整改，使资源管理者制定科学合理的资源政策，严格资源的资金、配置、保护和利用管理，使其符合经济性、效率性、效果性和可持续性，最终实现宏观目标。在具体操作上，资源审计通过重点揭露和查处破坏浪费自然资源、国有资源收益流失、危害自然资源安全等重大问题，从体制、机制和制度上分析原因，提出建议，促进自然资源保护、合理开发利用和资源收益的科学分配。

（二）环境审计目标是环境审计的出发点和归宿，对环境审计实践活动和理论研究起着导向作用。环境审计目标分为本质目标、具体目标和项目目标。

环境审计的本质目标应与我国经济建设的战略总目标相一致。

环境审计的具体目标是评价政府部门及企事业单位履行环境管理责任的情况。环境审计的具体目标包括：揭示被审计单位因环境污染造成的损失；查证政府和企业的环境规划确定的环境管理措施的落实情况及各项措施的执行情况，是否收到预期效果；评价环境管理的内控系统的健全性和有效性；验证被审计单位环境报告所提供信息的真实性、公允性；评价环境管理活动的绩效，促进被审计单位提高环境管理的效益；确保现行环境保护政策、法规、标准的贯彻执行，揭示违反政策、法律法规的行为。

环境审计的项目目标是按每个项目分别确立的目标。如环保专项资金审计就要以财政财务审计为主，重在真实性。因此具体项目审计目标会随着具体项目而有所不同。

三、资源环境审计的对象

根据我国资源管理和环境保护的工作，将资源环境审计分为资源审计和环境审计两个部分。

（一）资源审计的对象

资源审计的对象主要是各级政府中承担资源管理职能的国土资源、林业、水利、海洋、农业等行政主管部门和财政、发展改革等部门，以及从事资源勘查、开发、利用、保护的企业和事业单位。

（二）环境审计的对象

环境审计的对象主要是各级政府中承担环境保护与污染防治监督管理职能的环保、水利、国土资源、卫生、建设、农业、渔业、交通等行政主管部门和财政、发展改革等部门，以及对生活环境和生态环境产生直接影响的企业和事业单位。

第二节　资源环境审计的内容

一、资源审计

（一）资源审计的概念及特点

1. 资源审计的概念

资源审计是指审计机关依法为了维护国有资源安全，对包括国有资源开发、利用、保护和相关资金征管等方面的机关和部门，以及有关经济活动的真实性、合法性和效益性所进行的监督、评价和鉴证。

2. 资源审计的特点

从资源审计的内涵及审计对象的特点来看，与其他类型审计相比，资源审计的特征明显，主要包括以下几个方面。

（1）审计范围的广泛性

资源审计涉及水、海洋、土地、矿藏、森林等领域，审计范围广泛。同时，其审计对象还包括制定资源环保政策和措施的政府及有关部门；具体承担治理和监督职能的各级资源环保部门；负责自然资源专项资金安排的发展改革、财政以及其他涉及资源环境保护的部门，如国土、环保部门等。

（2）审计内容的专业性

与常规审计相比，资源审计范围为各种自然资源，由于各种自然资源的分布、特点及价值各不相同，因此，审计人员需要了解和熟悉自然资源相关专业知识和分析评价的重点、指标和方法，对被审计单位所提供的相关专业技术和审计调查获得的相关专业技术数据能够进行分析,对审计人员的专业技能要求较高。

（3）审计事项涵盖宽泛

资源审计包括：政府环保等行政管理部门的环境治理监督行为；国有资源的规划开发、利用行为；国家资源保护的规划、实施、治理行为；工业企业及其他企事业单位的生产经营活动对自然资源的利用与影响；人类作为群体在社会经济生活中的其他可能对自然资源及环境造成破坏的具体行为和活动。

（二）资源审计的内容

资源审计主要监督检查：贯彻执行国家重大政策措施和宏观调控部署情况；遵守国家法律法规情况；土地、矿藏、水域、森林、草原、海域等国有自然资源开发利用情况；相关资金的征收、管理、分配和使用情况；资源保护项目建设情况和运营效果；国有资源管理部门的职责履行情况；其他需要审计的内容。

我国目前在自然资源资产审计方面广泛开展的审计类型,主要包括土地资源审计、矿产资源审计、森林资源审计、水资源审计等。

1. 土地资源审计

土地资源审计是指为维护国有土地资源的安全完整性、土地收益的真实合法性,保障国家土地资源战略安全,支持经济社会可持续发展而进行的专项审计或审计调查。

土地资源审计的主要内容包括：调查地方政府开发、利用、保护土地资源和征收、管理、使用土地资源专项资金情况；全面了解其加强土地管理、节约集约用地采取的措施及其取得的成效；揭露和查处土地开发利用和征收土地使用收入等方面的违法违规问题；检查国家有关部门、地方政府以及相关单位贯彻落实国家关于土地管理与调控的相关政策法规情况；检查土地资产（收益）的安全完整和揭露侵害被征地农民合法权益的问题。

2. 矿产资源审计

矿产资源审计是指审计机关对被审计单位矿产资源管理情况及环境保护情况进行审计的活动,其目的是规范矿业市场、提高国有资产的利用效率、防止矿产资源流失。

矿产资源审计的主要内容包括：摸清地方政府矿产资源开发利用与保护的基本情况；了解矿产资源管理所采取的措施、取得的成效和经验；揭露和查处矿产资源开发、矿业权出让转让和矿产资源专项资金收支中的重大违法违规问题；检查矿产资源收益的安全完整情况。

3. 森林资源审计

森林资源审计是指对被审计单位森林资源管理情况及森林环境保护情况进行审计,其目的在于规范森林资源的开发利用、防止森林资源的流失与破坏。

森林资源审计的主要内容包括：监督和评价森林经营管理单位的业务活动、内部控制及其他相关经济活动的适当性与有效性；审查和鉴证森林经营管理的业务资料、财务资料及其他有关资料的真实性与公允性;检查森林资源数量、资源质量;评价森林资源经营管理能力。

4. 水资源审计

水资源审计是指为了服务生态文明建设和促进可持续发展,审计机关依法对政府及相关主管部门和相关企业、事业单位,开展的与水资源有关的财政、财务收支及其相关管理活动的真实性、合法性和效益性进行的审计监督、评价活动。

水资源审计的主要内容包括:检查政府保护和管理水资源的情况;审查水资源保护与开发项目业务资料、财务资料及其他有关资料的真实性与公允性;检查水资源质量、水环境情况;评价水资源利用效率。

(三) 资源审计关注的重点

1. 监督检查重要自然资源开发利用及保护情况

重点监督检查土地、矿产、水资源、森林等相关政策制度是否有效执行;约束性指标落实是否到位;资源高效利用机制建立是否合理;是否真正做到资源节约集约循环利用,以提高资源利用综合效益。

2. 监督检查重点领域、重点行业、重点地区污染防治情况

重点监督检查水、大气、土壤、重金属废弃物、核废弃物等污染防治行动计划执行是否到位;污染物减排约束性指标是否得以落实;环境治理基础制度改革是否合理;环境基础设施、环境治理保护重点工程建设是否按期进行;环境保护制度是否得以严格落实,以推动政府、企业、公众共治的环境治理体系的形成。

3. 监督检查山水林田湖等自然生态系统保护和修复情况

重点监督检查退耕退牧还林还草、天然林资源保护、国家生态安全屏障保护修复、国土绿化行动、国土综合整治、防沙治沙和水土流失综合治理、湿地保护与恢复等重点生态工程建设情况和相关政策措施落实是否到位,推动自然生态系统的保护与修复,筑牢生态安全屏障。

4. 监督检查自然资源资产产权及管理制度

重点监督检查自然资源资产生态空间产权归属与相应责任义务履行是否合理;检查自然资源资产审批制度是否完善;关注自然资源产权市场建立是否符合国家政策的相关规定,包括对经济、行政、法律、技术等调控手段的检查,评估调控手段是否有效;检查自然资源资产管理制度与体系的构建是否合理,包括对自然资源资产考核评估体系及各部门协同管理体系的检查;检查自然资源资产补偿机制是否落实到位,重点关注被审计单位及人员是否遵循了"谁开发谁保护、谁破坏谁恢复、谁受益谁补偿、谁污染谁付费"的管理原则。

5．监督检查自然资产的监督管理体制

检查国家、地方、有关部门内部的监管制度是否协调一致，政府、社会、企业和公众对于自然资源资产监管的共同参与机制是否合理；检查自然环境与自然资源资产的信息公开机制是否建立；检查自然资源的监督者与使用者是否相互独立、相互制约，对于同一自然资源资产（如同一流域的水资源）的监管是否能够做到联防监控。

（四）资源审计的主要方法

1．审计人员应掌握各类资源环境政策法规、行业数据指标

自然资源资产涉及范围广、专业性强，且内容庞杂，因而其审计过程必须需要先进技术手段和专业人才力量作为支撑。如反映山水林田湖草等自然资源实物量变化的基础数据以及不同时期大气、水、土壤等环境质量变化情况的数据，分布于不同部门，信息分散且没有连续性，基础数据提取难度大，审计人员需掌握相关信息。

2．注重现场实地查看

在掌握大量翔实资料，明确审计重点后，审计人员应当对当地自然资源资产进行实地勘察。通过现场实地调查，精准锁定问题，为解决问题和化解隐患提出意见与建议。审计过程中充分利用土地规划和遥感影像等信息，精准、快速对自然资源资产疑点进行锁定，并分组、分类别深入一线进行摸排，对疑点进行逐一现场核实，切实以审计的力量保障自然资源资产节约利用和生态环境安全。

二、环境审计

（一）环境审计的概念及特点

1．环境审计的概念

环境审计是指为了促进政府实施可持续发展战略，由审计机关对政府、企事业单位等被审计单位的环境管理以及有关经济活动的真实、合法和效益性所进行的监督、评价和鉴证等工作。

2．环境审计的特点

（1）呈现区域性、复合型

生态环境问题天然具有区域性。一方面生态环境是一个流动的有机整体，另一方面生态环境在一定区域内具有相对稳定性。如随着一些新兴城市群的逐渐形成，大气污染已呈现区域性和复合型的特征，仅由个别城市或者单个省份进行治理已逐渐丧失明显成效，必须从区域的角度来思考相关治理路径。与此同时，区域性的水环境破坏和水污染

问题也愈发明显。因此,环境审计需考虑生态环境自身区域性进行审计。

（2）内容繁杂、涉及面广

区域性的生态环境涉及多个地区,地区之间的差异以及信息交流不畅增加了审计难度。从以往的生态环境审计经验看,该审计所涉及的被审计单位部门几乎涵盖了发展改革、财政、环保、水利（水务）、住房城乡建设、农业、林业、国土、交通等所有承担了与生态环境保护职能相关的部门,需要延伸审计的单位甚至还包括相关工业集聚（园）区、企业以及生态修复治理项目建设、运营单位。因此,在对生态环境进行审计时应扩大审计范围,多方面考虑审计涉及的相关领域及重点。

（3）技术性、专业性强

生态环境保护工作作为一项专业性很强的工作,涉及的专业领域相互交叉,每个领域和门类都有其自身的专业技术要求。由于生态环境审计涉及多个行政区域与领域,因此在审计过程中需要多个领域的专门人才之间相互协调配合。如审计山区的生态环境保护情况,就需涉及农林技术、地理科学、生物科学等多个领域,以保证审计执行过程的复合性和专业性。

（二）环境审计的内容

环境审计主要监督检查:贯彻执行国家重大政策措施和宏观调控部署情况;遵守国家法律法规情况;水、大气、土壤、海洋、固体废弃物、重金属等污染防治情况;相关资金的征收、管理、分配和使用情况;环境保护项目建设情况和运营效果;环境保护部门的职责履行情况;其他需要审计的内容。

环境审计的具体内容主要包括生态环境财务审计、生态环境合规审计以及生态环境绩效审计三个方面。

1. 生态环境财务审计

生态环境财务审计是指审计机关依法对被审计单位的生态环境建设与保护相关的经济指标的真实、合法、效益进行审计监督。包括环保资金专项审计、环境资产与负债审计、环境损益审计等内容。

（1）环保资金专项审计

主要关注资金的管理情况,包括分配、下拨、使用等环节,以及流向基层的专项资金使用是否恰当。

（2）环境资产审计

主要关注环境资产是否真实存在,价值是否正确,增减变动是否合法,会计处理是否合理等内容。

（3）环境负债审计

主要关注与生态环境相关的负债记录的完整性,金额的真实性,形成与偿还的合法性。

（4）环境损益审计

主要关注各项收入、成本费用、营业外收支和利润计算与分配，主要考虑被审计单位的环境收益或污染成本是否正确计量。

2. 生态环境合规审计

生态环境合规审计是审计机关依据国家环境政策与环境法规对政府及企业在环境管理、环境保护、环境政策落实方面是否合规所进行的经济监督活动。包括对政府进行的合规性审计和对企事业单位进行的合规性审计。

生态环境合规审计的重点关注内容包括：政府部门遵守环境法律和制度的情况；各级政府在管理环境保护专项资金过程中遵守相关法律法规的情况；重点检查企事业单位、重点行业的主管部门的环境责任；遵守国际协议、履行国际义务的情况。

3. 生态环境绩效审计

生态环境绩效审计是由国家审计机关依法对被审计单位的环境管理系统以及在经济活动中产生的环境问题和环境责任进行监督和评价的活动。包括对环境保护制度进行的审计，对政府环境项目效益进行的审计，对政府其他项目进行的审计以及环境综合管理系统进行的审计。

对环境保护制度所进行的审计主要关注已制定政策的效果以及制定政策执行的可行性。评价已制定政策的效果，即评价其有效性、经济效率、公平性、监督管理的可行性，以及相应的管理费用、可接受性、合法性等。

对政府组织的环境保护项目的综合效益所进行的审计主要关注的内容有：组织实施环境保护项目目的是否达到；在完成既定的目标时，是否产生了新的问题，包括社会、经济、环境等方面；进行环境保护项目的成本与效益分析。

对政府其他项目所进行的审计主要关注的内容有：能够明显改善本地区的环境质量的情况；能有效地改变目前环境污染、生态破坏的程度的情况；能够提高资源的利用效率的情况；自然资源，尤其是不可再生资源消耗过快的情况；产生大量的环境污染，生态系统遭到严重破坏的情况；产生的影响虽然目前较小，但具有累积效应的情况。

对环境管理系统的工作绩效进行的审计主要关注：环境管理系统的运行情况；环境管理系统是否正确地承担了管理职责；环境管理系统是否实现了既定环境保护目标及实现方式与途径；本地区的环境管理系统与其他地区的环境管理系统相比，是否有值得改进的方面。

（三）环境审计关注的重点

在确定环境审计的重点内容时，要综合考虑审计对象的单位性质、职位权限、工作内容、所处行业、地理位置、法律和政策环境、当前的国家环境保护目标以及民生热点或社会影响较大的资源环境焦点等多项因素。一般而言，环境审计的内容通常包括以下几个方面。

1．生态环境保护专项资金的审计

环境保护专项资金主要是由财政和环境保护等相关部门安排的,致力于防治环境污染、保护生态平衡的资金。如三河三湖水污染防治、企业节能减排、农村饮水安全等项目。

审计过程中,始终要把资金和项目紧密地结合在一起,要重点审查项目是否符合产业政策、申报条件和申报要求,申报程序是否规范;检查具体项目时,还要关注项目是否具有环境效益;项目预算的经济性,总投资及资金申报额度是否合理;可行性研究内容是否完整;技术经济论证是否切实可行,是否符合当地自然条件;专家的评审意见是否公允;提供可行性研究报告的环评机构的资质是否达标;审查立项的可行性,包括背景的真实性;建设条件是否落实;有无虚假、重复申报立项的问题。

2．环境保护政策执行的审计

为实现经济的可持续发展,国家不断出台加强环境治理和保护的导向性政策,这些政策能否实现既定目标,关键看各级政府和企业的执行效果。因此,环境保护政策的执行情况是环境保护审计的重中之重,也是评价审计对象履行环境保护责任的第一评价要素。

主要审查的内容包括:检查被审计单位及人员贯彻执行国家环保政策及法律法规情况;检查其是否存在"不作为、乱作为"情况;揭露其违反国家及上级部门环保政策的情况,并对被审计单位执行环境保护政策效果进行评价;检查地方政府、区域对国家规定应当遵守的世界协议的执行情况等。

3．环保资金和环境保护项目的审计

通过开展环境管理活动的绩效审计,以促进政府或企业提高环境管理活动的经济性和效益性,改进环境治理技术;帮助被审计单位挖掘环境治理工作中的潜力,以确保国家在增加环保投入的同时,提高投入的使用效率和效果。

重点关注内容包括:政府拨付的环保资金的使用情况;是否及时将环保资金拨付给使用单位及部门,有无少拨、不拨或延迟拨付现象;拨付后使用单位是否按规定用途使用资金;环保资金是否发挥应有作用,效率是否达到预期目标;项目实施后环境质量是否得到改善;项目若在不同地区、不同阶段分开实施,是否会更有效;对于达到既定效益的项目,在审计能力允许的情况下审查其成本是否合理。

4．节能减排目标的审计

重点审查政府或企业发展循环经济和加强环境保护等方面采取的主要措施和取得的成效。检查节能减排工作目标责任制中的 GDP 能耗、COD、SO_2 消减量等任务的完成情况,以及治污项目的运行情况和污染点源治理情况;关注污水、垃圾处理等环保设施建设情况;核实新建企业或项目投入运行后,污水、垃圾处理等环保设施的配套情况等。

第三节　自然资源资产离任审计

一、自然资源资产离任审计的对象和主要内容

领导干部自然资源资产离任审计是指审计机关依法依规对主要领导干部任职期间履行自然资源资产管理和生态环境保护责任情况进行的审计。

(一)领导干部自然资源资产离任审计对象

1. 地方各级党委和政府主要领导干部;

2. 各级发展改革、国土资源、环境保护、水利、农业、林业、能源、海洋等承担自然资源资产管理和生态环境保护工作部门(单位)的主要领导干部。

(二)自然资源资产离任审计的范围

自然资源资产管理和生态环境保护责任,是指主要领导干部任职期间依法依规对本地区、本部门(单位)以及主管业务领域的以下工作应当履行的责任:

1. 土地、水、森林、草原、矿产、海洋等自然资源资产的管理开发利用;

2. 大气、水、土壤等环境保护和环境改善;

3. 森林、草原、荒漠、河流、湖泊、湿地、海洋等生态系统的保护和修复;

4. 其他与自然资源资产管理和生态环境保护相关的事项。

(三)自然资源资产离任审计的内容

1. 贯彻执行中央生态文明建设方针政策和决策部署情况

(1) 生态文明体制改革相关制度建立以及落实情况;

(2) 国家有关自然资源资产和生态环境保护重大战略贯彻落实情况;

(3) 生态文明建设领域推进供给侧结构性改革情况。

2. 遵守自然资源资产管理和生态环境保护法律法规情况

(1) 组织制定地方有关规章制度情况;

(2) 制定、批准、审批和组织实施自然资源开发利用、生态环境保护规划(计划)中遵守资源环境生态法律法规情况;

(3) 相关重大经济活动或者建设项目中遵守资源环境生态法律法规情况。

3. 自然资源资产管理和生态环境保护重大决策情况

自然资源资产管理和生态环境保护重大决策情况是指经济社会发展重大决策、资源开发利用和生态环境保护重大事项审批以及规划（计划）的调整情况，主要包括：

（1）落实国家资源生态环境保护相关禁止性、限制性、约束性政策要求情况；

（2）落实主体功能区规划、国土规划、土地利用总体规划、城乡规划等情况；

（3）国家公园等自然保护地自然生态系统保护情况；

（4）落实环境影响评价有关要求情况；

（5）推动重点生态功能区产业准入负面清单落地实施等情况以及效果。

4. 完成自然资源资产管理和生态环境保护目标情况

（1）国家确定的自然资源利用、环境治理、环境质量、生态保护等方面约束性指标完成情况；

（2）国家关于大气、水、土壤污染防治等行动计划目标完成情况；

（3）其他纳入国家和地方生态文明建设考核目标完成情况。

5. 履行自然资源资产管理和生态环境保护监督责任情况

（1）自然资源资产开发的合法性、管理的有序性、使用的有效性以及生态环境保护状况等情况；

（2）自然资源消耗上限、环境质量底线、生态保护红线等资源环境生态红线管控情况；

（3）资源环境承载能力变化情况以及监测预警机制建立运行情况；

（4）严重损毁自然资源资产和重大生态破坏（灾害）、环境污染事件预防处置情况；

（5）干预环境监测、环境统计以及数据弄虚作假案件处理情况；

（6）对以前年度中央相关督察、国家审计和专项考核检查等发现问题的督促整改情况。

6. 组织自然资源资产和生态环境保护相关资金征管用和项目建设运行情况

（1）与自然资源资产和生态环境保护相关税费、政府性基金以及国有自然资源资产有偿使用收入等的征管用情况；

（2）国家以及地方生态环境保护资金投入以及使用情况；

（3）用能权、排污权、碳排放权、用水权等管理情况；

（4）自然资源开发利用和生态环境保护重点项目、设施建设运营情况以及信息系统建设和信息共享情况。

7. 履行其他相关责任情况

审计机关应当充分考虑被审计领导干部所在地区的主体功能定位、自然资源资产禀赋特点、资源环境承载能力等，针对不同类别自然资源资产和重要生态环境保护事项，分别确定审计内容,突出审计重点。审计机关应当以自然资源资产负债表或者有关部门管理数据资料反映的自然资源资产实物量和生态环境质量状况变化为基础进行审计。

二、自然资源资产离任审计结果的报告与运用

领导干部自然资源资产离任审计结果,是指审计机关根据有关规定,依法对领导干部履行自然资源资产管理和生态环境保护责任情况审计后形成的结论性审计文书。

(一) 自然资源资产离任审计结果的报告

基本情况大致包括国有自然资源的总体现状、管理情况、政府所取得的工作成效、上年度审议意见整改落实情况、管理中所存在的问题、下一步工作计划和建议等,可以看出在一定程度上借鉴了其他国有资产报告的主体框架,保持了较大的一致性,基本能够将所属行政区域内的国有自然资源基本状况以及政府对其管理情况等信息进行反映和披露,一定程度上为人大对政府相关履责情况进行评价提供了可靠的依据。具体包括如下内容。

1. 自然资源的基本情况。主要介绍所属区域自然资源的规模(数量)、质量、结构、分布、配置、使用、收益、保护情况及变化情况,内容按照总体情况和各类自然资源情况分别说明。

2. 自然资源的管理情况。主要介绍贯彻落实中央有关决策部署、履行自然资源管理职责、推进生态文明重要制度建设等情况,阐明"如何管理",详述管理过程。

3. 自然资源管理所取得的工作成效。主要说明领导人员对自然资源的管理取得的工作成果和保护治理生态环境工作取得的成果,说明"管得怎么样",并尽量运用数据进行说明。

4. 上年度审计意见整改落实情况。主要说明上级审计机关对上一年度的报告所给出的审查和评议结果,以及政府对这些意见和问题反馈的整改落实情况及问责情况。

5. 自然资源管理存在的主要问题。总结归纳自然资源管理中存在的主要问题和困难,并深入分析原因。如顶层设计不完善、管理基础不牢固、资源利用水平有待提高、监督考核有待强化、保护修复力度不够严格等。

6. 下一步工作及建议。主要针对问题和面临的新形势、新要求,制订下一步工作计划,提出能够有效解决问题,具有建设性的举措和建议。

审计结果主要包括:审计机关向本级党委、政府、审计委员会、本级人民代表大会和上级审计机关提交的、对领导干部履行自然资源资产管理和生态环境保护责任的审计意见及结果报告;向被审计的领导干部及其所在单位(部门)出具的审计意见和审计决定;向司法机关、纪检监察机关和有关主管部门提交的移送处理书等。审计实施过程中产生的审计信息,也是重要的审计结果。

（二）自然资源资产离任审计结果运用的参考意见

领导干部自然资源资产离任审计结果运用，是指由各级审计委员会负责统一协调，各级纪检监察、组织人事、审计、财政、自然资源资产和生态环境管理等有关部门（单位）根据各自职能，在领导干部监督管理、选拔任用、表彰奖励、目标考核、行政管理等工作中或在做出组织处理、纪律处分、行政处罚、奖励表彰等决定时，将审计结果作为重要依据。

1. 对自然资源资产离任审计查出领导干部或有关人员存在的严重违法违规问题和违反廉洁自律规定，或由于失职、渎职、决策失误、管理不善等造成重大经济损失等问题，按照有关规定应当给予责任人党纪、政纪处分的，移送纪检（监察）机关处理；涉嫌经济犯罪的，移送司法机关处理。

拓展案例

2. 对自然资源资产离任审计查出的领导干部所在地区、部门（单位）违反国家规定的行为，应当按照国家的法律、法规、规章，在法定职权范围内进行审计处理、处罚；需要被审计领导干部所在地区、部门（单位）纠正和改进的，提出审计建议并督促整改。

3. 建立被审计领导干部自然资源资产离任审计信息资料库，及时将组织、纪检（监察）、财政、国资等部门提供的领导干部基本情况和相关情况，存入自然资源资产离任审计信息资料库。

4. 对审计发现的突出问题或带有普遍性、倾向性、苗头性的问题，应当提出审计建议，专题报告本级党委、政府。

 思考题

即练即测

一、简答题

1. 简述资源环境审计的特点。
2. 简述资源环境审计关注的重点。
3. 简述资源环境审计的对象。
4. 简述资源审计的内容。
5. 简述环境审计的内容。

二、论述题

1. 资源环境审计的主要方法有哪些？
2. 资源环境审计的目标是什么？
3. 资源审计关注的重点包括哪些？
4. 资源审计时有哪些注意事项？
5. 环境审计关注的重点包括哪些？

第十八章

涉外审计

 导读

涉外审计是国家审计的重要内容之一,以促进完善对外开放战略布局、保障国家利益、维护境外国有资产安全为目标,服务国家对外开放和"走出去"战略,在服务我国对外开放、提高利用外资质量、维护国家信誉、保障国家经济安全等方面发挥了积极作用。本章谈及的涉外审计界定为境外,即包含我国港澳台地区以及其他国家或地区。本章对涉外审计的内涵与目标、涉外审计的对象及内容、境外国有资产审计、利用外资情况审计与国外贷援款项目审计的具体内容进行阐述。

本章学习目标

通过本章学习,学员应该能够:

(1) 理解涉外审计的相关概念、目标及对象;

(2) 了解并掌握境外国有资产审计、利用外资情况审计以及其他类型涉外审计的相关内容。

第一节 涉外审计概述

一、涉外审计的相关概念

(一) 涉外审计的定义

涉外审计是指审计机关依据法律、法规和政策规定,对涉外领域的国家重大政策措施贯彻落实情况,国有企业和国有金融机构、国务院规定的国有资本占控股或主导地位的企业和金融机构的境外国有资产投资、运营和管理情况,国家驻外非经营性机构的财务收支,国际组织和外国政府援助、贷款项目,对外援助资金和接受委托的国际组织开展相关审计。涉外审计主要有境外(含港澳台)国有资产审计和利用外资情况审计,还包括驻外非经营性机构审计、对外援助资金审计以及接受委托对国际组织开展审计。

（二）涉外审计的特点

1．审计目标的多样性

涉外审计具有"对内进行审计监督，对外提供审计公证"等多重职责，其目标既包括对项目财务报表的真实性、合法性发表意见，依法履行涉外审计公证职能，又包括监督外资运用各个环节经济活动的合法性和有效性，提高外资运用效益。

2．审计标准的国际性

国外贷（援）款项目审计和境外国有资产审计的标准既包括我国法律、法规和方针政策，也包括对我国提供援助和贷款的国际组织贷援款使用、管理等方面的特定规定和要求，以及境外经营地的法律法规。如联合国审计需要充分考虑联合国业务工作特点，遵循联合国审计工作规范和相关国际法规标准。

3．审计工作的长期性、连续性

外资项目贷（援）款期限一般较长，短则几年，长则十几年甚至几十年。在整个贷（援）款期限中，在外资项目的建设期每年都要跟踪审计，并且每年审计的质量和结果都对以后年度的审计业务产生影响。

（三）我国涉外审计的发展情况

在审计署的统一领导下，我国的涉外审计在实践中不断进行着各种有益的尝试，不仅仅将传统的公证性项目做好，而且还逐步探索了外资项目的绩效审计。

2004 年，审计署原外资司进行第一个效益审计项目，即运输行业政府外债项目的效益审计。2006 年，开展了世、亚行贷款项目效益审计调查项目。随后，部分地方审计机关也陆续组织力量对所辖区域的政府外债项目进行评审，积极开展政府外债项目效益审计，取得了显著成果。2008 年，审计署外资司组织实施的"三河三湖"水污染防治绩效审计调查，创新了绩效审计评价方法，通过整体统筹、点面结合的方式，不仅揭露了不少个性问题，而且反映了大量共性问题。

自 2008 年 7 月 1 日审计署正式履行联合国审计委员会委员职责以来，以促进联合国更加公开透明、高效廉洁、强化问责、完善治理为目标，深入细致地开展审计工作，带动联合国审计委员会加大工作力度、拓展审计范围、深化工作成果，赢得联合国各有关方面的关注和高度评价。同时积极推动联合国全面开展绩效审计。2011 年，刘家义审计长担任联合国审计委员会主席以后，通过多种方式，努力争取有关各方的支持，果断推进联合国绩效审计立法。2012 年 5 月，联合国大会正式以决议形式，授权联合国审计委员会开展绩效审计。

　　党的十八大以来,审计署不断拓展涉外审计领域,提升涉外审计质量,审计工作取得了较好成效。

　　1. 加强对境外国有资产的审计监督力度,保障国家利益,维护境外国有资产安全。党的十八大以来,审计署在预算执行、企业、金融等项目审计过程中,通过境内、境外审计一体化,积极运营大数据等手段,对中央企业和金融机构的境外资产和运营情况开展审计。通过审计,揭示了有关单位在贯彻落实"走出去"战略和中央决策部署、境外投资决策、境外国有资产运营管理、投资绩效和风险防控、境外管理人员遵守法律法规和廉政建设规定等方面存在的问题,提出了加强境外国有资产管理、完善体制机制等方面的意见建议,在维护境外国有资产安全、提高国有资本运营绩效、促进"走出去"战略和中央决策部署等方面发挥了积极作用。

　　2. 认真履行国外贷(援)款公证审计职责,高质量完成贷(援)款公证审计任务。党的十八大以来,审计署组织全国各级审计机关每年审计国外贷(援)款项目 300 个左右,6 年共出具审计报告 1600 多份,坚持审计公证与审计监督职能并重,坚持审计报告内外合一、如实披露,坚持立足国情与国际惯例相衔接,按时保质完成履约审计任务,切实保证项目的顺利执行。

　　3. 创新审计模式,逐步扩大涉外审计覆盖面。涉外审计坚持走科技强审之路,坚持走创新发展之路,不断探索境内与境外一体化的审计组织模式,持续推动大数据审计在涉外领域的运用。通过对境外投资和境外国有资产、国外贷(援)款项目的数据采集和分析,有效运用大数据审计技术,以境内大数据审计带动扩大境外国有资产、国外贷(援)款项目审计覆盖面。

　　4. 圆满完成联合国审计和受托国际组织审计任务,扩大了中国审计在国际审计领域的影响力。2013 年和 2014 年,审计署组织审计人员连续开展联合国审计,共派出 52 个审计组近 300 人次,实施了对联合国维和行动等 14 个机构和项目的审计,完成了联合国审计任务,在积极推动联合国不断完善治理方面,取得了突出成效,审计工作赢得了国际社会的高度评价。自 2016 年 1 月起,中国履行国际核聚变能源计划组织财务审计委员会主席职责,审计署接受科技部委托,派员担任主席并牵头对该组织进行审计。审计署认真履行好国际义务,展示中国审计形象,审计成效得到该组织理事会和管理层的充分肯定。

二、涉外审计的目标

　　涉外审计是国家审计的重要内容之一,以促进完善对外开放战略布局、保障国家利益、维护境外国有资产安全为目标,服务国家对外开放和"走出去"战略,在服务我国对外开放、提高利用外资质量、维护国家信誉、保障国家经济安全、服务国际组织等方面发挥了积极作用。

三、涉外审计的对象

（一）贯彻落实国家涉外领域重大政策措施相关的部门和单位。主要包括发展改革、商务、财政、外汇管理等部门。

（二）国外贷（援）款项目执行机构。国外贷（援）款是指国际组织、外国政府及其机构，向我国政府及其机构、受政府委托管理有关基金与资金的单位提供的贷款、援助和赠款；向我国企事业单位组织及其他组织提供的，由我国政府及其机构担保的贷款等。

（三）国有企业及国有金融机构。国有企业及国有金融机构包括国有独资、国有资本占控股或者主导地位的国有企业、国有金融机构及其在境外设立的具有法人资格的独资、合资企业和非法人资格的分支机构、办事处、项目部等。

（四）驻外非经营性机构。驻外非经营性机构包括我国驻外使领馆；商务、教育、科技、文化等甲类处；中央人民政府驻香港、澳门特别行政区联络办公室；地方人民政府驻外办事处；党政工作部门、事业单位和人民团体驻外联络和办事机构等。

（五）对外援助涉及的部门和单位。对外援助涉及的部门和单位主要包括管理、分配和使用我国政府无偿援助、无息贷款、优惠贷款的部门和单位及其有关境外机构、单位和企业等。

（六）接受委托的国际组织。

第二节　涉外审计的内容

一、境外国有资产审计

（一）境外国有资产的概念

境外国有资产是指我国企业、事业单位和各级人民政府及政府有关部门以及国有资产（含国有法人财产）在国外及我国港、澳、台地区投资设立的各类企业和非经营性机构中应属国有的各类资产。

（二）境外国有资产的管理

境外国有资产的形成、保有存在以及收回到国内或者转移到其他国家或者地区，涉及财政资金收支、金融资产财务收支、财务报告编制及其对外审计报告出具、有关管理人员的经济责任认定与解除等多个方面。无论是资产形态、价值量的计量、还是时间跨度，都比国内资产更加复杂。

（三）境外国有资产审计的概念

境外国有资产审计是指对国有资本、国有企业境外投资和境外国有资产安全绩效情况进行的审计监督，主要包括驻外非经营性机构审计、对外援助资金审计，以及国有企业境外投资审计等。

（四）境外国有资产审计现状

1. 境外国有资产审计制度背景

国务院国资委于 2011 年开始陆续出台了《中央企业境外国有资产监督管理暂行办法》《中央企业境外国有产权管理暂行办法》《中央企业境外投资监督管理办法》等多个文件，构建境外资产监管体系。目的是进一步加强和规范中央企业境外投资行为，维护国有资产安全，实现境外国有资产保值增值。设立监事会是国资委加强境外国有资产监督的重要手段/举措，对中央企业境外国有资产的监督检查以监事会相关办事处为主，采取集中重点检查和境外国有资产检查相结合的形式。

2018 年 9 日，国务院将国有重点大型企业监事会职责划入审计署。国资委 2020 年 9月印发的《关于深化中央企业内部审计监督工作的实施意见》中提出，切实推进境外审计全覆盖、常态化，培养具有良好的外语能力，熟悉国际宏观环境和国际法律的复合型审计人才等。可以预见，随着上述实施意见的推进，境外国有资产的审计监督检查将向全覆盖、常态化趋势发展。

2. 境外国有资产审计面临的挑战

近年来，境外国有资产投资日渐频繁，境外国有资产规模和涉及范围也随之增长，境外国有资产审计对审计署和审计从业人员都是极具挑战性的领域。

国际化进程稳步推进的同时，"走出去"的中国企业也在国际社会大放异彩，为中国经济增长提供着源源不断的新动力。2015 年北京举办的 APEC 会议上，"一带一路"经济发展构想得到了各国的积极响应。这一倡议给中国企业"走出去"提供了非常宝贵的机会，同时为了配合中国企业"走出去"战略的开展还制定了一系列基础设施建设方案，交通、通信等设施的完备也为中国"走出去"战略提供了保障。但值得关注的是，我国国有企业国际化经营和境外投资开展年限短，发展经验有限，且面临着诸如经营风险、法律风险、政治风险、经济风险、社会风险等一系列不确定风险。此外，由于我国国有企业境外投资起步较晚，国有资产境外审计受地缘政治、宗教信仰、文化沟通等多元因素的影响，导致国有资产境外审计领域可以借鉴的经验较少，技术领域存在空缺和技术壁垒，如此种种问题亟待解决。

（五）加强境外国有资产审计的必要性

1. 加强境外国有资产审计是全面完善审计监督制度，实行审计全覆盖的需要

2015 年 8 月以来，党中央、国务院在《中共中央、国务院关于深化国有企业改革的指导意见》《关于完善审计制度若干重大问题的框架意见》《中华人民共和国国民经济和社会发展第十三个五年规划纲要》等重要文件中，均提出要建立健全国有资本、国有企业境外投资审计制度，要求审计机关加强对境外国有资产的审计监督。特别是中央深改委审议通过的《关于深化国有企业和国有资本审计监督的若干意见》，要求国企国资走到哪里，审计监督就要跟进到哪里，不能留死角。因此，审计机关只有将境外国有资产纳入审计监督范围，才能真正实现对国有资产审计的全覆盖，才能有效发挥审计促进国家治理体系和治理能力现代化的作用。

2. 加强境外国有资产审计是维护国家经济安全，服务国家发展大局的需要

近年来，随着"一带一路"倡议的实施，我国境外国有资产的规模越来越大。国外经济形势复杂，境外国有资产面临的风险较高。如果不对境外国有资产进行有效监管，会使国家政治利益和经济利益都受到损害。国家审计作为最高层次的经济监督方式，要为国家"走出去"战略出谋划策。近几年来，各地开展境外企业审计的实践已经证明，境外国有资产审计对服务政府宏观经济决策、促进境外企业健康发展，发挥了不可替代的作用。为此，审计机关要进一步加强国有企业境外投资和境外国有资产审计，建立国有资本、国有企业境外投资审计制度，加强对外援助资金和驻外非经营性机构审计，为服务"走出去"战略，推进"一带一路"建设作出新的贡献。

3. 加强境外国有资产审计是保护资产安全完整，促进资产保值增值的需要

近年来，经营管理不善、资产状况不佳、盈利能力不强、投资回报率偏低，甚至境外投资损失、国有资产流失等时有发生，特别是在企业投资并购、重组改制、招投标、物资采购等环节，管理人员以权谋私、贪污受贿、权力寻租问题比较严重，境外成为腐败高发领域和监督薄弱地带。因此，境外审计是不可忽视的"领地"，放松对境外企业的审计监督，必然导致境外国有资产的流失。

（六）境外国有资产审计关注的重点

主要监督检查国有企业和国有金融企业贯彻执行"走出去"战略部署；有关境外投资和境外国有资产管理运营的内部控制制度的建立健全及执行情况；与境外投资和经营管理活动有关的重大经济决策情况；境外大额资金使用、佣金支付等财务收支的真实合法效益情况；境外投资和境外国有资本运营的风险管控、境外国有资产保值增值情况等。

（七）境外国有资产审计的内容

1. 审查企业决策内容、程序和执行情况

重点审查企业决策内容的适当性、决策程序的合规性以及决策执行的有效性。如企业制定的规章制度、年度规划等是否立足公司现状、行业特点和经营发展布局；是否考虑了所在国家政治、经济、法律状况；决策程序是否严格执行内部程序，特别是重大决策、重要人事任免、重大项目安排和大额度资金运作，是否依法依规决策、集体决策、民主决策；是否按照规定的决策程序议事，决策会议召开是否符合应到会人数要求，会议记录是否完整、详细并存档备查；是否按决策顺利组织实施，是否达到预期目标；是否对决策执行情况进行有效监督检查和责任追究。

2. 审查企业内部和资产管理情况

重点审查企业授权控制、管理程序、业务流程以及内控制度建立健全情况，是否适应东道国及企业本身管理需要，内控制度是否存在相互矛盾与不协调，是否达到内部牵制与防范风险的目的；中方管理人员是否胜任境外管理岗位要求，能否发挥监督监管作用，维护中方利益；境外企业是否定期接受中方派出人员进行的审计或检查，内部控制和风险防范是否存在重大缺陷；企业是否建立了完备的境外资产管理体系，境外资产管理相关制度是否完善；管理人员是否配置，审批流程是否科学设置，是否存在盲目开展境外资产投资行为；是否严格执行重大事项报告制度，有无擅自处置资产和股权转让，从而导致重大国有资产流失的问题。

3. 审查企业对外投资情况

企业境外资产投资前是否开展过背景调查研究（包括实地调查），背景调查研究是否充分，是否根据实际情况实时动态分析相关风险情况，有关投资决策是否存在违规情况等；企业境外资产投资完成后是否管理到位，建设项目人员管控是否存在执行不严等情况；财务投资项目是否存在财务造假等问题，是否建立科学规范的财务报告和管理制度，对于参股境外企业是否在企业管理层和经营层建立有效制约机制等。

4. 审查财务管理情况

审计人员应重点审查境外企业的资产、负债、所有者权益，以及损益的真实性、完整性和合法性，关注境外企业资金的安全和资产的质量等，重点审查的内容：

（1）资金管理情况。审查外汇账户的开立是否符合项目所在国公司注册管理要求和企业内部管理规定，若还需国家相关部门审批或报备的，是否履行了审批或报备手续；是否存在开立个人外汇账户及出租、出借银行外汇账户为其他企业或个人代收、代转款项；是否按照国家及项目所在国法律法规及企业相关规定办理资金结算业务，资金结算是否做到安全规范；外汇现钞的使用是否符合国家及项目所在国外汇现钞管理相关规定；信

用证、保函的管理是否严格执行制度规定,是否经过上级单位批复。

(2)会计核算情况。审查以人民币为记账本位币的账务处理是否遵循国内企业会计准则和所属公司会计政策、制度规定,资产、负债、所有者权益核算是否真实、准确、完整;关注成本费用的真实性,是否存在虚列成本设置"小金库"的问题;关注购进固定资产和存货入账价值的确认是否准确,确认标准是否符合公认会计准则或所在国的有关政策;对在国内购买设备材料的,其海关费用和运费等的核算是否正确;固定资产的折旧及资产减值准备是否符合所在国的有关会计政策。

(3)经营绩效情况。重点对企业盈亏情况进行分析,对比分析境内外企业盈利能力、融资成本、人工成本、投资报酬率等指标,找出原因和差距。审查企业业绩考核指标完成情况,是否存在人为调整和虚假信息;是否存在财务状况和经营成果不实的问题。

(4)税收管理情况。是否按照所在国税收政策进行必要的税收筹划,纳税是否及时、准确,并取得有效的完税凭证;是否存在少缴或者多缴税款;对免税的项目,是否取得相关免税证明文件。

(5)预算管理情况。资产购置是否在批准的预算范围内,如属预算外购置,是否履行了相关审批程序。此外,还应关注企业预算管理执行情况,费用是否按照预算指标执行,对于实际发生额与预算差额较大的费用项目,审计人员还应进行重点审查。

5.审查廉洁从业情况

重点审查企业廉洁从业相关制度的制定和执行情况,领导人员职务消费情况,有无违反国家法律法规和公司相关廉政规定。重点关注公务用车、通信费、业务招待费、差旅费、出国(出境)费用、培训费、会议费、公务接待费、礼品费等专项费用支出是否违规,境外企业领导人员有无以权谋私和违反廉洁从业规定的问题。

二、利用外资情况审计

(一)利用外资的概念

利用外资是指利用来自国外的货币资金(如借入国外资金、吸收国外投资、接受国外经济援助等)和以物资、技术、专利等表现的国外资本,以解决本国资金、设备不足的困难或进行资金调节,达到发展本国经济的目的。

(二)利用外资情况审计的定义

利用外资情况审计是审计机关依据法律、法规和政策规定,对各级政府部门、国有企业事业单位、国有金融机构等组织利用外资情况,进行财务收支活动的真实性、合法性和效益性所实施的审计监督行为。

利用外资审计有狭义概念和广义概念之分。从狭义上讲,利用外资审计是我国政府向国际组织、外国政府及金融机构的直接借款或担保借款，以及使用上述资金的项目和其他经济活动提供审计公证。从广义上讲，所有政府部门、国有金融机构和企业事业组织利用外方直接或间接投资的投资项目和其他经济活动都是利用外资情况审计的对象。我国国家审计部门开展的利用外资情况审计主要是狭义上的利用外资情况审计。

外资利用的形式包括直接投资和间接投资。直接投资是指我国政府允许境外投资人通过合资、合作和并购等方式直接投资到我国的企业，通过经营管理外商投资企业而获取利润的行为。间接投资是指我国按约定的条件从境外吸引资金，并到期进行还本付息的信用活动，其主要形式为举借外债。

（三）利用外资情况审计的主要特征

1. 审计职能的双重性

审计鉴证是利用外资审计最重要的特征。借用和接受国外贷援款之初，我国政府就向有关国际组织承诺，由审计署在依法对国外贷（援）款项目进行审计监督的同时，提供对外审计公证业务。因此，审计机关对外资项目从一开始就肩负着"对内进行审计监督，对外提供审计公证"的双重职能。

审计署对外资项目审计的双重职能将会有所变化，即其对外公证职能逐渐弱化，逐步致力于专司审计监督职能。但政府外债项目的审计公证业务涉及政府的主权，根据我国驻世界银行执行董事提供的资料，世界上 60% 的国家是由政府机构进行审计公证的，同时对于我国各级地方审计机关来说，层层成立外资审计专门机构并不现实，审计署对地方审计机关的国外贷（援）款项目审计授权方式暂时也不会发生大的变化。因此，在今后一个时期，对外资项目进行审计公证仍是以国家审计为主导，各级地方审计机关外资项目审计职能双重性的现状还要延续下去。当然，过去的外资审计较多的精力都用在对外公证方面，也就是说在真实性上注重得多一些，在合法性上做得不够，这种状况必须改变。

2. 审计对象的复杂性

与其他的审计项目比较，利用外资审计项目是以贷（援）款项目资金为主要对象，即按贷（援）款项目资金走向安排和实施进行审计，项目资金走到哪，审计就延伸到哪，所有项目单位都是审计对象或被审计单位。这些单位分布广泛、情况各异，既包括了项目协调工作主管部门，也涉及执行资金配套的地方财政部门；既有行政单位，也有事业单位和企业单位，甚至还有民营经济组织。在具体项目执行中，既有专职从事项目执行的单位，也有其他经济组织；既有经营活动，又有执行项目的其他活动。因此，被审计单位有一定的广泛性和复杂性。

3. 审计业务的规范性

在国家审计领域中，利用外资审计的规范化是走在前列的。在审计实施中，比较早地制定了《世界银行贷款项目审计操作指南》(以下简称《操作指南》)。这是我国最早的外资审计操作规范。2000 年,审计署下发了《关于进一步规范世、亚行贷款项目审计报告的通知》。2004 年,审计署办公厅印发了《关于进一步规范国外贷(援)款项目审计工作的通知》。审计署外资司还编印了《国外贷(援)款项目审计规范文件汇编》和《世界银行贷款项目审计手册》等。这些都对规范利用外资审计业务发挥了重要作用。从实践看,利用外资审计的规范性主要体现在两个方面。

首先,审计报告的规范性。国家审计中的其他项目审计报告,是审计组向审计机关提出的对内审计报告,报告的格式和内容比较灵活,而利用外资审计报告是比较格式化的,其内容包括了审计师意见,已审定的会计报表,对执行国家政策及贷款协定的评价等。审计师意见包括有"无保留意见""保留意见""否定意见"和"拒绝表示意见"四种类型。每种类型报告都有规范的格式,大体上分为范围段、意见段、说明段等。每一段的内容、表述及措辞都讲求一定的规范,如公允、合理保证等表述。

其次,审计实施过程的规范性。《操作指南》针对审计实施的不同阶段,都有比较格式化的审计程序表、审计工作底稿或审定表,供审计人员参考使用。相对于其他项目审计工作底稿、审定表则更加规范。因此,也被越来越多的审计人员所采用。规范的审计记录,也有利于计算机审计的推广和应用。

4. 审计业务的长期性、连续性

目前,在国家审计领域,由于审计资源的限制,无法对所有被审计对象每年都安排审计,有的几年也轮不到一次。而利用外资贷(援)款期限一般比较长,短则几年,长则十几年甚至几十年。在整个贷(援)款期限中,对利用外资项目每年都要审计,不仅要审计项目的建设期,还要审计项目还款期,并且每年审计质量和结果都对以后年度的审计业务产生影响。因此,利用外资审计的这一特点,要求各级审计机关要保持外资审计人员的相对稳定。这样,可以较好地保证审计质量,以适应其连续性的特点。

5. 审计业务的时效性

利用外资项目审计具有时效性。由于对外公证的需要,国外贷(援)款机构对审计报告不仅有较规范的质量要求,而且有严格的时间限定。这种限定一般不会因其他因素的变化而改变。虽然国内审计项目也有时间要求,但这只是审计人员根据审前调查情况,在编制审计实施方案时对项目所需时间的大致估算。在项目实施过程中,如确需延长,可通过规定程序予以调整。但由于外资项目要同时对外公证,外资贷(援)款机构是审计报告的重要使用者,要延长审计报告提供时间,自然不是一件简单的事情,因为这涉及外事业务,搞不好会影响国家审计的信誉。所以,审计报告提供时间不能拖延。这在客观上要求各级审计机关,凡是参与外资项目审计的所有审计人员,必须要有更强的时间观念,要从维护政府信誉和审计机关对外形象的高度重视利用外资审计,以更加认真的态度按时完成每一项外资审计业务。如有一个参与单位不能按时完成,都将拖整个审计项目的后腿,造成不利影响。

(四)利用外资情况审计关注的重点

主要监督检查贯彻执行国家利用外资等政策措施情况;遵守国家法律法规情况;国外贷(援)款项目管理和资金使用以及对外履约情况。

(五)利用外资情况审计的主要内容

1. 审查项目的内部控制系统

主要审查内控系统的建立及其执行是否具备健全有效的授权控制、职责分离控制、岗位责任制度、资产保护控制、内部审计和稽核制度、账务处理和财务报告编制的及时、完整、准确性控制,以及会计档案保管控制等机制,进一步审查经济业务处理的真实、合法和有效性。

2. 审查项目的财务报告编制

(1)审查项目财务报告或项目汇总财务报告编制的依据、格式、内容、程序、时间等与有关会计制度、项目协定和国际会计准则的符合程度,以及前后一致性,有无缺表、缺页、缺项、缺说明、错格、错行或漏填的情况。如发现有重大遗漏或重大差异的,应查明原因,并要求项目执行单位按照国际会计准则的要求进行纠正,不能纠正的要在财务报表说明中作适当注解。

(2)审查项目财务报告中各类合计数计算的正确性,各种相关数据和相关会计报表之间衔接勾稽关系的符合程度,以及本期报告与上期报告的勾稽关系。对项目汇总财务报告,要重点检查数据来源是否经过审计,上下级之间的往来数据处理是否正确。

(3)审查会计报表和报表说明与有关会计总分类账和明细账、会计凭证及其他有关证明文件、实物资产记录的一致性。

3. 审查项目的资金来源

(1)审查外资使用的进度、类别和比例遵守项目协定的情况,提款证明文件的完整性和真实性,审批手续的完备性,会计处理的及时性和准确性,已使用外资金额同国外贷(援)款机构对账单的一致性,以及按照项目协定或外资转贷协定及时、足额向下级项目单位拨付已使用外资的情况。对援助实物,要着重检查实物验收手续完备性,以及库存实物与会计账、表、证的一致性。重点查处挤占、挪用、转移、贪污外资等违规、违纪行为。

(2)审查费用支出表所列各项支出是否专用于项目建设,是否有合规的报账证明文件。对自营土建工程支出,要审查有无合格的监理师或工程师对工程进度和质量的验收证明;对出包土建工程支出,要检查是否具备合格的承发包合同、承包商提款申请和工程价款结算单等;对设备物资采购支出,要检查有无合格的采购合同、供货商发票、运货单据等。要重点查处涂改、伪造提款证明文件等弄虚作假行为。

（3）审查国内配套资金的及时、足额筹集、拨付、核算和管理等情况。重点检查各项配套资金是否及时、足额到位；自筹资金来源是否合法，有无违法集资、摊派，有无将国外贷（援）款兑换为人民币充作自筹资金的情况；其他项目收入，如单项工程试运行收益和外汇账户存款利息收入等，是否按规定及时完整入账，有无隐瞒收入或形成账外资金的问题。

4. 审查项目资金运用

（1）项目支出。审计时，要检查各项支出是否用于项目协定规定的目的和范围，证明文件是否合规、齐全，会计处理是否符合有关会计制度。重点检查承发包合同和结算程序的合规性和真实性，有无工程非法转包，或提高结算定额；工程劳务支出、材料费、间接费用和待摊投资的真实性和合规性，有无扩大支出范围、提高开支标准、虚报支出及计算错误；已完工程交付使用程序的合规性，设备物资招标、采购、验收以及会计处理的合规性、正确性。对擅自改变外资用途、在招标采购中行贿受贿和弄虚作假等违规、违纪行为要依法惩处。

（2）实物资产。国外贷款项目资金有相当部分占用在实物资产上，具体包括：国外援助物资，竣工验收合格交付生产单位使用的各项固定资产，购置的设备、物资、器材，以及为调度资金而购买的有价证券等。审计时，要检查其支出是否真实，计价是否正确，会计处理是否合规，账实是否一致，对领用、调拨、盘点亏损处理的管理是否完备。对擅自转让、串换和变卖进口设备物资、利用有价证券搞非法交易等违规、违纪行为要重点依法查处。

（3）预付、应收（应付）款。检查预付、应收（应付）款是否真实，支出证明文件是否合规、齐全；检查应计国外贷款利息和承诺费的计算是否正确，还本付息是否及时；对有拖欠还本付息款的单位，要查明原因，促进偿还。要重点查处利用这类往来账户转移、挪用项目资金或调节项目建设成本的违规违纪行为。

5. 审查项目银行账户

（1）检查专用账户内部控制系统的健全性和有效性。

（2）检查国际金融组织拨付的开户资金、回补资金、利息收入，以及其他收入入账的及时性和准确性。

（3）审查各项支出的合规性，要逐笔检查各项支出是否用于项目协定规定的用途，审批手续和支出证明文件是否合规、齐全，应向下级项目单位拨付的报账资金是否及时、足额下拨。

（4）审查年末结存和在途资金是否真实，与项目财务报告中的银行存款余额的勾稽关系是否衔接。

6. 审查项目外币业务

重点检查发生外汇业务时或年末是否按国家规定的汇率折合人民币记账；外汇兑换

和汇兑损益的会计处理是否符合规定；有无擅自经营外汇业务、有无将项目外汇资金转移境外开户存放。对挪用、转移、套汇、逃汇和私自买卖外汇的违规违纪行为，要依法查处。

7．审查项目管理和资金使用效益

审查的内容主要包括：项目管理系统，特别是内部控制系统、外债债务管理系统和防范外汇风险机制的健全性和有效性；在建项目建设目标或计划执行目标、指标的实现程度；项目概(预)算确定的成本指标、定额的执行情况；项目竣工后使用或运营的经济效益、社会效益、环境效益和外债偿还能力，以及对优化经济结构、完善经济增长方式、促进地区经济平衡和国民经济快速持续健康发展的影响等。

8．审查项目执行单位财务报告

审计内容按项目单位所属行业财务收支审计要求进行。如对企业类项目执行单位，按企业审计规范进行；对金融企业类项目执行单位，按金融企业审计规范进行。重点审查与国外贷(援)款项目配套资金收支以及项目经济效益和偿债能力有关的资金运用、资产、负债和损益，分析评价财务状况和偿债能力指标。

三、其他类型的涉外审计

（一）驻外非经营性机构审计

1．驻外非经营性机构的含义

驻外非经营性机构是指驻外使、领馆、记者站以及不产生经济收入的代表处、办事处等。

2．驻外非经营性机构审计的内容

主要监督检查预算执行、其他财政收支、财务收支的真实合法和效益情况；国有资产的购建、管理、使用和处置等情况。

（二）对外援助资金审计

1．对外援助资金的内涵

中国对外援助资金主要分为无偿援助、无息贷款和优惠贷款三种类型。中国对外援助的主要对象是低收入发展中国家。在援助领域分布中，中国重点关注受援国民生和经济发展，努力使援助更多地惠及当地贫困群体。

（1）无偿援助主要用于帮助受援国建设医院、学校、低造价住房、打井供水项目等中小型社会福利性项目。此外，无偿援助还用于实施人力资源开发合作、技术合作、物资援助、紧急人道主义援助等领域的项目。

（2）无息贷款主要用于帮助受援国建设社会公共设施和民生项目。无息贷款期限一般为 20 年，其中使用期 5 年，宽限期 5 年，偿还期 10 年。目前，无息贷款主要向经济条件较好的发展中国家提供。

（3）优惠贷款主要用于帮助受援国建设有经济效益和社会效益的生产性项目和大中型基础设施，或提供成套设备、机电产品、技术服务以及其他物资等。

2. 对外援助资金审计的内容

主要监督检查贯彻执行国家对外援助方针政策和决策部署情况；对外援助资金预算执行情况；对外援建项目资金管理使用及项目建设等情况。

（三）接受委托对国际组织开展审计的内容

1. 联合国审计委员会的简介

联合国审计委员会（The United Nations Board of Auditors，UNBoA）成立于 1946 年，是联合国重要的专家机构，主要负责对联合国组织的账目、资金和项目进行外部审计，并通过联合国行政与预算问题咨询委员会向联合国大会报告审计结果及建议。审计委员会的审计对象包括联合国秘书处、开发计划署、儿童基金会、环境署、人口基金、维和行动、荒漠化公约等机构或项目。

拓展案例

2. 接受委托对国际组织开展审计的内容

主要根据联合国审计委员会等机构的委托对相关国际组织开展监督检查。审计内容和标准以委托内容为准。

 思考题

即练即测

一、简答题

1. 简述涉外审计的概念。

2. 简述涉外审计的机构及职责。

3. 简述境外国有资产审计目标。

4. 简述境外国有资产审计要点。

5. 简述国外贷（援）款项目的特点。

二、论述题

1. 涉外审计有何特点？

2. 涉外审计的对象包含什么？

3. 境外国有资产审计的内容有哪些？

4. 利用外资情况审计的内容有哪些？

5. 国外贷（援）款项目审计有何特点？

第十九章

领导干部经济责任审计

 导读

经济责任审计是针对党政主要领导干部和国有企事业单位主要领导人员的相关经济责任履行情况开展的审计活动,是针对领导干部个人履职行为和廉政情况进行的审计。在审计目标、审计对象、审计内容和审计方法等方面,不同于针对项目、资金、政策开展的审计或审计专项调查,具有一定的特殊性。这是我国干部管理监督中任用、考核和评价领导干部经济责任履职情况,推进党风廉政建设的重要手段,具有明显的中国特色。由于被审计领导干部工作任期长,工作涉及面广,经济责任审计需要"审事评人",审计工作难度大,面临的审计风险也较大。本章对经济责任审计概述、经济责任审计的评价及责任界定、经济责任审计的类型进行阐述。

! 本章学习目标

通过本章学习,学员应该能够:

(1)了解经济责任的内涵和范围,概念和形式,对象和主体,组织协调与特点;

(2)熟练掌握经济责任审计项目计划的制订程序以及结果运用;

(3)理解经济责任审计的评价及责任界定;

(4)了解并掌握地方党政主要领导干部经济责任审计、党政工作部门等单位主要领导干部经济责任审计、国有企业主要领导人经济责任审计这三类经济责任审计,对领导干部经济责任审计有一个全面、清晰的认知。

第一节　经济责任审计概述

一、经济责任的内涵和范围

(一)经济责任的内涵

公共受托经济责任关系是经济责任审计产生的基础。其中公共受托经济责任就是指受托经营公共财产的机构或人员有责任汇报对这些财产的经营管理情况,并负有财政管理和计划项目方面的责任。凡存在审计的地方必然存在受托责任关系。受托经济责任包括行为责任和报告责任,行为责任的主要内容是按照保全性、合法性、经济性、效率性、效果性和社会性以及控制性等要求管理受托经济资源;而报告责任的主要内容是按照公允性或可信性的要求编报财务报表。对受托经济责任进行监督是经济责任审计的基本职能。

所谓经济责任是指领导干部在任职期间,对其管辖范围内贯彻执行党和国家经济方针政策、决策部署,推动经济和社会事业发展,管理公共资金、国有资产、国有资源,防控重大经济风险等有关经济活动应当履行的职责。经济责任审计中"经济责任"是基于被审计人所担任的特定职务;"经济责任"的科学含义是被审计人基于所担任的特定职务而应履行的职责、义务;"经济责任"是与经济相关的职责、义务,而不是与政治、道德活动相关的职责、义务。

(二)经济责任的时空范围

在时间上,经济责任要聚焦领导干部任职期间。一般情况下,其任期之外的经济事项不属于经济责任审计的范围,重大事项可追溯到相关年度、延伸到有关单位。需要说明的是,对前任领导干部任职期间发生的问题,领导干部应当采取有效措施切实推动解决。在空间上,经济责任要聚焦领导干部管辖范围。一般情况下,主要包括被审计领导干部所在单位本级及下一级。对于三级及以下地区(部门、单位)出现的普遍性、典型性、倾向性问题和与被审计领导干部存在较大关联的经济事项,经综合研判,也应纳入经济责任审计范围。

二、经济责任审计的概念和形式

(一)经济责任审计的概念

经济责任审计就是审计机关通过对领导干部所任职地区、部门(系统)或者单位的财政收支、财务收支以及有关经济活动的审计来监督、评价、鉴证领导干部履行经济责任情况的行为。经济责任审计是中国特色社会主义审计制度的重要组成部分,是推进全面从严治党的重要制度安排。

(二)经济责任审计的形式

经济责任审计以领导干部任职期间为主。任中审计和离任审计是经济责任审计的两种形式。在经济责任审计探索发展初期,以离任审计为主。随着经济责任审计实践的不断深入,离任审计的不足日益显现,客观上要求不断前移监督关口,提高任中审计的比重,更好发挥任中审计的过程监督优势,切实将经济责任审计结果与领导班子建设和干部选拔任用工作相衔接,更好满足干部管理监督需要,增强审计的时效性。

三、经济责任审计的对象和主体

(一)经济责任审计的对象

党政主要领导干部和国有企事业单位主要领导人员(以下统称领导干部)是经济责任审计对象,包括:

1. 地方各级党委、政府、纪检监察机关、法院、检察院的正职领导干部或者主持工作1年以上的副职领导干部;

2. 中央和地方各级党政工作部门、事业单位和人民团体等单位的正职领导干部或者主持工作1年以上的副职领导干部;

3. 国有和国有资本占控股地位或者主导地位的企业(含金融机构,以下统称国有企业)的法定代表人或者不担任法定代表人但实际行使相应职权的主要领导人员;

4. 上级领导干部兼任下级单位正职领导职务且不实际履行经济责任时,实际分管日常工作的副职领导干部;

5. 党中央和县级以上地方党委要求进行经济责任审计的其他主要领导干部。

(二)经济责任审计的主体

经济责任审计是一项高层次经济监督活动,主要对党政领导干部、国有企业及国有控股企业领导者进行审计。因此,经济责任审计主体是国家审计机关,且国家审计机关是经济责任审计的唯一审计主体。

人事部门与纪检部门对企业领导、机关干部的经济责任履行情况具有监督权,但是因审计活动的特殊性,决定了审计机关以经济责任审计为主要职责。虽然组织部门、纪检部门及人事部门在成果利用与评价标准选择上起主要作用,但是在具体的经济责任审计上,由政府审计机关起主导作用,而以上其他部门均起辅助作用。

四、经济责任审计的组织协调与特点

(一)经济责任审计的组织协调

1. 经济责任审计的组织协调机构。各级党委和政府应当加强对经济责任审计工作的领导,建立健全经济责任审计工作联席会议制度。联席会议由纪检监察机关和组织、机构编制、审计、财政、人力资源和社会保障、国有资产监督管理、金融监督管理等部门组成,召集人由审计委员会办公室主任担任。联席会议在同级审计委员会的领导下开展工作。

联席会议下设办公室,与同级审计机关内设的经济责任审计机构合署办公。办公室主任由同级审计机关的副职领导或者相当职务层次领导担任。

2. 经济责任审计工作联席会议的主要职责。联席会议主要负责研究拟订有关经济责任审计的制度文件,监督检查经济责任审计工作情况,协调解决经济责任审计工作中出现的问题,推进经济责任审计结果运用,指导下级联席会议的工作,指导和监督部门、单位内部管理领导干部经济责任审计工作,完成审计委员会交办的其他工作。

(二) 经济责任审计的特点

1. 审计对象的个人性

经济责任审计与其他类型审计的一个显著区别就是审计对象不同。按照中共中央办公厅、国务院办公厅印发的《党政主要领导干部和国有企事业单位主要领导人员经济责任审计规定》(以下简称《规定》),经济责任审计的对象为党政领导干部、国有及国有控股企业领导人员,而其他类型审计的审计对象则为某个部门或单位,即"法人"。

2. 审计内容的综合性

经济责任审计较其他类型审计内容广泛得多,这是经济责任审计性质所决定的。上述《规定》指出:"经济责任审计是为了加强对党政领导干部的管理和监督,正确评价领导干部任期经济责任,促进领导干部勤政廉政,全面履行职责。"所谓领导干部任期经济责任,是指领导干部任职期间对其所在部门或单位财政收支、财务收支真实性、合法性和效益性,以及有关经济活动应负的责任。领导干部的经济责任,不仅包括财政收支、财务收支,还包括任期内的工作目标完成情况、重大经济决策、个人廉洁自律行为,或其他有关经济活动,具体内容可根据任期经济责任审计的实际情况而定。

3. 审计职能的结合性

经济责任审计是审计监督与干部监督管理的结合。经济责任审计既是审计机关的法定职能,又是干部监督管理的重要环节和组成部分。经济责任审计的结果是干部监督管理部门选拔、任用、奖惩干部的重要参考依据,在干部监督管理工作中发挥着重要作用;而其他审计工作作为审计机关的法定职能,通常与干部监督管理工作没有直接的关联。

4. 审计过程的协同性

经济责任审计不单纯是审计机关的工作,而是审计机关与纪检、组织、监察、人事等部门共同承担的工作,是一种复合型审计业务。在具体审计过程中,干部监督管理部门有义务协助和支持审计机关完成审计工作。审计机关应将经济责任审计结果抄报有关部门,作为监督管理被审计领导干部的参考依据。同时,需要追究被审计领导干部责任的由有关部门做出必要的处理。

5．审计的高风险性

经济责任审计的高风险性体现在以下几个方面：一是企业领导人员经济责任审计期限较长，审计跨度大，审计工作量和难度会相应增加；二是先任命后审计、先离任后审计带来的风险。前者会使审计成果的利用出现了滞后，难以发挥审计工作应有的效果；后者则容易出现新上任的领导干部对审计结果不承认、不接受，使审计结果难以落实，增加了经济责任审计的风险。

五、经济责任审计项目计划的制订程序

（一）经济责任审计项目的长远计划

经济责任审计应当有计划地进行，要结合干部管理监督需要和审计资源等工作实际，科学制定审计中长期规划。各地可根据当地的工作实际，积极探索研究审计对象分类管理的具体办法，加强对重点地区、重点单位、关键岗位、社会关注程度高、权力集中部门，以及资金、资产、资源密集领域领导干部的审计监督。

（二）经济责任审计项目的年度计划

年度经济责任审计项目计划要按照下列程序制订：

（1）审计委员会办公室同级组织部门提出审计计划安排，组织部门提出领导干部年度审计建议名单；

（2）审计委员会办公室征求同级纪检监察机关等有关单位意见后，纳入审计机关年度审计项目计划；

（3）审计委员会办公室提交审计委员会审议决定。

对属于有关主管部门管理的领导干部进行审计的，审计委员会办公室商有关主管部门提出年度审计建议名单，纳入审计机关年度审计项目计划，提交审计委员会审议决定。

六、经济责任审计结果运用

（一）经济责任审计结果运用的方式

经济责任审计结果运用主要包括：经济责任审计情况通报、责任追究、整改落实、结果公告等审计结果运用制度。其中，情况通报是指在一定范围内，对领导干部履行经济责任相关情况进行通报或者告知；责任追究是指按照《中国共产党问责条例》《中国共产党纪律处分条例》等有关党内法规、法律法规、政策制度，对审计发现问题中应当承担责任的领导干部进行问责追责；整改落实是指采取有效措施，推动审计发现问题切实整改

到位,能够立即整改的问题及时整改到位,对于一时难以整改的问题,认真进行研究,提出逐步解决的对策措施,持续跟踪督促,防止屡审屡犯;结果公告是指按照相关规定公布经济责任审计结果,主动接受群众监督。经济责任审计政治性强、社会关注度高,结果公告等审计结果运用制度应积极稳妥地推进。

联席会议其他成员单位应当以适当方式及时将审计结果运用情况反馈审计委员会办公室、审计机关。

经济责任审计结果以及审计整改报告应当归入被审计领导干部本人档案。

(二)相关单位在经济责任审计结果运用中的主要职责

1. 经济责任审计结果运用是联席会议成员单位的共同任务。成员单位应当根据干部管理权限和各自职责范围,加强审计结果运用,将审计结果以及整改情况作为干部考核、任免、奖惩的重要参考,对审计发现的问题进一步研究后作出处理,监督检查审计发现问题整改落实情况,推进完善体制机制制度,强化干部管理监督,促进领导干部履职尽责、担当作为。

2. 有关主管部门运用审计结果的主要职责包括:根据干部管理权限,将审计结果及其整改情况作为考核、任免、奖惩被审计领导干部的重要参考;对审计移送事项,应当在职责范围内依规依纪依法作出处理处罚;督促落实审计决定和整改要求;对审计发现的相关典型性、普遍性、倾向性问题和提出的相关审计建议及时进行研究,采取措施完善制度、加强管理、堵塞漏洞、防范风险,在行业、单位管理中有效运用审计结果;以适当方式及时将审计结果运用情况反馈审计委员会办公室、审计机关等。

第二节 经济责任审计的评价及责任界定

一、经济责任审计的评价

经济责任审计评价是审计机关依据相关法律法规,对被审计责任人,包括国家党政机关领导和国有控股企业负责人任职期间履行经济责任的情况,经济管理情况、经济决策情况、财经政策法规执行情况和个人遵守廉政纪律情况等,从定量和定性两个方面,客观公正、实事求是地判断行为。

(一)经济责任审计评价的原则

1. 独立性、权威性原则

独立性原则是指审计执法主体在组织机构上独立,工作行为上独立和人员及经费上独立。权威性原则是指确立审计主体依法行使审计监督、鉴证的地位和权利。

2. 客观公正的原则

客观公正原则是指以事实为依据,评价被审计对象在任职期间的业绩表现。从当时当地的历史条件、政策背景、实际工作环境出发去分析问题、评价责任,做到不脱离特定条件,不孤立地看待问题,尊重事实,既不夸大成绩、回避问题,又不脱离实际、妄加评论,做到以理服人。

3. 重要性原则

整个经济责任审计过程中,要贯彻重要性原则,以利于实现审计目标,节约审计资源。对与经济责任的履行有重要影响的经济事项必须评价,对与经济责任的履行无重大影响的事项,可较少评价或不予评价,可以根据事项性质和数额大小来选择评价的重点。

4. 责权一致原则

责权一致原则是指任期经济责任审计仅就经济责任及其履行程度进行监督和评价,不能将企业领导人经济责任审计等同于同期全部业绩的考核评定;同时,企业领导人的经济责任有广义的经济责任和狭义的经济责任之分。经济责任审计评价不能仅限于对被审计者任期内单位财务收支的真实性、合法性、效益性这一狭义的经济责任进行评价,还要注意考核和评价与宏观经济和长远利益相关的经济责任。责权一致原则强调在评价经济责任的履行程度和直接效果时,考虑经济责任履行过程中客观环境和条件的变化,分清前任责任与现任责任的界限;直接责任与间接责任的界限;主观责任与客观责任的界限;故意与过失的界限(即玩忽职守与工作失误的界限);集体责任与个人责任的界限;法律法规不健全、不配套导致工作出现断层与错误的执行法律法规方针政策的界限。

5. 谨慎性原则

谨慎性原则是指在经济责任审计评价时应持有稳健、谨慎态度,应做到审计未涉及的问题不评价,证据不足的不评价,不属于审计范围的不评价,评价依据不明的不评价。对使用法规的正确性、准确性、时效性、实用性,进行逐条对照,检查引用的法规在对象、范围上是否一致,在时间上是否过期失效,对违纪问题的处理是否于法有据,宽严适度。在进行审计评价时,要使用专业、规范和措辞适当的用语。对能用数字说明的问题,尽可能用数字来说明,对不能用数字说明的问题,也要用写实的手法来反映,切忌夸张和华而不实的描述。

(二)经济责任审计评价的主要内容

审计机关要在审计范围内,对被审计领导干部履行经济责任情况,包括公共资金、国有资产、国有资源的管理、分配和使用中个人遵守廉洁从政(从业)规定等情况,作出明确评价。审计评价必须全面客观地反映被审计领导干部任职期间经济责任履行情况,既要看问题,也要看成绩。坚持审什么评价什么,审计评价内容不能超出审计范围,对审计中未涉及、审计证据不充分或者不适当的事项不作评价。

(三) 经济责任审计评价的主要依据

审计机关判断是非、评估绩效、得出评价结论的标准,首先是有关党内法规、法律法规、政策规定和中央领导指示批示精神;其次是责任制考核目标,行业标准,有关职能部门、主管部门发布或者认可的统计数据、考核结果和评价意见,专业机构的意见,公认的业务管理或者良好实务,以及被审计单位制定的重要发展战略规划、内部规章制度等。实践中应当针对审计评价的具体事项,综合考虑被审计领导干部履职特点、岗位性质等因素,选择科学、适用的评价依据。

(四) 经济责任审计评价方法

经济责任审计评价的方法也是审计机关和审计人员极为关注的研究和探索课题,各级审计机关和审计人员在经济责任审计实践中都不同程度地进行了探索和总结。以下是经济责任审计评价的主要方法:

1. 业绩比较法,包括纵向比较法(即上任时与离任时业绩比较法或先确定比较基期再将比较期与之对比的方法)和横向比较法(即将相关业绩与同行业一般状况进行比较的方法)。

2. 量化指标法,即运用能够反映领导干部履行经济责任情况的相关经济指标,分析其完成情况,分析相关经济责任的方法。

3. 环境分析法,将领导干部履行其经济责任的行为放入相关的社会政治经济环境中加以分析,作出实事求是的客观评价。

4. 主客观因素分析法,即对具体行为或事项进行主客观分析,探究其具体的主客观成因,分析该具体行为或事项是成因于领导干部主观过错或主观创造力,还是成因于客观因素的影响,进而作出审计评价。

5. 责任区分法,包括区分现任责任与前任责任、个人责任与集体责任、领导责任与直接责任、管理责任与领导责任等,正确区分不同责任之间的界限和不同责任人之间的界限,使审计评价做到责任清楚、明确。

6. 其他有效的评价方法。

经济责任审计评价的方法很多,既包括上述几种主要方法,也包括上述方法的综合运用。随着经济责任审计工作的不断深入和经济责任审计技术的日益成熟。经济责任审计评价的方法也将随之而不断得到改进和提高。经济责任审计评价的方法,是审计人员在经济责任审计实践中不断探索和改进现有审计方法的结果。

二、经济责任审计的责任界定

（一）经济责任审计责任界定的原则

要按照《中国共产党纪律处分条例》《中国共产党问责条例》《国务院办公厅关于建立国有企业违规经营投资责任追究制度的意见》等法规的有关问责追责精神，并结合领导干部在相关问题中发挥的作用，同时要注重后果。为避免责任界定时出现重形式轻实质的问题，如简单根据是否分管、是否开会、是否圈阅等形式要件认定被审计领导干部应承担的责任，审计机关要按照权责一致原则，综合考虑相关问题的历史背景、决策过程、性质、后果和领导干部实际所起的作用等实质性要件后，审慎界定责任。

审计实践中，"后果"一般包括公共资金、国有资产、国有资源损失浪费，生态环境破坏，公共利益损害，会计信息不实等相对直观、易于发现和取证的情况，还包括造成的恶劣影响、潜在的经济损失浪费和风险隐患等相对隐蔽但直接影响到经济社会持续健康发展的情况。审计时，要透过现象看本质，深入剖析问题，从政策研究中去思考和分析审计发现问题的前因后果、来龙去脉，前瞻性地研判可能发生的风险隐患及其影响，对"后果"作出科学判断和合理认定。

（二）责任的种类和标准的界定

2019 年 7 月 7 日中共中央办公厅、国务院办公厅印发的《党政主要领导干部和国有企业领导人员经济责任审计规定》（以下简称《规定》）对被审计领导干部履行经济责任过程中存在问题所应承担责任的种类和标准作出了具体的界定。审计机关对被审计领导干部履行经济责任过程中存在问题所应当承担的责任划分为直接责任和领导责任两种。

1. 直接责任

领导干部对履行经济责任过程中的下列行为应当承担的责任：

（1）直接违反法律法规、国家有关规定和单位内部管理规定的行为；

（2）授意、指使、强令、纵容、包庇下属人员违反法律法规、国家有关规定和单位内部管理规定的行为；

（3）贯彻党和国家经济方针政策、决策部署不坚决不全面不到位，造成公共资金、国有资产、国有资源损失浪费，生态环境破坏，公共利益损害等后果的；

（4）未完成有关法律法规规章、政策措施、目标责任书等规定的领导干部作为第一责任人（负总责）事项，造成公共资金、国有资产、国有资源损失浪费，生态环境破坏，公共利益损害等后果的；

（5）未经民主决策程序或者民主决策时在多数人不同意的情况下，直接决定、批准、组织实施重大经济事项，造成公共资金、国有资产、国有资源损失浪费，生态环境破坏，公共利益损害等后果的；

（6）不履行或者不正确履行职责，对造成的后果起决定性作用的其他行为。

2．领导责任

领导干部对履行经济责任过程中的下列行为应当承担的责任：

（1）民主决策时，在多数人同意的情况下，决定、批准、组织实施重大经济事项，由于决策不当或者决策失误造成公共资金、国有资产、国有资源损失浪费，生态环境破坏，公共利益损害等后果的；

（2）违反部门或单位内部管理规定，造成公共资金、国有资产、国有资源损失浪费，生态环境破坏，公共利益损害等后果的；

（3）参与相关决策和工作时，没有发表明确的反对意见，相关决策和工作违反有关党内法规、法律法规、政策规定，或者造成公共资金、国有资产、国有资源损失浪费，生态环境破坏，公共利益损害等后果的；

（4）疏于监管，未及时发现和处理所管辖范围内本级或者下一级地区（部门、单位）违反有关党内法规、法律法规、政策规定的问题，造成公共资金、国有资产、国有资源损失浪费，生态环境破坏，公共利益损害等后果的；

（5）除直接责任外，不履行或者不正确履行职责，对造成的后果应当承担责任的其他行为。

（三）对责任界定标准的认识和理解

1．对"直接责任"界定标准的认识和理解

直接责任界定标准的认识和理解应把握以下两点：

（1）对"违反法律法规、国家有关规定和单位内部管理规定"的行为，凡是领导干部自己"直接违反"或领导干部"授意、指使、强令、纵容、包庇下属人员违反"的，领导干部都应要承担直接责任；

（2）对"决定、批准、组织实施重大经济事项，造成重大经济损失浪费、国有资产（资金、资源）流失等严重后果"的行为，凡是未经民主决策程序、相关会议讨论，或虽经民主决策程序、相关会议讨论和研究，但多数人不同意的，而领导干部决定、批准、组织实施的，领导干部均应承担直接责任。

2．对"领导责任"界定标准的认识和理解

领导责任界定标准的认识和理解也应把握以下两点：

（1）对决定、批准、组织实施重大经济事项，造成重大经济损失浪费、国有资产（资金、资源）流失等严重后果的行为，凡是经民主决策程序或相关会议讨论和研究，且多数人同意的，领导干部应承担领导责任；其造成严重后果的行为，是因为决策不当或者决策失误造成的；

（2）对违反法律法规、国家有关规定和单位内部管理规定的行为，凡是因"不履行或不正确履行经济责任"而违反的，领导干部应承担领导责任。

3．界定责任要清晰

对审计中存在的每一个问题，都要一一地界定责任。程序合法不能代替经济责任，也不能用集体共同承担的责任代替个人责任。在界定责任时，首先应看领导干部是否承担直接责任，如不承担直接责任，再看是否承担领导责任。在界定承担某一种责任时，就不再承担其他责任，即一个问题只能界定承担一种责任，不能界定承担两种或两种以上责任。

（四）责任界定应把握的原则

1．只对任期内的经济责任进行认定

对领导干部进行经济责任审计一般只对领导干部在某岗位任职期间资产和财政、财务，以及其相关经济活动的真实性、合法性、效益性进行审查，审计认为需要追溯或延伸的事项除外。但是，审计机关的责任认定只能是对其履行经济责任的情况进行审计认定，任何超出这个时限和范围的事项，都不应当是经济责任审计的界定事项。

2．坚持实事求是原则

领导干部经济责任的审计结果，将其作为考核、任免、奖惩被审计领导干部的重要依据。所以，对经济责任审计结果的评价，要以严肃认真的态度对待，要坚持实事求是的原则，评价要以审计的事实为依据，要按照客观事实的本来面貌作出实事求是、不附带任何主观成分和意志的意见，不做言过其实的表述。

3．坚持谨慎性原则

审计评价中要保持谨慎的态度，对审计未涉及、证据不充分、依据不明确、职责超范围的事项不予评价；对应该评价的事项，还要充分听取被审计领导的陈述和申辩；对一时搞不清楚和发生重要经济事项难以下定性结论的问题，要进一步查阅认定责任的相关会议纪要、记录、批示、文件、合同和协议等方面证据；在认定责任时，还应当充分考虑问题产生的历史背景、客观环境以及领导干部所起的作用等。

4．正确把握"直接违反"与"不履行或不正确履行经济责任"的区别

二者的区别："直接违反"是明知故犯，主观上具有主动性和积极性，是希望所存在问题的发生，存在的问题是由领导干部直接决定、批准或组织实施的；"不履行或不正确履行经济责任"可以理解为"不知道而犯"，主观上具有被动性和消极性，存在问题的发生和不发生都不是自己所希望的，存在的问题一般为"不知道"，或者知道后"没有管理到位"。

第三节　经济责任审计的类型

一、地方党政主要领导干部经济责任审计

（一）地方党委和政府主要领导干部经济责任审计的对象

地方各级党委和政府主要领导干部审计对象主要包括：省、自治区、直辖市、新疆生产建设兵团，自治州、设区的市，县、自治县、不设区的市、市辖区，以及乡、民族乡、镇的主要领导干部；行政公署、街道办事处、区公所等履行政府职能的政府派出机关的主要领导干部；国家和地方各级设立的开发区、新区等主要领导干部；地方各级法院、检察院的主要领导干部是经济责任审计对象。同时结合 2018 年 3 月国家监察体制改革情况，将地方各级纪检监察机关的主要领导干部增列为审计对象。

（二）地方党委和政府主要领导干部经济责任审计的主要内容

1. 贯彻执行党和国家经济方针政策、决策部署情况，主要是指国家重大战略、重大规划、重大宏观调控政策、重大改革任务、重大项目等经济方针政策及决策部署，习近平总书记对地区作出的有关经济工作重要指示批示等贯彻落实情况。

重点关注：相关重大政策措施和决策部署贯彻落实是否存在不坚决、不全面、不到位等情况；揭示和反映发展质量低下、目标任务完成不力、选择性执行政策等突出问题，如现阶段要关注"一带一路"、国家国民经济和社会发展五年规划纲要主体功能区规划等国家重大战略规划中与地方相关的任务分工，深化供给侧结构性改革中"三去一降一补""放管服"改革、减税降费等相关政策措施落实情况；关注耕地保护，林地保护，粮食安全，脱贫攻坚，节能减排，淘汰落后产能，保障性住房，大气、水、土壤污染防治等目标责任书明确领导干部作为第一责任人（负总责）的事项完成情况等。

2. 本地区经济社会发展规划和政策措施的制定、执行和效果情况，主要是指被审计领导干部任职期间，制定地区经济社会发展战略规划及其执行和效果情况。

重点关注：地区经济社会发展规划和政策措施是否制定，制定的规划是否符合国家战略、规划等要求；是否采取有效措施推进地区经济社会发展规划和政策措施；地区经济社会发展规划和政策措施中阶段性目标任务等是否按期完成，是否达到预期效果等。

3. 经济项的决策、执行和效果情况，主要是指被审计领导干部任职期间在产业、财税、土地矿产、城市规划、金融、基建、国企改革等领域主持制定重大经济决策制度及其执行和效果的情况。

重点关注：重大经济决策制度的建立健全情况，包括是否制定本级党委政府工作规则、议事规则等重大经济决策制度，是否对重大经济决策的程序、范围、权限和标准作出

明确规定,是否建立健全决策失误纠错机制和责任追究制度及责任倒查机制,制定的经济决策制度是否符合国家法律法规;重大经济决策制度执行情况,包括决策内容是否合规合纪合法,决策程序和权限是否合规,决策事项是否经过充分论证等;重大经济决策执行效果情况,包括重大经济决策事项是否按期完成、是否实现预期目标,是否因决策不当或者失误造成损失浪费、环境破坏、风险隐患等。

4. 财政财务管理和经济风险防范情况,民生保障和改善情况,生态文明建设项目、资金等管理使用和效益情况,以及在预算管理中执行机构编制管理规定情况。具体包括如下内容。

(1)财政财务管理方面,主要是指围绕加快建立现代财政制度的总体要求,建立全面规范透明、标准科学、约束有力的预算制度的情况。

(2)经济风险防范方面,主要是指按照打好防范化解重大风险攻坚战要求,针对影响区域经济长期、协调和可持续发展的重大风险隐患,采取防范化解措施,以及跟进督查、实施效果等情况。

(3)民生保障和改善情况方面,主要是指被审计领导干部民生责任履行情况,重点关注:地方党委、政府为保障和改善民生所做的主要工作和具体措施、落实的具体项目以及执行效果;就业、教育、养老、医疗社保、保障性安居工程、精准脱贫、乡村振兴战略等重点民生事项中民生保障制度落实情况;民生工程建设及配套服务体系建设资金筹措管理使用及项目推进情况;民生保障目标任务完成情况等。

(4)生态文明建设项目、资金等管理使用和效益方面,主要是指地方党委和政府贯彻执行中央生态文明建设决策部署、遵守自然资源资产管理和生态环境保护法律法规情况。

(5)在预算管理中执行机构编制管理规定情况,重点关注:地方是否存在未经批准擅自设立机构或者增加内设机构;是否存在超编进人、超职数超规格配备领导干部、虚报人员占用编制等情况,揭示其引起的超预算支出、无预算开支等涉及预算管理方面的问题。

5. 在经济活动中落实有关党风廉政建设责任和遵守廉洁从政规定情况,主要是指地方各级党委和政府主要领导干部作为党风廉政建设的第一责任人,在加强党风廉政建设方面职责履行情况。

6. 以往审计发现问题的整改情况,重点关注:被审计领导干部任职期间是否按照《中华人民共和国审计法》《关于完善审计制度若干重大问题的框架意见》及相关配套文件等要求,对审计机关查出的问题认真进行整改,是否存在主要领导干部对审计整改不重视、不部署,以及未采取有效措施造成整改不到位等情况。

二、党政工作部门等单位主要领导干部经济责任审计

(一)党政工作部门等单位主要领导干部经济责任审计的对象

党政工作部门等单位主要领导干部经济责任审计的对象是指中央和地方党政工作

部门、事业单位和人民团体等单位的主要领导干部。党政工作部门包括党的工作机关和政府工作部门。事业单位一般是指国家为了社会公益目的,由国家机关举办或者其他组织利用国有资产举办的,从事教育、科技、文化、卫生等活动的社会服务组织。人民团体一般包括参加中国人民政治协商会议的人民团体和由国务院机构编制管理机关核定,并经国务院批准免于登记的团体。

在实际工作中,中央和地方各级党委、政府为推动某项重点工作和事项,会设立一些临时机构具体承担组织、管理等职能,这类临时机构被赋予相当于党委和政府工作部门的工作职能,有独立的经济活动以及决策和管理行为,承担的重点工作和事项往往是中央和地方各级党委、政府安排的重大工程项目、重大活动等,对国家经济社会发展具有重要影响,其主要负责人也应当接受经济责任审计监督。

(二)党政工作部门等单位主要领导干部经济责任审计的主要内容

1. 贯彻执行党和国家经济方针政策、决策部署情况,主要是指国家重大战略、重大规划、重大宏观调控政策、重大改革任务、重大项目等经济方针政策及决策部署,习近平总书记对部门(系统、行业)作出的有关经济工作重要指示批示等贯彻落实情况。

重点关注:是否将中央经济工作会议、政府工作报告中与部门(系统、行业)相关的任务分工分解落实、按期推进;深化"放管服"改革方面,是否存在推进行政审批制度改革、简政放权、降低实体经济成本、清理涉企收费、减轻企业负担等任务落实不到位;营造良好营商环境政策措施方面,是否存在违规设立、变相设立或者擅自保留已取消的行政许可事项,是否存在已下放的审批事项承接不到位,是否存在未经批准将应取消或者下放的非行政许可审批事项转为行政许可审批事项,是否存在指定所属企业或者主管协会进行违规收费、设置前置性审批条件和歧视性条件等。

2. 重要发展规划和政策措施的制定、执行和效果情况,主要是指被审计领导干部任职期间,制定部门(系统、行业)发展战略规划及其执行和效果情况。

重点关注:是否制定部门(系统、行业)的重要发展规划和政策措施,制定的规划是否符合国家战略规划等要求;是否采取有效措施推进部门(系统、行业)重要发展规划和政策措施落实;部门(系统、行业)重要发展规划和政策措施中阶段性目标任务等是否按期完成,是否达到预期效果等。

3. 重大经济事项的决策、执行和效果情况,主要是指被审计领导干部任职期间在部门基本建设、资产采购、资产处置等领域主持制定重大经济决策制度及其执行和效果的情况。

重点关注:重大经济决策制度的建立健全情况,包括是否制定重大经济决策制度,是否对重大经济决策的程序、范围、权限和标准作出明确规定,制定的经济决策制度是否符合国家法律法规,是否将预决算管理、基本建设大额对外投资、大额物资采购、大额资产处置、大额资金使用等重大经济事项纳入决策范围;重大经济决策制度执行情况,包括决策事项是否经过充分论证,决策程序和权限是否合规,决策内容是否合规合纪合法等;重大经济决策执行效果情况,包括重大经济决策事项是否按期完成,是否实现预期目标,是否因决策不当或者失误造成损失浪费、环境破坏、风险隐患等。实践中,可通过梳理形成领导干部任职期间重大经济决策事项清单等方式,确保重点突出、指向清晰、任务落实。

4.财政财务管理和经济风险防范情况,生态文明建设项目、资金等管理使用和效益情况,以及在预算管理中执行机构编制管理规定情况。具体包括:

(1)财政财务管理方面,主要是指部门预决算管理和财政资金分配管理绩效情况;

(2)经济风险防范情况,主要是指被审计领导干部任职期间防范化解经济风险采取的具体措施,以及对这些措施的跟进督查、实施效果等情况;

(3)生态文明建设项目、资金等管理使用和效益情况,主要是指环境保护监管等有关部门、单位贯彻执行中央生态文明建设方针政策和决策部署情况,遵守自然资源资产管理和生态环境保护法律法规以及相关重大决策情况,履行自然资源资产管理和生态环境保护监督责任情况等;

(4)在预算管理中执行机构编制管理规定情况。

5.在经济活动中落实有关党风廉政建设责任和遵守廉洁从政规定情况,主要是指党政工作部门等单位主要领导干部作为党风廉政建设第一责任人,在加强党风廉政建设方面职责履行情况。

6.以往审计发现问题的整改情况。

三、国有企业主要领导人经济责任审计

(一)国有企业主要领导人员经济责任审计的对象

国有企业主要领导人员经济责任审计的对象是指国有和国有资本占控股地位或者主导地位的企业(含金融机构)的主要领导人员。与《关于深化国有企业和国有资本审计监督的若干意见》《关于深化国有企业改革的指导意见》《关于在深化国有企业改革中坚持党的领导加强党的建设的若干意见》等文件精神相衔接,将国有和国有资本占控股地位或者主导地位的企业(含金融机构)主要领导人员纳入审计范围。同时,结合国有企业法人治理结构现状,考虑到董事长、党委书记、总经理在企业经营发展中都行使重要职权等实际情况,将国有企业中不担任法定代表人但实际行使相应职权的主要领导人员纳入审计监督范围。

地区(部门、单位)主持工作的副职领导干部也列为经济责任审计对象,但主持工作的时间应当在1年以上。为保障审计的质量和效果,实践中制定年度经济责任审计项目计划时,一般优先安排任期超过3年的审计对象,并尽量防止在轮审周期内对同一位审计对象安排多次审计。

（二）国有企业主要领导人员经济责任审计的主要内容

1. 贯彻执行党和国家经济方针政策、决策部署情况，主要是指党和国家经济体制改革、宏观经济调控、产业结构调整、创新驱动发展战略等经济方针政策及决策部署，习近平总书记对行业、企业作出的重要指示批示等贯彻落实情况。

重点关注：是否存在相关重大政策措施和决策部署贯彻落实不坚决、不全面、不到位等问题，如现阶段重点关注深化供给侧结构性改革相关政策措施中"三去一降一补"、实施"走出去"战略、"一带一路"建设、金融服务实体经济、混合所有制改革等推进国有企业重大改革任务落实情况等。

2. 企业发展战略规划的制定、执行和效果情况，主要是指被审计领导干部任职期间，企业根据国家发展规划和产业政策制定的自身发展战略规划及其执行和效果情况。

重点关注：企业制定的发展战略规划是否符合国家发展战略规划和产业政策，是否符合国有经济布局和战略性调整方向，是否突出主业，提升企业核心竞争力，是否坚持效益优先和可持续发展原则；是否采取有效措施推进企业发展战略规划；是否按期完成，是否达到预期效果等。

3. 重经济事项的决策、执行和效果情况，主要是指被审计领导干部任职期间，"三重一大"决策事项中重大事项决策、重要项目安排、大额度资金运作事项的决策制度及其执行和效果情况。

重点关注：重大经济决策制度的建立健全情况，包括是否制定相关制度，是否对决策程序、范围、权限作出明确规定，是否符合国家法律法规；重大经济决策制度执行情况，包括决策内容、程序和权限是否合规等；重大经济决策执行效果情况，包括决策事项是否完成、是否实现预期目标，是否因决策不当或者失误造成损失浪费、环境破坏、风险隐患等。

4. 企业法人治理结构的建立健全和运行情况，内部控制制度的制定和执行情况，主要是指党委会、企业股东大会、董事会、监事会和高级管理层等之间的职责划分、制衡和约束机制等情况。

重点关注：企业法人治理结构是否建立健全，是否有效发挥董事会的决策作用、监事会的监督作用、经理层的经营管理作用、党组织的政治核心作用，是否有效落实权责对等、运转协调、有效制衡的决策执行监督机制；是否存在因疏于监督管理、内部控制不严造成管理混乱或者导致重大违规违纪违法、经营亏损、风险隐患等问题；是否存在因管理层级过多、管理链条过长导致对所属单位管理失控等问题。

5. 企业财务的真实合法效益情况，风险管控情况，境外资产管理情况，生态环境保护情况，主要是指围绕企业生产、经营和管理活动，揭示违规违纪违法问题线索和风险隐患。具体包括：

（1）企业财务的真实合法效益情况；

（2）风险管控情况，主要是指企业在稳健运营、可持续发展方面

拓展案例

对风险的管控情况；

（3）境外资产管理情况，主要是指企业按照国家有关要求，规范境外投资和资产管理，保障境外国有资产安全完整和保值增值情况；

（4）生态环境保护情况，主要是指企业按照国家生态环境和自然资源资产保护要求开展生产经营、项目投资、科技研发等情况。

6. 在经济活动中落实有关党风廉政建设责任和遵守廉洁从业规定情况，主要是指企业主要领导人员作为党风廉政建设的第一责任人在加强党风廉政建设方面职责履行情况。

7. 以往审计发现问题的整改情况。

拓展案例

🍃 思考题

一、简答题

1. 简述经济责任审计的概念。

2. 简述经济责任审计的对象。

3. 简述经济责任审计评价原则。

4. 简述经济责任审计评价方法。

5. 简述经济责任审计的责任界定。

即练即测

二、论述题

1. 经济责任审计的特点有哪些？

2. 责任界定应把握哪些原则和方面？

3. 思考国有企业领导人经济责任审计评价中的财政财务收支评价指标有哪些？

4. 相关自然资源项目的审计评价指标有哪些？

5. 土地资源资产离任审计的主要内容包括哪些？

第二十章

经济效益审计

 导读

经济效益审计是指由独立的审计机构或人员,依据有关法规和标准,运用审计程序和方法,对被审单位或项目的经济活动的合理性、经济性、有效性进行监督、评价和鉴证,提出改进建议,促进其管理、提高效益的一种独立性的监督活动。本章对经济效益审计概述、经济效益审计的方法和程序、经济效益审计准则与标准进行阐述。

！本章学习目标

通过本章学习,学员应该能够:

（1）了解经济效益审计的产生与发展、概念、特点及分类;

（2）理解经济效益审计的方法和程序;

（3）了解经济效益审计准则、标准以及评价指标体系,对经济效益审计有一个全面、清晰的认知。

第一节　经济效益审计概述

一、经济效益审计的产生与发展

（一）西方经济效益审计的产生与发展

1. 美国经济效益审计的产生与发展概况

美国最早将经济效益审计引入国家审计中。1954 年,约瑟夫·坎贝尔出任审计长。在坎贝尔领导下,美国审计总署（GAO）工作重心的转移体现了国家需求的改变,国家审计开始强调经济性和效益性审计,将重点放在国家防务契约审计上。1970 年《立法机关重组法案》和 1974 年《国会预算与拨款控制法案》授权美国审计总署对政府机构的项目管理活动进行评估与分析,这意味着经济效益审计在美国逐步开展起来了。

为了更好地发挥政府经济效益审计的作用,美国国会开始加强立法以明确美国审计总署的职责,2004年颁布的《会计总署人力资源改革法案》(GAO Human Capital Reform Act)明确将美国审计总署更名为"政府责任总署",自此政府责任总署逐步开始参与经济决策。从20世纪中叶正式开始经济效益审计以来,美国政府经济效益审计逐渐形成了一套独立的经济效益评估体系。政府责任总署的政府经济效益审计体制也为其他国家政府的经济效益审计的发展提供了范例。从美国政府经济效益审计的发展可以看出,"3E"审计(即经济、效率、效果审计)拓宽了政府审计的范围,打破了传统财务审计的框架,丰富了国家审计的内容。

目前,美国政府经济效益审计已拓展到对受托责任、风险治理和综合治理进行评价的范畴。在其每年发布的上千份审计结果中,对联邦政府进行经济效益审核、项目评估以及政策分析等占审计项目总量的85%以上。《2020年美国审计总署审计报告》中列举了54项经济效益审计项目,其中包括"全球粮食安全:美国和其他粮食捐助者提供的粮食援助信息""低收入地区税收优惠:税收优惠政策经济效益评估制度完善"等,每个经济效益审计项目都给出了财务收益和非财务收益的评估。

2. 英国经济效益审计的产生与发展概况

英国政府在1980年发表了"绿皮书",列举了推行经济效益审计的主要观点,标志着英国经济效益审计的开端。1983年颁布的《国家审计法》体现了经济效益审计在英国得以普及。1997年英国审计署出版了旨在指导经济效益审计的手册《绩效审计手册》。这本手册确立了经济效益审计应该遵循的审计准则,此后这本手册于2003年重新进行修订,修订后提出了经济效益审计的基本原则、建立了贯穿于经济效益审计项目的要素体系,并提出了经济效益审计"质量环节"的概念。

目前,英国国家审计署及相关政府机构中,有50%的人员从事着经济效益审计工作。经济效益审计及其有关的审计,已达到审计项目总数的一半以上。英国已经形成从确定审计项目到跟踪检查完整的经济效益审计循环体系,重点关注政策目标的经济性、效益性和效果性,并促进被审计单位提高服务质量、降低成本、实现预期目标和改进工作方法的转变。

3. 澳大利亚经济效益审计的产生与发展概况

审计署是澳大利亚最高审计机关,并且审计署是有别于政府部门的独立机构。早在20世纪初期,澳大利亚政府制定的《审计法》第五十四条中,就赋予了审计署"项目审计"的法定权力,这也成为澳大利亚政府经济效益审计的开端。审计长每年要将审计署根据法定职责制定的政府经济效益审计结果做成报告,并提交给澳大利亚议会。审计署直接受议会公共会计和审计联合委员会(JCPAA)的监督审查。澳大利亚审计署的政府经济效益审计主要包括四个方面:一是对受到社会大众普遍关注的政府经济管理和投资项目进行评估检查;二是对社会安全问题进行评估检查;三是对电信和信息科技方面的评估检查；四是对过往提出的审计建议落实情况的后续跟进评估检查。1979—1986 年,澳大利亚审计署共开展了 34 个经济效益审计项目。到 20 世纪 90 年代以后,随着《审计长法》等一系列法律法规和实施准则的出台,澳大利亚政府经济效益审计体系逐渐成熟完善。

世界各国尤其是经济发达国家,如美国、英国、澳大利亚、德国、加拿大、瑞典、荷兰等西方国家,投到经济效益审计的资源普遍超过了 40%,甚至成了部分国家审计的主要任务。由此可见开展经济效益审计已成为当今世界国家审计的发展趋势。

（二）我国经济效益审计的产生与发展

1. 我国经济效益审计的起步阶段

我国的审计监督制度在 1983 年正式恢复和重建后,《国务院批转审计署关于开展审计工作几个问题的请示的通知》中第一次直接提出了经济效益审计的概念,自此政府经济效益审计的理论研究和实践操作在我国正式进入起步阶段。1991 年召开的全国审计工作会议要求,为了推动经济效益提高,各级审计机关要经常性对大中型企业进行审计,既要进行报表审计,又要开展有关内部控制制度和经济效益方面的审计。这次会议对于经济效益审计在全国范围内的广泛开展起到了举足轻重的作用。中国内部审计协会于 1991 年举办效益审计研讨会,全国理论与实务工作者结合审计实践,系统总结了经济效益审计的基础理论,并从分析经济效益审计案例入手,进而探索经济效益审计的主要内容和体系。

2. 我国经济效益审计的试点阶段

20 世纪 90 年代后,经济效益审计迎来了初步发展,审计重心开始转移。2003 年 7 月,审计署发布的《2003 至 2007 年审计工作发展规划》明确提出,未来五年审计工作的主要任务之一就是"积极开展效益审计,促进提高财政资金的管理水平和使用效益"。同年 8 月,全国审计理论研讨会提出,我国目前已经初步具备提出和探索经济效益审计的条件。在这一时期,经济效益审计在全国范围内开展试点工作。深圳市经济效益审计的试点成功,以及审计署提出的审计基调由财务审计为主转为财务审计与经济效益审计并重的重要论断,为经济效益审计在我国的探索奠定了一定的基础。在此背景下,全国许多地区如山东、湖北、安徽等,逐步开始尝试在较大范围内开展政府经济效益审计。这些探索一方面从实践上检验了起步阶段形成的关于经济效益审计的一系列理论研究成果,另一方面也为经济效益审计在我国的全面推进奠定了坚实的基础,经济效益审计的试点探索成效显著。

3. 我国经济效益审计的全面推进阶段

审计署在《2006 至 2010 年审计工作发展规划》中提出："全面推进效益审计,促进转变经济增长方式,提高财政资金使用效益和资源利用效率、效果,建设资源节约型和环境友好型社会。"审计署在《2008 年至 2012 年审计工作发展规划》再次提出："2009 年建立起中央部门预算执行经济效益审计评价体系,2010 年建立起财政绩效审计评价体系,2012 年基本建立起符合我国发展实际的经济效益审计方法体系。"自此,我国经济效益审计的制度和方法得以建立,经济效益审计的评价体系也逐步完善。2016 年 5 月,审计署在《"十三五"国家审计工作发展规划》中明确提出:"要加强财政预算执行与决算草案审计,加大对预决算的真实性、合法性和效益性的监督检查力度",这表明我国已经开始将经济效益审计运用于政府以及企事业单位的内部管理工作,标志着我国经济效益审计进入全面发展时期。2021 年,将"数据资源共享""科学仪器设施共享"纳入经济效益审计的重点内容,共享体系建设也首次被作为经济效益审计的要点。这表明我国经济效益审计理念在不断发展完善,经济效益审计的宏观视野不断拓展,其全局观和政治站位不断得以提升。

总体来看,从 1983 年我国建立社会主义审计制度至今,经济效益审计发展成效显著。近年来,随着我国政治经济体制改革的不断深化,各级政府以及企事业单位职能不断发生转变,社会公众更加重视政府以及企事业单位对资源的利用效率和效果,各级审计机关都积极对经济效益审计工作进行创新和实践,并取得了一定的成效。

二、经济效益审计的概念

经济效益审计是指审计机关对被审计单位生产经营成果、基本建设效果和行政事业单位资金使用效果的审查,评价经济效益的高低,经营情况的好坏,并进一步发掘提高经济效益的潜力和途径。可见,经济效益审计的主要内容就是"3E"审计,即经济性、效率性、效果性,是整个经济效益审计的核心价值判断标准。

经济效益审计的基本内容可以概括为以下三个方面,如表 20-1 所示。

表 20-1　经济效益审计的基本内容

名　　称	内　　容
经济性审计	经济性审计指评价被审计单位资源的占用和耗费是否节约和经济,考虑在哪些环节出现了浪费资源的现象。重点检查被审计单位人力、财力、物力资源配置是否科学、合理,是否做到了量入为出,发挥资金的可支配效率,低投入高产出。
效率性审计	效率性审计是指对投入与产出之间的关系进行审查,其审查内容主要是判断被审计单位的经济活动是否经济有效,查明低效率的原因。最终要评价被审计单位管理结构设置的合理性和管理职能发挥的有效性,寻求有利于提高效率的办法和措施,具体包括:管理效率、工作效率和资源利用效率三个方面。
效果性审计	效果性审计是指对计划完成情况进行的审查,即审计产出是否达到了预期的效果,是否获得了理想的效益,评价被审计单位经济活动是否符合预期要求,利用资源的具体方式和手段是否有效,是否实现了预期的经济效益和社会效益。

三、经济效益审计的特点

经济效益审计作为以进一步改善经济管理工作,提高政府部门、单位或项目经济效益为目的的独立性经济监督活动,与传统的财务审计相比,在审计的范围、方法和过程等方面都具有自身独有的特点。

(一)审计范围具有广泛性

经济效益审计的被审计单位范围比较广泛,它不仅包括政府部门及其所属单位,还包括其他使用公共资金的单位。由于政府部门的业务活动及对各种资源的运用,其辐射面较广,故而审计时可能会同时涉及诸多单位。经济效益审计的对象既包括物质生产部门,也包括非物质生产部门;既包括被审计单位各项业务活动,也包括其他非经济范畴的管理活动。

(二)审计方法具有综合性

经济效益审计的评价方法具有科学性和综合性,其评价方法的选择视不同情况而异。对于经济性、效率性审计,可借鉴财务审计所采用的方法,如顺查法、逆查法、抽查法等;对于效果性审计,除了可以借鉴财务审计的审计方法外,还可以采用费用效益分析法和多项目系统评价方法。因此,审计人员需要针对不同的审计项目制定不同的审计方案,选择适当的审计方法。

(三)审计过程具有延续性

政府及企事业单位的经济效益,有些可以马上体现出来,有些则需要经过一段时间才能表现出来,如公共工程项目、治理生态失衡,难以对短期内的经济效益损失进行估量。因此,在对其进行经济效益审计时只对当期业务活动的直接经济效益进行审查,难以获得充分的审计证据来全面评价其经济效益。所以对于此类项目要进行追踪审计,即对业务活动的滞后性效益进行持续性审查。

(四)审计作用侧重于建议

经济效益审计不仅要监督政府部门、行政机关、事业单位、企业的财务收支及其有关经济活动的真实、合法,更重要的是要全面评价其经济活动和业务活动的经济性和有效性,揭示影响经济效益的原因所在,并向被审计单位提出改进建议,指出提高经济效益的途径和办法。就该方面而言,其建议性作用尤为突出。

四、经济效益审计的分类

（一）按照经济效益审计重点不同分类

1. 以结果为重点的经济效益审计

以结果为重点的经济效益审计关注被审计单位的效益如何、有关要求和目标是否达到。该类审计要求在审计之前必须确定审计评价标准，且其最终结果一般以消除事实和标准偏离为目标。另外，该类审计一般以规范为依据，采用"所有者"角度或"从上到下"的方式，强调立法机构和政府的要求、意图、目标和期望，强调发掘规范化标准的遵循情况。

2. 以问题为重点的经济效益审计

以问题为重点的经济效益审计关注问题的确认和分析，一般不参考事先确定的标准，其主要任务是核对所述问题的存在性，并从不同角度分析其原因；另外审计人员还需对可能的原因进行进一步测试以确定其真实性。一般采用"客户"角度或"从下到上"的方式，强调对公众提出问题的关注。

（二）按照经济效益审计对象不同分类

1. 公共资金经济效益审计

公共资金经济效益审计是在对被审计单位财政财务收支及其经济活动真实性、合法性进行审计的基础上，审查相关政府部门和单位履行职责时财政资金的使用所达到的经济、效率和效果的程度，并对此进行分析和评价，进而提出审计建议的专项审计行为。开展公共资金经济效益审计的目标在于抑制相关部门在履行公共管理责任方面的机会主义行为，从而提高被审计单位公共资金的使用效率和效果，进一步促进被审计单位公共资金管理系统的完善，为社会主义经济活动的稳定发展提供一定的帮助。

2. 公共投资项目经济效益审计

公共投资经济效益审计是专门针对政府公共类投资进行的审计。其内容包括对被审计单位投资立项决策、项目管理、投资建设资金筹集管理活动的真实性和合法性以及投资收益的审计与评价。该类审计主要检查和评价公共投资项目建设和运营的经济性、效率性和效果性，客观评价项目预期目标的实现程度，找出项目决策、实施和运营中存在的主要问题及其原因，促进有关部门和建设单位纠正违法违规问题，提高投资水平和效益，完善政策及投资体制改革。这些公共投资项目除政府投资项目以外，还包括各级政府以补助、转贷和贴息等方式投入的项目，以及通过依法享有的一些优惠政策如豁免土地出让金、税收、特许经营权等建设的项目。

（三）按照经济活动层次性不同分类

1. 宏观经济效益审计

宏观经济效益审计是指对整个国民经济活动的效益性进行审核、分析和评价，比如对国民经济综合平衡进行审核，对国民经济和社会发展的效益、效果进行评价，对重大投资活动的效益进行评价等。

2. 微观经济效益审计

微观经济效益审计是相对于宏观经济效益审计而言的，是从一个企业、一个部门的个别的、局部的利益和角度出发，对某种经济活动效益进行的审核和稽查。其考核的是个别企业、个别部门经济活动中的耗费与成果，投入与产出的比率关系。

（四）按照经济效益审计主体不同分类

1. 企业管理审计

企业管理审计，是审计机关依据法律、法规和政策规定，对被审计单位的业绩、决策所进行审核、稽查，就被审计单位的业绩、目标、计划、程序和方针提出意见，以改进管理工作、提高经济效益的活动。企业管理审计是现代审计发展的产物，它涉及经营方针和计划，并从分析企业发展方向的角度提出意见和建议，努力将企业引向正确的方向。企业管理审计是以维护国有资产安全，促进企业科学发展为目标，加强对企业权力和责任的审计，有利于推动企业及其领导人员落实宏观政策、转变发展方式、加强经营管理、防控重大风险、推进反腐倡廉等。

2. 经营性项目审计

经营性项目审计是为了评价被审计单位经营活动的效果和效率，对其经营程序和方法进行的评价。在经营性项目审计结束后，审计机关一般要向被审计单位管理层提出经营管理的建议。在经营审计中，审计对象不限于会计，还包括组织机构、计算机系统、生产方法、市场营销等。经营性项目审计是经济性、效率性、建设性的审计，经营审计要对企业生产、经营、管理的全过程进行审计。其任务是揭露经营管理过程中存在的问题和薄弱环节，探求堵塞漏洞、解决问题的有效途径，提出改善经营管理、提高经济效益的措施。

3. 政府投资绩效审计

政府投资绩效审计，是指审计机关在审计真实性和合法性基础上，检查和评价项目的建设和运营的经济性、效率性和效果性。其对象分为在建项目和已投入运营的项目，审计机关应重点对已投入运营的项目开展经济效益审计。

按照我国目前编制中央部门预算的相关规定，除各部门日常运转经费外，其他事业性支出,包括"基本建设、企业挖潜改造、科技三项经费、支援农村生产性支出等建设性专款和教育、科学、卫生、文体广播及其他部门的事业性专项支出",以及"行政事业单位经费中的专项支出",也均应当纳入项目管理。这就从财政口径上将"公共投资项目"的范围扩大到了政府生产性建设项目,以及教育、卫生、科学等事业性支出项目中。

第二节　经济效益审计的方法和程序

一、经济效益审计的方法

合理选用审计方法是有效实施经济效益审计的保证。由于经济效益审计更多关注的是被审计对象行为的合理性,且其审计内容和重点均不固定,它更多地需要依靠社会学、经济学和管理学等多学科的知识才能实现。因此,要想开展好经济效益审计,必须学会科学运用审计方法。

(一)经济效益审计方法的特征

1. 经济效益审计方法具有开放性

经济效益审计方法除传统审计方法外,还借鉴了数学(含统计学)、工程学、社会学、经济学(含计量经济学)、管理学、心理学等学科的方法,而这些学科本身也在不断地发展和交叉,不断地在公共管理领域得到应用。随着社会的不断发展,越来越多的分析和评估方法被借用到经济效益审计上来。因此,经济效益审计方法不是封闭的、一成不变的,而是动态的,且具有鲜明的开放性。

2. 经济效益审计方法具有灵活性和多样性

经济效益审计的事项由资金扩展到组织、政策执行、建设项目、管理活动、公共功能等范畴,由会计资料扩展到经营管理资料,审计事项及其涉及的领域日趋复杂多样。随着科学技术的不断发展,近年来,越来越多的计算机技术设备被应用到经济效益审计中,审计工具的多样化和复杂化,导致审计方法日趋多样。

3. 经济效益审计方法注重分析评价

经济效益审计的职能主要是经济评价和建议,为了实现这一职能,审计人员需要从体制、机制、管理和技术等多层面进行分析,以发现现象背后的深层次原因,在此基础上运用审计判断,采用定量和定性方法进行综合评价,进而提出可操作性建议,以达到审计的预期目的。因此,分析评价方法是进行经济效益审计的重中之重。

（二）经济效益审计方法模式

1. 结果导向型经济效益审计

审计人员将审计结果与审计评价标准进行对比，发现差异，进而查找两者产生差异的原因，并针对原因提出审计建议，采用"差异—原因—建议"的审计思路进行审计。

2. 问题导向型经济效益审计

审计人员要关注被审计项目实施过程中存在的问题，对问题进行确认，分析问题产生的原因和对经济效益的影响，提出解决问题的建议，采用"问题—分析—建议"的审计思路进行审计。

3. 流程导向型经济效益审计

审计人员按照项目的基本流程如风险管理流程、内部控制流程开展审计工作，对风险点提出管理建议，采用"目标—风险—控制"的审计思路进行审计。

上述三种审计导向方法模式没有明显的界线，在实践中往往将三种方法结合运用。由于结果导向审计方法模式要求有较完善的评价标准，因此，当审计评价标准不尽完善时更多地采用问题导向审计方法模式。在实务中，结果导向模式和问题导向模式往往紧密结合，更多的是将实际经济效益与评价标准进行比较得出差异，这种差异带来的结果就是问题，然后针对问题从经营和管理上寻找原因。流程导向审计方法模式更多地适用于组织管理经济效益的审计，有时在问题导向或结果导向模式分析经营和管理缺陷时会采用这种方法模式。

（三）经济效益审计分析方法

1. 成本效益分析法

成本效益分析法，是将一定时期内项目的总成本与总效益进行对比分析的方法，即通过分析成本和效益之间的关系，以每单位效益所消耗的成本来评价项目的效益。针对支出确定的目标，在目标效益额相同的情况下，比较支出所产生的效益及所付出的成本，通过比较分析，以最小成本取得最大效益为优。

2. 因素分析法

因素分析法，是将影响投入（支出）和产出（效益）的各项因素罗列出来，分析所有影响经济效益的内外因素，计算投入产出比，进行综合分析的方法，即查找产生影响的因素，并分析各个因素的影响深度及广度。

3. 层次分析（AHP）法

层次分析（AHP）法，基本原理是根据递阶结构的目标、子目标（准则）、约束条件及部门等来分析方案,用两两比较的方法确定矩阵,然后把判断矩阵的最大特征根相对应的特征向量的分量作为相应的系数,最后综合出各方案各自的权重(优先程度),是一种定性和定量相结合的方法。

4. 统计分析法

统计分析法,是经济效益审计中用来了解情况、进行分析常用的方法。在审计的过程中经常使用统计分析的方法,分析其中各因素的影响,确定其中的因果关系或者找出存在的差距及原因。统计分析法不易操作,其对审计人员的技术要求较高,但准确性强、结论相对可靠。随着计算机应用的普及,审计人员可以利用专门的统计软件来进行复杂的回归分析,这使得统计分析方法的操作趋于简易化。

(四) 经济效益审计评价方法

1. 目标评价法

目标评价法,是将当期经济效益或社会效益水平与其预定目标标准进行对比分析的方法。通过分析所完成(或未完成)目标的因素,以评价支出的经济效益。此方法既可用于对部门和单位的评价,也可用于周期性较长项目的评价以及规模、结构效益方面的评价。

2. 历史动态比较法

历史动态比较法,是将某一类支出或项目的历史数据进行对比分析,了解其历史上的变化及绩效波动情况。这样既可以看出其发展趋势,也可以了解各种因素在不同时期的影响及作用机理,进而分析绩效差异的成因及改进方向。该方法适用于项目支出、单位支出和部门支出的绩效评价。

3. 综合评价法

综合评价法,是我国目前经济效益评价使用最多的方法。我国政府部门和地方政府大多采用这种方法,评价的准确度较高、较全面,但在指标选择、标准值确定及权数计算等方面较复杂,操作难度相对较大。该方法可综合各方法的优点,适用项目支出、单位支出、部门支出和财政总体支出等各层次的绩效评价。

4. 平衡计分卡(BSC)

平衡计分卡(BSC),是一种全面、系统、有效地考察和评价企业经营业绩的财务和非财务指标体系的方法。它根据公司的战略目标设计测评指标,从财务、流程、客户和创新学习能力四个不同的维度对公司的经营管理的经济效益进行综合、全面、系统地测量和评价。

5. "本量效"分析法

"本量效"分析法,是指将公共支出项目绩效评价中所涉及的项目投入、项目产出与项目效果这三大类指标分别赋予"本量效"的内涵。即将"项目投入"与"项目成本"相对应,"项目产出"与"项目所涉及业务的数量"相对应,"项目的最终结果"与"项目的绩效"相对应。通过将该分析方法贯穿于公共支出项目的决策、实施和完成的全过程,以保证评价合理、有效。

6. 标杆管理法

标杆管理法,即对经营管理活动状况进行观察和检查,通过与组织内外部相同或者相似经营管理活动的最佳实务进行比较,来考核和评价经济效益的方法。标杆管理分为四类:内部标杆管理、竞争标杆管理、职能标杆管理和流程标杆管理。标杆管理活动分为五个阶段,每个阶段有三个步骤。

二、经济效益审计的程序

经济效益审计程序是审计监督活动的操作规程,它包含了审计过程各个环节的基本要求,是审计人员在实施经济效益审计过程中必须遵循的行动步骤。

(一)选择和确定经济效益审计项目阶段

选择和确定经济效益审计项目,是指在编制经济效益审计计划时,审计机关利用所收集和掌握的证据,通过因素分析最终选择和确定经济效益审计项目的过程。在我国,经济效益审计项目既可以来源于人大、政府和部门的委托,也可以来源于上级审计机关任务的下达,还有一部分项目则是各级审计机关自行确定的。

1. 经济效益审计项目在选择和确定时应考虑的因素

(1)国家政策方针;

(2)重要程度;

(3)管理风险;

(4)审计效果;

(5)审计成本和可操作性。

2. 经济效益审计项目选择和确定的步骤

(1)项目库的建立。首先,审计人员需要充分了解审计项目在各个领域的概况,如主要资源、活动、资金状况等;其次,审计人员在了解概况的基础上,对收集的信息资料进行分析,并对关键性的信息资料作为重点信息及时加以记录和整理;最后,审计人员通过对记录和整理的资料进行汇总建立经济效益审计项目库。

(2)对备选项目进行比较。对经济效益审计项目库中的备选项目,应当按照经济效益审计项目在选择和确定时应考虑的因素进行综合分析、梳理和量化,并进行综合打分,进而排出先后顺序。

(3)可行性分析和正式立项。经过前面两个步骤后,审计人员还需要对备选项目进行成本效益的可行性分析。本年度的经济效益审计项目需要根据分析结果来确定，并提交审计机关审定。最后，审计机关将经过审定后的经济效益审计项目正式纳入立项程序，并依照相关管理办法纳入年度审计计划。

（二）经济效益审计准备阶段

经济效益审计准备阶段是指从接受或审计立项到审计人员进入被审计单位所进行的各项审计准备工作的过程。

1. 进行审前调查，了解被审计项目概况。
2. 做好有关的基础工作。
（1）确定经济效益审计的目标和范围；
（2）选择经济效益审计的评价标准；
（3）确定经济效益审计的方法。
3. 制定审计实施方案。
4. 发出审计通知书。

（三）经济效益审计实施阶段

经济效益审计实施阶段是审计主体直接作用于审计客体，用审计标准衡量被审事实的关键阶段。经济效益审计实施阶段的具体步骤为：一是收集审计证据。二是围绕专题，深入调查。专题是根据审计方案中确定的重点和初步调查测试的结果综合确定的，一般围绕审计重点展开。影响经济效益的问题往往有多个重点，每个重点又由多个因素组成，在实施阶段，可根据审计判断围绕典型专题深入现场进行详尽调查。三是编制经济效益审计的工作底稿。四是审核审计工作底稿。

（四）经济效益审计报告（终结）阶段

经济效益审计程序中的报告阶段是形成和扩大审计成果，体现审计目的、总结审计工作的过程。

经济效益审计报告应向社会公开，在保证遵循国家相关保密制度的前提下，尽可能全文公开发布经济效益审计报告，特别是注意公开被审计单位的目标实现情况和偏差，以及被审计单位的反映情况。审计报告的公开形式有多种选择：一是通过审计署主办的纸质媒体向社会披露；二是通过审计署网站或地方审计机关网站公布政府经济效益审计报告；三是在年度中期或期末汇编各地经济效益审计报告并予以集中、公开发布。

（五）经济效益审计后续（整改检查）阶段

1. 经济效益审计后续阶段是指审计结论下达之后，对被审计单位执行审计结论的情况进行审查评估的过程。该阶段主要是为了检查审计结论的质量,检查审计建议是否为被审计单位所接受,是否切合实际,是否获得应有的经济效益等。

2. 经济效益审计的后续跟踪检查,主要是检查审计建议和决定的采纳和落实情况。后续跟踪检查对于提高政府经济效益审计质量,发挥政府经济效益审计作用,促进审计机关加强审计管理等都十分重要。

三、经济效益审计报告

经济效益审计报告是审计人员在经济效益审计工作结束时发表审计意见、作出审计评价和提出审计建议的书面文件,是经济效益审计过程中最为重要的文件。

(一)经济效益审计报告的特点

1. 综合性。对被审计单位进行经济效益审计时往往会涉及一些财务审计和法纪审计方面的问题,而且对经济效益的评价也往往离不开对财务活动的评价。因此,在必要的时候,经济效益审计报告中也会反映财务审计的相关内容。

2. 强制性程度较低。经济效益审计一般不作出审计决定。审计人员通常提出审计建议,或者各种可供选择的方案,供被审计单位和有关部门采纳。由于经济效益审计着眼于效率、效果等方面,评价标准较为灵活。因此,审计人员往往以讨论性、说服性语言来发表意见,以供相关主体参考。

3. 建设性。经济效益审计报告通常包括成绩、问题、评价和建议。审计人员在对经济效益作出评价的同时,更注重对提高经济效益提出建议,以帮助被审计单位改善工作,使经济效益审计报告更具有建设性。

4. 采用翔实报告的形式。在经济效益审计中,审计人员要反映的问题较多,情况也较复杂,所以经济效益审计报告通常使用较为详细的文字来表达,特别是对于存在的问题、改进的措施和建议等相关方面的阐述。

(二)经济效益审计报告的内容

经济效益审计报告的内容,取决于具体的经济效益审计项目的目的和要求。审计人员应该根据每一项经济效益审计的不同特点来确定应该反映哪些内容。尽管每一项经济效益审计报告的内容各不相同,但在经济效益审计讨论报告中仍存在共同要素,这些共同的要素构成了经济效益审计报告的基本内容。经济效益审计报告的基本内容包括以下几个方面:

1. 经济效益审计的工作情况。审计人员要说明经济效益审计事项的性质、范围、要求和执行时间等。

　　2.对被审计事项的基本评价。审计人员要对被审计单位主要经济效益的计划和指标的完成情况进行分析；同被审计单位的历史先进水平和行业先进水平进行比较的结果进行评价；对被审计单位的管理素质和管理职能的优劣进行分析；对被审计单位的发展规划和项目计划所预计的经济效益进行验证等。在对上述有关内容进行说明以后，审计人员要对被审计单位现实的经济效益作出基本评价，总括性地说明被审计单位或被审计项目经济效益的优劣情况，在此基础上进一步对问题成因及解决措施进行探讨。

　　3.主要成绩和经验。如果审计之后发现被审单位的经济效益良好，并且有理由认为这是由于被审计单位采取了有效的措施，改善了管理制度，及生产技术条件和环境，审计人员应该充分肯定被审计单位所取得的成绩，并从中总结出提高经济效益的重要经验。如果是对项目、规划进行的经济效益审计，审计人员应着重说明达成预计经济效益的有利条件。

　　4.主要问题。审计人员要在审计报告中对被审单位经济效益方面存在的问题加以说明。

　　5.改进意见和建议。审计人员针对被审计单位和被审项目中存在的问题以及不足之处，提出意见和建议，其中应包括如何提高经济效益的途径、解决问题的办法、可以采用的措施以及可供选择的方案等。

（三）经济效益审计报告的基本要素和逻辑结构

　　1.经济效益审计报告的基本要素

　　经济效益审计报告中共包括三类基本要素：第一类反映审计主体情况，主要包括审计依据、审计方式、审计时间、审计内容与范围等；第二类反映审计背景、审计对象，主要包括审计立项和实施的相关背景、被审计单位总体情况、被审计事项的基本情况和被审计单位的自我评价；第三类反映经济效益审计内容，主要包括经济效益审计评价、审计目标、审计评价标准、审计评价的主要方法、审计发现、审计结论和审计建议等。

　　2.审计报告的逻辑结构

　　经济效益审计报告内容的核心和主导是审计目标。经济效益审计报告以审计目标为出发点，又以审计目标为归宿。

　　(1)应当充分解读审计目标，明确经济效益审计目标的基本内涵和具体分解目标，并对选择并实施经济效益审计的客观必要性进行说明。

　　(2)对审计范围和审计重点应加以说明，包括实现审计目标所必需的审计范围和重点、审计人员无法实施某项重要审计程序的限制因素和补救办法以及某个关键机构或系统无法实施审计的客观原因和风险控制。

　　(3)对审计评价标准的选择和审计方法的选用情况应当加以说明，经济效益审计的方法很多，究竟选择哪些审计方法，主要取决于审计目标的要求和审计评价标准的需要。

　　(4)实现审计目标所必需的所有审计证据和推理论证，必须完整体现在审计发现的阐述之中,包括重要的资料来源和结论。经济效益审计报告包括审计结论、审计评价和审计建议,是审计目标的最终实现形式。

审计意见的提出需要注意的事项主要有两点:一是必须以审计发现反映的确定并可控的情况为基础,审计发现是审计意见的事实依据;二是要以公正性为基础,要求必须是在审计目标范围内的全面评价,不能超范围评价;要求注意区别重点效益与局部效益的本质不同,并通过重点内容的评价来实现全面评价,防止盲目求全而形成的评价风险;要求坚持实行动态评价,注意把握制度环境和管理水平可能的变化因素,客观评价过去的效益、当前的经济效益和未来的发展效益。

第三节 经济效益审计准则与标准

一、经济效益审计的准则

经济效益审计准则是审计人员在开展经济效益审计活动的过程中应当遵循的行为规范,同时也是衡量审计工作质量的尺度和标准。《中华人民共和国审计法》及其实施条例、《中华人民共和国国家审计基本准则》等法律法规都对经济效益审计进行了不同程度的规定。

(一)2010 年《中华人民共和国审计法实施条例》

第五条:"审计机关依照有关财政收支、财务收支的法律、法规,以及国家有关政策、标准、项目目标等方面的规定进行审计评价,对被审计单位违反国家规定的财政收支、财务收支行为,在法定职权范围内作出处理、处罚的决定。"

本条增加了审计评价依据,明确了审计机关作出审计决定的法定职权范围。为了进一步推动经济效益审计工作,提高财政资金使用效益,修订后的审计法实施条例第五条第二款增加"国家有关政策、标准、项目目标等方面的规定"作为审计评价依据。同时,为进一步规范审计机关的处理处罚行为,第五条第二款将审计法第三条"在法定职权范围内作出审计决定",进一步明确为"对被审计单位违反国家规定的财政收支、财务收支行为,在法定职权范围内作出处理、处罚的决定"。

(二)2011 年施行的《中华人民共和国国家审计准则》

第六条:"审计机关的主要工作目标是通过监督被审计单位财政收支、财务收支以及有关经济活动的真实性、合法性、效益性,维护国家经济安全,推进民主法治,促进廉政建设,保障国家经济和社会健康发展。"其中,"效益性是指财政收支、财务收支以及有关经济活动实现的经济效益、社会效益和环境效益"。

在过去政府各部门以经济工作为中心的情况下,经济效益审计作为一种独立的审计类型,主要是通过对被审计对象管理和使用财政资金及其他公共资源所达到的经济性、效率性和效果性进行审计监督,揭露影响财政资金使用效益的突出问题,规范政府行为、减少财政资金损失、提高资金使用效率。随着科学发展观理论的提出,经济效益评价不仅仅局限于经济活动本身产生的经济效益,还包括全方位、多角度的社会效益及环境效益评价。新审计准则紧跟新形势,丰富了经济效益审计内容,为经济效益审计在实际工作中做出客观真实的审计评价提供了科学依据。

(三)2022年施行的《中华人民共和国审计法》

第一条:"为了加强国家的审计监督,维护国家财政经济秩序,提高财政资金使用效益,促进廉政建设,保障国民经济和社会健康发展,根据宪法,制定本法。"

第二条:"审计机关对前款所列财政收支或者财务收支的真实、合法和效益,依法进行审计监督。"

第四条:"审计工作报告应当报告审计机关对预算执行、决算草案以及其他财政收支的审计情况,重点报告对预算执行及其绩效的审计情况,按照有关法律、行政法规的规定报告对国有资源、国有资产的审计情况。"

(四)《中共中央 国务院关于全面实施预算绩效管理的意见》

经济效益审计与绩效评价相结合也是审计机关履行对财政绩效管理监管职责的有效方式。2018年9月出台的《中共中央 国务院关于全面实施预算绩效管理的意见》明确要求"审计机关要依法对预算绩效管理开展审计监督"。经济效益审计可以通过以下方式与财政部门开展的绩效评价相结合:一是直接运用财政绩效评价结果,将绩效评价报告中的问题作为经济效益审计关注的重点,同时关注绩效评价结果在预算调整、预算编制中的运用情况;二是在制订财政资金经济效益审计项目计划时,与财政部门做好事前沟通,如在经济责任审计中开展经济效益审计应与财政部门开展的部门整体支出的绩效评价进行对接;三是对绩效评价过程和绩效评价指标的设立进行监督。

二、经济效益审计的标准

(一)经济效益审计标准的构成

1. 一般标准

主要是对审计人员的要求,是审计人员资格条件和执行任务过程中的一般行为准则。由三个标准构成：

（1）关于审计人员资格条件的标准；

（2）关于审计人员精神独立性的标准；

（3）关于审计人员严守秘密的标准。

2．实施标准

实施标准是规定审计人员在执行经济效益审计过程中应遵循的方法和必要条件的标准。其中包括：

（1）审计计划的标准；

（2）决定审查范围的标准；

（3）资料、证据合理根据的标准；

（4）内部控制制度系统评价标准。

3．报告标准

报告标准也称为审计结论标准，指对审计人员作出审计报告的要求。它是审计人员对经济效益审计结果表明意见的手段，也是审计人员承担责任的手段。因此，审计报告内容要求简洁明了，以明确记载审计人员的责任范围及表明对被审单位的意见。其中包括：

（1）记载事项的标准；

（2）表明审计意见的标准；

（3）补充记载的标准。

（二）经济效益审计标准的特点

1．经济效益审计标准具有层次性

经济效益审计标准的层次越高，其适用范围就越广。对于企业内部而言，其最高层次标准是综合概括反映企业经济效益的指标，如资金利税率、人均创利税额等。同时，还有反映部门、车间经济效益的标准和反映班组经济效益的标准等。一般说来，企业的高层次标准多为货币计量的价值指标，低层次则以实物计量为多数。

2．经济效益审计标准具有地区性

各地区的经济发展是不均衡的。因此，评价各地经济效益时就不能用同一个标准。审计人员选用审计标准时要注意选择和被审计单位发展水平类似地区的指标作为标准。当然，也不排斥选择其他地区的个别指标或部分指标作为审计标准。

3．经济效益审计标准具有时效性

由于经济、技术的不断发展，社会经济效益逐步提高，各年评价经济效益的审计标准也不相同。因此，审计人员作出审计判断与审计结论时，要注意审计标准的时效，不要用已过时的指标来评价目前的经济效益。

4. 经济效益审计标准具有相关性

只有和审计意见、审计结论密切相关的政策、规定、计划、指标等才能作为经济效益审计标准。

5. 经济效益审计标准具有动态性

财经法纪审计标准和财政财务审计标准是相对稳定的。法规、制度具有稳定性,虽受经济发展影响,但产生的变化幅度较小。相比之下,经济效益审计准则变动较快,由于审计标准需要根据技术进步、管理改善而作出相应修改,但这些要素通常每年都会发生变化,所以经济效益审计准则也需要做到及时更新。

6. 经济效益审计标准具有计量性

除经济方针、政策、经济法律等定性标准外,经济效益审计标准应是可以计量的各种指标、数据,是衡量高低、好坏的尺度。不能计量的笼统对象不能作为评价效益的标准。

(三) 经济效益审计标准的分类

1. 按经济效益审计标准的性质和用途分类

(1) 定性标准

国家的经济方针、经济政策和有关经济工作的命令、规定。这些文件、规定,如和被审计单位的经济效益有关的,可以作为评价经济效益高低的标准。评价经济效益时,经济规律和相关理论都可以作为评价经济效益的定性标准。

(2) 定量标准

定量标准用于评价经济效益的高低,判断经济效益的大小。其主要包括计划目标、技术经济定额、业务标准、各种指标和有关的数字。计划目标是指经济效益所应当实现的目标,当达不到计划目标时,则表示经济效益处于较低水平;各种技术经济定额和业务标准也是衡量经济效益的标准;有关的指标和数字,常用来作为评价经济效益高低、多少,从而进行定量评价的审计标准,如历史最好水平、以前某年指标以及其他单位的先进水平等。有关的指标和数字是经济效益审计的主要标准,因为经济效益审计主要进行的是对效益高低、多少的定量评价,在实际工作中,通常用一系列指标来考核被审计单位经济效益的高低,这些指标即经济效益评价指标。

2. 按经济效益审计标准的适用范围分类

(1) 国际标准,指国际上公认,各国都可使用的标准,如国际通用的某些产品的规格、质量标准和某些指标。一般由联合国所属机构制定、计算并发布,有些由国际公认的某个权威机构制定。前者如人均国内生产总值(GNP)、人均国内生产净值(NNP)等,后者如衡量船舶性能、质量的英国劳氏船社制定的标准。

（2）全国标准，可作为全国各省区评价经济效益的标准，如人均工农业总产值、人均国民收入等。

（3）部门标准，如冶金工业部、机械电子工业部的指标，在本部门范围内可作为审计标准。

（4）地区标准，一个省或某一地区内可用作衡量经济效益高低的标准。

（5）行业标准，如行业曾达到的先进水平可作为本行业评价经济效益的标准。

（6）企业标准，用于评价本企业经济效益高低的数字，如去年的指标、计划指标等。

（7）特殊标准，如用户提出的要求，设计要求等，有时可作为评价经济效益的标准。

（四）经济效益审计标准的确立原则

1．全面性原则

在确定经济效益审计标准时，应遵循全面性原则。全面性原则，就是要从由生产、流通、分配、消费四环节组成的社会再生产全过程来考虑，既要考虑宏观经济效益，又要考虑微观经济效益；既要考虑长远经济效益，又要考虑近期经济效益；既要考虑产品价值高低，又要考虑使用价值高低。总之，要对经济效益进行全面衡量和评价。

2．先进性原则

经济效益审计评价标准要建立在相对先进的基础上，才能起到促进作用。相对先进水平要合理、恰当，要从被审计单位（或项目）的实际情况出发。

3．综合性原则

在确定经济效益审计评价标准时，应遵循综合性原则。综合性原则，就是要用定量的方法，运用以货币反映的价值指标来综合反映全部使用价值指标。也就是说，既要在质的方面评价经济效益的好坏，又要在量的方面评价经济效益的大小。运用货币反映的价值指标，不但能反映某一资源的利用效率、效果和节约程度，还能综合地反映各种资源利用最优配置的总体经济效益。

4．可比性原则

经济效益审计评价标准的指标设计，应能满足多方面的要求，并要具备可比性。同时，还要注意将不可比因素转化为可比因素，转化时也应考虑历史背景等因素，尽可能地与国内同行业，甚至与国外同行业的指标相一致，以便找出差距，挖掘潜力。

三、经济效益审计的评价指标体系

（一）经济效益审计评价标准

经济效益审计评价标准具体可分为法规导向型、流程导向型、指标导向型和决策导向型评价标准。一般情况下部门预算执行经济效益审计评价标准属于指标导向型评价标准,其具体包括经济效益目标、经济效益指标、评价标准和实际经济效益四个要素。

经济效益目标是指使用公共资源的部门期望达到的经济效益水平,包括长期总目标和年度目标;经济效益指标是衡量和评价部门及其活动经济性、效率性和效果性的载体,科学合理的经济效益指标具有评价和引导功能;评价标准是对经济效益指标赋予的期望值,是进行评价的参照系,没有合理的评价标准就没有实质意义上的预算执行经济效益审计。

通常,确定评价标准有实践标准和理论标准两种思路,无论选取何种评价标准都要兼容理论上的合理性和实践上的可操作性。另外,预算执行经济效益审计是将公共部门的实际经济效益与参照经济效益之间进行比对。因此,若没有实际经济效益信息,则评价标准失去了存在的意义,评价也就无法进行。

(二)经济效益审计评价指标体系

目前,我国政府有关部门发布的经济效益评估体系可供审计机关参考。2004 年,国务院颁布了地方政府经济效益评估指标体系。这一体系由职能指标、影响指标、潜力指标 3 项一级指标,11 项二级指标,33 项三级指标共同构成,主要用以评价地方政府经济效益。

审计署在《2008 年至 2012 年审计工作发展规划》中明确提出:"着力构建绩效审计评价及方法体系。认真研究,不断摸索和总结绩效审计经验和方法,2009 年建立起中央部门预算执行绩效审计评价体系,2010 年建立起财政经济效益审计评价体系,2012 年基本建立起符合我国发展实际的经济效益审计方法体系。"审计署又在 2011 年 6 月颁布实施的《审计署"十二五"审计工作发展规划》中提出"构建和完善经济效益审计评价及方法体系。不断摸索和总结经济效益审计经验和方法,2012 年底前建立起中央部门预算执行经济效益审计评价体系,2013 年底前建立财政经济效益审计评价体系和其他经济效益审计方法体系。"地方政府经济效益评估指标体系可用于对政府部门经济效益进行审计评价,如表 20-2 所示。

表 20-2　地方政府经济效益评估指标体系

一级指标	二级指标	三级指标
影响指标	经济	人均 GDP、劳动生产率、外来投资占 GDP 比重
	社会	人均预期寿命、恩格尔系数、平均受教育程度
	人口与环境	环境与生态、非农业人口比重、人口自然增长率
职能指标	经济调节	GDP 增长率、城镇登记失业率、财政收支状况
	市场监督	法规的完善程度、执法状况、企业满意度
	社会管理	贫困人口占总人口比例、刑事案件发案率、生产和交通事故死亡率

续表

一级指标	二级指标	三级指标
	公共服务	基础设施建设、信息公开程度、公民满意度
	国有资产管理	国有企业资产保值增值率、其他国有资产占 GDP 的比重、国有企业实现利润增长率
潜力指标	人力资源状况	行政人员本科以上学历者所占比例、领导班子团队建设、人力资源开发战略规划
	廉洁状况	腐败案件涉案人数占行政人员比率、机关工作作风、公民评议状况
	行政效率	行政经费占财政支出的比重、行政人员占总人口的比重、信息管理水平

通用的经济效益审计评价指标体系还有以下两种：

1. 投入—产出—效益指标体系

其适用于任何有投入产出的经济活动,指标体系构成如表 20-3 所示。

表 20-3　投入—产出—效益指标体系

一级指标	二级指标
投入指标	消耗
	占用
产出指标	总产值、总产量
效益指标	反映人力资源投入的效益指标
	反映财力资源投入的效益指标
	反映物力资源投入的效益指标
	反映投资项目的效益指标
	反映技术进步、企业环境改善的效益指标

2. 综合—局部—周转指标体系

综合—局部—周转指标体系由综合指标、局部指标和周转指标三部分构成,是表层—里层指标体系的延伸。

综合指标是指能反映经济效益主体(某企业、某单位或某项目)整体的投入、产出之比的指标,如资金利税率、人均创利税额、总资产报酬率、净现值等指标。

拓展案例

局部指标是指能反映某一方面(资源或因素活动等)局部投入、产出之比的指标,审计人员一般可根据综合指标和局部指标得出审计结论,而综合指标和局部指标的变动又受自身一些因素的影响,这些因素相对于综合指标和局部指标来说更直接、更细微,可进一步用周转指标来反映。

周转指标是指能反映综合和局部指标变动的影响因素的指标,往往是提出审计建议的出发点。

思考题

拓展案例

一、简答题

1. 简述经济效益审计的特点。

2. 简述经济效益审计方法的特征。

3. 简述经济效益审计的程序。

4. 简述经济效益审计标准的确立原则。

5. 简要概述经济效益审计报告的基本内容。

即练即测

二、论述题

1. 经济效益审计如何分类？

2. 经济效益审计标准的特点有哪些？

3. 我国经济效益审计评价标准是如何确定的？

4. 三种经济效益审计方法模式之间有怎样的联系与区别？

5. 经济效益审计标准是如何分类的？

参 考 文 献

[1] 蔡春,毕铭悦.关于自然资源资产离任审计的理论思考[J].审计研究,2014(5):3-9.

[2] 陈尘肇,孟卫东,朱如意.国家审计结果公告制度的博弈分析[J].审计研究,2009(3):9-13.

[3] 陈宋生,陈海红,潘爽.审计结果公告与审计质量——市场感知和内隐真实质量双维视角[J].审计研究,2014(2):18-26.

[4] 崔振龙.审计工作报告制度是我国审计制度的灵魂[J].中国审计,2007(13):31-33.

[5] 董大胜.审计本质:审计定义与审计定位[J].审计研究,2015(2):3-6.

[6] 董大胜.国家、国家治理与国家审计——基于马克思主义国家观和中国国情的分析[J].审计研究,2018(5):3-11.

[7] 邓频声等.中国特色社会主义权力监督体系研究[M].北京:时事出版社,2011.

[8] 郭振乾.中国审计学[M].北京:中国审计出版社,1997.

[9] 过勇.经济转轨、制度与腐败——中国转轨期腐败蔓延原因的理论解释[J].政治学研究,2006(3):53-60.

[10] 胡泽君.奋力推进新时代审计事业新发展[J].紫光阁,2017(11):17.

[11] 胡泽君.努力开创新时代审计工作新局面——深入学习贯彻习近平总书记在中央审计委员会第一次会议上的重要讲话精神[J].求是,2018(13):17-19.

[12] 胡泽君.审计署:用党的政治建设统领审计机关各项工作[J].紫光阁,2018(6):36-37.

[13] 韩家炜,堪博.数据挖掘:概念与技术[M].第2版.范明,孟小峰,译.北京:机械工业出版社,2006.

[14] 姜江华.审计监督是深化供给侧结构性改革的重要推动力[J].审计观察,2017(1):12-15.

[15] 李金华.审计理论研究[M].北京:中国时代经济出版社,2005.

[16] 李金华.中国审计史[M].北京:中国时代经济出版社,2004.

[17] 刘家义.中国特色社会主义审计理论研究[M].修订版.北京:商务印书馆,中国时代经济出版社,2015.

[18] 刘家义.中国特色社会主义审计制度研究[M].北京:商务印书馆,中国时代经济出版社,2016.

[19] 吕劲松.论金融审计服务国家治理的实现途径[J].审计研究,2012(5):3-7.

[20] 马志娟,韦小泉.生态文明背景下政府环境责任审计与问责路径研究[J].审计研究,2014(6):16-22.

[21] 秦博勇.河北:监督检查助推行政效能提升[J].中国监察,2011(06):29.

[22] 晋绥边区财政经济史编写组,山西省档案馆.晋绥边区财政经济史资料选编[M].太原:山西人民出版社,1986.

[23] 李齐辉.国家治理视角的制度审计探讨[J].审计研究,2013(5):30-35.

[24] 陕西省审计学会,陕西省审计研究所.陕甘宁边区的审计工作[M].西安:陕西人民出版社,1989.

[25] 张小劲,于晓红.推进国家治理体系和治理能力现代化六讲[M].北京:人民出版社,2014.

[26] 孙宝厚,关于新时代中国特色社会主义审计若干问题的思考[J].审计研究,2018(4):3-6.

[27] 审计署金融审计司课题组.审计机关在维护国家金融安全方面发挥作用的机制与路径[J].审计研究,2010(1):18-22.

[28] C. W. 尚德尔.审计理论[M].汤云为,吴云飞,译.北京:中国财政经济出版社,1992.

[29] Auditing Concepts Committee. A Statement of Basic Auditing Con-cepts[R]. American Accounting Association,1972.

［30］ David Flint. Philosophy and Principles of Auditing-An Introduc-tion［M］. Macmillan Education Ltd,1988.

［31］ David N Ricchiute. Auditing Concepts and Standards[M]. South-western Public Co. ,1982. 355.

［32］ 叶榅平.自然资源国家所有权的理论诠释与制度建构[M].北京：中国社会科学出版社,2019.

［33］ 胡泽君.中国国家审计学[M].北京：中国时代经济出版社,2019.

［34］ 孙宝厚.国家审计业务专题研究[M].北京：中国时代经济出版社,2019.

［35］ 刘三昌.政府审计[M].大连：东北财经大学出版社,2023.

［36］ 张庆龙.政府审计学[M].北京：中国人民大学出版社,2021.

［37］ 郑石桥.政府审计学[M].北京：高等教育出版社,2021.

［38］ 郑石桥,王会金,陈骏[M].北京：中国财政经济出版社,2023.

附 录

习题参考答案

请扫码获取

参考答案

后　记

　　在本教材编写中,我们参考了《中国共产党领导下的审计工作史》以及由原审计长胡泽君主持编写的《中国国家审计学》等众多文献和资料,还有一些同志对教材的编写提出了不少的修改意见。在此,一并表示衷心的感谢!

　　本教材由刘鹏伟、张瑛担任主编,刘维政、张志光担任副主编。教材编写分工如下:刘鹏伟负责拟定编写大纲、体例设计和对教材的审核,并负责第一、二、五、六、八、十、十一章的编写;张瑛负责教材统稿、总纂和校对,并负责第七、九、十二、十四、十六、十八、十九、二十章的编写;刘维政负责第三、四、十三、十五、十七章的编写;张志光负责对全部教材进行复核并给予精心指导;陕西省审计厅周玉霞、党亚峰对个别章节进行了复核。由于我们的学识和认识水平有限,可能对有些概念、问题理解得不够深入,对有些事项、观点描述得不够全面,教材中难免有不妥之处,甚至出现差错的地方。对此,我们深表歉意,并诚恳希望广大同行和读者朋友们能够及时给予批评指正!

《国家审计学》编写组

2023 年 10 月

教师服务

感谢您选用清华大学出版社的教材！为了更好地服务教学，我们为授课教师提供本书的教学辅助资源，以及本学科重点教材信息。请您扫码获取。

▶▶ 教辅获取

本书教辅资源包，授课教师扫码获取。

▶▶ 样书赠送

会计学类重点教材，教师扫码获取样书。

 清华大学出版社

E-mail: tupfuwu@163.com
电话：010-83470332 / 83470142
地址：北京市海淀区双清路学研大厦 B 座 509

网址：https://www.tup.com.cn/
传真：8610-83470107
邮编：100084